ポール・L・ワクテル |著
Paul L. Wachtel

杉原保史 |監訳

浅田裕子・今井たよか |訳

統合的心理療法と
関係精神分析の接点

循環的心理力動論と文脈的自己

Cyclical Psychodynamics
and the Contextual Self
The Inner World, the Intimate World, and the World of Culture and Society

金剛出版

本書を私の友人達に捧げる

彼らは，常に，多くのサポートと協力，人生の喜び，
尽きることのないインスピレーションと刺激を与えてくれた。
私は友情に恵まれてきた。本書を彼らに届けることができて感謝している。

Cyclical Psychodynamics and the Contextual Self :
The Inner World, the Intimate World, and the World of Culture and Society
by
Paul L. Wachtel

Copyright © 2014 Paul L. Wachtel
All Rights Reserved.
Authorised translation from the English language edition published by
Routledge, an imprint of the Taylor & Francis Group, an Informa Business

Japanese translation rights arranged with
TAYLOR & FRANCIS GROUP
through Japan UNI Agency, Inc., Tokyo

日本語版への序文

　本書は，私が自らのキャリアを進める中で大いに興味をかき立てられてきた多くの異なったテーマをまとめたものである。日本の読者がこれらの諸テーマの間につながりを見出し，それらが関連づけられていることに知的興奮を覚えてくれるなら嬉しく思う。基本的に，本書は，最も深いレベルの主観的体験や人格力動への注目が，われわれの生活を強力に形成している他者との日常的相互作用の影響力や，より大きな社会的，経済的，文化的な諸力の影響力への注目と，どのように結びつけられ統合されうるかを検討したものである。

　文脈的自己というテーマは，北アメリカの社会においてはとりわけ強調される必要があるテーマである。日本の読者もよくご存じの通り，アメリカ合衆国は非常に個人主義的な社会である。多くのアメリカ人は，自らの行動や感情を，まず第一に「内面」に起源をもつものと見なしている。セラピストの間でもそのような見方が優位であり，文化的価値や文化的影響，経済的地位の影響，他者との現在の関係や相互作用の影響といったものは，セラピストの注意の焦点にはなりにくい。セラピストの注意は，あくまで個人の中にある変数に向けられがちである。

　精神分析的な志向性をもつセラピストにとっては，これは，内的な葛藤，無意識的な恐れや願望，最早期の関係や相互作用の表象であり残滓である「内的対象」といったものへの焦点づけとして表れる（つまり，この見方においては，関係性と現実の経験は考慮されてはいるのだが，それはあくまで人生の最早期において人格構造が形成される際のものに基本的に限られている）。認知行動論的な立場のセラピストにとっては，内的なものへの焦点づけは，問題のある信念（それらに反する経験があってもなお持続する信念）への注目として表れる。セラピストの努力はクライエントがこうした信念を検討し，行動実験によって検証してみるよう助けることに向けられる。そこでは，その信念が反証されていることに**気づく**よう助けることが重視されている。ヒューマニスティック

で体験的なセラピーを志向するセラピストの間では，不幸や無気力の起源としてさらに他の道筋が強調されているけれども，彼らもまた環境的ないし文脈的な起源よりも個人の主観を強調している。文脈や相互作用にもっと注目しているのは，カップル療法と家族療法のセラピスト，そしてグループセラピーのセラピストである。そして北アメリカの文脈においては，彼らの視点は，多くのセラピストの高度に個人主義的な傾向に挑戦するものとなっている。

　日本人のセラピストの間では，個人の内部に由来する影響力と文脈的な影響力との間のバランスが，北アメリカのそれとは違ったように見られているものと期待できるかもしれない。日本の人々は，一般に，われわれが誰しもより大きな人間社会のウェブの一部であり，誰もが他者から受け取る手掛かりに持続的に微妙に波長を合わせ，適応しているということを，より繊細に理解している。このことについての私の知識は書物によって得たものであったが，数年前に何度か日本でワークショップをした際には，それをより体験的に理解することができた。

　しかしなお，日本のセラピストたちの臨床的な仕事の性質について議論する中で，私は，多くの日本のセラピストもまたセッションの中の体験や，性格，葛藤，クライエント個人の不適切な考え方といった内的な起源に主に焦点づけていることを知った。本書の視点は，セッションの中で起きていることだけに，あるいはクライエント個人の信念や内在化された表象だけに注目していては，決して持続的な変化は達成できないということを示している。私の見方では，人を「深く」理解することと，関係的・社会的な文脈において理解することとの間に矛盾はない。実際，人を深く理解するということには，その人を文脈において理解することが**含まれている**。個人の心理力動は，本当のところ，決して個人的なものではない。個人の心理力動は，個人が，その人生を構成する持続的な体験を**理解する**仕方や**意味づける**仕方を反映している。人はそれぞれ，最も一般的な体験にさえ，多少なりとも個人的で特徴的な意味を与えるものである。しかし同時に，それぞれの個人的傾向は，それがいかに個性的で深く人格に刻み込まれたものであったとしても，出来事や相互作用のあり方次第で違ったように表現され，いくらか異なった体験をもたらすものである。

　人の人生は静的なものではない。個人のパーソナリティもまたそうである。人生は**過程**であり，パーソナリティもまたそうである。パーソナリティは新しい出来事に出会いながら持続的に展開する過程であり，すでに存在している（常に発展しつつある）構造や傾向によって持続的に出来事を**創造し形成する**過程

である。

　本書に記述されている統合的で関係的な視点は，悪循環と良循環の影響力を特に強調している。われわれの問題は単に内界だけから生じてくるものではないし，環境だけから生じてくるものでもない。それらは，われわれの脆弱性がその脆弱性を永続させるような経験を，そしてわれわれの強みがその強みを永続させるような経験を，それぞれ創り出しがちであることによってもたらされる産物なのである。反復するこうした継起において，個人の傾向の方が基本だというわけではないし，環境の方が基本だというわけでもない。個人の傾向と環境は，互いが互いを，何度も繰り返し創造するのである。

　この見解においては，セラピストの役割は，悪循環を**断ち切る**ような体験を促進し，より良性の主観的体験と他者との交流のパターンを後押しする（そして最終的には永続化させる）新たな循環の発現を可能にする新しい体験を創り出すことにある。問題を孕んだパターンを妨害する道筋には多様なものがあり，それはわれわれの領域を構成する治療アプローチが多様であるのと同じである。しかし，こうしたパターンは強固に自己永続的であるため，それらを妨害するためにはたいてい**幅広い**介入が必要である。循環的心理力動論は，われわれの領域において，現在，競合している治療アプローチが，実は互いに矛盾するものではなく，むしろ互いに補い合うものであることを示している。セラピーは，セラピストたちが互いに闘うのではなく，患者の問題と闘うとき，より効果的なものとなる。

　最後に，もう1つ，アメリカの読者と同様に，日本の読者にも伝えたい点について述べておきたい。心理療法という領域は，個人の体験についての深く親密な理解をもたらすものではあるけれども，だからといって社会全体をより公正でよりよく機能するようにしていく努力と切り離されたものである必要はない。どのような社会も改善されうるものであるし，それによってその社会で生きている人々の人生をよりよいものにすることができる。そのためには，社会的図式を構成しているパターンに注目し，その倫理的前提と不可避的な倫理的矛盾を探究することが必要である。われわれの人生を支配するものの多くは，社会的な諸力と文化的前提を通してわれわれに強い影響を与える。われわれはしばしばそのことに気づきさえせずに生きている。しかしこうした諸力や諸前提を効果的に検討するためには，それらが，それらに基づいて生きている人間の現実の経験にどのような影響を与えているのかを理解することが必要である。深く主観的なものへの注目と，広く社会的で文化的なものへの注目は矛盾

するものではない。もちろん，われわれ心理療法家は謙虚である必要があるだろう。社会的で文化的なものについては，他の専門家（社会学者，政治学者，経済学者，人類学者など）もおり，われわれは彼らから学ぶべきものがたくさんある。しかし結局のところ，彼らの仕事はわれわれの仕事と完全に分離したものではない。文脈の中で個人を理解するためには，個人的なものと文脈的なものの**両方**への注目が必要なのである。

　このように，私は本書が読者に，より深く，そして同時により幅広い見方をもたらすものとなればと願っている。本書が日本の読者との対話を促進するものとなることも願っている。私は，読者が本書から学ぶよう希望するのと同様に，私も読者から学びたいと希望している。私は，そうした対話に参加したいと思ってくれた読者からのコミュニケーションを歓迎している。そのため，最後に私のメールアドレスを記して，筆を置くことにしたい（paul.wachtel@gmail.com）。

ニューヨークにて
2018 年 8 月 22 日
ポール・L・ワクテル

本書について

　『統合的心理療法と関係精神分析の接点』は，ポール・L・ワクテルの統合的な理論である循環的心理力動論の本質的特徴と最近の発展を，新たに明瞭にしたものである。ワクテルは，人格理論における，そして心理療法の理論と実践における，統合的な考え方の主要な推進者であると広く見なされている。彼は，関係精神分析の領域における最前線の思索に寄与している。また，精神分析的な洞察を他の理論的・治療的学派の考えや方法と統合していくに当たって，いかに関係的な視点が豊かな可能性を孕んでいるかを明確にすることに寄与している。

　本書において，ワクテルは，精神分析の視点，認知行動論の視点，システム論の視点，体験主義的な視点の統合を拡張しつつ，主観的で内的な世界の性質を詳細に調べている。主観的で内的な世界と，日常生活経験における対人交流の世界とがどのように関係しているか，そして，（個人的な体験を形成し，またそれによって形成される）より大きな社会的・文化的な諸力と，主観的で内的な世界との間にはどのような影響関係があるか，を論じている。ワクテルは，具体的で微妙な臨床的相互作用について，系統的な調査の知見について，生活における社会的・経済的・歴史的な諸力の役割について，包括的でユニークな仕方で論じている。本書のそれぞれの章における論考は，異なる学派に属するセラピストたちがそれぞれの学派がもたらしうる視野狭窄を乗り越えるよう助け，競合する他のアプローチに由来する重要な発見や革新に目を開かせるよう導いている。

　悪循環と自己成就する予言がわれわれの生活においていかに広範な役割を果たしているかを明らかにすることで，『統合的心理療法と関係精神分析の接点』は，いかに主観的領域と間主観的領域と文化的領域とが深く織り合わされているかを明らかにし，治療的変化と社会の変化への新しい道筋を示している。理論的な力作であると同時に，臨床実践へのきわめて実際的なガイドでもある本

viii

書は，精神分析家や心理療法家のみならず，背景を問わず人間行動の探究を目指す幅広い人たちにとって，必読の書となるだろう。

著者について

ポール・L・ワクテル博士は，ニューヨーク市立大学の博士課程プログラム，ならびに，ニューヨーク市立大学大学院センターの特別教授（臨床心理学）。コロンビア大学を卒業後，エール大学で臨床心理学の博士号を取得。その後，ニューヨーク大学で精神分析と心理療法におけるポスト博士課程プログラムを修了した。現在，そのニューヨーク大学で教鞭を取っている。ワクテル博士は，心理療法，人格理論，心理学的な理論や研究の現代の主な社会問題への適用について，世界中で講義し，ワークショップを行っている。彼は社会科学と行動科学における統合的な考え方を主導してきた。また，心理療法の統合を探究する学会の創設者の一人である。2010年，「精神分析的な著作，教育，研究に対するハンス・H・ストラップ記念賞」受賞。2012年，アメリカ心理学会，第29分科会，卓越心理学者賞（心理療法）受賞。2013年，アメリカ心理学会第39分科会，学術研究賞（精神分析）受賞。代表的な著書に，Action and Insight，The Poverty of Affluence（豊かさの貧困），Family Dynamics in Individual psychotherapy，Therapeutic Communication（心理療法家の言葉の技術），Psychoanalysis, Behavior therapy and the Relational World（心理療法の統合を求めて），Race in the Mind of America，Breaking the Vicious Circles Between Blacks and Whites，そして近著に，Relational Theory and the Practice of Psychotherapy などがある。彼の著作の多くはこの分野における古典として広く認められている。

謝　辞

　本書の中心テーマは「人間は常に人間関係のウェブという文脈の中で生き，振る舞い，体験する」ということにある。以前の私であれば，この種の謝辞においては，原稿を読んでくれた人やアイデアを直接話し合った人に感謝すれば十分だと考えていた。しかし，まさに本書の論点の前では，そうした考えは霧散してしまうように思える。われわれは決して人間関係の**単なる**総和にすぎないわけではない。個人を人間関係の単なる総和だと考えるなら，それは，関係論的な視点の深刻な歪曲であり誤解である。そうした歪曲ないし誤解については，前著『関係理論と心理療法の実践』において，批判的な視点から詳細に論じた。しかし本書においてさらに明確にされるように，われわれが，個人を，人間関係のウェブから**離れて**理解できると考えるなら，それは同様に歪曲である。人間関係は，われわれのまさに本質に織り込まれたものである。

　私自身の生活において，良いことも悪いこともある人生の道のりを通して，私の友人，家族，同僚，学生が，いかに私を励ましてくれたか，私ははっきり気づいている。私の人生は，私だけのものではない。私の人生は，私と，私が人生の日々を共有してきた人たちとによる**共同作品**であり，これらの人々がいかに私の諸傾向に出会い，形成し，増幅し，変容してきたかを反映するものである。本書に寄与した人々は，単に本書に紹介した考えを直接的に話し合った人々だけのことではない。そこには，私の人生の一部となることによって，良い意味でも悪い意味でも**私**を形成してきた人々も含まれている。本書の内容についての責任を友人たちに負わせることはできないけれども，たとえ彼らが本書の原稿をまったく読んでいないとしても，私には彼らの寄与が確かに認められる。私は，本書を私の友人たちみんなに捧げるという，やや奇異な決心をした。そこには，特定の個人の名前を挙げ，その結果，他の人々を無視するという，気乗りのしない（極言すれば恩知らずの）作業を避けたかったという気持ちがあるというのも事実である。しかしまた，私が，本書に取り組んでいる時

期に私を襲った病いとの闘いにおいて，人生をともにし，私の人生に意味を与えてくれる友人たちのネットワークに真に支えられてきたということを，感謝をもって理解しているのも事実である。彼らは愛情やサポートを与えてくれた上に，人生の**楽しさ**を思い出させてくれた。それらはおそらく何よりも強力な薬となった。本書を友人たちに捧げることで，私は，（喜ばしく）拡大しつづける彼らへの恩義に，ささやかに報いようとしているのである。

　本書を生み出す努力においては，ニューヨーク市立大学の臨床心理学の博士課程プログラムが，長年にわたって私の支えとなってきた。そのプログラムは，人々を深く理解していくことに対する揺るぎないコミットメントに基づいていた。また同時にそのプログラムは，臨床心理学を厳密な知的探究や調査研究に根ざしながらも，他者の体験への人間的な共感にも根ざした学問として捉え，その追究にコミットするものでもあった。今日のわれわれの社会にはそうした野心的な試みを縮小させ，その代わりに矮小なヴィジョンを追究するよう強いる多くのプレッシャーがある。経済的必要性と称されるものに基づくプレッシャーもあれば，「経験的に支持されたセラピー」と呼ばれる，潜在的にイデオロギー的で，実際，科学的には洗練されていない窮屈なプログラムに基づくプレッシャーもある（このような科学の誤用について批判は，Wachtel［2010］を参照のこと。この批判は，決して科学を拒絶するものではなく，科学の複雑性を尊重するものである）。ニューヨーク市立大学の博士課程プログラムは，こうしたプレッシャーに断固として抵抗し，真摯な知的探究に取り組むとともに，オープンで精力的で情熱的な姿勢で，密度の高い臨床訓練を提供してきた。そのコミュニティの一員となれたことは私にとって幸運なことであった。私はそのことを誇りに思っている。

　いつもながら，妻，エレンは，支持と刺激を，日々，提供してくれ，前進し続けるための愛情と，立ち止まらせて考えさるための知的な力を与えてくれた。

　彼女は，私が困難にあったときも，成功を収めたときも，常に私の傍にいてくれ，とても深遠な仕方で人生をシェアしてくれた。もし彼女がいなかったら，私はどうなっていたか分からないほどである。

　また，さまざまな雑誌や書籍において異なる形で，あるいは異なる文脈で収められていた論考を本書に含める許可を与えてくれた編集者や出版社の本書への特別な寄与に感謝したい。これらの論考はいずれも，冗長性を取り除き，本書の議論に一貫性と方向性を与えるよう，加筆修正されている。循環的心理力

動論が臨床実践に与える示唆を，また，文化と社会がいかにわれわれを形成し，同時にそこで生活する人々の日常経験によっていかに形成されるかを，できる限り効果的に説明する書物を刊行することができたのは，それぞれの関係者が寛大にもこれらの論考を本書に収録するのを許可してくれたおかげである。

　本書への転載を許可してくれた以下の雑誌に，そして書籍の編集者に，深く感謝している。Journal of Abnormal Psychology（第1章），Psychoanalytic Psychology（第3章，第15章），The International Journal of Psycho-Analysis（第4章），Contemporary Psychoanalysis（第5章），The Journal of Psychotherapy Integration（第6章，第8章，第9章），Psychoanalytic Dialogues（第7章），Journal of European Psychoanalysis（第11章），American Journal of Psychoanalysis（第13章），Psychoanalytic Review（第16章）。第2章の初出はR. Curtis & G. Stricker（Eds.）How people change : Inside and outside therapy（Plenum）。第12章の一部の初出は，C. Strozier & M. Flynn（Eds.）Trauma and self（Rowman & Littlefield）。第10章の初出は，M. Meisels & E. Shapiro（Eds.）Tradition and innovation in psychoanalytic education（Erlbaum）。第14章の初出は，J. Auerbbach, K. Levy & C. Schaffer（Eds.）Relatedness, self-definition and mental representation: Essays in honor of Sidney J. Blatt（Brunner-Routledge）。

目　次

日本語版への序文　iii

本書について　vii

著者について　ix

謝辞　xi

第1部　心理療法，人格力動，間主観性の世界

第1章　循環的心理力動論——統合的で関係論的な視点　3

第2章　よいニュース「人生を混乱させるためには共犯者が必要だ」
　　　　悪いニュース「共犯者は簡単にリクルートできる」　39

第3章　内的世界と外的世界，両者を結ぶ行動　51

第4章　精神分析と心理療法における愛着
　　　　——トゥー・パーソン的で循環的心理力動的なアプローチ　67

第5章　表層と深層——精神分析における深層のメタファーの再検討　91

第6章　抑圧，解離，自己受容——無意識の意識化という考えの再検討　113

第7章　積極的介入，精神構造，転移の分析　131

第8章　パンサーを取り入れる
　　　　——臨床的により継ぎ目のない治療実践の統合に向けて　148

第9章　抵抗について考える——感情，認知，修正情動体験　160

第10章　「精神分析の訓練は精神分析家になる訓練」でいいのか？　179

第11章　精神分析の認識論的基礎——科学，解釈学，敵対的議論の悪循環　190

第2部　人種，社会階層，貪欲，そして社会的に構成される欲望

第12章　精神分析と文化的構成の世界——文脈的自己と日常的な不幸の領域　213

第13章　物質的には豊かでも虚しい人生——現代文化の貪欲の探究　230

第14章　個人的ならびに社会的現象としての貪欲　254

第15章　人種と社会階層の問題——精神分析と心理療法の寄与　268

第16章　人種差別の悪循環
　　　　——人種と人種関係についての循環的心理力動論の視点　284

文献　301

索引　監訳者あとがき　319

索引　325

第1部

◆

心理療法，人格力動，間主観性の世界

第1章

循環的心理力動論
——統合的で関係論的な視点

　本書において私は，長年にわたって私の仕事を特徴づけてきた視点を発展さ
せ，探究を深めようと思う。私は，行動療法や社会的学習理論の領域における
議論や研究が，精神分析的な考え方に対して寄せている批判をどう理解すれば
よいのかという問題に取り組んできた。私が循環的心理力動論と呼んでいる理
論的視点は，その取り組みの中で誕生してきたものである。けれども循環的心
理力動論の視点は，発展の途上で，精神分析の内外に観察と視点の範囲を拡大
しながら，さらなる挑戦に取り組み，チャンスを求めてきた。循環的心理力動
論の発展に寄与した影響力のうち，非精神分析的なものとしては，家族療法や
家族システム論，感情に焦点づけた人間性主義的−体験的なセラピー，さらに
受容とマインドフルネスを志向する認知行動療法などが挙げられる。これらの
多様な臨床的伝統の影響と並んで，愛着についての理論や研究，社会性や感情
に関わる神経科学の発達も，循環的心理力動論の考えと実践を導いてきた。さ
らに，循環的心理力動論には，臨床家の扱う現象に対して文化的価値や人種，
階層，民族性が及ぼす影響力を大抵の臨床的理論よりも真剣に考慮する努力に
よって形成されてきた部分もある。またそれとは逆方向で，循環的心理力動論
は，心理力動の複雑性についてのわれわれの理解が多くの喫緊の社会的課題
にどのように光を投げかけうるかを探究する努力によっても形成されてきた。
循環的心理力動論は，そうした社会的課題の中でもとりわけ人種関係の理解
（Wachtel, 1999），そして物質主義，経済的な成長への強迫，環境破壊が互い
に連動し合いながら引き起こす現象の理解（たとえば Wachtel, 1983, 2003）に
関わってきた。
　精神分析において今なお発展しつつある関係理論の運動との出会いは，循環

的心理力動論の発展における特に重要な出来事であった。最初のうち，関係理論の視点と循環的心理力動論は，多くの重要な点で非常に類似した考えを発展させながらも，この領域の全体的な構図における別々の流れとして，それぞれ平行する道筋を歩んでいた。けれども，時間が経つにつれ，両者の重なりはますます明白になってきた（Wachtel, 1997, 2008, 2011a）。関係理論の運動の端緒は，一般に，グリーンバーグとミッチェル（Greenberg & Mitchell, 1983）の『精神分析理論における対象関係』，ならびにミッチェル（Mitchell, 1988）の『精神分析と関係概念』の刊行にあると見られている（もちろん，これらの 2 つの仕事は，それに先立つ多くの先駆的な仕事に依拠し，それらを統合したものである）。つまり，循環的心理力動論の最初の定式化（Wachtel, 1973, 1977a, 1977b）は，関係理論の出現よりも，数年，早いのである。そしてそれゆえ，それは関係理論から独立した概念的基礎を持っている。さらには，関係理論は精神分析の内部の多様な流れを統合しようとしたものだが，循環的心理力動論は，精神分析的な理論と観察だけでなく，精神分析の外部の世界から発展してきたものをも含めた，より幅広い統合を目指すものである。こうした起源の違いは，用語の違いや強調点の違いをもたらした。その結果，最初のうちは，循環的心理力動論と他のヴァージョンの関係理論との間の実質的な重なりは，今日ほど明白ではなかったのである。

ワン・パーソンの視点，トゥー・パーソンの視点，文脈的な視点

循環的心理力動論には，主だった関係理論との間にさまざまな共通点があるが，その中でも最も基本的なものの 1 つが，トゥー・パーソンの視点と呼ばれるようになってきた視点を強調していることである。他のところで詳しく論じたように（Wachtel, 2008），実際にはこの視点には，必ずしも十分に認識されていない，いくつかの次元が含まれている。多様な関係理論のすべてが備えている最大の共通点は，トゥー・パーソンの**認識論**である。トゥー・パーソンの認識論は，初期の分析家を，単に相手の力動にコメントしている中立的な観察者だと自らを見なすよう導いた客観主義的な前提に対する批判を強調している。精神分析的な思考におけるこの客観主義的な要素は，実際には，ワン・パーソン理論とトゥー・パーソン理論という二分法的な区別が示唆しているほどには絶対的なものではない。しかし，古典的な精神分析的思考の認識論的な基礎と，アロン（Aron, 1996），ホフマン（Hoffman, I.Z., 1998），そしてミッチェル

（1988, 1993, 1997）といった著者たちによって見事に明確化されてきた関係論的な思考の認識論的な基礎との間には確かに重要な違いがある。循環的心理力動論は，この意味で，明らかにトゥー・パーソン理論であり，この点に関して，循環的心理力動論の視点と他の関係諸理論の視点との間にはほとんど違いは認められない。

　しかし焦点が認識論の問題を離れて，人格力動の理解や，臨床実践の本質の問題に移るなら，話はそう簡単ではない。認識論に関してはトゥー・パーソンの視点を表明している著者であっても，人格力動や精神分析ないし心理療法の実践の問題になると，それほど完全にトゥー・パーソン的な考え方をしているとは限らない。こうした領域では，私が「初期設定の立場（default position）」（Wachtel, 2008）と呼ぶ，より古い精神分析的な概念化から引き継がれたおおむね未検証の諸前提が，関係論的な考え方に驚くほど入り込んでいる。本書においてこの後にも論じられるように，循環的心理力動論による人格力動と発達の理解は，関係の文脈が個人の行動と体験に寄与する，その寄与の重要性は**すべての面にわたる**ことを強調している。つまり関係の文脈は，分析のセッションにおいてだけでなく，人の日々の人生のあらゆる側面にわたって重要なものであることを強調している。関係図式は，単に人生初期の数年間における発達の形成的文脈であるだけではないし，分析セッションにおける観察の認識論的基礎であるだけでもない。それは生涯にわたって人格力動に不可分な形で織り込まれた要素である。このことは決定的に重要なことであり，それが見失われると，ミッチェルが「赤ん坊の比喩と発達論争」と呼んだものが舞台の中心を占めるようになる。そのとき，関係諸理論は，知らず知らずのうちにワン・パーソン理論の重要な特徴を帯びるようになる……本来，関係諸理論はそれに取って替わるべく誕生したはずだったのだが。

　ワン・パーソンとトゥー・パーソンの区別は，精神分析における古い古典的なモデルとより新しい関係モデルの違いを強調する上では非常に価値があったけれども，人格力動に適用されるときには誤解をもたらす用語となっている。持続的な人格発達にとっての重要な文脈は，トゥー・パーソンの文脈だけではない。そこには，家族療法家によっても，またエディプス・コンプレックスに関して精神分析家によっても強調されてきた三角関係も含まれるし，学校や仕事や遊びにおけるさまざまな大きさの集団も，もっと大きな文化と社会の文脈も含まれる。この理由から，循環的心理力動論は，ワン・パーソン理論とトゥー・パーソン理論とを区別する**認識論**においては，はっきりトゥー・パーソンの側

6 第1部 心理療法，人格力動，間主観性の世界

に入るけれども，その人格力動の理解は，トゥー・パーソン的というよりも文脈的と記述した方がより正確である（Wachtel, 2008）。

　心理療法家が治療セッションにおいて観察するのはトゥー・パーソンの観察である。というのも，その部屋には2人の人がいるからであり，その両者のそれぞれが，そこで生じることや観察されることに寄与しているからである。しかしセラピスト[注1]の向かい側に座っている人のより完全な理解を定式化しようとすれば，本質的にセラピストが達成しなければならないのは**文脈的な**理解である。セラピストは，患者を**生活**の文脈において理解する，つまり患者の体験が，日々の生活の中で彼が出会い参与する無数の多様な関係図式によってどのように形作られているかを理解する必要があるのである。本書を通してさまざまに論じられるように，臨床理論においては，その文脈のトゥー・パーソン形式のものがしばしば過大評価されている。というのも，セラピストが直接に参照可能な観察は，トゥー・パーソンの観察だからである。しかしまさにそうであるからこそ，われわれは，面接室の中の2人の情動体験のみに基づいて患者理解を形成しないようにすることが重要なのである。もちろん，その体験は患者の体験を深く，個人的にしっかりと理解していく上で，非常に重要なものである。それは，本書に描かれている治療実践と治療的理解へのアプローチにおいても決定的に重要な要素となっている。しかしそれはまた潜在的な罠でもある。つまりそれは，より幅広く深い理解を排除する，魅力的で部分的な代用品なのである。面接室において共同で生み出された情動的体験は，それがいかに魅力的なものであっても，面接室外の生活についての患者の説明から理解されるものにも等しく注意を払うことによって，補われ照らされるべきものである。より幅広く深い理解は，そうすることによってのみ達成されるのである。

　面接室外の生活についての患者の説明は，確かに，面接のその瞬間に起こっていることではなく，即時性を欠いている。そうした説明は，なお隙間を埋める作業を必要とするものである。というのも，われわれは患者と一緒にそのときその場に居合わせているわけではなく，彼の想起や選択的な注意と記憶に頼らざるを得ないからである。こうした出来事についてのわれわれの知識は，常に部分的なものであり，ある意味で推測的なものである。しかし面接室の外の患者の体験について，少なくとも治療的に有用な近似値を得るチャンスを高めるべく，探究する方法はある（たとえば，Wachtel, 2011a, 2011b; E.F. Wachtel & Wachtel, 1986）。そしてもちろん，面接室の今ここで起きていることについてのわれわれの理解も**また**，即時的な現前と参与にもかかわらず，制約された

ものであり，選択性と個人的構築に左右されたものである。実際，われわれが
求めるより完全で正確な像の**両方**の面が，つまり，面接室内での観察と面接室
外で起きていることの報告の**両方**が，互いを参照することでより正確に理解さ
れるし，より適切に評価される。しかしそれは，それぞれの領域の**妥当性**が他
の領域によって確認されるからではない。というのも，もしわれわれが患者に
ついての物語を自分たちで作りあげているなら，われわれはそれを両方の観察
領域に同じように押しつけることができるからである。むしろ，2つの領域に
ついての観察と定式化が互いに光を投げかけ合うことによって，両者の間の一
致と矛盾の両方が強調されることが重要なのである。その結果，あまりにも心
地良い，あるいは自信過剰な定式化に対しては，常に**疑問がもたらされる**から
である。

構成主義と，その他の共有されたテーマ

　循環的心理力動論と，他の多くの関係理論の視点との間に共通しているも
う1つの要素は，構成主義の強調である。循環的心理力動論も，また他の多く
の関係理論も，構成主義の認識論に基づいている。この構成主義の認識論は，
トゥー・パーソンの視点と重要な点で関連している（たとえば，Aron, 1996;
I.Z. Hoffman, 1998）。それはまた，知覚と記憶についての最近の諸研究の知見
とも関連している（たとえば，Schacter, 1996; Schacter, Norman, & Koustaal,
1998）。フロイトの理論は，知覚入力がカメラのように認識され，そのままの
形で固定的な記憶痕跡として貯蔵され，それから防衛によって歪曲される，と
いう見方に基づいていた（Schimek, 1975 を参照）。近年，こうした古い見方
に代わる，より新しい見方が提示されてきた。その新しい見方においては，知
覚と記憶は能動的な過程だと見なされている。そこでは，われわれは思い出す
度に，あるいは知覚する度にも，毎回新たに選択し，構成し，再構成している
ものと考えられている。

　循環的心理力動論と他の多くの関係理論との間に共通する前提をさらに特徴づ
けているのは，相互性，共同構築，間主観性，そして人々ないし人々の体験や
知覚の強力な相互関連性の強調である。こうした用語はそれぞれ微妙に異なっ
た意味を持っているけれども，それらは互いに重なり合っており，また，上に
述べたトゥー・パーソンの視点という概念とも，構成主義という概念とも重な
り合っている。この点において，それらの用語は，かつての精神分析に典型的

であったよりも，また現代のある種の認知療法や認知行動療法よりも，より協同的で平等な治療関係へのアプローチを意味するものでもある。ある種の認知療法や認知行動療法に典型的な治療関係の問題については，後により詳しく論じよう。

関係理論と循環的心理力動論の統合的な目的

　循環的心理力動論と他の多くの関係理論とを結びつけるもう1つの重要なテーマは，異なる観点を，より大きくより包括的な理論的ヴィジョンへと統合することの強調にある。精神分析における関係論的な方向性の起源においては，対象関係論と対人関係論と自己心理学の間の共通点を強調する努力が重視されていた。グリーンバーグとミッチェル（1983）は，欲動／構造モデルと関係／構造モデルとを区別する中で，対象関係論と対人関係論と自己心理学の間の共通点を初めて明確化した。その後，幅広い関係論の著者たちがそうした共通点について述べてきた。もともと関係理論にはそうした統合的な推進力が備わっていたが，そこにさまざまな他の理論を統合する努力が加わっていった。とりわけ，愛着理論（たとえば，Beebe & Lachmann, 2003; Mitchell, 1999; Wallin, 2007）と，フェミニズム思想の臨床的な要素（たとえば，Aron, 1996; Benjamin, 1988; Dimen & Goldner, 2002; Goldner, 1991; Harris, 2005）を統合する努力が加わった。関係理論とフェミニズム思想の臨床的要素は，すでに言及されてきたような相互性や共同性や構成主義（ジェンダーの面でも，他の生活領域においても，しばしばただ単にそういうものだと受け取られているものが，実は**構成された**性質を持っていることへの気づき）を強調する点において重要な意味で共通している。

　循環的心理力動論もまた統合への努力に端を発している。けれども，すでに述べられてきたように，そこで求められているのは，多様な精神分析的視点だけでなく，精神分析の外部の視点をも含む統合であり，場合によっては精神分析とは**対立する**ものと見なされている視点をも含む統合である。したがってこれらの競合する視点を和解させるためには，それぞれの視点の基礎にある前提をさらに探索的に検討する作業が必要であった。この挑戦に取り組むためには，出現しつつある統合のそれぞれの側面を，一般に受け取られているような定式化から見ていくのではなく（しばしば両立不可能と見えるやり方で定式化されて**いた**，公式的あるいは標準的なヴァージョンの精神分析的思考，認知行動論

的思考などに注目するのではなく），それぞれの学派に依拠している臨床家や研究者が実際にしていることや実際に観察していることに焦点づけることが重要であった。この先，議論が進む中でさらに詳しく論じるように，この作業は次のような前提に基づいていた。すなわち，異なる理論やアプローチの支持者の間で見方が違っているのは，それぞれが特定の現象や関係に優先的に焦点づけ，注目しており，他の現象や関係を周辺化したり，時にはまったく認識し損なってさえいたりすることを反映するものである。より包括的で統合的な理論を構築するためには，いかにそれぞれの理論的視点が異なる現象を前景に描き出しているか，そして強い両立不可能性が表れるところが，他の観点が前景に置いているまさにその観察を周辺化しているか，ということを詳細に検討することが必要であった。したがってこの挑戦は，それぞれの視点にとって中心的な観察を，他の視点にとって中心的な観察を排除することなく単一の一貫した枠組みの中に含み込むような，より包括的な定式化を発達させることにあった。

　より幅広い統合を目指すがゆえに，循環的心理力動論は，精神分析的視点やその関係論的な再概念化に強く根ざしながらも，関係論的な視点も含めて他の精神分析視点とは重要な点で違ったものとなっている（Wachtel, 2008）。循環的心理力動論がより幅広い統合を目指していたために，またその改革が数年にわたって関係論的な改革運動とは離れたところで歩みを進めてきたという事実のために，それは異なる特徴を帯びるようになり，異なる現象に波長を合わせたものになっていった。したがって，循環的心理力動論は，関係論的視点と，より大きな心理療法統合運動の**両方**に基礎を置く理論だと考えるのが妥当である（Wachtel, Kurk, & Mckinney, 2005）[注2]。

心理発達の力動の新しい概念化

　関係的なものもそうでないものも含めて実質的にあらゆる精神分析的な視点がそうであるように，循環的心理力動論もまた無意識の動機，葛藤，防衛を強調する。しかし循環的心理力動論はこうした無意識的現象の力動，とりわけ長期にわたって持続する力動を，異なった仕方で概念化するものである。ほとんどの精神分析的理論においては，固着や発達停止といった過程が強調されている。そこでは，心の一部が分裂し，成長や変化を妨げられて，幼児的，原始的，蒼古的なままに留まるとともに，日常生活の現実との接触を失うものとされている。循環的心理力動論の概念化においては，早期の体験の影響はかなり違っ

たように理解される。循環的心理力動論もまた早期の体験を決定的に重要なものとして扱うが，その重要性は，早期の体験が，その人の**その後**の体験を歪曲することにあると考えられる。すなわち，早期の体験が異なっていると，**その後**の体験も違ったようになりやすいのである。というのも，早期の体験は，他者と違ったように相互作用するようその人を導き，出来事を違ったように解釈したり，違った意味を与えたりするよう導くからである。

　もちろん，現在では，早期体験の重要性を強調するあらゆる理論が，早期体験の結果として後の体験が変化することを想定している。そうでなければ，早期体験の重要性を訴えることにほとんど意味はないだろう。しかし循環的心理力動論では，ただ単に早期の表象が心に深く刻み込まれた結果，後の体験が違ったものになるとは考えられていない。また，早期の表象が内在化された結果，後の体験が持続的で比較的変化しにくいものになるとも考えられていない。循環的心理力動論の理解においては，心理傾向は，いったん内在化されれば，現在において生起していることから多少なりとも独立して表出されるものとしては描き出されていない。循環的心理力動論においては，現在のその人の傾向とその人が出会う人々や出来事との間には**互いに互いの結果となるような持続的な相互作用**があると考えられている。そして，人生早期に確立された行動や体験のパターンが長期にわたって維持されるには，早期の体験によって生み出された諸前提が繰り返し確証される必要がある。つまり，同種の体験が，何度も何度も持続的に繰り返される必要がある。

　これは何も，早期に確立された傾向が容易に変化するということではない。確かに，循環的心理力動論は，そのパターンが維持されるためには，繰り返し確証されることが必要だと，つまり早期に発生した構造的傾向と一致する体験を何度も繰り返し引き起こすことが必要だと強調する。けれどもこれは，一度や二度の反証によって根本的な変化がもたらされるという意味ではない。まったくそうではなく，変化は難しいものである。期待，とりわけ無意識的な期待は**変化しにくい**ものだ。けれども存在するパターンは，かなり変わりにくいものではあるにせよ，決して変わりえないものではないし，新しい入力に対してまったく無反応というわけでもない。子ども時代において患者が期待するよう学んだものとは異なる体験に繰り返し出会うなら，子ども時代に学習されたその期待／知覚／行動パターンも時間とともに変化し始めるだろう。しかし，患者がわれわれのオフィスに持ち込むパターンは，それ自体が，そうした新しい入力の発展を**妨げる**ように働く。これこそがそのパターンの悲劇的なところで

ある。以前の体験から派生した患者の行動や感情のトーンは，もともとの傾向やもともとのパターンが出現しやすくなるような他者の感情や反応をさらに喚起し，そうした体験を引き出しやすい。この力動は，そのパターンが問題を孕んだものであれ健全なものであれ，同様に当てはまる。これについて，私はかつて別のところで以下のように論じた。

　たとえば，愛想よく楽しげな態度を発達させた 2 歳児は，静かで引きこもった 2 歳児よりも，大人の側の親しげな興味や注意を喚起しがちになる。後者の子どもは，典型的には，より貧弱な対人的環境に出会うことになり，さらにそれは彼が大きく変化する可能性を低下させることになる。同様に，前者の子どもは，引き続き，他者は楽しいものであり熱心に彼と交流したがっているということを学習していく可能性が高い。そして彼のパターンもまた，彼が成長するにつれ，よりしっかりと定着したものとなっていく。また，これら 2 人の子どもは他者から異なった行動を引き出しがちであるばかりか，他者からの同じ反応をも違ったように解釈するであろう。こうして，楽しげな子どもは，他者の静かな，あるいは気むずかしい反応をもゲームの一種と体験し，好意的な反応をとうとう引き出すまで交流し続けるかもしれない。多くの対人的交流に慣れていない静かな方の子どもは，こうした最初の反応を容易に撤退のためのサインと受け取りがちになる。
　これら 2 人の子どもが大人になったとき，おそらく彼らの間の違いはいっそう明瞭になっているであろう。片方は，社交的で，愉快で，人々から最もよい反応を予想する。もう片方は，内気で，誰かが自分に興味を持つとは思えないと感じている。幼児期のパターンは成人期においても持続しているのである。しかし，この持続的なパターンを維持する上で，先生，遊び仲間，ガールフレンド，同僚などがいかに次々にその「共犯者（accomplices）」に引きずり込まれてきたかを認識しない限り，われわれはその発達過程を真に理解したとは言えない。そして，今もなおそういった「共犯者」たちがおり，もし彼らがこの過程における彼らの役割を演じるのを止めれば，最終的にはそのパターンは変化する可能性が高い，ということを認識しない限り，変化への可能性を理解したことにはならない，と私は思う。(Wachtel, 1997, p.52) 注3)

　もちろんそのパターンは長年のうちには変化する。そのパターンの具体的な詳細の多くは，その 3 歳児が 40 歳になったときには，同じような外見ではな

いだろう。このこともまた，内在化や固着が十分な説明ではないことを示している。しかし，日常体験の過程において他者から引き出される反応のトーンや性質が重要な点で変化しないなら，そのパターンの情動的な本質はかなり一定に維持されるだろう。それこそ，サリヴァン（Sullivan, 1953, p.103）が「重要ではない違いを収めた封筒」と呼んだものである。堅固に確立された心理的パターンは，他者から，まさにそのパターンを持続させるような反応を引き出してしまう。この傾向こそ，精神病理の皮肉な核心なのである。動機づけ，感情，期待の内的状態は，その内的状態をさらに持続させるような外的反応を引き出し，そこに循環するサイクルができあがる（その結果，同じような外的反応がさらになお持続することになる）。このサイクルこそ，**循環的**心理力動モデルという名称の由来であり，このモデルに概念的構造を与えるものである。

　このように，循環的心理力動論の観点からすれば，しばしば精神分析家が幼児的，原始的，蒼古的などと形容する無意識的な空想，願望，自己イメージ，他者イメージがそのように持続されるのは，一見すると幼児的な心理構造が，繰り返し，自らを確証するような体験を他者から引き出すからである[注4]。ここで私が「一見すると」幼児的だと述べたのは，至る所で見られるこうした心理構造や心理傾向が単に人生最早期の遺物であり，大人の生活の現実との接触を失った変則的なものだという前提を疑っているからである。むしろ，精神分析的な探究が明らかにするような無意識的な空想や願望を理解するために決定的に重要なのは，そうした空想や願望を十分に詳細に調べれば，それらは，直接的ないしは象徴的に，その人の日常生活の現実と**精巧な仕方で接触している**ということが分かるだろうということである。われわれが普通の大人の生活として想定しているものを背景にしてそれらを見るなら，それらは奇妙で例外的に見えるかもしれない。けれども，もしわれわれが，その患者が実際に生きている**特定のヴァージョンの**「普通の大人の生活」を背景にして，彼の他者との相互作用や，体験の中心にある感情，雰囲気，意味などの独特な細部を見ていくなら，これらの「幼児的」な感情，願望，空想はより合理的なものになる。無意識の願望や空想を実際に掻き立て維持している体験に関しては，われわれはそれぞれかなり個性的な世界に棲んでいる。ハインツ・ハルトマンの言うところの「平均的に期待できる環境」に住んでいる人間などいないのである。

　違った角度から見れば，深層の内的世界とより表層的な日常体験の世界との間の区別は，精神分析的な議論においては一般的なものだが，循環的心理力動論の立場に立った分析の視点に立てば消失してしまう。内界と外界とは相互に

共決定的なものである。深さは，どちらに注意を向けるか（内側へ，あるいは過去へ）に関わる問題ではない。深さは，いかに内的状態と外的現実とが何度も繰り返し互いを再創造するかをどれほど徹底的に理解しているかに関わる問題である（またこれは，いかに内界への注意が外界を変化させる努力に必要であり，外界への注意が内界を**変化させる**努力に必要であるかを，どれほど適切に理解しているかに関わる問題でもある）。

循環的心理力動論の起源──精神分析と行動療法の対立の中で

人格パターンを維持する上で，悪循環にせよ良循環にせよ，循環的なプロセスが幅広い役割を果たしていることや，われわれの行動と体験が異なる社会的・関係的文脈において変化することは，今となっては私にとってあまりにも明白なことのように思える。そのため，この観点を明確に描き出すのに大きな苦闘が必要だったことは，驚くべきことのように感じられる。現在，患者の話を聴いていると，彼らの行為が，その行為を生み出すことになった内的状態を維持するようなフィードバック（本書を通して描き出される現象）をとても頻繁にもたらしているのが分かる。その様子は繰り返し，はっきりと見て取ることができる[注5]。同様に，どのような人格理論も，それが適切なものであるなら，人々の振るまい方や**感じ方**は，文脈が異なれば，あるいは関わる相手が異なれば，しばしば非常に違ったものになるということを無視することはできないということも，今や私にとっては明らかである。われわれの感じ方や振るまい方が，パーティで，バーで，学位審査の口頭試問で，最も親しい友達といるとき，公的な場面で出会った人といるとき，子どもといるとき，職場でスーパーヴァイザーといるとき，性的パートナーといるとき，どのように違っているかを比較してみれば，そこに一貫したアイデンティティや自己があるという感じを感じさせてくれる同一性の感覚が維持できていることは驚くべきことのように思える。というのも，そこでは顕在的な行動が違っているだけでなく，しばしば自分自身の体験の様相も違っているからである。行動だけでなく，有能感と無能感，引っ込み思案と大胆さ，自己についての価値と無価値の感覚といった基本的な感覚までもが，文脈によって顕著に変化しうる。その人といることで，自分自身について楽しい，興味深い，のびのびしているなどと感じられるような相手がいる一方で，自分の中の元気な感じ，適切感，力強さの感じなどが消え失せてしまうように感じられる相手もいる。こうした行動や自己体験の大きな

14 第1部 心理療法，人格力動，間主観性の世界

変動性を考慮していない人格理論や，こうした変動性を（子ども時代の体験によってずっと昔にその性質が決定された）内的世界を覆っている表層の波立ちにすぎないものとして片付けている人格理論は，いずれも生きられた体験の現実のデータを単に無視した理論であるように思われる。

文脈による行動や体験のこうした変動は，おおむね多重自己状態という概念を基礎として理論を構築している現代の一群の関係理論家にとっては非常に重要なものである（たとえば，Benjamin, 2010; Bromberg, 1998; Davies, 1996; Mitchell, 1993; Slavin, 1996）。そうした変動はまた，アイデンティティについてのエリクソン（Erikson, 1950, 1959）の古典的な著作の鍵となる要素でもある。エリクソンの言うアイデンティティが指し示し，基礎を置いているのは，状況を超えた単純な同一性ではなく，行動や体験の大きな**多様性**を超えて**構成された**一貫性の感覚であり，多様である**にもかかわらず**同じであるという感覚である。ウォルト・ホイットマンの有名な言葉の通り，われわれは「多重性を抱えている」▶訳注1）。

文脈によって多様な振る舞い方や感じ方ができて，それがしっかりと適切に分化していることは，メンタルヘルス上の1つの目安である。極端な場合，もし誰かが，たとえば，性的パートナーに対して振る舞うときと同じように子どもに対して振る舞うなら，それは明らかに非常に深刻な病理のサインである。しかしそれほどではないにせよ，親しい友達といるときにも，ちょっとした知り合いといるときと同じ程度にしか親密さやくつろぎを感じないとか，逆に，上司といるときにも，友達や家族といるときと同じ程度にしか慎重さや気遣いを感じないとしたら，その人の生活は深刻なダメージを受けてしまうだろう。さらには，ここで私が言及しているのは顕在的な行動だけではないということに再度注意を喚起しておこう。私がここで言及しているものには，異なった文脈や人間関係における，自分自身や自分の人生についての感じ方の違いも含まれている。人によって程度は違うものの，誰しも，自分を強く有能であると感じるときもあれば，不適切で欺瞞的で無力に感じるときもある。そして，こうした違いは，そのとき身を置いている場面や関係とかなり関係している。とても恥ずかしがりな人でも社交的でくつろいでいるときもある。最も外交的な人でも居心地が悪く不安に感じるときもある。ここでもまた，場面と関係が重要な役割を果たしている。どのような人格理論も，それが適切なものであるなら，

▶訳注1）ウォルト・ホイットマン（Walt Whitman 1819-1892）は，アメリカ合衆国の詩人，随筆家，ジャーナリスト，ヒューマニスト。

こうした変動を考慮に入れる必要があるばかりか，それを基礎の中心に据える必要がある。時間と状況を超えた一貫性，それと同時に，絶えず変化する環境や直面する課題への鋭敏な反応性，それらは人格力動の2つの柱である。そのいずれもが，他方より現実的であるわけでも，基礎的であるわけでもない。

けれども，私の初期の訓練における精神分析の状況を振り返ってみれば，今となっては非常に明白なものをはっきり認識するのに，なぜそれほど長い時間がかかったのかということも容易に理解できる。その当時の精神分析は，ここで私が論じてきたような行動と体験の変動性を表面的なものとして軽視するような心理発達と心理組織の見方（第5章参照）に支配されていた。その結果，こうした変動性を浮き彫りにしたであろう観察も，そうした見方の概念的プリズムによって不可視化されたり周辺化されたりしていた。その当時において主流であった精神分析のヴァージョンは，一連の観念と，それらに結びついた臨床的方法や調査方法（たとえば，中立性，解釈，自由連想法）を中心に構成されていた。そして，そうした臨床的方法や調査方法は，それと結びついた一連の観念に調和する特定の観察を繰り返し生起させた。その結果，まさに同じ一連の観念が強化された（そして，それらの観念によってもたらされたものであると同時に，それらの観念を支えていたものでもある一連の方法も強化された）。同時にまた，一連の方法とそこから生じた一連の観察のこの閉じたサークルは，意図的にではないにせよ，他の観察を抑圧し，排除した。こうした他の観察こそ，この枠組み全体を揺さぶり，それを拡張する可能性を孕んだものであった（第11章参照）[注6]。

精神分析の**社会的**集団あるいは**社会的**ネットワークとしての影響力もまた同様に閉鎖的であった。ここで私が言及しているのは，精神分析の考え方のシステムのことではない。私がその意見や考え方や感じ方を尊重し，耳を傾けてきた具体的な個々人との間の，感情的に重要な絆としての精神分析のサークルのことである。そのようにして閉じられたサークルは，考えを水路づけ，他の見方の妥当性を否定して選択的に排除する。ここでもまたそれは決して精神分析に限られたことではない。これは，知的，社会的，宗教的，イデオロギー的，その他**あらゆる**考えのシステムに一般的なことである。その当時，私がかなりどっぷりと浸かっていたコミュニティは精神分析のそれだったけれども，ここで私が述べている現象は，もっぱら認知行動療法を準拠グループとしているセラピストのサークルにも，またこの分野を構成する他の部族にも（私は意図的に「部族」という言葉を用いている），同じくらい当てはまる。同じ考えを共

16 第1部 心理療法，人格力動，間主観性の世界

有して互いに反響的に強化しあうこの過程は，潜在的にはより複雑で多元的な他の理解を閉め出してしまう。こうした過程は，民族紛争，社会階層間の紛争，そして戦争や政治闘争（Wachtel, 1999）において，決定的な役割を果たしている。それはまた，クーン（Kuhn, 1962）などが以前から指摘してきたように，科学的なサークルにおいても作用している。

　実際，簡潔にトゥー・パーソンの視点と呼ばれているものが与えるもう1つの重要な示唆は，個人の知覚自体がより大きな文脈の中で理解される必要があるということにある。われわれがただ単に自分の目で見ていると思っているものは，実際には，われわれが所属するコミュニティの目を通して見ているものなのである。たいていは気づかれないうちにではあるが，それはわれわれが特定の現象に気づき他の現象には気づかないよう，特定のもの同士を関連づけ他のものは関連づけないよう，そして特定の結論や解釈に到達し他の結論や解釈には到達しないよう，力強く導いている。さまざまな過程を通して，われわれの思考と知覚は影響を受け，フィルターをかけられる。こうした諸過程はまた，準拠グループによって強く信奉されている視点から**すでに**離脱し始めているときにも，そのことにはっきり気づかないよう導くものでもある。このような場合，D・B・スターン（Stern, 1997）が臨床的な文脈において論じたのとほとんど同じ意味で，その違いは未構成のままに留まる。あるいは少し異なった文脈においては，そうした違いは，その人をそのコミュニティに持続的につなぎ止めている（今やより不安定となった）中核的な信念からは解離されたまま，明確化されるかもしれない。たとえば私自身の場合，私は，文脈による人の体験の変動性に，そして，現前する文脈への人の**応答性**に，ますます強く印象づけられるようになった。しかし私は，そうした観察が当時の標準的な精神分析的思考にいかに挑戦するものであるかを，自分自身では明確にしてこなかった（あるいは解離ないしは周辺化させ続けてきた）。

　興味深いことに，私が自分の知的アイデンティティの中核要素に対するこの挑戦をまだ十分に明確化していなかった時期には，こうした新しい見方が，多少の概念的な努力によって，精神分析的な作業における中核的観察と（少なくともその改訂されたヴァージョンと），**和解できる**ということを理解することができなかった。生活上の出来事や体験に対するわれわれの反応性の観察と，精神分析的思索のより古い中核とを和解させることは，結局のところ，循環的心理力動論の重要な焦点となった。しかしながら，私が上に述べてきたような社会的・心理的な制約のために，それは難しい仕事となった。実際のところ，

はじめのうちは，その必要性を認めることさえ困難だったのだ。

　それゆえ，私は自分で気づいていた以上に，自分自身が属していた知的コミュニティの基本的な前提のいくつかを私が疑問視し始めていたのだけれども，そのことを明確化していくためには，自分のコミュニティの世界観の外部の視点に直面するよう強制される必要があった。私の場合，ウォルター・ミッシェルの『パーソナリティの理論──状況主義的アプローチ』（Mischel, 1968）がその機会となった。社会的学習理論家であり，行動療法の信奉者であるミッシェルは，精神分析に対しても，時間と状況を超えて安定した人格特性の研究を強調するアカデミックな研究の伝統に対しても批判的であった。その著書は，行動と体験の起源を徹底的に状況主義的に理解することを唱道したものであり，その点において非常に偏向的で行きすぎたものであった（Bowers, 1973; Wachtel, 1973）。しかしながら，その著作は，アカデミックな臨床的心理学と社会的心理学の世界に非常に強いインパクトを与えた。そしてまたその著作は，かなりの欠陥を伴いながらも，なお精神分析的思索の経験的で概念的な基礎について深刻で本質的な疑問を喚起した。

　その著作に真剣に注目していたために，私はアメリカ心理学会の年次大会において，その著作に関するシンポジウムに招かれた。その時の私の役割は，本質的に精神分析を擁護する立場から発言することであった。今となっては理由も忘れてしまったが，あいにくそのシンポジウムは大会の直前に取りやめになった。けれども，その時すでに賽は投げられていた。私はかなりの時間を費やしてそのシンポジウムのために発表の準備をしていた。私はミッシェルの議論に深く関与するようになり，考え直すようになった。その結果，循環的心理力動論の視点がもたらされたのである。

　ミッシェルの著作と出会いに関しては，2つの要素が特に重要であった。第一の要素は，行動と体験の変動性と環境への応答性がいかに重要であるかを論じた（欠陥があるにせよ）強力な議論との出会いにあった。ミッシェルの議論は行きすぎで一方的であったけれども，膨大な証拠に基づいていたために，私に考慮を迫るものであった。そして非常に重要なことに，私は最初のうち，ミッシェルの議論を，精神分析への**挑戦**として，つまり受け流すか反論する必要があるものとして体験した。しかしながら，さらに考えを深めていくうちに，私は，その頃，自分自身でもはっきり気づかないうちに進めつつあった精神分析の改訂の方向性は，実際，ミッシェルが強調している観察の多くを含むものに他ならないということに気がついた。言い換えれば，ミッシェルが提示してい

18 第1部 心理療法，人格力動，間主観性の世界

た証拠や観点は，私が最初に考えていたほどには（そしてミッシェルがそう考え続けたほどには）精神分析的な思索と両立不能ではないということを理解するようになったのである。ミッシェルの議論に出会う前には十分に明確に認識していたわけではなかったけれども，私は，精神分析には未検証でありながら平然と受容されている要素がたくさんあることにますます我慢がならなくなってきており，言わば，意識の水面下において，臨床作業においても日常生活においても自分が観察しているものと調和する，新しい決定的な改訂版を形成し始めていたのであった。そのうちに私は，精神分析をミッシェルの攻撃から**防衛**する必要はさほどないということを理解するようになってきた（ミッシェルの議論はまさに攻撃であった。精神分析についてのミッシェルの理解はお粗末なものであり，彼の議論には欠陥があった）。むしろ私は，精神分析においてこれからも引き続き価値を置く必要があるものは何なのかに関する私自身の理解を洗練させ，私自身の思考の背後にある諸前提を整理し，精神分析の訓練から学んできたものと不満に感じられているもの（理論的にもそうだが，重要な意味で臨床的にも不満に感じられているもの）とを共に明らかにしていくことが必要であった。

　ミッシェルの議論によって刺激された再考の臨床的な側面は，循環的心理力動論の視点の発展にとっての第二の重要な推進力へと私を導くこととなった。私は，行動論的な方法の効果に関して急速に蓄積されつつあった証拠を初めて真剣に精査し，さらに重要なことには，実際の行動療法の実践の世界に身を置いたのである[注7]。ここでもまた私は，最初は反射的に反発していたのだが，真面目に注意を向けていくうちにより複雑な反応が生じてきた。行動療法に関する印象的な証拠は，最初のうち，私の精神分析的アイデンティティを**脅かす**ように感じられたのだが，その後さらに考えを深めていくと，それはそのアイデンティティを**強め**，洗練させるものだということに気がついた。またそれは，精神分析的な視点によって私が同定できたまさにその力動に対するより効果的な介入を促進してきた直観や観察や印象を明確化してくれたということにも気がついた。精神分析家というアイデンティティが邪魔をしていたために，私はそうした直観や観察や印象をそれまで十分に明確に認識できてこなかったのであった。行動療法の実際の実践にさらに身を置く中で私が理解するようになったのは，よき実践家が手がける限り，行動療法は，それまで私が信じてきたほどには機械的なものでも表面的なものでもなく，興味深く，重要な意味で精神分析的な実践の諸側面ともとても重なりがあるということであった。

しかしながら，同時にまた，私が認めるようになってきた重なりや両立可能性は，非常に広範囲にわたるわけでもなかった。行動療法家が注目するものと精神分析家が注目するものの間には，そして行動療法家と精神分析家が臨床場面でしていることの間には，なお非常に大きな違いがあった。したがって，それぞれが持つ異なる観察や方法をつき合わせ，両者に対して公平で包括的な理論的・臨床的枠組みを作り出すことが課題となった。ビデオテープを通して，あるいは異なる部族のメンバーにマジックミラーから観察させるという彼らの寛大な対応を通して，指導的な立場の行動療法家のセラピーを観察する機会に接する機会を重ねるほど，私は彼らの臨床実践が洗練されていることにますます印象づけられるようになり，それぞれのアプローチが持つ強みを統合的に結びつけることにより大きな可能性を見出すようになった[注8]。私は彼らの方法，とりわけ患者のジレンマをただ解釈するだけではなく，そこにより積極的に介入していく構えが，私自身の臨床実践を高めうることをはっきりと理解した。同時にまた，もし行動論的な治療作業に，患者理解や臨床的な出会いへの精神分析的なアプローチの基本的な要素が取り入れられれば，大きな利益が得られることも明白だと思われた。行動療法家たちは，精神分析的な伝統の最も重要な寄与に対して，ほんの少ししか注意を払っていなかった。それらの寄与とは，たとえば，無意識の動機や葛藤への注目であり，また，自己や重要な他者のイメージを守るために患者がいかに自らの体験を防衛的に歪曲された仕方で表象するかということについての理解である。行動療法家は精神分析家よりも，患者が何を本当に欲しているのかについて，社会的に広く受け容れられている陳腐な表現を真に受けがちであったし，もっぱら患者の体験の意識的報告に注意を向けがちであった。それぞれが異なった強みを持っており，異なった制約を持っていた。臨床的な実践と理論を次の段階に引き上げるための鍵は，これらすべてを一貫したやり方で結びつける実践上・理論上の枠組みを発展させることだと私には思われた。

　行動論的な方法をセラピーに取り入れる私の最初の努力においては，私は，できる限り行動療法家が自身が行っている通りに，行動論的な方法を行うことを目指していた。結局のところ，そうしたやり方こそ，その効果に対する最も直接的な証拠が示されていた実践様式であった。それに加えて，私はこうした方法を改変したり，即興的に変形させたりできるほど，こうした方法における経験が十分ではなかった。それゆえ私は，私が観察した指導的な行動療法家がしたようにしようと努力した。そしてその上で，より精神分析的な作業の部分

20 第1部 心理療法，人格力動，間主観性の世界

では，その介入の患者に対する影響や，患者にとっての意味を探索しようと努力した。

しかしながら，時間が経つにつれ，私は，私自身のこうした手続きの用い方と，行動療法を専門的に行っているセラピストの同じ手続きの用い方には，違いがあることに気づき始めた。さまざまな文脈でこの発展過程を検討して記述してきたように，最初に精神分析的な視点から心理療法を実践することを学び，その時点までのキャリアのすべてを通してその視点から実践してきたことが，私の行動療法実践に精神分析的な「訛り」を与えていたのである。治療手続きの厳密な手順にはなくても，私は，その治療手続きに取り組んでいる間の患者の主観的体験や，こうした方法を用いることによって患者の中に喚起されている私についての感情に興味を抱いていることを患者に伝えていた。それは，私が観察してきた行動療法家があまりしていないことであった。患者とのこうしたコミュニケーションの多くは，あからさまで意識的な質問によってなされたわけではなく，いわば，私が患者とともにいる時の，まさにそのありようの本質的部分としてなされていた。それはまさに私がどのように患者と共にいるかということであって，そうした探索に取り組む意識的な意図がまったくなく，「単に行動論的」であろうと考えていたときでさえ，伝わっていた。その結果，私が行動論的な方法を使った場合には，厳格に行動論的な臨床家が同じ方法を単純に使用した場合よりも，ずっと多くの「材料」がもたらされた。このようにして，系統的脱感作その他のエクスポージャー技法などの行動療法の手続きは，私の個性的な使い方によって，単に心理力動的な探究を補うものや心理力動的な探究に代わるものにとどまらず，心理力動的な探究のための1つの**方法**ともなったのである。

そのうちに，私は，それぞれの行動論的な方法を精神分析的な訛りで用いているというよりも，1つの新しい方言を発達させ始めているのだと気づくようになった。そこでは，治療作業における心理力動的なものと行動論的なものとの境界が曖昧になっていった。今日では，セッションにおいていつ自分が心理力動的であり，いつ行動論的であるのかを同定することは困難である。どの介入や探索においても，両方の視点がしばしば明白であり，互いに織り合わされている。本書の第8章において述べるように，私の治療作業はよりつなぎ目のないものになっていった。

もちろん，今日でも，行動論的なものだと容易に同定できる介入を行うこともある。また，その後，さらに幅広い統合がなされるにつれ（本章におけるこ

の後の議論を参照のこと），その時点において，新しいもの，ないし異なったものとして，他の学派に由来する特定の方法が用いられるときもある。しかしながら，治療的対話や治療関係に取り組む私の構え自体の中に複数の視点の要素が完全に織り合わされているので，どこである学派の方法が終わり，他の学派の方法が始まるのかを認識することは難しい場合の方が多い。その治療作業の全体の形態は，修正された精神分析的アプローチにもっともよく似ている。結局のところ，精神分析は今なお私の故郷とも言える学派なのである。けれども，洗練された観察者なら，水面下にあって目立たないながらも心理力動的なものを補っている一連の他の次元を容易に認めることができるだろう[注9]。

　こうした探索ならびに分化，和解，改革に向けた努力が総合的にもたらした結果が，統合的な臨床的・理論的アプローチである。それについては他のところで詳しく説明してきた（とりわけ Wachtel, 1977a, 1997, 2008, 2011a）。そのアプローチには，たとえば，分析家が解釈と呼ぶものについての見方が含まれている。その見方は，精神分析家が解釈と呼ぶものと行動療法家がエクスポージャーと見なすものとの間の類似性を強調する。そしてその見方は，こうした視点が精神分析家が解釈と呼ぶものをより体験的なものにするとともに，行動療法家がエクスポージャーと見なすものにより深くより包括的なヴァージョンをもたらすことを明らかにしている。またそのアプローチは，人の日常生活の随伴性に注目する必要性を強調している。それは，心理力動のパターンにより分化した理解をもたらすためでもあるし，悪循環のパターンに注目し，それを水面下で妨害するためでもある。悪循環のパターンこそ，人生早期の傷つきと不適応が大人の生活に持ち込まれる上で中心的な働きをしているものとして，私がますます認識を深めてきたものである。またそのアプローチは，制止や葛藤が，情動を体験し表現する能力や，満足で促進的な方法で他者と関わる能力に対して及ぼす影響を扱うためのさまざまな方法を提供している。

　両方の伝統の観察者や思索家が寄与してきたものを考慮に入れながら，また結局は本物の矛盾ではないのだろうと感じられるようになってきた矛盾の和解を求めながら，私はこれらの課題について，また両者の間に存在する驚くまでの重なりについて，考えを深めていった。その過程で，悪循環と良循環には広く深い影響力があるという私の感覚はさらに高まっていった。私は，そうした循環的パターンの理解は臨床状況においてのみ必要とされているわけではなく，ミッシェルのような著述家たちが自分たちの定式化の妥当性を示すためにほとんどもっぱら依拠している統制された心理学実験の意味を評価する上でも

22 第1部 心理療法，人格力動，間主観性の世界

同様に必要とされているということに気がついた。たいていの心理学実験の構造は，世界が独立変数と従属変数とに分割された，純粋培養の状況である。そこでは，人が自分の身を置いている状況に**影響を与える**可能性は最小化されている（Wachtel, 1973）。その結果，実験のみに依拠している理論家は，個人の心理的特徴が果たす役割を小さく見積もりすぎる誤りを犯しがちである。なぜならそうした実験の構造化のあり方そのものが，個人の心理的特徴を人為的に最小化しているからである。もし人を生態学的に典型的な文脈において観察するなら，実際，その人の人格は，状況に対するまさにこの影響力の中に非常によく表現されるのである。人格は，状況の制約を無視しながら役割を果たすわけではない。つまり，状況**にもかかわらず**その役割を果たすものではない。人格は，状況を**変化させる**ことによってその役割を果たすものである。

　これは，ミッシェルが状況や文脈を強調したことは重要ではなかったとか，彼の議論が私の考え方に重要な修正をもたらしたわけではなかったという意味ではない。ミッシェルの議論への取り組みは，私に，状況や文脈がいかに重要であるかを教えてくれたし，文脈をしっかりと考慮に入れた精神分析のヴァージョンとそうではない精神分析のヴァージョンとの違いに私の注意を向けさせた。状況は，ミッシェルが記述したようにいわば全能の独立変数として作用するわけではないものの，行動と体験を形成する上で実際に重要な役割を果たしている。しかしながら，その役割が果たされる上で，**人格もまた**決定的に重要な役割を果たしている。というのも，人格自体が，その人が出会う状況をかなり決定しているからである。ミッシェルをはじめとするアカデミックな理論家たちは，人の行動と体験についての他のデータ源に注目することによって適切に調整を加えることをせず，もっぱら統制された実験の結果だけに依拠していた。私はその間違いについての私なりの理解を形にしようと努力した。その中で現れてきたものが循環的心理力動的な視点の最初の形であった。ここで，ミッシェルの精神分析批判に対する私の批判（Wachtel, 1973）の中心部分をあらためて引用してみよう。というのも，それは循環的心理力動論の視点の最も初期の定式化の現れだからであり，最終的により成熟した理論が構築される基礎となった最初の考察だからである。

　　行動論的な志向性を持つ心理学者たちが，正常な，あるいは異常な行動についてもたらし，検討してきたデータは，環境内の出来事が明瞭に変化すると，それに反応して被験者の行動がはっきりと変化することを示している。被験者

は（ある種の実験においてはモデルは），金銭を与えられたり，取り上げられたりした。あるいは，電気ショックを与えられたり，電気ショックから逃れたりした。あるいは，特権を与えられたり，奪われたりした。そうした環境下においては，心理力動的理論家による複雑な定式化はまったく的外れと見なすことこそ正当であるように見える。行動は環境内の出来事の変化に従って変動する。個人の「類似した刺激についての学習歴」はもちろん無関係ではないが，状況を超えて適用される複雑な人格構造という概念化はほとんど必要ではない。状況を変えれば行動は変わるのだ。

　しかしながら，分析家にとって，そうした研究は，自分が興味を抱いている現象とは無関係なように見えるかもしれない。彼が観察するデータとは，おおむね次のような言説である。「ガールフレンドが見下すような感じで笑ったので，僕は彼女に腹を立てました。彼女は優しく微笑んだんだと言うんですが，私にはそんなふうに感じられませんでした」「上司は，私の主張がしつこいと言って私を批判しましたが，そのときの彼の声のトーンからして，本当のところは，彼が私の主張的なところを認めてくれているということが私には分かったんです。彼が私を支持してくれていると感じて気分がよかったです」「あなたは，今回は普段よりも沈黙がちなように思えます。私が料金のことで不満を言ったので，あなたは私に怒っているように私には思えます。私はあなたがセラピーを終わりにすべきだと言い出すのが恐かったんです。あなたは怒っているのも，セラピーをやめたがっているのも**私の方**だと考えているんでしょう。でも，あなたは間違っていると思います。私はあなたが私の感情を歪曲して理解していることに腹が立っているのです」。

　こうした報告は，確かに環境内の出来事に対する反応として生じた行動を記述している。原理的に言って，ガールフレンドの微笑みも，上司の声のトーンも，分析家の沈黙も，ねずみに与えられた餌粒や入院患者に与えられたトークンと同じように観察されうる出来事である。けれども後者の2つの出来事は非常に明瞭なものであるのに対して，分析家が詳しく調べるような対人的な出来事は，しばしば非常に曖昧なものである。被験者ばかりか実験者もまた，その微笑みが優しいものだったか，侮蔑的なものだったかを，ほぼ個人的な基準で判断せざるをえない。声のトーンに関する観察者間の信頼性はあまり高くはないだろう。われわれの学問の発展において，現時点で，そのような曖昧な出来事を研究するのは賢明な**方略**なのかどうかに関しては，さまざまな見解があるだろう。しかし，われわれは誰しも，そのような曖昧な「刺激」に対して，日々かなり

24　第1部　心理療法，人格力動，間主観性の世界

の時間を費やし，多少なりとも適切に反応しようと努力していることを認めねばならない（p.328）。……中略……

　力動論的な研究者と行動論的な研究者とを異なった結論へと導く研究方略の違いは，他にもまだある。それは，人間行動についての対人的な視点が照らし出すものである。それぞれの人の行動がおおむねその人が関わっている対人的な状況の関数であるなら，2人かそれ以上の人が互いに関わり合うときには，彼らはそれぞれ（刺激への反応というお馴染みの意味において）他者の行動に影響されるだけではない。それぞれが彼自身の行動の刺激特性によって，他者の行動に**影響を与えてもいる**のだ。AさんはBさんの刺激特性に反応する。しかし逆に，Bさんは（ある部分ではBさん自身が決定した）Aさんの行動に反応する。さらに，これらは単純に連続的に生じる出来事というよりも，両者ともに持続的な適応過程なのである。そうしたシステム論的な志向性からすれば，対人状況における特定の人の行動を，ただ単にその人に対して**提示された**刺激という面から捉えるような理解は，部分的で誤解をもたらすような見方にすぎない。というのも，こうした刺激は，それ自体，かなりの程度まで，その人自身によって**作り出された**ものだからである。こうした刺激は，彼自身の行動に対する反応なのである。つまり，その刺激が生じる上で，彼自身もまた一定の役割を演じてきたのである。その刺激は，彼が何者であるかということから独立した，彼には制御できない出来事ではないのである。……中略……

　上の考察から，人格には一貫性があるという仮定は，人は刺激状況の変化に敏感に反応するものだという見解と必ずしも両立不能ではないということが分かるだろう。というのも，人格の一貫性を仮定するのに，刺激に反応せず，状況が変化してもずっと変わらない固定的な構造を前提とする必要はないからである。人間行動の固定性と持続性の多くは，知覚や人格の適応的側面から切り離されたイドを想定しなくても説明できる。フロイトをはじめ多くの著者が観察した，何度も何度も頭を壁に打ち付け続けるような驚くべき人間行動の傾向は，反復強迫（Freud, 1920）の仮説を必要としない。むしろ一貫性は，多くの場合において，特定の状況に頻繁に身を置くことの結果として理解することができる。そしてその特定の状況は，おおむねその人自身が作り出したものであり，それ自体がその人の人格の特徴として記述しうるものである。

　こうした考察が示唆しているのは，状況が変化したとき，人の行動は最小限の一貫性しか示さないという多くの実験の結果（Mischel, 1968）は，アメリカにおける人格研究を典型的に導いてきた概念的モデルと研究方略が生み出し

た人為的な産物なのだろうということである。ミッシェルは，こうした研究結果と，人は典型的な行動の仕方によって特徴づけられるという根深い印象との間にあるギャップを指摘している。彼はそのギャップを，実際には多様であるものにも一貫性を**誤認**してしまうという，実証されてきた人間の知覚傾向のせいだと説明している。しかし，多くの生活状況においては純粋の一貫性も生じている。それは実験室では姿を見せない。というのも，典型的な実験は，標的となっている行動に先行する，標準化された独立変数を強調しており，上に論じられてきたような相互的な影響過程を遮断しているからである。しかし，この相互的な影響過程こそ，一貫性が生じるための重要な要素なのである。

　たいていの実験においては，刺激としての何らかの出来事が独立変数として実験計画に組み込まれている。そして，この独立変数がどの被験者にも確かに同じように提示されるべく，最大限の努力が払われる。実験助手はどの被験者に対しても同じように振る舞うよう訓練される。そしてもし彼らが，被験者の対人スタイルの特徴に反応して振る舞いを変化させてしまったなら，一般にこれは実験方法の失敗と見なされる。「独立変数」は「標準化」されているべきなのだ。こうした実験モデルでは，実験者の行動は，被験者が示す多種多様な対人的合図とは独立に生じるよう計画されている。こうした実験モデルは，「非情な実験者」モデルと呼ぶことができるだろう。

　そのようなモデルは，特定の独立変数が持つ独立した影響を調べるのには適している。というのも，もし適切な統制がなされているならば，そうしたモデルは，その変数によってさまざまな実験グループにおける行動の違いが説明できることを示すものとなるからである。ミッシェルの研究は，こうしたモデルでなされた研究においては，個人の行動は「独立変数」の変化に伴ってかなり変化する，ということを示唆している（もちろん，精神病理の程度や状況の曖昧さの程度などの要因を制限した上での話である）。

　しかし，そうした研究手続きが調べて**いない**ものに注目しよう。実験者の行動は高度に訓練されルーチン化されていたにもかかわらず，被験者の個人差がまったく観察されなかったわけではない。出来事の知覚の仕方や解釈の仕方が違っていたり，同じ状況に対する反応が違っていたりするのが認識されただろう。けれども，実験者の行動が高度に訓練されルーチン化されていたことは，被験者が，実験者から自分の行動に対する典型的な反応を引き出し，馴染みの刺激状況を再創造するのを効果的に阻止した。たいていの生活状況においては，相手が私たちに対して好意的か拒否的か，注目しているか退屈しているか，誘

感的であるか堅苦しいか，といったことは，かなりの程度，われわれ自身の行動によって決定されている。けれども，典型的な実験においては，被験者はその場の対人状況をほとんど制御できない。その対人状況は，彼が実験室に入る前にすでに決定されているのである。実存主義者の言葉を借りて言えば，そうした実験は人が「被投性」の中にいることを明らかにする。しかし，そうした実験は，その状況に対する彼の責任を明らかにすることはない。

　ミッシェル（1968）は，アイデンティティや人格の恒常性の感覚は，人が観察される環境的文脈の規則性によって強化されているのかもしれないと示唆している。ここでミッシェルが焦点を当てているのは，生活条件の規則性ではなく，観察条件の規則性である。つまり，われわれが，実際には幅広く多様な状況で機能している誰かを，特定の文脈においてのみ観察するような場合について述べているのである。けれども，もしその人が**たいてい**同じ特定の状況にいるとしたらどうだろう？　その場合，彼の行動は状況の関数であると記述することができるだろう。そしておそらく，もし状況が異なっていれば，彼は違ったように振る舞えるだろうと記述することもできるだろう。しかしその時われわれは，なぜある種の人々にとって，状況はほとんど変わることがないのかを問わなければならない。われわれは，いつも横柄な女性と一緒にいる男性，いつも仕事に没頭している人，何も言わずに無茶な要求にも従う弱々しい人をいつも側に侍らせている人などを，どう理解すればいいのだろう。さらには，どんな女性と出会ってもその女性の最悪な面を引き出してしまうように見える男性，どんな社交的な出会いも結局は仕事上の会合にしてしまう男性，普段は誠実で率直な人をも萎縮させてしまう人などを，どう理解したらいいのだろう。

　人はどの程度まで「偶発的に出会った」状況によって特徴づけられるものなのか，そうした現象がどれほど一般的なことなのかを確証するためには，多分もっと多くのデータが必要なのであろう。しかしながら，相互に影響を与え合っている出来事の継時的な文脈から切り離された個々の「刺激」と「反応」，あるいは個々の「独立変数」と「従属変数」をいくら観察しても，こうした問いにはほとんど答えられないということを明確に認識しておく必要がある。非情な実験者モデルに基づく実験を中心的なデータ源として人間についての見方を形成するのであれば，当然のことながら，人間が自分の人生や世界や人格を自己維持的なシステムとして構成しているという考えが入り込む余地はほとんどないだろう。(p.331)

最終的には，ミッシェルの批判は，精神分析的な議論に非常に顕著であった多くの思考習慣をより詳細に検討するよう（それらを精神分析に特徴的な思考習慣としてより明瞭に認識するよう，そしてまたその限界をより明瞭に認識するよう）私を導いた。しかし，ミッシェルの批判に取り組んだことで，私は（なお精神分析の伝統に根ざした考え方をしながらも）精神分析を選択的に用いるようになっていること，精神分析のある側面を他の側面よりも重く真剣に受け取るようになっていることに気がついた。すなわち，ミッシェルの批判は，私自身の精神分析的思索がどのように発展してきたかをより詳細に自覚できるよう私を導いたのである。その結果，私は，自分がどのように精神分析のさまざまな立場を分化して捉えるようになってきたかを認識するようになった。精神分析を丸ごと受け容れるのではなく，私は，自分自身の考えをある種の特徴を持った精神分析的思索に依拠させるようになり，別の種の精神分析的思索には，事実上，懐疑的になった。私は，自分自身の精神分析的前提をより細かく検討し，臨床的問題や理論的問題についての自分の考えが，どの精神分析的思索家によって最も深く影響されてきたかを理解していった。それにつれて，私は次のことを理解するようになった。つまり，ミッシェルは精神分析をひどく批判したけれども，私が興味を抱いていたヴァージョンの精神分析的思索はミッシェルの提出した知見によって少しも脅かされないばかりか，事実上，**促進された**のである。初めてミッシェルの仕事に出会った頃，私はますますエリクソン，サリヴァン，ホーナイ[注10] の考えに影響を受けるようになっていた。精神分析と循環的心理力動論の視点がともに発展し続ける中で，それらの流れは，今や関係理論家として記述されるようになった精神分析的思索家たちの考えを取り入れて発展していった。これらのヴァージョンの精神分析的思索においては，行動と体験は個性的なものであるということ，そしてそれらは関係的文脈に対して反応的なものであるということは，解決すべき難問などではなく，その理解の本質的部分なのである。ミッシェルは人格構造と人格力動の複雑性を軽蔑的に無視した。これとは対照的に，これらの精神分析的定式化は，ミッシェルが強調した変動性に注目しながらも，こうした複雑性を**内包**できている。ミッシェルの批判は心理力動的視点全般に向けられたものであったが，ミッシェルの取り上げたまさにその問題に関して，多様な心理力動的理論家たちが異なる見解を分化させていたのである。

28　第1部　心理療法，人格力動，間主観性の世界

個人とシステム
――発展中の循環的心理力動論の視点に家族システム論の考えを同化する

　心理力動的な伝統と行動論的な伝統の両者に由来する観察と方法とを統合する努力の中で，ひとたび循環的心理力動論の基本的枠組みが形成されると，次には家族療法と家族システム論に由来する考えや方法を同化することが必要になった。私が『精神分析と行動療法―統合に向けて』（Wachtel, 1977a）を執筆していた頃，臨床心理学の博士号を取得したばかりの妻のエレンは，アッカーマン研究所の博士課程修了後の研修で家族療法の訓練に取り組んでいた。彼女が家族療法の考えや方法を学んでいる最中に，私は彼女に，精神分析と行動療法の接点の探究について，そして循環的心理力動論の萌芽的なアイデアについて話して聞かせていた。彼女はアッカーマン研究所で学んでいることと，私の仕事との間の類似性に印象づけられた。彼女の指摘によれば，両者はともに直線的な因果的説明ではなく循環的で相互的な因果的説明を強調していた。また両者はともに，古い直線的な定式化は，人間の体験と相互作用をより幅広く見ていく視点をもつ枠組みの中に包摂されうることを強調していた。妻と私の議論は，最終的に，精神分析的な探究に由来する理論や方法と，家族療法に由来する理論や方法との間の接点について論じた著作として結実した（E.F. Wachtel & Wachtel, 1986）。その本のかなりの部分は，第一著者であるエレンの寄与によるものであったが，この共同プロジェクトに参加したことで私の考えには家族システムの視点がしっかりと刷り込まれた。そしてそれ以来ずっと，家族システムの視点は，私の考えと著作の重要な次元であり続けている。

　家族療法の伝統では，人を，日常的に参加しているシステムの文脈において理解することを強調する（家族はもちろん決定的に重要なシステムだが，決して人々の生活において重要な役割を果たす唯一のシステムではない）。この強調は，発展途上にあった循環的心理力動論の視点の文脈的な性質と調和するものであったし，その見解の延長上にあるものであった。家族療法家と家族システム論の理論家や研究者は，精神分析の概念や方法とは異なる一連の概念と臨床的方法を開発していた。また重要なことに，少なくとも私がますます依拠するようになりつつあったヴァージョンの精神分析的思考と，かなり両立可能であった（精神分析的な考え方と家族システム論の考え方との間の接点についてのまた別の重要な議論として，ガーソン［Gerson, 2010］がある）。

　家族システム論のアプローチと循環的心理力動論のアプローチとの間の特に

重要な共通点の１つとして，両者がともに人の生活を構成している現実の相互作用の重要性を強調していることが挙げられる。われわれは頭の中でだけ生きているわけではなく，相互作用の中でも生きている。そして，われわれの生活に深く根付いていると同時に，われわれの生活の文脈となっている相互作用のウェブは，循環的心理力動論にとっても，家族システム論にとっても中心的なものである。この視点は本書全体を通して述べられているが，特に第２～第４章においてはっきり論じられている。

循環的心理力動論と人間性主義的──体験的で感情に焦点を当てた諸療法

　より最近になって，とりわけ心理療法の統合を探究する学会（the Society for the Exploration of Psychotherapy ; SEPI）（心理療法と人格の理論における統合的な考え方を追究する国際組織）の大会に出席するようになった結果，私はますます人間性主義的－体験的な伝統の寄与に関心を抱くようになった（たとえば，Greenberg, 2008; Greenberg & Goldman, 2008; Greenberg & Pascual-Leone, 2006; Greenberg & Watson, 2006; Pos & Greenberg, 2007; Pos, Greenberg, & Elliott, 2008）。そして私は，その洞察と実践を取り入れられるよう，循環的心理力動のモデルを拡張し，改訂する仕事に取り組んできた。実際，心理療法の統合を求める私の努力は，まさにその最初から，心理療法をより体験的なものにすることへの関心を重要な推進力としたものであった。そもそも私が精神分析的に方向づけられた自分のセラピーに行動論的な方法を取り入れようと思うようになった重要な要素は，その当時の行動療法は，一般に抱かれているステレオタイプなイメージとは逆に，その頃，臨床的に用いられていた諸アプローチの中でも，最も**体験的な**もののように私には思われたということにある。行動療法の信奉者も批判者も，それを行動主義的なものとして記述しようとする傾向があったけれども，行動療法は行動主義的であるどころか，高度に体験的な治療方法であるように見えた。行動療法においては，患者は自分が恐れているものや対人的問題の源についてただ**話す**だけでなく，直接的に直面させられていた。実際，前にも述べたように，行動療法がこのようにとても体験的な治療様式から，より顕著に**認知的な**モデルへと移行し始めたとき，私にはその移行は臨床的な後退と捉えられた。初期の行動療法は，おおむね刺激－反応の反認知的な心理学に根ざしており，精神分析家をはじめとする洞察志向的な臨床家は言うまでもなく，ますます多くの実験心理学者が時代遅

30　第1部　心理療法，人格力動，間主観性の世界

れで支持できないものと見るようになっていたことを考慮すれば，行動療法への認知的視点の導入は，**理論的**には進歩と言える面もあったわけだが，その**臨床的な**結果はあまり有益なものではなかった。この領域において優勢となり始めた認知療法ならびに認知優位の認知行動療法（CBT）は，私にとって魅力であった行動療法の直接的に体験的な性質を薄れさせた，より知性化された頭の中のアプローチであった。さらに困ったことには，この高度に合理主義的な治療法は，患者に**感情を体験するのをやめるよう**説得しようとしていた[注11]（この問題についてのより詳しい議論，ならびに，より体験的で感情に焦点づけた新しい形態の CBT についての議論は，Wachtel, 2011a, 2011b を参照）。

　われわれの領域における体験的で感情に焦点づけた諸アプローチは，こうした過度に認知的なアプローチとは対照的なものである。こうした諸アプローチは，感情への気づきを促進すること，苦痛な感情や葛藤を孕んだ感情への接触を妨げる諸要因に注目することを強調している。明らかにこれは，より精神分析的なアプローチとも共通するものである。けれどもこうした諸アプローチは，感情との接触や感情への取り組みに関する精神分析的な治療様式を，幅広い付加的な臨床的方法で補完するものである。たとえば，深い情動体験を促進する，その情動体験を内省と統合する，その情動体験を現在の生活上の目標と織り合わせる，などを狙った臨床的方法である（Greenberg, 2002, 2004; Greenberg & Paivio, 1997）。こうした臨床的方法を，精神分析的視点がもたらしてきた奥深い洞察に根ざしたセラピーに取り入れることは，循環的心理力動的視点の現在の課題の重要部分となっている。

より大きな社会的文脈

　循環的心理力動論の発展における最後の要素は，より大きな社会的・文化的文脈を扱う試みであった。循環的心理力動論の視点の一般的な趣旨と調和して，この試みは，どちらの方向の因果も特別扱いしない双方向的な仕方で取り組まれてきた。たとえば，一方で，循環的心理力動論の視点は，心理療法家が典型的に取り組みがちなより個人的で家族的な問題に注意を払いつつ，同時に，個々の患者の体験やジレンマがいかにより大きな文化的・経済的・歴史的な傾向を反映しているかにも注意を払う。他方で，循環的心理力動論の視点は，不可視化され，曖昧にされがちなある種の文化の諸側面を，精神分析や他の心理学的理論の洞察を適用して理解しようとする。ある種の文化の側面は，「これは人

生が与える挑戦を理解する多様な道筋の1つだ」というメッセージではなく，「人生はこういうものなのだ」というメッセージをただ伝えることによって不可視化され，曖昧化されてしまっている。

　セラピストは，患者の文化や社会経済的環境の強力で重要な影響力を，驚くほどしばしば考慮に入れ損ねてしまう。循環的心理力動論の視点からすると，これらが患者の心理状態に与える影響は，心理力動の領域外のことではなく，その本質的部分である。患者の心理力動は**常**に文化的・社会的な文脈の中で表現されるものである。そして，患者の心理力動の意味は，その文脈から切り離すことのできないものである。それと同時に，その文脈の意義は各人にとって異なっている。それは，各人がその文脈に付与し，そこに見出す**個性的な意味**を反映したものである。社会的文脈を無視した純粋に心理学的な分析も，個人が自らの文化的環境をどのように個性的に理解しているかを考慮していない純粋に社会的な分析も，ともに制限されたものである。繰り返された個人的体験は社会秩序を形成し，維持している。同時に，現在まで発展してきたより大きな社会的・文化的・経済的関係のパターンは，個人と家族の生活を重要な意味で形成している。個人性と，共有されている文化への参加は，1つのコインの表裏である。本書の第2部では，とりわけこれらの問題に焦点が当てられる。そこで私は，いかに社会において周辺化されたグループのメンバーが，恵まれた主流のグループのメンバーよりも，ずっと特定の課題やジレンマに直面しやすいか，ということについて探究する。また，循環的心理力動論の視点が，一連の社会的なパターンや問題を理解していく上で，どのように助けになるか，についても探究する。第2部の諸章は，これまでに循環的心理力動論の分析が適用されてきたテーマ——人種関係（Wachtel, 1999），われわれの社会を絶え間ない経済成長を中心に組織化することの心理学的結果や物質主義（Wachtel, 1983）——に基づいたものであり，循環的心理力動論の分析が，個人的な心理力動と，より大きな社会的・文化的力動との間の相互作用をどのように扱うかを論じたものである。

内的世界，親密な対人関係，文化と社会

　本書のサブタイトルは，本書の中心テーマともなっている1つの連続性を指し示している。長年にわたって，精神分析的な著作は「内的世界」と呼ばれているものへの焦点づけを最大の特徴としてきた。「内的」という用語の厳密な

意味は理論家によって違っているかもしれないが，精神分析は，長年の間，日々の出来事という「外的」世界をほとんど参照せずに作用する力動を仮定する強固な傾向を示してきた。そこでは日々の出来事は単なる表面的な現象と見なされてきたのである。内的世界についてのある種のヴァージョンの理論においては，あるいは内在化や内在化された対象についての議論においては，ひとたび表象が内在化されたなら，それは多かれ少なかれ自律的に機能するようになり，現在の環境から何らかのきっかけが与えられずとも，脚本通りに姿を現すものとされている。内的世界に関わる理論がそうした考え方に基づいていればいるほど，その理論と本書とはかなり実質的に異なっていると言える。

　しかしながら私はなお本書のサブタイトルに**内的世界**という用語を含めた。その理由は，内的世界に関しては，別ヴァージョンの考え方も存在しているからである。つまり，循環的心理力動論のプロジェクトや思考様式ととてもよく適合したヴァージョンの考え方も存在しているのである。このもう1つのヴァージョンは，主観性と個人性の領域に本質的に関わっている。両者はともに循環的心理力動論の視点の本質的特徴である。ある種のヴァージョンのCBT においては，患者の主観性の探索といっても，たいていのところ，かなり構造化された一連の質問に答えるよう求めることで体験の意識的な報告を得ることに限られている[注12]。これとは対照的に，本書において探究される視点は，ほとんどの他の精神分析的アプローチと同じくらい，主観性の深さと微妙さに注意を向ける。内的世界への注目が，こうした主観性の微妙さと複雑さへの注目を，そして体験を**深く**探索することへの注目を意味するのなら，内的世界への注目は循環的心理力動的アプローチの重要な特徴だと言える。

　これと関連して，内的世界に注目することは，結局のところ，患者の個人性が患者のあらゆる思考，感情，知覚に表現され，反映される過程に注目することに他ならない。ここでは内的世界の観念は，次のことを踏まえている。それは，われわれが出会う状況がどういうものであれ，われわれはそれぞれその状況を，それぞれのユニークな歴史から，そしてユニークな（そして持続的に発展する）一連の心理構造と傾向から理解するということである。ここでスキーマの概念が重要になってくる。とりわけ，ピアジェが定式化したような，同化と調節の過程の間の持続的な弁証法的緊張としてのスキーマの概念が重要となってくる。というのは，スキーマ概念は個人の解釈と，状況あるいは文脈の影響とを対立的に捉えないからである。スキーマ概念はむしろ，個人の解釈にしても，状況や文脈の影響にしても，一方を理解しようとすれば，どうしても他方

を考慮に入れなければならないということに光を当てるものである（たとえば Wachtel, 1981, 2008 を参照）。同様に，本書のサブタイトルにある内的世界は，日常生活の世界から切り離され，隔離された世界ではない。むしろそれは，日常生活の体験が，いかに個人性と主観性で満たされたものであるかを，そして同時にまた，内的世界がいかに瞬間瞬間に生きられている日常生活への**反応**であるかを，指し示す概念である。

　本書のサブタイトルの 2 番目の要素である「親密な対人関係」の世界もまた，完全に切り離され独立した領域ではなく，一人ないし複数の他者と関わる経験における一連の現象や過程を便宜的に意味するものである。そうした他者との相互作用は，われわれの目覚めている生活の大きな部分を成すものでありながら，以前の精神分析の理論においては皮相なものとして周辺に追いやられていた。親密な対人関係の世界を「皮相」なものとして捉える見方は，内的生活を重視する見方と表裏一体のものである。私自身がこれらの用語を用いるときには，こうした見方はしない。こうした見方は，「深い」ものは「内的」なもの（そしてたいては埋もれているもの）であり，「表面に表れているもの」は「皮相なもの」であるという見方を反映している（長年にわたって精神分析的な著述家たちが，表面的なものと深層にあるものとをどのように概念化してきたかについての批判的な議論は，特に第 5 章に詳しい）。しかしながら，近年の精神分析の文献においては，私がここで「親密な対人関係」の世界と呼んでいる人々の実際の相互交流に対する注目が高まってきた。人々の実際の相互交流への注目は，サリヴァンの対人関係論（Sullivan, 1953）から始まったと言えるだろう。けれどもそれは，1980 年代に至るまで，精神分析においては，かなり周辺勢力に留まっていた。1980 年代になって，関係論の運動が出現し，発展を遂げてきたことで，それは精神分析的な思索における主要な要素となったのである。

　もちろん，他者との相互作用のすべてが親密なものではない。愛する人や家族や親友との相互作用でさえ，その大半は「バター取ってくれる？」というお願いや，どの映画を見に行くかについての話し合い，その日のニュースについての情報交換などである。また，われわれの他者との相互作用の多くは，店員や，たまたま同じエレベーターに乗り合わせた他人，形式的な付き合いしかない知人など，ほとんど知らない人たちを相手にしたものである。親密な対人関係の世界という言葉を用いるとき，私が言及しているのは，基本的に個人的で主観的な体験の世界（夢，白昼夢，個人的空想，苦痛と喜びの主観的体験）と，この後で論じる社会的で文化的な世界との中間にある，大まかに言って親密な

34 第1部 心理療法，人格力動，間主観性の世界

対人関係の領域である。したがって親密な対人関係の世界は，二者ないし三者の（ときにはもう少し大きな規模の）相互作用に注目するよう意図された用語である。それは，われわれの日常生活体験のかなりの部分を形成するものである。そしてまたそれは，われわれの日常生活にひだや綾を作り出すとともに，人格パターンが維持されたり徐々に発展したりする上で非常に重要な役割を果たすものとして循環的心理力動論が特に強調している，多重のフィードバックの過程の領域である。

　私が「親密な対人関係」の世界という大雑把ともいえる用語をあえて選んだのには理由がある。たしかに，統計的には，親密では**ない**相互作用の方が多いし，そうした相互作用もわれわれがしばしば個人に（あるいは内的世界に）のみ帰属する人格パターンを維持する上で重要な役割を果たしている。しかしながら，それでもなお，精神分析家をはじめとするほとんどのセラピストの興味の中心にあるのは，そしておそらく治療作業において特別に注目されるパターンを形成する上で重大な役割を果たしているのは，親密さの領域に含まれる相互作用である[注13]。たいていのところ，われわれの興味の中心にあるのは，他者との重要な相互作用，意味と感情的共鳴を伴う相互作用の領域である。とりわけ，近年においてはそうである。というのも，逆転移の体験やエナクトメントなど，面接室で実際に起こっていることへの注目が，ますます精神分析的な関心の中心になってきたからである。そこでは，一人の人物の心の中にあるものの表現のみならず，**二人の人物**が関わっている現象に注意が向けられているのである。しかもそれは，関係論者だけでなく，より幅広い精神分析的コミュニティに広がりを見せているのである（Gottlieb, 2010）[注14]。

　このように，本書のサブタイトルに親密な対人関係の世界を挙げることで，私は，他者との直接的な相互作用が，かつては個人の内部にある人格特性として概念化されていたものを維持したり変容させたりする上で，重要な役割を果たしていることに注意を喚起しているのである。われわれは，他者との数多くの直接的な相互作用によって，そしてこうした相互作用の特徴である持続的で相互的なフィードバック・プロセスによって，形成される。しかし，私はまた，こうした相互作用のスペクトラムにおいて，より親密な極にある相互作用の特別な重要性に注意を喚起している。そして，親密な世界を，内的世界と社会や文化の世界との間の中間に位置づけることで，それぞれの体験の側面が他の体験の側面によって相互に**形成されている**こと，そしてそれらは，実際のところ，互いに互いの一部であることを強調しているのである。

サブタイトルの3番目の要素である，社会と文化の世界については，ほとんど説明が要らないように思われるかもしれない。ある意味では，その用語は，内的世界からも親密な世界からもはっきりと区別される領域を指しているように見える。しかし本書の全体が伝えるメッセージの中心にあるのは，これらは互いに完全に分離された領域では**ない**ということだ。われわれの臨床的訓練に社会と文化への注目を含めることは，単なるおまけではない。つまり，すでに焼かれたケーキの上に置かれるクリームではない。また反対に，文化と社会の領域こそが日常生活の「真の」土台で，「表面的な」主観的領域の下にある実質的な現実だということでもない（より社会学的な方向性をもった著述家たちはときおりそう示唆しているが）。通俗的なマルクス主義者と通俗的なフロイト主義者はともに，好みのレベルの説明を中核に据え，軽視している要素を「表面的な」ものと見なしてしまう（第5章を参照）。

循環的心理力動論の観点からすれば，むしろ，内的世界，親密な対人関係の世界，社会と文化の世界は，それぞれが互いの結果として生じてくるものであり，持続的に互いを維持したり変化させたりし合っているものである。言い換えれば，それらは互いに隣り合わせているだけでなく，浸透し合っており，基本的に互いを構成しあっているのである。それらはいずれも他の領域の存在なしには存在しえないし，他の存在から独立して意味をなすものではない。

内的世界，親密な対人関係の世界，社会と文化の世界の3つの領域すべてにおいて，類似した循環的プロセスが認められる。それぞれの領域の内部でも，それぞれの領域間でも，良循環と悪循環，そして自己実現する予言が，主観的体験と社会的相互作用を維持したり発生させたりする主要な力動である。人間の心理的体験と社会的行動についてのこうした見方こそ，循環的心理力動論の中核にある見方である。そしてその見方に立つことで，第1部における臨床的な議論や理論化と，第2部における社会批評，さらには，これら3つの領域がなぜ分離不可能で，互いに互いの構成要素であるのかを説明する循環的心理力動論の理解とが結びつくのである。これらは3つの分離・独立したものではなく，究極的には1つのものである。ただ，概念的な便宜上，人為的に分離されているだけなのだ。

別のところで私は，ここに提示された循環的心理力動論の視点が，日常の臨床作業に実際上どのような示唆を与えるかを，より詳細に論じた（Wachtel, 1997, 2008, 2011a, 2011b）。そうした示唆の1つに，患者の強さに特段の注意を払うということがある。患者の性質や生き方のより問題のある側面，ある

いは精神病理学の用語でより典型的に議論されている側面を無視しないように
しながら，患者の強さに焦点づけるのである（どのようにすればそれができる
か，そうすることがなぜ臨床プロセスを皮相にするのではなくより深めるのか
についての詳細な議論は，とりわけ Wachtel［2011a］を参照のこと）。これと
関連して私は，本書に記述されている循環的心理力動論の視点から，精神分析
ないしは心理療法の実践における2つの態度の区別を強調してきた。1つは，
「懐疑の態度」に根ざして深い探索を行う実践である（たとえば Messer, 2000;
Ricouer, 1970; Shafer, 1997; Wolff, 2001）。もう1つは，（現実的で実際的な）
支持と養育の態度に根ざして深い探索を行う実践である（Wachtel, 2008）。

　精神分析的実践における「初期設定の立場」と私が呼んできたものからの
移行の一部として，私はまた，しばしば患者のジレンマが意図せず軽蔑的な
やり方で概念化されていることを強調してきた。不幸なことにこの軽蔑的な
ニュアンスは患者に伝わってしまう。これは，患者の抵抗のもとになる。こ
の抵抗は患者の内部に由来するものと見られがちであるが，少なくともそれ
と同じくらいセラピストが引き起こしたものとして見ることができるもので
ある（Wachtel, 2011a）。これとは対照的に，臨床実践がこの初期設定の立場
を乗り越えていけば，治療的変化は促進され，高められる。そのためには，
違った語り方やコミュニケーションの構成の仕方をすることが役に立つだろう
（Wachtel, 2011a, 2011b）。あるいは，この領域の全範囲の理論的視点から幅広
く得られる多様な積極的介入を用いることへの準備性を持つことも役に立つだ
ろう（Wachtel, 1997）。また，拡張された幅広い方法，概念化，コミュニケーショ
ンが，経験と直観だけに基づく折衷ではなく，多様な観察と視点の一貫した統
合と調和を反映するように，理論的諸前提を探索的に検討することも役に立つ
だろう。本書は，具体的で実際的なレベルから，未検証の前提の明確化やより
概念的な理論構築のレベルまで，臨床的な実践と理論のあらゆるレベルのあら
ゆる目標に関わっている。しかし，本書がとりわけ焦点づけているのは理論の
方である。以下において私は，解釈とエクスポージャーの関係について，セッ
ションや日常生活における新しい関係体験の役割について，そして，伝統的精
神分析的における解釈と宣言的な記憶の回復の促進への焦点づけを補うものと
しての，手続き学習の役割について論じる。そしてまた，治療作業をより深く
体験的なものにしながら，同時に，日常生活の中身である実際の行動と情動に
注目することを強調する。それらのいずれの議論においても，究極的に言えば，
循環的心理力動論の視点は，主観的に体験されたものとしての人生は，**生きら**

れたありのままの生活にも注目していかない限り，適切には理解できない，ということに関与するものである。

注

注 1) 文意を明確にするため，本書の全体を通して，**セラピスト**や**分析家**が，特定の人物を指すわけではなく，一般的な言葉として用いられているときには，女性代名詞（彼女）で受けることにする。**患者**については男性代名詞（彼）で受けることにする。

注 2) 関係理論という用語は，実際のところ，共通するところもあれば重要な違いもある一連の諸理論を指す，包括的な用語であるということを憶えておくのが有用であろう（Wachtel, 2008）。

注 3) 共犯者の役割と力動については第 2 章でさらに論じる。

注 4) 同じ状況を何度も何度も作り出すわれわれの傾向についてのここでの（そして本書の他のところでの）議論は，フロイトの反復強迫の概念と似ているように見えるかもしれない。われわれは，過去において大きな困難となったまさにその体験を，何度も引き起こすように自ら行動する。けれどもフロイトの定式化においては，その反復は**意図的なもの**とされている（もちろん，たいていは**無意識的**に意図されたものとされている）。反復強迫の概念には，死の本能の概念とも関連した，より憶測的で難解な諸側面もある。それを別にすれば，反復強迫は，以前に圧倒された体験を，もう一度引き起こすことによって支配しようとする試み（たいていは虚しい試み）である。それとは対照的に，循環的心理力動論の説明においては，そうした反復はしばしば**非**意図的なものと見なされる。つまり，そうした反復は，それが生じないように**予防しようとする**まさにその努力がもたらす，皮肉な結果であると見なされる。この違いが何を意味するかは，本書の全体を通して明らかであろう（この 2 つの概念の違いについての，さらなる明瞭化は，Wachtel（2008）を参照のこと）。

注 5) 人格の力動と人間の社会的相互作用において，良循環と悪循環が幅広い役割を果たしているというこの見解は，今では明らかに多くの調査によっても支持されている（たとえば，Wachtel, 1994; Wachtel, Kruk, & McKinney, 2005 を参照のこと）。

注 6) 第 11 章においても論じられるように，この種の閉じられたサークルは決して精神分析に特有のものではない。**あらゆる**考え方の体系や方法論的伝統にとって，これは重要な挑戦である。

注 7) 不幸なことに，行動療法（最近では認知行動療法）は経験的に強く支持されている**唯一の**アプローチであると信じている臨床心理学者が大勢いるということをここで指摘しておくことが重要であろう。これは深刻な間違いであり，誤解をもたらす見解である（Shedler, 2010; Wachtel, 2010 を参照）。同時に，それにもかかわらず，行動療法の臨床的**価値**を指摘するエビデンスに（実際，初めて）真剣に注目したことで，治療効果の源についての私の理解は，そして実際，より心理力動的なアプローチの臨床的影響力についての私の理解でさえ，重要な意味で再編されたということも事実である（たとえば Wachtel, 1997, 2008, 2011a を参照）。

注 8) 数年後，合理主義的な認知行動療法のヴァージョンが出現してくるにつれて，これらの同じ臨床家たちが，患者の生活の現実への深く体験的な注目とも言えるものに背を向け始め，本質的に患者に**自らの感情から離れるよう説得**し始めた。つまり患者に彼らの感情は不合理だと言い含めるようになった。私はこうした状況を見出して困惑した。私はこの幻滅について別のところで述べているが（Wachtel, 2011a, 2011b），そこで私は認知行動療法の新しい重要な流れについても触れている。その新しい認知行動療法の流れは，感情と臨床的感受性への回帰を示すものとなっている。

注 9) すぐ後で論じるように，私にとって核となっている心理力動的な視点を補う（そして変容する）ものは，今や，行動論の視点だけではない。とりわけ，システミックな観点と体験主義的な観点がそういうものとして存在している。

38 第1部 心理療法，人格力動，間主観性の世界

注10) エリクソンは，通常，ホーナイやサリヴァンと同じカテゴリーに入る思索家だとは見なされていない。精神分析内部の政治学や社会学において，エリクソンは自我心理学派に分類されており，ホーナイとサリヴァンは対人関係学派に分類されている。しかしエリクソンの考え方は高度に文脈的であり，人々の相互的な交流がもつ強力な役割と，特定の発達段階への固着ではなく人格の持続的な発展を強調している。これらの点において，エリクソンは，政治的な分類において通常分類される自我心理学派よりも，対人関係学派の方に近いと私には思われる。

注11) この文脈において次のことを記しておくことが重要である。近年，認知行動論の伝統における卓越した指導者たち自らが，認知行動療法における感情の疎外を指摘し，認知行動療法の実践に感情を再統合することの重要性を強調してきた（Burum & Goldfried, 2007; Samoilov & Goldfried, 2000）。

注12) この制約は，あらゆる認知行動論的アプローチに共通の特徴では決してないということを明らかにしておくことが重要である。認知行動療法の第三の波と呼ばれている新しいアプローチのいくつかは，そしてより構成主義的な認知的アプローチは，主観的体験のより十全な探索に取り組んでいる。しかし近年，私は，認知行動療法のセラピストたちが「プロトコールに執着する」困った傾向を示すのを目にするようになった。こうした傾向は，患者の主観的体験の微妙な綾や複雑性に注意を払う余地を与えない。私は，認知行動療法の領域で傑出した指導者たちの面接ビデオが上映される会議で，何度か指定討論者をしたことがある。統合的な方向づけを強くもっている私ではあるが，そのビデオを見て本当にうろたえずにはいられなかった。そこで私が見たセラピストたちの臨床的反応性とスキルのレベルは，もし私が指導している修士1年目の大学院生が示したとしても，がっかりするようなものであった。

注13) 親密性を**妨げたり，締め出したり**するような行動，主観的体験，解釈もまたこの領域に含まれるということを理解しておくべきである。そうした行動と防衛操作は，親密性の力動の中核的部分である。それらは，食料品店で「キュウリは今日はいくらするの？」と尋ねる行為とは明らかに異なったものである。

注14) 本書の全体を通して論じられ，特に第3章において論じられるように，患者の相互作用の力動のみに，またそれが治療場面の相互作用にもたらす結果のみに注意を限定しないことが大事である。他者から（われわれ自身の内的体験を形作るフィードバックとなる）特定の行動や感情反応を引き出すプロセスは，われわれの生活のあらゆる側面で生じる。そして，患者の相互作用スタイルの重要な面はすべて転移と逆転移の中に現れてくるだろうとセラピストがあまりに気楽に考えるなら，それは問題となるほどにまで制約的になってしまう。

第2章

よいニュース
「人生を混乱させるためには共犯者が必要だ」

悪いニュース
「共犯者は簡単にリクルートできる」

　神経症というものは不思議なものだ。われわれの患者は，日常経験での困難が与える多くの指針にもかかわらず，自分自身でも困っている同じパターンを，来る日も来る日も，そして何年にもわたって，頑固に維持するのである。こうした神経症のパターンの持続力は，ほとんど奇跡的でさえある。われわれは，神経症が（あるいは神経症患者が）こうした驚異的な持続力を単独で発揮していると考えてしまいがちである。しかし，神経症を維持する仕事は，ひとりではとうてい成し遂げられない，やっかいで嫌な仕事だ。神経症を継続させるには助けが必要なのだ。どのような神経症にも，共犯者が必要なのである。

　もちろん，**神経症**という用語が今ではあまり使われなくなったということは承知している。1つには，この用語が，見かけ上，正確さを欠いているために，またより大きくは『精神疾患の診断と統計マニュアル（DSM）』という名のおかしな文書を生み出した政治的な活動のせいで，この用語は急速に，時代遅れで不適当だと見られるようになった。しかしながら，私がここで神経症という用語を使用するのは，昔から使われてきた魅力的な概念にはそれなりの値打ちがあることを理解しているからであり，さらにはまた，その用語が備えている一般性のためでもある。特定の疾患に対して特定の薬を処方するためのマニュアルを書きたいと望んだ精神科医たちにとっては，その一般性は厄介なものでしかなかったのである。ここで（本書全体でも）私は，不適応行動を維持する心理力動，とりわけ，幅広くさまざまな生き方の問題に共通して見られる心理力動に焦点を当てる。それは，患者のカルテや保険の申込書に記載されている医学的な診断もどきのものとは無関係なのである。

　また私は，この章に（そして本書全体を通して）記述されている諸過程は，

臨床家が近年，ボーダーラインとか自己愛性とか呼んでいる諸問題，つまり，神経症の患者とは異なった“人格組織化水準”をもつ患者のものと見なしている諸問題にも同様に当てはまるものだと主張したい。これと関連して，私はここで，第1軸と第2軸を独立して記述するという工夫では簡単に区別できないような心理学上の問題や訴えについて議論したいと思う。私はここで（そして本書全体を通して），“症状”と人格パターンとが非常に密接に絡み合った心理的問題（苦悩や生き方の問題）に焦点を当てる。そこでは，それらの間の関連性こそが最も重要なのである。私は，神経症という用語を，多くの点でホーナイ（Horney, 1937, 1939, 1945）やシャピロ（Shapiro, 1965）が使用したのと同じ意味で用いる。つまり，神経症とは，人を捕らえる自己永続化する罠のことであり，問題のある生活パターンとそれが引き起こす苦痛（つまり“症状”）とが，さまざまに入り組んだ皮肉なやり方で相互に強化し合うようになる過程のことである。

　神経症を維持するのは困難な仕事である（実際，ひとりではうまく成し遂げられないほど難しい仕事である）と主張するとき，少し皮肉な表現であるとはいえ，私は真剣にそう主張しているのである。もちろん私は，文献からも，自分自身のセラピストとしての経験からも，神経症のパターンを変化させるのは非常に**難しい**と自覚している。どのような立場の心理療法家であっても，個別の症状のセラピーから離れて，より広範囲で多岐にわたる訴え（ほとんどの患者の実際の治療課題を特徴づける個人的で対人関係的な問題）に取り組むようになれば，セラピーは非常に困難な仕事となるということをよく知っている。（Kazdin, 2008; Westen, Novotny, & Thompson-Brenner, 2004）心理療法研究における最近の方法論の進歩は，よりシャープに症状に焦点づけた形の心理療法は実際に人々の役に立っていることを明らかにしたが，それと同時に，そうしたセラピーの影響力は概してさほど重要なものとはなっていないことをも明らかにした（Kazdin, 2006; Shedler, 2010; Westen & Morrison, 2001; Westen, et. al., 2004）。

　しかしながら，神経症を維持するには“助けが必要だ”という点に焦点を当てることで私が伝えたいのは，治療努力を少しでも有利に運ぼうとするなら，神経症のパターンを変えるのは確かに困難ではあるけれど，それらを維持するのにも努力が必要だということに気づいておくのが有用だということである。それらがどのように維持されているのかを理解すれば，変化の可能性がどこにあるかを見つけやすくなる。もちろん，たとえ皮肉として言っているにせよ，

神経症の維持はとても難しいので助けがないと維持できないと主張するのなら，なぜ神経症はいとも簡単に維持されているように**見える**のか，そして，なぜ神経症を変化させる努力は，実際，非常に困難なものとなるのかという問いに答える必要がある。その答えは，神経症のパターンを維持するために必要な援助者を勧誘するわれわれの能力（実際には，援助者を**勧誘しないでおく**能力の相当な**欠如**）にあると私は考えている。このあと例を挙げながら説明するように，われわれはしばしば，不幸にも，そして無意識的に，非常にたくみに他者をわれわれの神経症の共犯者にしてしまう優れた能力を持っているのだ。

　人々が，持続的で深い変化を成し遂げるのを援助するためには，神経症がとても奇妙な共同作業であるという視点から，どのような共同作業がなされているのかを理解することが有用である。患者の人生に共犯者がいなければ，——別の言い方をすれば（真空状態では人間の行動はなにも起こらないのであるから）患者の人生における重要な他者が異なったやり方で患者の人生に参加するなら——神経症は持続しないだろう。実際，持続する不適応パターンに，他者が絶え間なくリクルートされる過程こそが神経症**である**と主張することさえできるだろう。

例証

　例を挙げて説明しよう。極端に用心深く，人間関係から距離を置いている人を考えてみてほしい。その人物はおそらく，過度に自己充足的で，打ち解けない性格で，（意識的にせよ無意識的にせよ）傷つけられるのを避けることをかなり優先して生きている。その結果，人と関わったり連絡を取り合ったりすることも避けがちになっている。そういう人はみじめな外見をしていることもあるだろうが，世間的には非常に有能で独立的な成功した人物と見えることも同じくらいよくあるだろう。しかしながら，たとえ後者の場合でも，注意深い観察者からすれば，どこかつらそうな感じ，孤独感，空虚感が，そして時には自暴自棄な感じさえ，見て取れるのである。

　多くの読者はそういった人々に対する好みの診断用語を持っているだろう。私は診断用語を用いる代わりに，そのパターンをシンプルに記述したい。というのも，第一に，こういった人々はすでに十分に問題を抱えており，すでに十分に傷ついている。セラピストがわざわざ侮辱的な名前で呼ぶまでもないだろう。もっと重要なのは，診断名は通常，暗黙のうちにワン・パーソンのシステ

ムを前提としているということである。つまり，そこで記述されているのは，幼少期から患者の"中に"ある何かなのである。そうした見方こそ，ここで私が問題にしたいと考えている見方である。

なにも私は，そのパターンが幼少期に（おそらくは両親との関係において）始まったわけではないだろうと言っているのではない。私は，ここで論じているようなタイプの人が，自分自身をさらけ出して他者を求めれば最悪の事態が生じるだろうと警戒するようになったのには，実際に十分な理由があったのだろうと想定している。しかしながら問題は，そういった恐れや不信感が，そしてその結果として起こる人間関係の剥奪が，**なぜ持続するのか**という点にある。彼はもう大人であり，もはや幼少期のように激しい欲求に支配されているわけでもないし，信頼できない養育環境にさらされているわけでもない。彼の用心深さを最初に生み出したこうした状況はもう遠い過去のものとなっているのである。それなのに，なぜ彼は，幼少期の環境や欲求，未熟な能力が未だに現実として君臨しているかのように生活し続けているのだろうか？

われわれの分野の多くの人は，新たな現実から学ぶ可能性を受け付けない内的構造（あるいは内的世界）をもって，この問いの答えとしている。しかしながら，そのような説明はほとんどトートロジー的だと私には思われる。すなわち，古いパターンは存続するから存続する。内的世界は変わらない，なぜならそれはそういう性質のものだから。

私は，人の主観的な体験（空想や願望，そしてそれらが結びついているイメージ）を，注意深く描写することなど不必要だと主張しているのではない。まったくその逆である。むしろ問題は，人間と人間を取り巻く世界との関係を過度に二分法的に捉える見方にある。その見方においては，一方では内的世界，主観的世界，内的力動と，他方では外的世界，社会的世界，目に見える相互作用の世界とが，あまりにもシャープにかつ人工的に区別され，分割されている。実際にはこれらは２つの独立した領域ではない。それらは互いに互いの一部であって，分けることのできないものである。他方を抜きにして片方を理解しようとする試みは，基本的に無意味で一貫しないものとなる。"内的世界"を論じる理論家たちが指摘する現象を無視するのは危険である。しかし，もしそれらの現象がいかに社会的な文脈や対人関係の文脈に継続的に根ざしているかを理解することなく論じられるなら，それもまた同じくらい危険である。

このことをさらに説明するために，今述べたようなタイプの人物の日常生活をより細かく見てみよう。彼の生活パターンは（実際には内的世界さえ），彼が，

周囲の他者を（知らず知らずであれ、また嫌々ながらであれ）彼の不幸な生活パターンの共犯者になるよう引き入れることによって維持されているのだ。どのようにそれが生じているのか、その様子を検討してみよう。

　この人物をジムと呼ぶことにしよう。ジムが、最近付き合い始めたばかりの女性、マルシアとのデートに出かける際に、何が起こるかを考えてみよう。彼は最初のうちは、活気に満ち、積極的である。彼はまだ彼女の魅力に触れて傷つくことを恐れていない。そして彼女もそれに応じて彼に興味を抱き、彼の話を聞きたい、彼に話したいと強く望んでいる。そうして親密な関係が形成され始めると、重大な局面が生じてくる。

　今日、彼は自分が彼女に対して何かを感じていることに気づき始める。彼は、彼女の興味やセンスに好感をいだいていることに気づき始め、職場で起きているいくつかの困難な問題を解決するのを手助けしてほしいと彼女に頼みたくなる。彼は援助を求め始めるが、そうしながら落ち着かない気もちを感じ始める。彼が最後に女性に対して心を開いたときのおぼろげな記憶が蘇る。その時彼は、自らを危険にさらして気持ちを表現したのに、女性から気づいてもらえなかったと感じたのだった。彼女は、彼が十分に心を開いていないと不満を言った。そうでなければ、彼にとっては深刻なことを軽く扱ったり、単に別の話題に移ったりして、彼の欲求を本質的に無視した。彼にとって、この女性は長い共犯者の連鎖の最後のひとりであった。そしてマルシアが次の共犯者になろうとしていた。

　ジムもマルシアも、何が起きているのかをよく理解していない。今まさに彼らが始めようとしている、とてもお馴染みのよくできたダンスは、大半が意識されることなく踊られる。もっとも彼らは二人とも、ステップの多くについては意識している。たとえば、気まずさ、傷つき、失望、無理解、あるいは裏切りといった痛々しい感情は、意識されている。

　ジムは、自分がマルシアと心を通わせようとしているつもりであり、彼は自分の心の奥深くの傷つきやすい部分まで見せているつもりなのである。そして彼は、彼女の反応に傷つき、落胆している。ジムからすると、彼女にはあまり繊細な感受性がなく、彼の言っていることをよく理解できていないように見える。時には、彼に対して苛立っているようにさえ見える。しかし彼には彼女が苛立つ理由がまったく理解できない。その夜の始めに体験されていた温かな希望は消えていき、徐々に欲求不満、不安、不毛な感じが高まっていく。

　ジムが正しく理解できていないのは、彼のコミュニケーションの仕方が、い

かにはぐらかすようなものであるか，いかにためらいがちで用心深いものであるか，ということである。彼は，自分が過度に自信ありげに見せていることに気づいていない。マルシアが以前見せた彼への優しく気づかう反応は，彼の中に愛情やケアを求める強い欲求を喚起した。彼は自分のその欲求に恐れを感じ，そのことへの気づきを遠ざけた。その上で彼は，自分にはどんな援助も必要ないとか，自分は物事にすごく精通しているとかいったことを誇張して表現する。そうやって，愛情やケアを求める欲求に対して（マルシアのためではなく彼自身のために）防衛的に反応しているのである。

ジムは，自分は援助を求めているのに，それを与えてもらえないと思っている。実際のところ，彼は援助を得るために必要な前提条件である，優しさやケア，そして注目すら与えてもらえないと思っている。実際のところ，彼がしているのは，マルシアに"興味深い"問題について話すことである。それでは，大して援助を求めているようにも，援助を必要としているようにも見えないだろう。ほとんどの人にとって，非常に注意深く雰囲気を読み取ろうとしない限り，彼が援助を求めているとはわからないだろう。もし彼が実際に言っていることを耳にしたとすれば，彼は基本的にさまざまなことに精通しており，職場で起きた問題に対してもあまり動揺していないように聞こえるだろう。そして彼は，そのような問題で動揺したり，ひとりで解決できない人のことを軽蔑しているように聞こえるだろう。

マルシアが体験しているのは，彼女のことをそれほど必要としていないように思える誰かと一緒にいるという体験である。マルシアからすれば，軽く表面的な反応以外，彼から本気で反応を**求められている**ような気がしないのである。彼から発せられる手がかりに沿って，彼女は，まるで彼が何も求めていないかのように振る舞う（そして実際，彼女はそのように感じる）。その結果，彼の行動は自信に満ちた自立したメッセージを伝えているにもかかわらず，**彼自身は**，注意深く耳を傾けてもらえなかった，分かってもらえなかったと感じて家に帰るのである。そこで彼に感じられているのは，あまり明瞭ではない悲しみや傷つき，スターン（D.B. Stern, 1997）の適切な用語を用いれば，未構成の（unformulated）悲しみや傷つきである。そういった感情は，女性には多くを期待できないという彼の確信を強化することで彼の人生に影響を与える。もしそんなふうにわざわざ強い欲求を覆い隠し，無理にでも彼女は自分にとって大した意味を持たないと確信しようとするなら，女性には多くを期待できないという結果が現実にもたらされても当然であろう。

したがって，次に彼がマルシアに会う時（ふたりとも，もう二度と一緒にいたいとは思わないかもしれないので，誰か他の女性に会う時なのかもしれないが），彼は，女性は自分の要求には応えてはくれないという確信をいっそう強くもって，その出会いを始めるのである。彼は，心の奥にある気持ちをオープンにして傷つくことなどまっぴらご免だといっそう固く決心して（その決心を意識していようといまいと），その出会いに臨むのである。彼の歪められた歴史を考慮に入れれば，彼の行為やものの見方には，ある種の必然的な論理性が存在する。そのため次のような結果が導かれやすいだろう。つまり，彼は次の出会いにおいて，過去の経験に基づいて行動し，再びためらいがちで，手の内を見せないように用心するだろう。その結果，彼は，最初から持っていた見方を再確証することになるだろう。その見方は，われわれの多くにとっては歪んだ見方のように見える。しかし，彼が実際に繰り返し経験してきたことには，実によく当てはまる見方なのである。

　けれども，もしマルシアがジムから発せられる手がかりに容易に協力しないとしたらどうだろう？　その代わりに，彼女自身の歴史や傾向に後押しされて，彼とつながろうと懸命に努力しつづけたとすれば，どうだろう？　彼女は彼の神経症における共犯者にならずに済むだろうか？　確かにそういうことはありえるだろう。すぐ後により詳しく述べるように，現在のわれわれの治療過程の議論においては，セラピスト以外の人々の治療的影響力は，ほとんどの場合，極めて過小評価されている。しかし実際には，クライエントの生活場面における関係者の治療的影響力は，セラピストの治療的影響力よりもはるかに大きいのである。マルシアとジムに起こりそうなことを考えてみよう。

　マルシアは懸命にジムとつながろうとする。彼女は，ジムの示すかすかな手がかりや，はぐらかすようなやり方で偽装された手がかりに，しっかり反応する。そうすると，彼は度重なる経験に基づいて，この後，きっと何かひどいことが起きるに違いないと確信し，後ずさりする。

　そして実際，何も良いことは起こらない。しばらくするとマルシアは，欲求不満を感じるようになる。彼の引きこもった反応から，からかわれたと感じ，自分の関わりは無視されたと感じるからである。そして彼女は不満を言い始める。彼女は，彼は感情を切り離している，と言う（毎週，何千人もの女性が何千人もの男性にそう言っている。そしてそれらの何千人もの男性は，何千人ものセラピストにそのことを話している）。その結果，彼はもっと徹底的にこの出会いから離れるだろう。そして，心を開いて感情を表現するのは，恐ろしい

46　第1部　心理療法，人格力動，間主観性の世界

ことだという確信を強める。こうしてマルシアは共犯者となった。おそらく不本意ながら，また意識することなくそうなったのだろう。しかし，彼女が共犯者になったことには変わりはない。

　さて，ここで私が述べてきたような結末は，もちろん，唯一絶対のものではない。もしマルシアが後ずさりせず，また**ジムが**後ずさりするのに不満を言わずに，彼の話に耳を傾け続け，そこに居続けることさえできれば，そしてもし彼女がそれを何度も繰り返してできれば，そして（さらにハードルは高いが）もしジムがこういったいくつもの出来事を通してずっと関係の中にとどまることができるなら，このパターンはきっと変わり始めるに違いない。その場合，マルシアは，ジムの神経症における共犯者ではなく，ジムの変化における共同推進者となるだろう。

　しかし，これはかなり無理なお願いというものだ。なんといっても，そうすることは心理療法家という保護された役割においてさえ，十分に難しいことなのだ。われわれはみな，常に患者とのエナクトメント（共に役割を演じること）に巻き込まれる。こういうとき，われわれは一歩下がって，二人ともが馴染みのやり方に巻き込まれていることに患者の注意を喚起することになっている。そうして，エナクトメントという困難な事態を貴重な気づきのための糧とすることになっている。しかし，本当のことを言えば，いつもそんなふうにうまくできるわけではない。われわれは，治療的第三主体（Aron, 2006; Benjamin, 2004）と呼ばれるような，より高度な観点に立脚する方法を常に見出せるわけではない。またわれわれは，治療同盟に生じた亀裂を修復し，それによってより健康的な精神構造を新たに構築する（Kohut, 1977; Safran, Muran, & Eubanks-Carter, 2011）方法を常に見出せるわけではないのだ。ましてやマルシアのような "一般人" にとっては，患者との関係にとどまるためのそうした努力に身を捧げることが主要な目的ではなく，良い方向への変容をもたらすために工夫された治療場面の特別な構造もない（Wachtel, 2011a）。それゆえ，患者のお馴染みのパターンにおいて共犯者にならないでいるのは，より一層困難なのだ。

　それにもかかわらず，凝り固まった生き方のパターンにどのように変化が生じるのかを理解するためには，ときには共犯者が（あるいは潜在的な共犯者が）古くて馴染み深いゲームに何とか参加しないでいられる場合が**実際に**あるということを認識しておくことが重要である。そういったことが起きるとき，つまりある人物の日常生活における重要な人物が，神経症の共犯者ではなく変化を

起こす共同推進者になるとき，彼らは人が出会うことのできる最も有力な治療的影響力となるのである。日常生活は，神経症にエネルギーを供給する源であると同時に，潜在的には最も強力な治療力の源でもあるのだ。

決して私はこういうことが容易に起こると主張しているわけではない。ほとんどの神経症は永久機関であり，繰り返し自らを正当化しながら，克服することが極めて困難な抑うつ的で自滅的な感覚を作り出す（Horney, 1939, 1945; Shapiro, 1989; Wachtel, 1987, 1997, 2008）。ハリウッド以外ではそう簡単にハッピーエンドは起こらない。

そうだからこそ，心理療法家は生計を立てることができるのだ。われわれのところに来るのは，日常生活の意図されていない治療的な出来事だけでは不十分な人たちである。あるいは，そういう出来事が生じてこないような人々である。しかし，共犯者という視点から見ていくと，そうでなければあまり注目されないわれわれの影響力の2つの側面がよく見えるようになる。第一に，セラピストとしてわれわれが及ぼす効果の大部分は，潜在的な共犯者としての役割に由来する。つまり，われわれは共犯者になる可能性のあるところにいながらも，トレーニングと，治療状況の持つ保護的な構造のおかげで，どうにかして共犯者の役割に慢性的には引っ張り込まれないようにする。そして，患者にとって馴染みの相互作用とは異なったやり方で——新たな知覚や，他者との（そして自分自身との）新たな関わり方を推進するようなやり方で——患者に反応する。しかしながら，心理療法家がどのようにうまく治療的に機能するのかを述べた上の記述においてさえ，**「慢性的には」**巻き込まれないと記述していることに注意を払ってほしい。巻き込まれることを完全に避けるのはほとんど不可能だし，たとえそうできたとしても，実際のところ，それは適切なことではないだろう。これから本書のあちこちで，とりわけエナクトメント，新しい関係体験，治療同盟における亀裂の修復，といった概念に触れるとき，このプロセスの複雑さについて考察することになる。

共犯者という側面に注意を払うことがわれわれの治療的な仕事を助ける第二の道筋について述べよう。成功した心理療法において生じる変化の重要な部分は，確かに，患者が治療関係を直接体験することから，そして，面接室の中で起きることから得られる。とりわけ，われわれが理解ある良い対象として存在し，患者がわれわれと共に体験することを通して彼の内的世界を変化させることから得られる（たとえば，Fairbairn, 1952; K.A. Frank, 1999; Loewald, 1960; Weiss & Sampson, 1986）。しかしながら，もう1つの非常に重要な変化の源は，

48 第1部 心理療法，人格力動，間主観性の世界

治療過程が面接室の**外**の患者の生活において，変化を引き起こすことができる
かどうかにかかっている。うまくいっているセラピーでは，セッションの中で
の出来事は**触媒**として働くことで，非常に幅広いインパクトを持つ。それらは
患者の生活における**他者**との相互作用に変化をもたらす。そして，どんなもの
であれセッションの中で生じた変化が永続するか，それとも徐々に失われてし
まうのかを決めるのは，日々生じるこうした無数の相互作用の総体なのだ。

　もしセラピストが日常生活の相互作用のパターンや，それらのパターンにお
いて共犯者が演じている役割に注目するなら，彼女は面接室における患者の情
緒的な傾向に取り組むだけでなく，長年にわたって患者の困難を持続させてい
る皮肉な力動（Wachtel, 1979）に変化を生じさせることにも取り組むことが
できる。このように日常生活の力動に注意を払うことは，変化を**推進する**作業
のためのもう1つの潜在的な源になり得るだけではない。セッションの中で達
成された進歩が何であれ，患者が部屋を出た途端，それが消失してしまわない
ように工夫する必要がある。患者はセッションを離れると，彼の抱えている困
難を（ほとんどの場合故意ではないものの）長年にわたって共に作り出してき
た共犯者たちのいる世界に帰っていく。他者の慢性的な期待に，そしてまた，
患者がそういった期待をどのように喚起し維持しているかに適切に注意を払
い，それに備えておかなければ，セッションにおけるせっかくの変化も持続の
見込みは相当に引き下げられる。

　時として，患者の問題を孕んだパターンにおける共犯者との相互作用は，変
化を蝕む。セラピストとしても，何かがうまく行っていないということに，少
なくとも**気がつく**。セラピーの歩みは遅々として進まない。あるセッション
では本物の洞察や変化が生じていたように思われるが，しばらくすると，ある
いはその次のセッションにおいてすら，達成されたと思われたことが消え始め
る。つまり，患者がセッションとセッションの間に体験したことが，せっかく
の変化を蝕み，ほんの1〜2回前のセッションでは明白に思われた変化を，も
ろく不安定なものにしてしまっているのだろう。われわれは誰でも，しばしば
変化を見せたかと思うと古いパターンに逆戻りし，再び変化に向かって動きだ
す，といったパターンを示す患者をよく知っている。たしかに，このようなパ
ターンを多くの治療作業において予想される特徴として認識し，根気よくホー
ルディングをする存在として自己を提供しながら徹底操作を続ける心構えを持
つことは，セラピストが備えておくべき決定的に重要な強みであるとも言える。
しかし，もしセラピストの注意が患者の内的生活ばかりに，あるいはセッショ

ンの中で患者とセラピストとが一緒に経験していることばかりに焦点づけられ
ているならば，そして患者の生活**全体にわたる**トゥー・パーソンの力動や，患
者と彼の共犯者とが囚われているフィードバック・ループの力に十分な注意が
払われていないなら，そのセラピストは自分の治療的影響力を信頼しすぎなの
である。このようなとき，セラピストは次のように考えていることが多い。患
者の抱える問題は"深い"，おそらく"早期の"トラウマによるものだろう，
そしてもし安定した変化が5年で達成されないとすれば，10年かそれ以上か
かるかもしれない。それに対して，面接室における相互主観的な体験に注目す
るのと同じように，また母親−乳児間の複雑な相互作用（第3章を参照）に注
目するのと同じように，日常生活におけるフィードバック・ループに対しても
徹底的かつシステマティックな注意を払うなら，そこに変化の遅さや変化の不
安定さの理由を見出すことができるであろうし，患者が面接室で示した変化を
より効果的に強化し拡張するのを助けるような仕方でそれを扱っていく方法を
明らかにすることができるであろう。

　ここで別の種類のシナリオを検討してみよう。そうすることで，日常生活に
おいて共犯者が担う力動に注意を向けることがいかに重要であるかが，さらに
よく理解できるだろう。前のパラグラフで述べたのは，セラピストが変化がゆっ
くりで断続的であることには気づいている状況であった。しかし，セラピスト
の体験としては，むしろことがうまく進んでいるように見える場合もある。セ
ラピストが，患者の周囲にいる他の人々よりも，問題のあるパターンにうまく
引き込まれずにいることができている場合には，患者が彼の抱えている問題を
維持する上で共犯者の役割を演じてきた人々とセッションの外で持つ関わりが
実は決定的に重要であることが，見えにくくなってしまうかもしれない。
というのも，患者は，セラピストとの関係においては安心して十分に自分自身
でいられるけれども，面接室外ではそうはいかないということを弁別学習して
しまう場合があるからである[注1]。

　このような場合，セラピストの目には患者の中に深く意味深い変化が生じて
いるように見える。けれどもこのとき，セラピストは，その変化が面接室の中
に留まっており，患者の日常生活にはほとんど及んでいないということを十分
に理解していない。セラピストという治療的な存在の前では，患者はセラピー
を始めた頃よりも，ずっと積極的に関わり，より現実的で，情緒的に生き生き
としているかもしれない。しかし，セッションにおいて明らかに進歩が見られ
るからといって，日常生活においても同様の進歩が並行して起こっているとは

限らない。患者が，セッションという特別な環境においてのみ安心して十分に自分自身でいることができると考えたとしても，その考えはおそらく意識的なものではないだろう。それは暗黙ものであり自動的なものであるから，患者が自発的にそう報告することはありえない。したがって，面接室においては本当に温かく促進的な関係が見られるにもかかわらず，日常生活での相互作用が変化の過程を蝕み，古いパターンを維持しているとき，セラピストはそのことを理解し，適切に評価する必要がある。そのためには，セラピストは，患者の生活における他者が，どのように患者の苦痛で制約的なパターンを維持する共犯者として巻き込まれているかに細やかな注意を払う必要があるのだ。

　効果的な心理療法においては，セッション内の変化と日常生活における変化は，手に手を取って作用し，互いに互いを促進し合うものである。セラピストは，セッション内で得られた洞察が患者の日常生活における相互作用にどのように反映されているかに十分な注意を払う必要がある。また，セラピストは，セッション内で得られた洞察が，他者を神経症の共犯者に巻き込み続けている患者の相互作用をどのように変化させているかに十分な注意を払う必要がある。もしそれらに十分な注意が払われないなら，セッション内で見られた望ましい成果も，セッションの外で起こる相互作用によって蝕まれる結果に終わるだろう。以下に引き続く諸章では，どのようにすれば，精神分析的な視点の顕著な貢献である深みへの注目を放棄せずに，日常生活の持つ強力な影響力を適切に考慮することができるかについて，さらに考察していこう。

注

注1）もちろん，そんなことが起きるのは，セラピストが他の人よりもより成熟した人間だからというわけではない。それは，セラピストが受けてきた訓練と，治療状況の持つ構造や目的によるところが大きい。面接室外の個人的な生活においては，セラピストが，他の人たち以上に，友達や子どもや親密なパートナーと効果的に優しく交流しているという証拠はほとんどない。

第3章

内的世界と外的世界，両者を結ぶ行動

　伝統的に言って，分析家が明らかにしようとするのは患者の内的な生活である。内的な生活とは，たとえば，思考，感情，情緒的に負荷された自己および他者のイメージ，気づかれていない願望や恐れ，空想などである。そこでは，患者の**行動**，すなわち彼または彼女が外界でとる実際の行動や，その行動が患者の関係的世界において他者に与える影響は，二次的にしか注目されてこなかった。顕在的な行動は表面的な現象と見なされ，精神分析よりも社会心理学が焦点を当てるべきものと考えられてきた。というのも，精神分析は行動の**背後にある**もの，より深いものに関心を寄せる営みだとされてきたからである（第5章参照）。したがって，自己理解は主として内側から外側に向けて追求される（Boston Change Process Study Group, 2007）。

　この章では，**外側から内側に向けて**の自己理解の役割を考察したい。そしてさらに，外界における行為が，翻って，どのようにしてほかならぬ内界の本質を維持したり作り替えたりすることになるのかを考察する。こうした見方では，内界は，ただ単に幼児期の対人関係の経験の保存場所だとはみなされない。内界が幼児期の経験の保存場所であるという見方においては，一旦そういった経験が内在化されると，それらは，多かれ少なかれ，後に起こる"外的な"出来事の影響からは切り離されて，固定したあるいは永続する人格特徴として心の中に存在し続けると考えられている。本書の見方ではむしろ，内界は真に力動的なものと見なされる。すなわち，内界は，たえず変動し，日常生活において進行している諸経験に反応しながら，常に自らを再構成しているものと見なされている。また同時に，内界は，双方向の循環的因果律によって反復されるパターンの中で，そうした日常生活経験を**形作ってさえいる**ものと見なされている。

52　第1部　心理療法，人格力動，間主観性の世界

　この先論じていくにつれて明らかになっていくものと願っているのだが，私は外側から内側に向けての理解が，内側から外側に向けての理解に**取って代わるもの**だと言いたいわけではない。そうではなくむしろ，どちらの見方ももう一方の理解を発展させ，解明し，深化させるものである。日常の経験によって内界が形成され維持されるのだが，それと同時に日々の経験は内界にある期待やスキーマによって形作られる。このようにして両者は補完し合っている。またそれと同様に，心のダイナミクスと外側に現れる行動のダイナミクスもまた，双方向的で，相補的で，相互の文脈に深く埋め込まれている。この2つの視点は，自己の生きられた体験においては，そして自分自身をより深く，より徹底的に知るようになる過程においては，分離不可能なものである。われわれは，外側から内側に向けて自己を知ることなしには，内側から外側に向けて適切に自己を知ることはできないし，内側から外側に向けて自己を知ることなしには，外側から内側に向けて適切に自己を知ることもできない。このことを幾分違った表現で述べるなら，またこれからさらに発展させていこうとしている論点を先取りして述べるなら，自分が**他者**に与えている影響を理解することこそ，**自己**を理解する上で最も中心的なことだということになる。1つには，それは，われわれが他者からどのように体験されているかが，われわれの人生がどのようなものであるかに影響を与えるからである。しかしそれだけでなく，内界の持つ性質そのものが，瞬間，瞬間に進行している弁証法によって形成されているものだからでもある。その弁証法とは，すでに存在する傾向や願望，恐れ，表象（既存の心理構造）と，日常生活の体験（既存の心理構造がもたらすものであると同時に，既存の心理構造をたえず維持したり変化させたりしているものでもある）との間の弁証法である。ここでもまた，影響は同時的で双方向的なものであって，いずれの見方も他の見方に取って代わることができるようなものではない。われわれは，自らが他者に与える影響を自覚し理解することなしに，深く意味深い方法で自分自身を知ることは決してできない。同時にまた，日常生活における顕在的行動の情緒的で動機づけ的な源泉を理解することなしに，他者に対して自らが与えている影響をしっかりと理解することは決してできない。というのも，われわれの行動が他者に与える影響は，単純にその行為そのものによるというよりも，その行為に必然的に付随する微妙な感情の質や意味によるところが大きいからである。

　たいていの場合，特に比較的深刻な病理のある事例においては，内界は，多かれ少なかれ自律的な**ように見える**かもしれない。内界は，日常生活の影響か

ら隔離され，われわれにとってより馴染み深い精神活動からは完全に切り離された幼児的な思考や空想として存続しているように見えるかもしれない。精神分析的な思索において伝統的であり続けてきた見方においては，内界は常に根本的な原因と見なされる。それはあまりにも当然であり必然であるとされているので，内界と日常生活との間の相互的なフィードバック・ループはほとんど見失われてしまうか，せいぜい背景的に認識されるのみとなる。実際には，内界は日常生活の経験の**源**であるばかりか，日常生活の経験によって**形成される**ものでもある。内界と日常生活とは絶えざるフィードバック・ループによって支え合っているのである。これらの対等かつ対立する力の領域が，人格パターンや自己体験の一貫性を共同で維持しているという考えは，そしてまた，内界が幼児期の経験の産物であるのと同じくらい現在の日常生活の産物でもあるという考えは，精神分析の伝統においてはまったく主流のものではなかった。私は精神分析のこうした伝統に挑戦したいと思っている。内界を構成している空想，イメージ，表象，願望，そして感情が，どのように生活のなかで絶えず生起している出来事に反応して生じてくるものであるかを理解していなければ，内界の力動についてのわれわれの理解は不適切なまでに制約されたものとなる。日常生活とこころは2つの独立した領域ではない。それらは互いに互いの重要な部分であり，生の体験の本質部分でもあるのだ。

臨床例１：カールの事例

　内界を理解する際には，内側から外側に向かって理解するのと同じくらい，外側から内側に向かって理解しなければならない。このことをよく例証すると思われるいくつかの例を挙げよう。カールはハンサムで感じの良い男性で，大変成功した資産家であり，慈善家の家庭の出身であった。彼はエレノアという，魅力的で，知的で，そして大変人柄の良い女性と結婚した。もしこの3つの形容詞が，肯定的であると同時に面白味のない響きを与えるとすれば，それは私の意図したところである。カールとエレノアの関係は活力よりも安定性によって特徴付けられてきた。あらゆる外的な状況から見て，カールの家族生活と結婚は問題なくうまくいっていた。彼らはパーク通りに住み，二人の息子がいた。二人の息子はいずれも優秀な生徒でありテニススターとして有望視されていた。実際，カールがセラピーに持ち込んできた心配事の焦点は，結婚生活にはまったく置かれていなかった。むしろ彼は，仕事における抑制や葛藤の方を

気にしていた。しかし時間が経つにつれ，セラピーの焦点は結婚生活へと移っていった。カールは，結婚生活に情熱が欠けていることについて徐々に不満に思うようになっていった。このように活力と情熱が欠けていることは，性生活の頻度の少なさや味気なさに表れていただけでなく，二人の関係の全般的な雰囲気にも表れていた。カールはエレノアが彼に対して情熱的でないことに傷ついていたが，同時に彼もまた彼女に対して熱い思いを抱けていないことに罪悪感を感じてもいた。

　この悩みは，長い間，カールの意識にのぼったり，忘れられたりしていたが，セラピーという安全な境界線の中で初めて問題として体験されるようになった。以前の彼は，罪悪感と自己非難にがんじがらめにされていたため，結婚生活に対する不満についてゆっくり考えることを自分に許すことができなかったのだ。実際，彼は不満を持つ**権利がある**と信じることすら，自分に許すことができなかった。しかしながら，セラピーによって，カールが，より生き生きとし，自信に満ち，拡張的な自己の側面を体験できるようになるにつれて，彼は結婚生活により多くのことを求めるようになった。さらには，大変重要なことに，より多くを求めることにあまり**罪悪感を感じ**なくなっていった。このあと説明するような理由により，カールは，それまで自分のそうした側面を，ナルシスティックで度を超したものと見なしていた。

　どうやって内側から外側へ，また外側から内側へという２つの方向性が同時にカールの生活と主観的な体験を形作ってきたかを理解する上で，次のことに気づいておくことが重要である（ただし強調しすぎないようにすることも重要である）。それは，多くのセラピストが予想するように，エレノアはカールの中にたくさんの情緒的反応を喚起し，そしてもともとはカールの母親との関係に関連し，そこから発展してきた自己表象や対象表象を喚起したということである。カールの母親は彼の人生において非常に道徳的で批判的な人物であった。彼女はカールに実際には達成不可能な基準の達成を絶えず求めてきた。カールは母親を喜ばせるために，彼の父親と同じように世界一の達成者でなければならず，**なおかつ**同時に非のうちどころがないほどに控えめでなければならなかった。横柄であってはならず，奢りや慢心を少しでも匂わせるようなことがあってはならなかったのだ。母親の目から見ると，カールはつねに**やりすぎ**であり，同時に**不十分**だった。そして彼は，エレノアの目にも同じように映っていると感じていた。カールは，エレノアを感情的に高い負荷を帯びた母親表象の継承者（あるいは運搬者）として体験していた。こうした体験は，意識的レ

ベルにおいても無意識的レベルにおいても，カールに，痛みを伴う一連の感情や自己非難を引き起こし，また，成功者としてであれ，満たされない要求を充足しようと切望している傷ついた者としてであれ，十分に自分自身であることは悲惨な結末をもたらすというイメージを喚起した。

カールと私がともに行った作業においては，精神分析に詳しい読者には馴染み深いやり方で，エレノアとの葛藤を孕んだ関係に結びついた無意識的欲望，空想，自己表象や対象表象を探究することに多くの時間が費やされた。しかし，臨床的に最も有益なやり方でカールを理解するためには，これとは別の作業も必要であった。なぜなら，この“内的な”構図のあらゆる特徴は，日常生活におけるカールの**行動**の仕方や，カールに対するエレノアや他の人々の振る舞い方と密接に結びついていたからである。彼が母親との関係から引き継いだ（同時に，長年にわたって**持続**している，親密な関係のスキーマを構成している）さまざまな期待は，彼を深い葛藤に陥れた。彼は（母親の目からすればほとんど神話的な人物である父親と比較して）この世界で十分に成功していないと認識して屈辱を感じていたし，また妻からの拒否にも屈辱を感じていた（彼は，妻が，彼の方から性的に迫ってくるよう仕向けるために自分を拒否しているのではないかと感じていた）。それと同時に，このような状況に対して彼の中に喚起された怒りに対して罪悪感を感じていた。また，賞賛**され**，反応してもらいたいという欲求にさえ，罪悪感を感じていた。その結果，彼はしばしば家でむっつりし，引きこもるようになったのだ。

カールは実際，自分たちの関係にもっと活気が欲しいという彼の願望をどのように妻に話せば良いか分からなかったし，どうやって彼女に接近すれば実際にそうなるのかも分からなかった。事実，セラピーの中で他のいくつかの問題を扱い，徹底操作するまで，彼は自分が結婚に満足して**いない**ということを明確に認識することを自らに許すことさえできなかったのだ。彼はそうした認識を持つことなく，ただなんとなく楽しくないと感じ，不機嫌になり，引きこもっていたのである。こうした自分自身の体験の仕方は（そして自分自身を表現する仕方は），彼の不幸感や無価値感をさらに増大させ，自分にはエレノアにより多くを求める権利があるという感じをさらに持ちにくくさせた。こうした体験の仕方は，それ自体の力で大きく育っていくのである。そうやって，彼は無気力で無口な引きこもりの状態に陥り，また新たなサイクルが繰り返されることになった。彼は，エレノアから不満を持たれていると思っていた。自宅における彼の行動の大半は，彼女の批判から身を守るべく意図されたものだった。

56 第1部 心理療法，人格力動，間主観性の世界

しかしながら，彼女の批判から身を守るために，彼が最も頻繁に使った方法は，彼女から引きこもることであった。そのため，彼は，結局，避けようとした状況それ自体を永続させ，悪化させることになってしまった。なぜなら，エレノアの最大の不満は，他ならぬ彼の引きこもりに向けられていたからである。

家族療法の文献に馴染みのある読者は，家族療法家がくっつきたがり（pursuer）と離れたがり（distancer）（たとえば，Betchen, 2005; Napier, 1978）と呼んでいるパターンをここに認めるであろう。つまり，エレノアがくっつきたがりの役割を，カールが離れたがりの役割を担っていると認識するだろう。しかしながら，この状況はさらに複雑であった。というのも，痛々しい拒絶の体験を避けるための方法として，エレノア自身**もまた**引きこもったり距離をとったりする傾向を持っていたからである。さらに皮肉なことには，彼ら二人の引きこもりは，いずれも，空虚感というまた別の苦しい感情を受け流すための手段にもなっていたのである。当然のことながら，そうやって引きこもることは，ただ空虚感を増大させただけだった。

彼自身のこうした行動パターンと，二人の関係のパターンは，カールに次のような主観的体験をもたらしていた。すなわち，カールは一方では無気力で死んでいるように感じ，他方では自分は非合理的で子どもじみた期待を抱いていると感じた。彼は，鏡の前を通るときには，いつも逃げるように通り過ぎていた。というのも，鏡に映った自分自身を見てハンサムだと思い，自己愛的な自分に気づいてしまうのを恐れていたからだ。それは，彼が認識することを恐れていると同時に，認識したいと**切望してもいた**，彼自身に関する禁じられた真実であった。この葛藤は，こうした感情や態度の複合体に対するカールの十分に予想可能な反応によってさらに悪化した。彼は，パーティや他の社交的な集まりに出席すると，とりわけ少しお酒が入ると，自分自身で気づいている以上に女性に誘惑的になってしまうのであった。女性たちは，彼の行動にはっきりと情熱的に反応した。そうなると彼は，自分自身が引き起こしてしまったことに気づくと同時に，その気づきに対して**耐え難く感じた**。そして，その体験についての罪悪感にも対処しなければならなかった。また，実際には彼の人生の一部ではない女性たちからの情熱的な反応と，妻から示される反応の**欠如**との間の対比は，彼にさらなる苦痛をもたらした。彼はまたこの苦痛にも対処しなければならなかった。

カールとエレノアの間の行動のパターンと主観的体験のパターンの両者がともに，どのように（母親との関係からエレノアとの関係に引き継がれた）内的

表象と符合しているか（そして内的表象を永続させているか）について，さらに付け加えるべきことがある。エレノアは，彼の母親と同じように，カールが活力や気さくさを表現すると，それを嘲るのであった（カールは，自らの内のこうした活力や気さくさを受け入れ，表現しようともがいていた）。実際彼女は，カールの母親と同じように，カールが人々に人気があり気さくであることに明らかに**傷ついていた**。なぜなら，カールとは対照的に，エレノアには人々と**打ち解けられない**傾向があったからである。彼女の傷つきと不安の一部は，他の女性たちがカールに対して示した明らさまな関心に由来していたが，単にそれだけではなかった。そうした傷つきや不安は，家族や友人の集りの後でも生じたし，カールのウィットや社会的な気楽さを楽しんでいる他の男性の反応に接したときにも，あるいは彼女自身の両親の反応に接したときにも生じた。彼女は，自分の両親が彼女よりもカールを好み，一緒にいることを楽しんでいると感じていた。エレノアは，みんながカールのことをどれほど好きか，どれほど面白く魅力的だと思っているかについて頻繁に言及したが，そのときの彼女の口調は，褒め言葉のようであるよりも非難的なものであった。カールは，エレノアが抑うつを体験すると，暗黙のうちに自分が非難されているように感じた（母親が抑うつを体験したときにもカールは同様に感じた）。カールは，自分が身に付けたいと格闘していたまさにその性質ゆえに非難されていると感じ，どんなものであれ彼と母親との間の絆を，そして彼とエレノアとの間にある絆を維持するために，彼はその性質を苦しみながら覆い隠したのだ。当然のことながら，カールの中でこれらの性質を解放することは，セラピーの目的の１つであった。

　とにかく，そのパターンは始動した。カールとエレノアの間で起きたことの多くは，それぞれの内界にあらかじめ存在していたものの交わり方と関係していた。そしてパターンが（二人の関係のかなり初期に）一旦始まると，それはおおむね自己永続化するようになった。一方の反応が他方から同じ反応を引き出し続け，その結果，その当人自身の反応も（そして当人自身の**主観的体験**も）同じものでありつづけることになる。そしてそれが何度も何度も繰り返されていくのだ。カールの内面における情緒的に負荷されたイメージと知覚的傾向のあり方は，エレノアについての，そして彼らの間に起きていることについてのカールの体験を形成し，カールに，少なくとも明確なやり方では，エレノアに関わりを求めることも不満を言うこともできないと感じさせた。カールは，彼女に対して自分自身が取っている行動について，自分が受け身的であることと，

敵意を沈黙で表していることについて恥の感情を体験していた。そしてまた，彼の行動に対する**彼女の反応**については，彼女を，彼の内界にある，執拗なほど無反応で批判的な母親のイメージの反復として体験していた。エレノアに対する彼自身の行動についての体験と，それに対するエレノアの反応についての体験の両方が，彼の内界で優位を占めているイメージや表象を固く固定し続け，**それらを固く固定させ続けている**まさにその相互関係的な行動パターンを何度でも新たに生み出すのだった。

　長年にわたって持続している主観的なイメージ，情動，期待の全体的な構図に対する反応としてのカールの行動は，まさにそれらのイメージ，情動，期待がさらに持続するよう働いた。翻って，それらのイメージ，情動，期待は，同じ一連の**行動**を再び引き起こし，同じ内的な状態をさらに永続させていった。別の言い方をするなら，カールの大人としての内的状態と子どもとしての内的状態の類似性が長年にわたって維持されてきたのは，彼の内界が封印され，考古学で扱う破片のように，（防衛や逆備給の）層の下に覆いかくされて埋もれていたためではない。彼の内的状態はむしろ，日々，力動的に生成されていながらも，ほぼ変化のない**カールの生活状況**に対する生きた反応なのである。彼の生活は彼の内界の結果でもあり原因でもある。同様に，彼の内界は，彼の生活の原因でもあり結果でもある[注1]。

臨床例２：アイリーンの事例

　長年続いている内界の傾向や表象と，日常生活における行動や反応との間に見られる，よく似た力動的相互作用は，かなり異なった他の事例においても見いだすことができる（十分念入りに観察すれば，同じことは**あらゆる**事例において見られるだろうということに注意を喚起しておきたい）。アイリーンは，どちらかというとストレスが強く余裕のない家庭で育ち，両親には子どもたちの体験を子細に知るための時間も心理的なエネルギーもほとんどなかった。彼女の家族には重大な問題はなく，愛情に満ちた家庭ですらあった（アイリーンのたくさんの長所がそのことを証明していた）。しかし，気配りの行き届いた家庭ではなかった。アイリーンの両親は"有能すぎた"と言ってもよいかもしれない。彼らはアイリーンが何を求めているか，あるいは何について言っているかを"理解"するやいなや，行動を起こした。その行動はしばしばかなり的を射たものではあったけれども，彼女の体験の微妙な機微を捉えそこなってい

たし，彼女に自分の体験について**じっくり話す**余地があるという感覚や，支持的で思いやりのある両親の前で考えを話す余地があるという感覚をほとんど与えないものであった。アイリーンが語ったボーイフレンド，両親，友人や知人との間の現在の体験からは，彼女が内的な出来事と外的な出来事とが持続的に互いを促進し維持していく悪循環に陥っていることは明白なように思われた。その詳細は異なっていたものの，悪循環の過程はカールの場合と同じであった。

　アイリーンの両親は彼女の言っていることに対してしばしばおざなりの注意しか払わなかった。それに対する反応として，彼女は，幼い頃から，他者にかなり強迫的な言い方で同じことをくどくど繰り返し言っていたことが明らかになった。ここで，彼女がセラピーのなかで述べたある出来事の概略を，想像を交えつつ述べてみよう。12歳だった彼女は試験の前日の夜に友達の家に泊まりに行くかどうかを決断しようとしていた。彼女と友達は一緒に試験勉強をしようとしていたのだ。そのことの利点と欠点を両親と話し合うなかで，彼女は，一方では行かないと言うことで友達の気持ちを傷つけたくないし，友達の家に泊まれば実際に勉強がはかどるかもしれないと言う。しかし他方では，彼女は自分のベッドでぐっすり睡眠をとった方が試験がうまくいくだろうと感じているとも言う。そのことについてしばらく話し合った後，彼女の両親は，彼女が友達の家で勉強した後，家に帰ってきたいと（葛藤してはいるものの）明らかに望んでいたのを見て取って，（この議論は大変長時間に及んでいたため）若干苛立ちながら，アイリーンは家に帰ってきて自分のベッドで寝たいように思えるし，それは良い考えだと思うと言う。アイリーンは，それが最善の選択であると同意する。しかしながらアイリーンは，注意深く耳を傾けてもらったという感覚を持てていないため，本質的にはたった今言ったばかりのことを繰り返して，次のように言う。"じゃあ，私はサリーに電話して，一緒に勉強するけど，その後はサリーの家に泊まりたくないって言おうと思う。どっちかっていうとテストの前には家に帰って自分のベッドで休みたいって。"

　このことについてこれまでアイリーンと一緒に検討してきたところだったし，すでにアイリーンのこの考えには一度ならず賛成していたので，彼女の両親は，今回は読んでいる新聞からほとんど目も上げずにおざなりに頷き，"うん，うん"と返事をするだけである。両親のこの反応では，アイリーンは，両親がちゃんと聞いてくれたのかどうか，彼らは彼女が決断に至った論理を検討するための注意深い話し相手であったのかどうか，なお**確信が持てないまま**に両親から放り出されてしまったように感じる。そのため，彼女は同じことを少し違った

言い方で**もう一度**言う。"そうするのは，もし自分のベッドで寝て，馴染んだ環境で早く寝付くことができたら，試験でもっといい点が取れるだろうと思うからなの"と。彼女の両親は，基本的には温厚なので，娘を拒絶したくはない。しかし（このパターンは，その発展の間に何度も繰り返されてきたため，彼らはアイリーンの言っていることに**何も新しい内容はない**と確信していたので）イライラしてきて，その他の点では愛すべき娘であるアイリーンの，彼らにとっては厄介な性質に対して，幾分うわのそらで反応することになってしまう。しかしながら，彼らのそのように気の無い反応は，さらに再びアイリーンから同じ反応の多少異なったヴァリエーションを引き出す。このようにして，パターン化されたやり取りが，驚くほど何度も連鎖的に繰り返されることになるのだ。

　大人になると，このパターンはボーイフレンドや親しい女友達，また先生や同僚にまで広がった。両親と同様，彼らもアイリーンのことを心から大切にしているように思われたし，彼女が自分の考えを**最初に**口にした時には，本当に関心を持って聞いてくれてさえいるように思われた（アイリーンはとても頭が良く，しばしば物事に対して興味深い見解を述べた）。しかしながら，アイリーンが安心させてもらうことを求めて繰り返し繰り返し確認する反復的で強迫的な性質を示すと，彼らもまた若干苛立ち，欲求不満を感じ始めるようであった。そのため，彼らとの間でもまた，アイリーンの反応に対する彼らの反応が，またそれに対するアイリーンの反応が，手に手を取ってそのパターンをしだいに永続化させていったのである。

　他者の態度についてのアイリーンの予想や知覚を歪曲と見なす立場もある。つまり，彼女が人生で出会うほとんどの人は，彼女の言うことをおざなりにしか聞かない姿勢を最初から持っていたわけでは決して**なかった**。この点でほとんどの人は彼女の両親とは違っていたのである。もしアイリーンが，**たいていの人**が友達や愛する人と一緒に何かについてじっくり考えようとするときに話すような話し方で彼らに話しかけていたなら，おそらく彼らもより注意深く彼女の話を聞き，親身になって反応していただろう。そしてもしそうであったなら，果てしなく続くようなやり方で自分の言ったことを繰り返すというアイリーンの傾向は，おそらく次第に影を潜めていくことになっただろう。なぜならそのときには，**建設的な**力動，あるいは**好**循環が生じるからである。つまり，アイリーンがより妥当に，あるいは簡潔に話すことで，他者は彼女の話により注意を向けやすくなり，そうすれば彼女はもっと簡潔に述べることができ，他者はさらに耳を傾けやすくなる，といった具合に展開していくからである。し

かしながら，内側から導く関係性のスキーマは急に変化するものではないので，アイリーンは，まるで他者というのはしつこく繰り返して言わないかぎり決して注意を向けてくれない存在であるかのように，他者と関わり続けるだろう。そして彼女のスキーマが，人々の実際の反応と，彼女の予想との間の違いに対して調節され始めるより前に，人々は（最初から不注意であろうとしていたわけでもないし，不注意な傾向があったわけでもないのに）彼女がしつこく繰り返して言うことに反応し始め，意図せず，彼女の期待を"確証し"始める[注2]。

　アイリーンの側においても，彼女の人生における他の人々（共犯者の役割を果たす人々；第2章参照）の側においても，この過程の大半は意識されることなく進行する。アイリーンは彼女を突き動かしている内的な期待についても，自分の対人的な行動そのものについても，おおむね意識していなかった。つまり彼女は，実際のところ，自分がどれほどくどくど話しているかに気づいていなかったのである。もちろん，彼女はこのことを指摘されたこともあった。そういうとき，**しばらくは**それを自覚することもできていた。しかし他者から十分な注意を得ようと駆り立てられている最中には，彼女は自分が何を言っているか，何を考え，何を声に出しているかということしか自覚していなかった。彼女は，他者の眼差しに表れたうつろな表情も，自分が問題についてしつこく繰り返して話していることも，自覚していなかったのだ。精神分析的な立場の臨床家に馴染み深い言い方で言えば，彼女は，他者の反応も，それが会話の中での彼女自身の発言に与える影響も，ある意味では**認識していた**のだが，にもかかわらず，このことについての**焦点的な**気づき，すなわち新たな行動をもたらす**効果的な**気づき（Allen, Fonagy & Bateman, 2008; Fonagy, 1991; Wallin, 2007）は防衛的に避けていたのである。同様に，共犯者の人たちもまた，何が起きているのかをある意味では認識していた。だからこそ，彼らの注意は薄れ始めたのだ。しかし彼らもまた，焦点的な気づきをもってそうしていたわけではなく，ほとんど自動操縦でそうなってしまっていたのだ。

　当然，そのパターンは，セラピーのセッションにおいても明白であった。実際，アイリーンの強迫的な繰り返しに対する私自身の反応も，そこに含まれていた。それは最初は（エナクトメントの特徴として）かなり自動的な仕方で現れた。しかし，しばらくの後には，自覚的な気づきを伴う仕方で現れるようになった。その結果，私はそのパターンをより明瞭に認識できるようになるとともに，それが彼女の人生にいかに浸透しているかを理解できるようになった。もちろん，患者－セラピスト関係に生じるトゥー・パーソンのプロセスにこの

62　第1部　心理療法，人格力動，間主観性の世界

ように注意を払うことは，現代の精神分析的臨床家にとっては常套手段である。しかしながら，この章において私が焦点を当てたいのは，そういったパターンが，どのように患者の日常生活の中で繰り返されるかということである。

日常生活と内的世界

　日常生活の具体的詳細に注意を払うことは，内的世界への関心から注意を逸らしたり，そうした関心を捨て去ることではまったくなく，内的世界を理論的かつ臨床的に適切に**理解する**唯一の道筋である。患者がどのように物事を見たり感じたりしているか（それらも同様に重要であるが）だけでなく，患者が何を**している**かについてもまた，注意を払わなければならない。内的世界は前エディプス期の数年のうちに決定されるものではなく，**世界内生命体**である**人間**の，絶えず反応する生きた属性である。内的世界が，古いイメージや古いプログラムに固く結びついていて，現在起きていることに対して反応しない**ように見える**場合があることは確かである。大勢の臨床家や理論家が，患者の欲望や期待を幼児的，原初的，蒼古的なものとして描写し，これらの欲望や期待を**ファンタジー**だと述べたりするのは，このような場合があるためである。しかしながら，実際の出来事の動きに無反応で，現実に代わってファンタジーの世界を形成している固着した内的世界というイメージは，日常生活の諸経験に対して**注意を払わない**伝統的な見方を反映するものである。このような注意の欠如は，長い間にわたって，精神分析的な視点の特徴となってきた。

　最近，精神分析の分野で指導的な立場にある人たちと会話する機会があると，私の著作（徹底的な関係論的視座が臨床に与える示唆を論じたもの；Wachtel, 2008）について，多くの人が次のような感想を伝えてくれる。すなわち，その著書がもたらした最も有益な影響の1つは，セッションにおいて患者の日常生活について話し合うことに長い時間を費やしても，以前より罪悪感を感じなくなったことだというのである。彼らにしても，患者の日常生活上の出来事について話し合うことが，多くの同僚が普通しないような逸脱的な実践とだと思っているわけではない。実際，ほとんどの人がそういうことをしている。しかしながら，そうしている間，彼らは，これは"精神分析的でない"とか，この素材はより"表面的だ"（第5章参照）という感覚に絶えずつきまとわれていたのである。

　精神分析の歴史においては，このような態度は，最初は，自由連想や転移分

第3章　内的世界と外的世界，両者を結ぶ行動　*63*

析を精神分析の実践上の中心的技法として位置づけたこと，そして深層についての考古学的モデルを鍵となる理論的メタファーとして用いたこと（Spence, 1982; Stolorow & Atwood, 1997; Stolorow, Orange, & Atwood, 2001）から生じてきたものであった。より近年では，それは，エナクトメントの理解の進歩から（たとえば Aron, 2003; Bass, 2003; Bromberg, 1998; Hirsch, 1998; Jacobs, 1986; Maroda, 1998; McLaughlin, 1991; D.B. Stern, 2003, 2004），そして，逆転移を治療上の誤りあるいは分析家の個人的欠陥を示すものとして見る見方から，遍在的で避けられないばかりか，治療的理解の貴重な源でもあるとする見方に移行したことから生じてきた。これらは大きな進歩であって，われわれの臨床的介入を，より強力で洗練され，臨床過程に根ざしたものにしてくれた。しかしながら，われわれは，そうした偉大な進歩の1つを，同時に，最も重要な抑制や目隠しにもしてきた。そのことを認識しておくことが必要である。それは，セッション中心主義（session-centric）とでも呼ぶべき傾向が発展してきたことである。つまり，治療関係や，面接室内の二人の経験にもっぱら焦点づけ，その他のことはほとんど除外してしまう傾向である。

　少し前に言及したように，こうした傾向が発展してきたからといって，分析家が患者の日常生活についての話をあまり聞かなくなっているというわけではないだろう。そもそも，ほとんどの患者は日常生活のことを無視されることに我慢できない。しかし患者の日常生活に向けられた臨床的作業を，表層的であるとか，本物の精神分析ではないとかみなす傾向は，日常生活についての精神分析**理論**，別の言い方をすれば内的世界と日々の対人的交流の世界との関係についての理論の発達と洗練を妨げてきた。その結果，患者の日常生活を詳しく調べるためのガイドラインは，ゆっくりとしか発展してこなかった[注3]。葛藤を孕んだ願望や連想ネットワークの領域で自由連想法という探究方法が開発されてきたようには，日常生活の領域においてはそれほど洗練された強力な探求方法は開発されてきていないのである。

　翻って，この領域に関して十分詳細に探究する方法が確立されなかったことで，分析家は，そうした質問が必要不可欠であることをはっきり示すデータを突きつけられることなく過ごしてきた。そのため，分析家は，日常生活になお無関心で居続けられるようにしてくれる馴染みの臨床手続きを快適に維持することができたのである。これと関連して，内的世界を維持する上で日常生活が果たしている役割を認めさせるような観察に触れる機会がないため，そもそも日常生活に二次的な位置づけしか与えていない理論が，信頼できるもののよう

に見えてしまうことになった。そのような観察は、標準的な精神分析技法の中ではあまりなされないような質問の仕方をしていかない限り、そうそう得られるものではない。こうしてわれわれは認識論的悪循環に遭遇する。それはある意味で、私がこれまで強調してきた臨床場面で見られる悪循環とよく似ている。つまり、面接室の外の日常生活の相互的なフィードバック過程の詳細への注意の欠如（あるいは効果的な調査方法の欠如）は、結果的に過去と内界に特権を与え、日常生活には比較的興味を示さない理論を支持するよう導いた（この注意の欠如は、現代の母親－幼児研究者たちが、そういった相互フィードバック過程にきめ細かい注意を払っているのとは対照的である）。その結果、日常生活を分析家にとってより興味深いものに**する**はずの質問技法の発展がさらになお妨げられ続けたのである。

　別の観点からすると、今私が言及している理論上のギャップは、トゥー・パーソン的視点の発展が、セッションにおける患者と分析家の相互作用と幼少期における母親と乳幼児の相互作用という2つの領域にほぼ限定されてきたということをよく認識できていない現状を反映するものだと言うこともできる。これら2つの領域では、経験は二人の当事者が相互的に共同構築するものだということを強調する、徹底的なトゥー・パーソン・モデルが非常に明確に見て取れる。たとえば乳幼児の領域では、いかに早期の人格発達が共同構築され、相互的なものであるかを強調するこうした視点は、"赤ん坊というものは存在しない、存在するのは赤ん坊と母親だ"（Winnicott, 1975）、というウィニコットの初期の観察に明らかである。また、幅広い今日の関係論的定式化にも、さらには、スターン（D.N. Stern, 1985）、ビーブ（Beebe, 2000）、ビーブとラックマン（Beebe & Lachmann, 1998, 2002）、トロニック（Cohn & Tronick, 1988）などの、精神分析的な方向づけをもった乳幼児研究者たちの革新的な研究にも明らかである。同様に、セッションにおける患者の体験についても、あるいはセッションの中で観察される現象についても、ただ単に無意識から湧き上がってくるものではなく、**両方**の当事者がいずれも観察したり観察されたりする複雑な往復過程を反映するものだということは、今では広く明らかである（たとえば Aron, 1991; I.Z. Hoffman, 1983; Mitchell, 1997）。そこでは、たとえ相手に**反応している**ときでも、なお相手から反応を引き出してもいるのである。しかし、患者の生活の残りの部分、すなわち子ども部屋と面接室の間にある広大な生活領域は、関係論の理論家によってさえ、本質的にワンパーソンの用語で述べられてきた（Wachtel, 2008）。この2つの"アンカー領域"（子ども部屋と面接室）につい

ての議論においては明らかに見て取れる，相互的で双方向的な体験の共同構築についての丹念な分析は，なぜ患者が**日常生活の中で**困難を抱えているのかに関する議論においてはそれほど明白ではない。そこでは，患者の困難は，ただ単に，過去から，また内界から影響を及ぼす，内在化された対象という深い世界を反映するものとしてのみ描かれている。

　現代の関係論的な論考においてさえ，患者の日常生活を論じる際には，乳幼児期や治療的関係について論じる際とは異なり，相互的でトゥー・パーソン的な力動の記述はほとんど見られない。内的世界は生起している現象の原因であると同様に結果でもあるという理解は，乳幼児期と治療関係の2つの領域においてはきわめて顕著であるが，日常生活の体験を理解する際にはさほど認められない。実際，その2つのアンカー領域がそれだけ注目される1つの理由は，そこにストーリー展開があると考えられていることにある。つまり，それらは力動的に変化し，常に弁証法的緊張の中にあって，さまざまな力と間主観的交流の相互的なやり取りの影響に開かれたものとして理解されている。他方で日常生活は，すでに形成された（そして内的世界に保存された）筋書きが演じられる舞台にすぎないと考えられている[注4]。

　それら2つのアンカー領域においては，間主観的な，あるいはトゥー・パーソン的なプロセスに対する鋭敏な注意が払われてきたこと自体が，患者の生活の残りの部分に取り組む際には徹底したトゥー・パーソン的視点が相対的に**欠如している**ことを見えにくくさせてきたと言えるかもしれない（Wachtel, 2008）。この章において臨床例を記述したのは，日常生活をトゥー・パーソン的に見ていくというのはどういうことかを描き出すためであると同時に，日常生活の領域が**いかに重要か**を示すためでもある。日常生活における体験が，患者の最も深い人格の力動を維持（または修正）する上でいかに中心的なものであるかを理解すれば，われわれの行動や体験の深い無意識的な根源に取り組むためには，また，何年も何十年も前に起源があるパターンが頑固に続いていることを理解するためには，トゥー・パーソン的視点をほんの少しワン・パーソン的思考で補う必要があるなどという考え（たとえば Ghent, 1989; Modell, 1984）は，もはや正当化されなくなる。その頑固さは，日常生活における出来事や体験に対するわれわれの反応性とは独立して別に生じることではなく（Wachtel, 1973, 1977b, 1981 参照），その反応性の（また同様に，われわれの行動，情緒的なトーン，そして持続的な性格傾向に対する他者の反応性の）**本質的な部分**なのである。

66 第1部 心理療法, 人格力動, 間主観性の世界

　この章で私が提供した事例素材は, トゥー・パーソン的で相互的な性質の心理学的な原因論がいかに面接室を超えて広がっているかを示そうと意図したものである。またそれに加えて, 患者と患者が交流を持つ人々との間の相互的な**行動**が, いかにそれぞれの持続的な人格や個性を結びつけて持続させる働きの重要部分であるかを示そうと意図したものでもある。しかしながら, 顕在的な行動やその結果を精神分析的な立場の著者の間で一般的である以上に強調することで, 私は, 情緒, 動機, 自己表象や他者表象の重要性を引き下げようとしているわけではない。むしろ私は, どんな人々の生活においてもパターン化された仕方で何百万回も生じているお互いの行動の影響をも考慮に入れて初めて, われわれは, 精神分析的な思索や探究のより伝統的な焦点となってきたものを適切に理解することができるのだと示唆しているのである。以下に続く章では, さまざまな観点からこのことについてさらに例証し, 詳しく論じていく。それは循環的心理力動論の視点が備えている中心的な特徴なのである。

注

注1) 私は, カールの主観的体験が単に"客観的に"生じていることの産物だったと主張しているわけではないということを明確にしておくべきであろう。現代の精神分析的思考の中心にあり, 同様に私自身の考え方の中心にあるのは, 生きられた生活の中の素材から体験が個性的に構築されるということ, 先行経験が期待や知覚を形作るということ, 体験において願望充足的思考や防衛的思考が働いているということ, 状況的な視点から独立して社会的現実を見ることはまったく**不可能であること**, などである (たとえば Wachtel, 2008)。しかし, これらの洞察を, 単にわれわれは現実を"歪曲する"という考えと混同しないようにする必要がある。実際に起きていることがいかに強力に主観的世界を形成するか, そして, 主観的世界が現実から切り離されたものではなく, どれほど現実に対して反応的であるかをしっかり認識することが, 極めて重要である (Aron, 1996;Gill, 1982, 1983, 1984;I.Z. Hoffman, 1998; Mitchell, 1988 参照)。

注2) ここで第2章における, 共犯者による確証と反証に関する議論を思い出してほしい。

注3) この一般的傾向に対する1つの例外が, ハリー・スタック・サリバンの考えにインスパイアされた精神分析的な取り組みである。精神分析以外の領域では, 家族療法家の系統だった質問技術に, 重要な功績が認められる。それは, そのような質問技術を用いなければ容易に明らかにならないような出来事の連鎖やパターンを明らかにすることを目的としたものである。

注4) 投影同一視の概念がこの理論的ギャップを埋めるだろうという見解に基づく反論があるかもしれない。ここに示された概念化がいかに投影同一視とは異なっているかについての, また投影同一視という概念の持つ限界についての, より発展的な議論は, ワクテル (2008) を参照のこと。

第4章

精神分析と心理療法における愛着
——トゥー・パーソン的で循環的心理力動的なアプローチ

　近年，多くのオリエンテーションのセラピスト，とりわけ精神分析的セラピストの間で，愛着への関心が高まりつつある。この発展の中で，セラピストたちの治療過程についての考え方に，愛着理論と愛着研究による発見が統合されつつある（たとえば，Eagle, 2003; Eagle & Wolitzky, 2009; Fonagy, 2001; Fonagy, Gergely, & Target, 2008; Renn, 2012; Slade, 1999, 2004, 2008; Wallin, 2007）。これらの発展は，著しい態度の変化を表すものである。愛着理論の創始者であるジョン・ボウルビィ（John Bowlby）が精神分析家であったにもかかわらず，長年の間，愛着理論と愛着研究は，精神分析的な思考の主流とは独立して発展してきた。ボウルビィは，その著作において，母親と乳児の間で実際に何が生じるかを強調した。そうした強調は，母親あるいは母親的人物の表象についての乳児の**空想**を何よりも強調する精神分析のメインストリームからは逸脱したものであった。しかし，近年，愛着の過程に関する，また，母親と乳児の実際の交流がパーソナリティ発達に与える影響の研究に関する，精神分析の関心が高まっている（たとえば，Beebe & Lachmann, 2002; Fonagy, 2001; Mitchell, 1999; D.N. Stern, 1985; Wallin, 2007）。本章では私は，この理論的な方向転換の示唆するところを，とりわけ精神分析的思考における関係理論の流れの発展という光のもとで探求してみたい。

　関係理論の中心的な特徴は，トゥー・パーソン的な視点を支持し，（関係理論の理論家たちによれば）長年にわたって精神分析的な定式化の特徴であったワン・パーソン的な視点を批判するところにある（Aron, 1990; Ghent, 1989; Lyons-Ruth, 1999）。本章では，ワン・パーソン理論とトゥー・パーソン理論の区別をより詳細に吟味し，（精神分析的思考をより徹底的に**文脈的な**ものに

68　第1部　心理療法，人格力動，間主観性の世界

する）循環的心理力動論の視点が，いかにその区別にかわる新たな選択肢とな
りうるかを詳しく説明しよう。私は，愛着現象や，その理論的ならびに治療的
な示唆を考察することを通して，こうした探求を進めていく。そしてその探求
の中で，愛着と関係理論の双方の理解をさらに明確なものにしようと思う。

　始めに臨床素材を提示する。この素材は，本章において私が扱おうとしてい
る2つの論点に関係するものである。いっぽうでは，この素材は，愛着理論や
愛着研究の含意に注目することによって，臨床的相互作用がいかに促進される
かを描き出している。この素材は，愛着理論や愛着研究の含意に注目していな
ければセラピストがつい見逃してしまいがちな患者の経験と力動の次元に注意
を喚起するものである。その一方で，私は，この臨床素材を，愛着についての
議論にしばしば見られる**問題点**を指摘するための出発点として用いたいとも
思っている。その上で私は，愛着理論の概念的な土台と臨床的な含意について
のこうした検討を，より幅広い枠組み（一般的な関係理論，特に循環的心理力
動論）に拡張して適用することを目指そうと思う。その際には，ワン・パーソ
ン的な愛着理論とトゥー・パーソン的な愛着理論との区別に依拠することにな
るだろう。

アンドリューの事例

　ここで私がアンドリューと呼ぶ患者は，大きな財団の助成金担当者だった。
彼の自己評価にとって仕事はとても大きな意味を持っていた。彼の気分は，評
価を依頼された企画の質によって浮き沈みした。企画が革新的で質が高いと，
他人や社会の福利に寄与する有意義で重要な活動に従事していると感じられ
た。提案が月並みなものだと時間を無駄にしていると感じた。そういう時，彼
は，自分自身の創造性によって身を立てるのではなく，他人の創造性に依存す
る職業を選んでしまったように感じた。後者の状態にある時には，他のさまざ
まな心配ごとが意識に侵入しやすくなるのだった。私がこれから話す物語には，
アンドリューのこうした自己評価の特徴と，その特徴が他者からの入力とどの
ように関係しているかということが関わっている。

　アンドリューがセラピーに持ち込んだ主要な問題は，彼の結婚にまつわるひ
どく葛藤的な経験だ。彼は，時々，娘のエミリーのために結婚生活を維持して
いるだけだと感じた。エミリーはまだ10代に入ったばかりで，もし両親が離
婚すればとても苦しむだろうと彼は感じていた。離婚がエミリーにとって有害

だろうという感情とは別に，彼は，エミリーと会えなくなれば，彼自身，大きな喪失を体験するだろうということにも気づいていた。対照的に，妻のジェーンとの関係は，彼にとってもっと機能本位のものに感じられていた。彼らは家事や子育ての問題を上手に扱っていたが，彼は自分たちが**結びついている**とは感じていなかったし，実際のところ，本当に結びついたことなど一度もなかったと感じていた。

　セラピーのかなり早い段階で，結婚生活についてのアンドリューの葛藤的経験の重要な要素として，彼には，強いられ，押しつけられることに対してかなり強い感受性があることが明らかになった。アンドリューは，妻が自分をコントロールしようとしてくるように感じていた。しかし，彼らの交流パターンをより大きな視野で見てみると，他の夫婦でもよく見られるように，妻のコントロールは，かなりの程度，彼の黙従がもたらした結果であることが理解された。別の言い方をすると，アンドリューは，娘への気遣いから，また，妻から身を引きたいという願望に対する**罪悪感**から，しばしばジェーンの願望に従順であろうと無理をしがちであった。その結果として，強いられ，コントロールされていると感じていたのだった。多くの重要なセッションにおいて，私はアンドリューに次のように尋ねた。「あなたが単にジェーンは自分とは**違うことを望んでいる**んだと思うのではなく，ジェーンは自分をコントロールしようとしているんだと思うのは，どういうわけなのだろう？」「あなたが，ジェーンの望みに対して，ノーと言いたければノーと言うことができるとは感じられないのは，どういうことなのだろうか？」「あなたが，ジェーンと話し合い，交渉して，**双方**の興味や願望を共に満たすようなものを探すことなどできないと感じているのは，どういうわけなのだろうか？」

　こうした問いを議論し探索する過程において，アンドリューは，子ども時代に，**母親が**どれほど恐ろしく侵入的であったかを，そしてまた，そのことに対処するために，大きな選択に関していかに母に服従してきたかを，ますますはっきりと思い出した。彼は，一人で読書したり，考えごとをしたり，森を散歩したりするときにだけ，人生における本当の感情や個人的な意味を体験していた。アンドリューは表向きには良い少年であり，両親が賛成するような職業選択を追及し，家族の行事には忠実に参加した。いっぽうで，誰も知らない彼の心の中では罪悪感を感じ，極度に孤立し，近づきにくく，家族と断絶していた。本書において私は，患者が抱えている問題を孕んだパターンには，ほとんどの場合，悪循環が認められることを論じている。アンドリューの場合もそうであっ

70　第1部　心理療法，人格力動，間主観性の世界

た。すなわち，アンドリューのひそかな孤立感や断絶感は，彼に表向き服従す
るニードを作り出した。そして，母の要求に対する彼の従順さや服従は，彼に
物理的にも心理的にも一人でいるニードを作り出した。ジェーンとの関係にお
いても同様の力動が認められると言っても，読者はきっと驚かないだろう。

　ここで議論しようとしているあるセッション中の出来事に関して，私は愛着
の視点の臨床的含意に対する関心を持っていたおかげで，さもなければ見逃し
てしまっていただろう，あるいは少なくともそのような角度からは見なかった
だろうアンドリューの体験の側面に気づくことができた。そしてそうした私の
気づきは，アンドリューに強く訴えるところがあった。アンドリューは，彼
が憂うつそうに見えるとジェーンが言ったことについて話していた。そして
ジェーンは，それは最近彼が受けた提案があまり有望なものではないせいなの
ではないかと尋ねたと言う。実際，アンドリュー自身も彼の気分についてその
ように理解していた。彼は，この経験について話しながら，私にはっきりこ
うコメントした。「妻が自分の気分に気づいてくれて，その理由まで分かって
くれれば，多くの男性は嬉しく感じるのだろうということは私にも理解できま
す」。しかし，アンドリューはジェーンのコメントを嬉しく感じず，むしろ**侵
入的**で不愉快だと感じていたのだった。その結果，彼はまたもや，一人でいる
ほうが幸せだからどこかに逃げ出したいと思ったのだった。そしてさらに，お
馴染みの仕方で，彼は苦痛に満ちた葛藤に投げ込まれ，こんなふうに感じるの
は自分が悪いからだという自責的な考えに苛まれた。注目すべきことに，こう
した自己批判が，ジェーンに対する怒りやジェーンのもとを去りたいという彼
の感情を引き下げることはなかったのである。

　愛着や母子相互作用の文献に没頭していたことに刺激されて，この時，私
はアンドリューの経験をそれまでとは少し異なったやり方で理解した。私は
「ジェーンのコメントが侵入的に感じられたのですね」と言うかわりに（それ
は確かにその通りであり，それ**もまた**共感的な応答となっただろうが），「ジェー
ンがあなたの体験を『**過剰読み取り（overtracking）**』しているように感じら
れたのですね」と伝えた。彼は目を輝かせ，興奮して「**まさにその通りです**。
その言葉が気に入りました。**過剰読み取り**。その通りだ！」と言った。

　私が特にこの言葉を使ったのは，この時アンドリューが自分の経験について
述べたことを聞いて，幼児は体験を中程度に読み取られるときに（赤ちゃんの
手がかりに対する母親の応答的な相互作用が中程度のとき）最もよく機能する
という記述を思い出したからだ。もちろん，母親が応答的でなさすぎるのは，

第 4 章　精神分析と心理療法における愛着　*71*

幼児にとって良い経験ではない。その場合，幼児は，言語以前のレベルで，誤解され，助けられていないと感じることだろう。しかし，読み取りが**過剰である場合**，つまり，幼児から生じる手がかりと母親から生じる行動の相関が高すぎる場合も，赤ん坊はあまり気分が良くないようであることが明らかになっている（Beebe & Lachmann, 2002; Wallin, 2007）。赤ん坊の行動と母親の行動の緻密な一致は，抽象的には高度な共感のように見えるが，純粋で**効果的な**共感を実現するには，過剰に共感的では**ない**ことが必要なのである。つまり，赤ん坊には，理解されないでいる自由，それほど詳細に心を読み取られない自由が必要なのである（Winnicott, 1960 参照）。別の言い方をすれば，そして，愛着パターンの**力動的な**性質に目を向ければ，人間の心理の他のすべての側面と同様に，愛着パターンは，**葛藤的な**感情と願望への取り組みの試みを表している。母親が徹底的に正確に心を読み取りすぎないことによって，幼児には愛着の力動に含まれるつながりへのニードとは別の側面，つまり，自律性と探索のニードのための余地が与えられるのである[注1)]。

　読み取り不足の母親の赤ん坊たちは，愛着研究において両価的または抵抗的と呼ばれるような不安定な傾向を示しがちである。彼らは，母親にもっと応答的になってもらおうとして，手足をバタつかせ続ける。しかし，読み取り**過剰**な，つまり同調し**過ぎる**母親の赤ん坊たちも困難を持つように見える。彼らは，回避的と呼ばれるような不安定な傾向を示しがちである。彼らは少しでも自律の余地を持とうとしてつながりから退却する（Beebe & Lachmann, 2002; Malatesta, Culver, Tesman, & Shepard, 1989; Tronicl, 1989）。対照的に，ほどほどに幼児の心を読み取る母親たちは，ちょうど『ゴルディロックスと 3 匹の熊』[▶訳注1)] の物語の愛着版のように，遠すぎず，近すぎず，「ちょうど良い」距離感を保ち，幼児に安定した愛着を生じさせる傾向がある。

　アンドリューと私は，私が過剰読み取りと名づけた経験について話を続けた。アンドリューは，私がその経験をそのように名付けたことをとても喜ぶと同時に，過剰に読み取られるのはほぼ恐怖に近い感じだと語った。この話のさなかに，彼は突然，とても衝撃的なことをした。もし私たちがこの特定の経験をこのような特定のしかたで話し合っていなかったら（すなわち，過剰読み取りの概念やその経験を私が念頭に置いていなかったら），私はそのことに気づかな

▶訳注 1)『ゴルディロックスと 3 匹の熊』は，イギリスの童話。ゴルディロックスという名前の女の子が森で 3 匹の熊が棲む家を見つけるお話である。女の子はテーブルに置いてあった 3 つのお粥の中から，熱すぎるものでもなく，冷たすぎるものでもなく，ちょうどいいお粥を食べる。

72 第1部 心理療法, 人格力動, 間主観性の世界

かったかもしれない（あるいは，十分な明晰さと関心を持って気づかなかった
かもしれない）。アンドリューは私にその経験について話し続けながら，私か
ら顔をそらし，目の端で私を見るようにしたのである。これは数秒続き，その
後，彼は顔を戻して私を見た。彼はこうした自分の振る舞いにまったく気付い
ていないようで，私から顔をそらし，そして顔を戻しながらも，切れ目なく首
尾一貫して話し続けた。誰かがこのセッションの録音を聞いたとしても，何か
普通と違うことが起きたとはまったく思わないだろう。

　こうした話合いと経験に接して，私はいくつかのことを思い起こした。まず
第一に思い起こされたのは，愛着や他の母子研究の映像で，赤ちゃんに向かっ
て**のしかかるように現れて**，赤ちゃんが接触から顔を背けていることに気づい
ていないように見える母親のことである。実際，そうした母親は，赤ちゃん
が顔をそむけると，さらに赤ちゃんに照準を合わせ，赤ちゃんが明らかに避
けようとしているまさにその接触を**強制**しようとしているように見える。アン
ドリューの振る舞いは，彼自身はまったく意識していなかったけれども，私た
ちがちょうどそのとき話し合っていた過剰読み取りについての不安を確証し，
痛々しく演じて見せる行為だった。アンドリューは，私が過剰に読み取られる
経験にラベルを与えたことで，明らかに私にとてもよく理解されたと感じてい
た。これは，多くの点で，彼にとって満足できる肯定的な経験だった。しかし，
おそらく，私が彼をとてもよく理解したというまさにその事実が，私もまた彼
が必要としている個人的領域のための余地を与えていないと感じさせた。つま
り，私の理解は彼に，理解されすぎている，過剰に読み取られているという不
安を引き起こしたのである。その視点からすると，私から顔を背けたのは，相
互作用をコンロトールしていられるかどうかを確認する方法であった。つまり，
理解されていて接触があると**彼が**感じた時に，それを私の「のしかかるように
現れる共感」の不快な結果として感じてしまわずに，理解されながら接触して
いられるのかどうかを知るための方法であった。

　この意味で，この相互作用において私たちの間に起きたことは，ワイス，サ
ンプソンとその同僚たちが，患者がセラピストに課す無意識的なテストと述べ
たものの1つのヴァージョンとみなすことができるかもしれない（たとえば，
Silberschatz, 2005; Weiss, 1998; Weiss & Sampson, 1986）。この例では，彼自
身が私たちの接触の程度をコントロールできるのかどうかを，つまり，私たち
が**彼の**条件のもとで（彼が接触の強度と性質を調整する状況下で）接触したま
までいられるかどうかを，アンドリューは試したのだと思う（この経験に先行

する数セッションにおいて，アンドリューとジェーンの関係について話し合う中で，私は，アンドリューが，彼か彼女かのどちらかが町を離れた時に一時的な休息を楽しんだことを認めたら，ジェーンと再びつながろうとすることを**歓迎される**自信がないと感じていることを取り上げた。アンドリューにとっては，事態は全か無かだと感じられていた。つまり，ジェーンによる**容赦ない**関わり（と彼には感じられるもの）に服従するか，完全に一人になって彼女との本当の接触を**なしですます**かのどちらかだということである。この点で，アンドリューは，私との間ではそれとは違うことが起きるかどうかを，つまり，彼が私たちの接触を弱めてささやかに楽しんでも，なお歓迎され，彼がそうしたい時には接触を持つことができるかどうかを試していたのである）。

　私たちの間で起きていることを私はこのように理解したが，私は彼が顔を背けたことについてはコメントしなかった。もしそのことにコメントすれば，アンドリューにとって，過剰に観察される，つまり単に「いる（be）」だけでいいという余地が残されない，もう1つの例と感じられるだろうと思ったからだ。解釈において強調されるような明示的あるいは宣言的な経路によって変化を追求するのではなく，むしろ私は，暗黙の手続き的な学習の一例として，その経験を無意識的に処理されるがままにしておいた。長年の間，明示的な解釈は精神分析界で最も価値ある介入であったし，時には事実上，精神分析的な作業に必須のものとさえ見なされてきた（たとえば，Bibing, 1954; Friedman, 2002; Laplanche & Pontalis, 1973）。しかしながら，近年では，ますます多くの影響力ある精神分析的著述家たちが，解釈の努力は，より手続き的なレベルの作業，すなわち「出会いのモーメント」と呼ばれるような新しい関係体験や暗黙の関係性の知識を通して変化を生み出そうとする作業によって補われる必要があることを強調するようになってきている（たとえば，Eagle, 2003; Fonagy, 1999; Fosshage, 2003; K.A. Frank, 1999; Lyons-Ruth, 1999; D.N. Stern et al., 1998; Wachtel, 2008）。この動向を要約し，それをはっきりと愛着プロセスの研究に関連づけて，イーグル（2003）は次のように述べている。

　　　非解釈的な要素がすべての心理療法と精神分析で中心的な役割を果たしているという基本的な考え方が，新たに浸透し，活気づいている。というのも，発達心理学と認知心理学から，また愛着研究と愛着理論から，次のような認識が得られるようになったためである。すなわち，早期に過剰学習された非言語的な表象，つまり手続き的な知識や「ルール」は，簡単には，また完全には，内

省的な（象徴化された）知識に翻訳できるものではなく，**解釈と洞察によって変化するとは限らない。それらが変化するためには，非解釈的で相互作用的な強い情動経験が必要なのである**（p.50，強調は筆者）。

　私は，セッションのどの時点においても，アンドリューが本質的に無意識的に私から顔を背けたことについて，解釈したり注意を喚起したりはしなかった。しかし，私は，起きたことを**認識し**，セッションが進行する間，それを心に留めて作業した。たとえば，セッションの後の方で，私は，彼がジェーンとの関係において可能になったらいいなと望んでいることは，彼女の目を絶えず見る必要を感じずに彼女と話すことができることであり，彼女がそこにいて聞いているのを知りながら，彼女と話している間，メールを見たり何か他のことをしたりできることだろうと伝えた。私はこれを，特定の相互作用のあり方を文字通りに描写したものとして伝えたわけではなく，本質的に隠喩的な意味で，つまり，彼が望んでいるような類の彼女との経験をとらえたイメージとして伝えた。またそのとき私は，セッションの最初の方で私たちの間に起こったことには言及しなかったけれども，明らかにその経験を心に留めていた。アンドリューは，このコメントを熱烈に受け入れた。彼は，確かにそれは彼が切望しているものをとてもよくとらえていると言った。そのコメントは，侵入されたという感じから自らを守るためにジェーンから引きこもる代わりに，少なくともジェーンに**接近**する方法を彼がイメージするための小さな扉を開いたように見えた。

安定した愛着を持つ人々か，安定した愛着のパターンか

　上に提示してきた臨床報告が，愛着の視点の潜在的な価値を例証するものとなっていることを期待している。つまり愛着の視点が，いかに臨床素材の意味を理解するための新たな見方をもたらし，患者がよりよく理解されたと感じられる反応の仕方を示唆するものであるかを示すものとなっていることを期待している。しかし，愛着の理論と研究から生み出されるイメージは，非常に注意深く検討されない限り，臨床的・理論的な理解を潜在的に**妨げる**こともありうる。その妨害は，愛着理論に本来備わっているものではない。実際のところ，それらの妨害は，愛着理論の文献を注意深く読んでいないことの表れであり，ボウルビィの仕事を導いている全体的な理論的視座をしっかりと理解していな

いことの表れなのである。にもかかわらず、私がここで論じようとしている、愛着現象についての問題を孕んだ論じ方（個人を「安定型愛着」か「不安定型愛着」かのいずれかに分類する論じ方）は、たいていの場合、注意深く熟慮的で適切な理解を示す洗練された理論家や研究者でさえ頻繁に陥る、深く浸透した議論の習慣を反映したものである。愛着がどのように考えられ議論されているかをもっと綿密に調べない限り、愛着の理論や研究に由来する概念を、精神分析の理論や実践に取り入れたとしても、再考され刷新される必要があるまさにその精神分析的思考の諸特徴がただ助長されるだけになってしまうだろう。

　私がここで取り上げたい論点は、関係論的なヴァージョンの精神分析的思考に依拠し、それを推進しようとしている精神分析的な思索家たちと特に関連がある。なぜなら、愛着理論の適用のされ方における潜在的な問題は、より幅広く関係理論における同様の脆弱性とかなり類似しているからである。特に、愛着の文献にしても、関係精神分析の文献にしても、その啓発の意図の中心には、典型的にトゥー・パーソン的な考え方が据えられている[注2]。しかしながら、いずれもその有力なヴァージョンには、十分に認識されないままに、しばしばワン・パーソン的で本質主義的な思考様式の痕跡が保持されている。そもそも、トゥー・パーソン的な視点は、そうしたワン・パーソン的で本質主義的な思考様式に取って替わることを目指していたはずなのである（この点について関係理論一般に関するより詳しい議論は、Wachtel, 2008, を参照）。

　ボウルビィの見方が、今日、トゥー・パーソン的な視点と呼ばれているものであることは非常に明らかである。しかしながら、ボウルビィが彼の新しい考えを導入した時代には、ワン・パーソン理論とトゥー・パーソン理論の区別は、精神分析の文献においてまだ今日ほど一般的なものとはなっていなかった[注3]。適切に理解すれば、愛着状態は、単一の個人の中にある性質ではない。愛着はいつも誰かに対する愛着である[注4]。それは、2人の人間の**間**の関係であり、したがって純粋にトゥー・パーソン的な概念である。しかしながら、あまりにも多くの文献において、そして多くの臨床家の（研究者の）愛着についての日常的な話し方において（そこには、実際に私たちの思考を導いている「ワーキングモデル」が反映されている）、愛着はまるで個人単独の特性であるかのように描写されている。私たちは、この人は安定型の愛着である、不安定型の愛着である、回避型の愛着である、あるいは両価型の愛着であるなどと述べる。まるで、その人は誰に対しても、いつでもそのようであるかのように。まるでそれこそが「その人のありのままの姿」であるかのように。この言語上の表現形

態は，愛着状態は単に個人の頭の中にある特性であると示唆しているように見える。これは，ミッチェル（Mitchell, 1995）が言うところの「心を，ダイアド的な，関係のフィールドの中から現れ，必然的に関係のフィールドに埋め込まれているものとして見る見方」ではなく，「心を，モナド的な，分離した個別の実体として見る見方」を反映するものである（p.65; Stolorow & Atwood, 1994 も参照）。私自身も，この章の最初の方でこのようなモナド的な表現を用いている。それは，母親による特定の読み取りのパターンによって，どのように「安定的に」あるいは「両価的に」あるいは「回避的に」愛着する個人になるかに言及したところである。もしその点について問われれば，私にしても，他の愛着についての著者たちにしても，それは単に便宜上の省略表現であって，愛着について話している以上**当然**愛着対象**にも**言及しているのだと答えるかもしれない。しかしながら，省略された表現では，明白にトゥー・パーソン的な表現よりも，結局はより多くの説明が必要になることを認識しておく必要がある。

　ある程度までは，これは，論じられている現象に忠実でありつつ，大変な忍耐力を求めないような仕方で特定の考えを伝える上で，通常の言語表現には制約があるという問題に他ならない。これは，私たちの話す文章が，線形的で逐次的な性質を持っていることによる。私たちがふだん**安定型の愛着を持っているとか不安定型の愛着を持っている**といった言葉を使うような場面で，いちいち次のように言っていたらどうなるかを想像してみてほしい。「この人は，ある種の人との関係を，不安な時にその他者はなだめ役にはならないだろうと感じるような仕方で経験するけれども，他の関係においてはまったく異なった経験や期待を持つかもしれず，さらに，いつもは安定して一緒にいられる人に対してさえ，互いにある種の合図を出し合っていった結果，異なる経験に導かれることもあるだろう」。このような表現は，**安定型愛着**や**不安定型愛着**といった単純な表現よりも，真実に近い。つまり，日常生活における愛着の複雑さにより近い。しかし，そうした表現は，誰であれ私たちが話しかけている相手に，急に電話をかける用事を思い出させたり，とても眠くさせたりしてしまうものである。

　私たちは，安定型の愛着や不安定型の愛着という概念を，たいていは，上に示したような冗長な言い方で表明しないだろう。しかしながら，それでもなお私たちは，そのように正確に**理解しておく**必要がある。さもなければ，私たちは本質主義的な思考様式に陥ることになる。本質主義的な思考様式につい

ては，近年，ますます疑念が提出されている（たとえば，Benjamin. 1988; I.Z. Hoffman, 1998; Mitchell, 1993; D.B. Stern, 1997）。私たちは，これは彼が**私と一緒**にいるときのあり方である（さらに言えば，**私が特定の仕方で振る舞っているときの彼の私と一緒にいるあり方**であって，私が異なった仕方で振る舞っている際には私と一緒にいても彼はそのようでは**ない**かもしれない）と言うほうが正確であるときに，これが彼の「あり方」であると考え始める。このように，愛着の完全に文脈的な，あるいはトゥー・パーソン的な概念化は，どのように異なった愛着体験が異なった相手によって喚起されるのかに注意を向けるだけではない。それはまた，安定的，両価的，回避的といったさまざまな仕方で，関係し，知覚し，経験するよう人を導くのは，いったい何が起きているからなのかと問うように要求する。それは，ある特定の瞬間に，それぞれがそのやり取りや関係に対して何を**しているのか**，そして何を**感じているのか**に注意を向ける。そして，ある特定の瞬間に，愛着の関係に参与している各人が，何に**反応している**のか，何を相手に**喚起している**のかを問う。

　もちろん，私たちは，それぞれ，ある特定の傾向を持って相互作用に入る。そして，それらの傾向は，物事がどのように進むかに確かに強い影響を与える。患者が誰であるか，そして患者がどのように相手と関わるかは，患者が誰と一緒にいるか，あるいはその瞬間に何が起きているかということによって**完全に**決定されるわけではない。関係論的な思考は，それぞれの人が分析家のオフィスにやってくる前に，あるいは，新しい関係を始める前に，すでに特定のパーソナリティを**持っている**という事実を無視しているという議論がある。こうした議論は，関係論的思考を戯画化したものである。けれども，関係論的な視点に対して批判的な立場の論者から，こうした議論が提示されることは驚くほど多い（Wachtel, 2008 を参照）。同様に，ここでの私の論点は，ボウルビィが内的作業モデルと呼んだ概念の価値と少しも矛盾するものでない。むしろ，ここでの私の論考の狙いは，内的作業モデルについての私たちの理解を**文脈化**することにある。

　一方で，関わる相手が自分の意図や属性について何かを表明する以前に，人はその状況にすでに特定の性格を持って入っていくのだという見解がある。他方で，私たちが他の人との出会いをどのように経験し，どのように反応するかについてのあらゆる特徴は，かなりの程度，相手がどう振る舞うか，相手がどのような人であるか次第であるという見解がある。それらの見解は一見すると対立しているように見える。しかし実際のところ，その対立はたやすく解決さ

れる。関係論的な理論化の性質をより一般的に論じた際に（Wachtel, 2008），私は，私たちの理論は，人が相互作用に持ち込む性格や気質やパーソナリティ構造をはっきりと顕著に考慮に入れているが，そうしたパーソナリティの構造は常に**文脈的な**構造なのだと主張した。同じことが，内的作業モデル概念の理解についても言えることは明白である。患者がどんな人であるかが，分析家がどんな人であるかによって完全に決定されるわけではないのと同じように，個人の愛着スタイルは，その人が現時点で相互作用している愛着対象がどんな人であるかによって完全に決定されるわけでは決してない。しかしながら，同時に，分析家がどんな人であり，特定の愛着対象がどんな人であるかは，決して**無関係**なわけではない。分析家が違えば，あるいは愛着対象が違えば，その人の違った側面が引き出されることだろう。ある人が，安定型の愛着なのか，両価型の愛着なのか，回避型の愛着なのかという問いは，さらに次のような問いを必要としている。**誰に**対して安定的に，両価的に，回避的に愛着しているのか？　この問いは，おそらく，「公式的」には愛着概念に常に含まれているものだろう。しかし，愛着の研究者にしても，愛着理論に関心のある精神分析家にしても，ある人の愛着状態や愛着カテゴリーについて，きわめてしばしばこうした文脈化を**前提とせずに**話している。そして，重要なことは，これはまさしくワン・パーソン的な思考に他ならないということである。つまりそれは，見る人は見られている人にまったく影響を与えないとか，人の属性はその属性が示されている文脈にほとんどまたはまったく注意を払うことなしに記述できるといったことを前提とする考え方である（I.Z. Hoffman, 1998 参照）。

愛着とスキーマ

　永続するパーソナリティ構造と，関係の場への鋭敏な反応という 2 つの現実を調和させるにはまた別の方法もある。それは，精神分析的な概念と，同化と調節によって特徴づけられるピアジェのスキーマの概念との交わりを認識することから得られる。私は以前，転移の概念を，精神分析的な概念や観察とピアジェのそれとを結びつけて概念化し直せば，臨床的観察のデータにより一致するようになるばかりか，より臨床的に有用になるだろうということを詳細に論じた（たとえば，Wachtel, 1981, 2011a）。そして，近年，私は，精神分析的思考とピアジェ的思考のこうした総合を，関係理論のより広い領域に拡張して適用している（Wachtel, 2008）。ボウルビィもまた同様にピアジェの思考に影響

されていたことが明らかになっている。彼もまた，内的作業モデルの概念の中に，精神分析的な考えとピアジェ的な考えを融合させたのである（Fonagy, 2001; Marrone, 1998）注5)。

　私は，愛着に関する文献の中心的な焦点であり続けている愛着の**カテゴリー**への関心から愛着理論に引きつけられているわけではない。むしろ私は，愛着の**プロセス**への関心から，そしてまた，ボウルビィの愛着についての考え方が，世界についての私たちの経験と反応のあらゆる側面において同化と調節の力動的な相互作用が認められることに依拠していることへの関心から，愛着理論に引きつけられているのである。転移が，スキーマや同化と調節という概念に照らすことでよりよく理解できるようになるのと同様（Wachtel, 1981），個人の構造化された愛着傾向は，**今現在実際に起きていること**についての人々の個人的な理解と反応の仕方として捉えることでよりよく理解できるようになる。これらの傾向は，その人の発達史と，その人がその発達史から作り出したもの（その歴史の理解の仕方，解釈の仕方，一般化の仕方，そこから作り出した仮定のあり方）に基礎をおいている。しかし，それらは**また**，現に進行している経験の世界によって維持され変化させられている。それらは，今，生起していることに影響を与えていると同時に，そこから影響を受けている（J. Greenberg, 2005 参照）。これもまた，それらの傾向が不可避的に同化と調節の両方に特徴づけられているということを違った言い方で表現したものである。愛着は固定されたカテゴリーというよりも，**力動的**で**文脈的**なプロセスである。そしてそのプロセスにおいては，その人がこれまでに参加してきたあらゆる力動的で文脈的なプロセスの構造化された残留物が顕著な役割を演じている。

トゥー・パーソン理論から文脈理論へ

　ここまでのところで，私は，愛着のトゥー・パーソン的な性質を強調し，愛着の議論がたやすくワン・パーソン的な説明に委ねられることに注意を喚起しようとしてきた。しかし，私が別のところでより詳細に論じたように（Wachtel, 2008），「トゥー・パーソン」という概念は，私たちが関心を持っている心理的現象の十分に適切な概念化ではない。ワン・パーソンとトゥー・パーソンの区別は，最初の切り口としては有用なものである。しかし，それはまた，潜在的に誤解を招きやすいものでもある。人々は，二者的な関係の中だけで生きているわけではなく，家族，きょうだい，仲間集団，仕事集団，そしてさらに大き

80 第1部 心理療法，人格力動，間主観性の世界

な集団の中でも生きている。日々の新聞やニュースで明らかなように，たとえば，国家，宗教，民族などは，人間がその生活を方向づける際に最も影響力のある愛着対象ともなりうるものである。精神分析という抽象的な観念や，国際関係精神分析学会（IARPP）や国際精神分析学会（IPA）といった組織もまた，そのような愛着対象となりうる。幼児と母親や，夫と妻や，分析家と患者の間で記述されてきた力動と同じ力動の多くが，こうした愛着対象に関しても見出されている[注6]。

　以上を踏まえると，私には，先に引用したミッチェル（1995）による定式化には修正が必要であるように思われる。ミッチェルは，心は「不可避的に関係のフィールドに埋め込まれたものである」と述べた（p.65）。しかし，その関係のフィールドは，常に二者的なものであるとは**限らない**。人類の進化のルーツは，純粋に二者的な言葉で解釈されるなら，誤解されてしまう。たしかに，ボウルビィたちは，彼らが母子の絆に光を当てたとき，進化論と動物行動学の観点においても，現代の人間の心理学の観点においても，非常に重要な観察に注目したのだと言えるだろう。実際，母子の絆は，私たちの進化がもたらした生き残りメカニズムの中核的な構成要素なのである。しかしその絆だけが私たちの生存の基盤ではない。人類は集団性の生物であり，部族をなす生物である。大きく見れば，人類の遺伝子プールの生き残りは，多くの遺伝子を共有した小さい**集団**の生き残りにかかっている。集団のメンバーたちが互いに協力して行動すれば，たとえその集団の一員である特定の個人が子孫を残せない場合にも，その集団の遺伝子プールは生き残りやすくなる（Wade, 2006）。

　現代に目を向けると，現代の都会生活における愛着のステータスや愛着のスキルと能力の重要性は，単に1対1の親密な関係の問題だけではなく，協働する必要がある**多くの**他者と絆を作り，相互作用し，感受性豊かに読み取る能力の問題でもある。ミラーニューロンや，情動知能，共感などは，母子や恋人どうしを結び付けるためだけに進化してきたのではない。これらは一族を団結させる接着剤でもある。また今日では，それらは企業，心理学科，PTA，精神分析運動などを団結させる接着剤でもある。現代社会において，人々がセラピーに持ち込む苦痛や絶望や空虚の源は，非常に重要な単一の二者関係の問題に限られるわけではない（たしかにそうした問題は，私たちの仕事の重要な部分ではあるけれども）。そこには，友人関係の問題や，私たちの生活を形作るさまざまな地位の階層の中での関係作りの問題が含まれている。また，二者関係モデルを超える諸現象ばかりか，エディプス理論の三者関係モデルを超える諸現

象や，集団のメンバーのリーダーに対する一方的な同一化を超える諸現象も含まれている。

愛着理論においてであれ，関係理論においてであれ，親密な二者関係が決定的に重要であることは間違いない。しかし，私たちの人生を形作る関係図式を理解するための適切な基盤を手に入れるためには，次のことを理解する必要がある。すなわち，もしトゥー・パーソン心理学がワン・パーソン心理学を超えていく進歩であるのだとすれば，それは，トゥー・パーソン心理学が（より大きくより強力な再概念化である）完全に**文脈的な**心理学に向かう動きの一例だからである。乳児（この点に関しては大人であっても同じだが）は，安定的にであれ，不安定的にであれ，単純に「愛着している」のではない。彼らは，誰かあるいは何かに愛着しているのである。そしてその愛着の性質は，参照されている特定の愛着対象によって左右される。

しかし，それ以上に，**特定の**人物に対する愛着でさえ，文脈によって左右されるものである。すなわち，安定型の愛着，不安定型の愛着，あるいは，アンビバレント型の，回避型の，無秩序型の愛着といった概念は，結局のところ，**統計学的な確率**，つまり，**たいてい**起きることに言及したものである。たとえ単一の愛着対象に対してであっても，ただ単に安定的に，あるいは不安定的に愛着している人などいない。私たちはある人を安定型の愛着であると記述するのは，その人が**たいてい**安定的に愛着しているという意味であり，それは，愛着対象である人物たちのほとんどに対して安定的に愛着しているという意味であったり，特定の愛着対象に対してほとんどの時間，安定的に愛着しているという意味であったりする。しかし，安定型の愛着を持つ個人であっても，ときどきは**不安定型**の愛着を持っているように見えるだろうし，不安定型の愛着を持つ個人であっても，ときどきは**安定型**の愛着を持っているように見えるだろう。

これは，測定誤差ではないし，些細な偶然の偏りの問題ではない。これらの差異や変動に注目することは，治療的変化を促進する上で決定的に重要である。そうした注目は，行動や体験の変動性についてのより大きな焦点づけの一部である。患者の行動や体験には必ず何らかの変動が認められるものである。もし私たちが患者の行動や体験におけるそうした変動に気づき，その変動に焦点づけることができれば，問題を永続化させる要因となってきた行動や体験に代わる新しい行動や体験を発達させられるよう患者を助けることが可能になる（Wachtel, 2008, 2011a）。セラピーの成功は，このような変動や新たな可能性をあいまいにしてしまうような考え方によって妨げられる。それは，病理化す

82 第1部 心理療法，人格力動，間主観性の世界

るような考え方であり，（人生におけるさまざまな出来事や個人的交流との関係で理解される必要がある文脈的な構造という観点ではなく）非文脈的な「内的」構造という観点からパーソナリティを記述するような考え方である。

さらには，私たちの生を形づくり構成する文脈は，それが二者的であれ，三者的であれ，さらに大きな集団であれ，それ自身が力動的であるということをはっきり認識しておくことも重要である。私たちが，気がついたらいつの間にか自らがその中にいるのを見出す，その文脈は，私たち自身がそれを作り出すことに貢献した文脈であり，その文脈に私たちと一緒に参加する人々と共に創造した文脈なのである。私たちのそれぞれが，私たち自身の文脈となる人々にとっての文脈である。社会的な心理学的力動においても，個人的な心理学的力動においても，その中心にあるのは，相互的なフィードバック・ループである。そして，その相互的なフィードバック・ループは，私たちの生において一定のパターンが持続される原因であると同時に，それらのパターンに変化が生じる原因でもある。これこそが，循環論的心理力動論の本質的なメッセージである。パーソナリティには確かに一貫性があるけれども，それは，**力動的で変化に富んだ**一貫性である。愛着関係と愛着パターンの領域においてであれ，精神分析家と心理療法家が関心を抱いてきた他の現象に関してであれ，人間の**経験**と人間の**行動**が交差するところに注目することで，もっとも適切な理解が見出されるのである（たとえば，Shahar, Cross, & Henrich, 2004; Shahar, & Prcelli, 2006; 第3章も参照のこと）。

愛着関係において，それぞれの当事者の内的作業モデルは非常に重要な要素であるが，相互的な**行動**もまたそれと同じぐらい重要な要素である。愛着現象の十分な理解のためには，早期の愛着経験から発達した期待が累積した構造に注意を向けるだけでなく，愛着の交流に固有の「相互的な行為」，すなわち，お互いの行動に基づいた手がかりの発信と受信にも注意を向けることが必要である。関係は，大きな桶の中に吊るされた（それぞれに内的作業モデルが入った）2つの脳の生産物ではない。それは，まさにその本質において，2人（あるいはそれ以上）の人々が相互作用し，互いに相手との関係において**行動し**，**発言し**，あるいは世界に対して共に働きかけることである。

たしかに，個人の愛着ステータスは比較的安定しており，長期にわたって持続することが多くの証拠によって示されている（Cassidy & Shaver, 2008; Grossman, Grossman, & Waters, 2005; Mikulincer & Shaver, 2007; Sroufe, Egeland, Carlson, & Collins, 2005）。この強固な発見は，愛着についての関心

を高めるのに寄与してきた。しかし，こうした連続性の報告は，私たちにいわば外側の表面的なものを示すだけであって，その背後にあるプロセスを示してくれるわけではない。前にも述べたように，実際に測定されているのは，その人の**平均的な**，あるいはその人が**最も頻繁に見せる**愛着ステータスの記述である。実際には，それは，1日，1週間，1年を通して不変のものではない。もし私たちが正確な説明を求めるならば，また臨床家として最大限に効果的であることを求めるならば，人の中心的な傾向の理解は，例外についての理解によって補われる必要がある。しかしそれ以上に重要なのは，私が本書で強調してきた力動的で文脈的な観点を反映して，愛着の領域においても，パーソナリティの他の側面に関しても，何であれ観察される連続性が**どのようにして**長期にわたって維持されるのかに目を向けることである。ここで考慮すべき大事なことの1つは，これらの連続性は，それ自体もまた連続性を示す環境の中で見出される傾向があるということである。つまり私たちは，環境が変化しても愛着ステータスが同じままであるかどうかをよく知らないのである。なぜなら，たいていの場合，環境は**変わらない**からである。

　環境のこうした連続性には2種類のものがある。1つは，直線的で直接的なものである。すなわち，多くの子どもたちは，子ども時代を通して，同じ家族，同じ母親と一緒に過ごすものだということだ。大多数の子どもたちにとって，1歳頃にストレンジシチュエーションではじめて愛着ステータスのアセスメントを受ける際の主たる養育者は，のちの子ども時代に再びアセスメントを受けるときの主たる養育者である。文脈のこうした連続性こそ，内的モデルの連続性を生み出す主な要因であるように見える。この養育者の連続性には明白な例外がある。いくらかの子どもたちは，大小さまざまなトラウマを経験するということである。私たちはそのことを考慮に入れなければならない。同じ母親が，子どもが1歳の時と6歳や12歳の時とでまったく違う反応をすることもある。子どもの成長過程において，母親が就職したり，失業したり，抑うつ的になったり，抑うつから回復したりすることがあるだろう。もちろん，こうした変化への注目もまた，文脈的な理解の一部である。しかし，環境の**連続性**は，なお，大多数の子どもにとってはまったく確かなものであり，もし環境が連続的ではなかったなら，愛着ステータスの連続性がどのぐらい明瞭に認められるかは定かではない。

　私はここで，愛着ステータスはすべて環境で決まるとか，環境を変えればただちに愛着ステータスが変わるとか言っているのではない。精神分析にほんの

84　第1部　心理療法，人格力動，間主観性の世界

わずかでも関心を持つ人間であれば，誰もそんな見方はしないだろう。私もその一人である。ここで環境の連続性のもう1つの特徴（ある意味ではより興味深い特徴）に目を向けてみよう。**情緒的な**環境の決定的な役割を考慮すれば，環境の連続性が愛着ステータスの連続性に寄与するのと同じように，子どもの愛着行動の連続性が子どもの環境の連続性に寄与しているのが分かるだろう。個人の性格と環境の影響の役割について考察する場合，それが二者択一的な一方向の直線的因果律の問題であることなどめったにない。そしてまた，その問題は，（実験的な研究者がすることがあるように）分散のどれだけがその個人の寄与として説明され，どれだけが環境の寄与として説明され，どれだけが相互作用の寄与として説明されるかという問題として，すっきりと理解できるものでもない。そこでは，**相互作用**という用語は，心理学的な概念というよりは**統計学的な**概念である（Wachtel, 1977b を参照のこと）。むしろ，個人のパーソナリティ特徴がどんな役割を果たしているのか，そして環境がどんな役割を果たしているのかを最も興味深く心理学的に適切な仕方で説明しようとするならば，その2つがどんなに強力に絡み合っているか，どれほど片方がもう一方の一部となっているかを理解する必要がある。これは，私にとっては，トゥー・パーソン心理学が探究しているものである。パーソナリティの特性と構造は，**文脈的な**構造として考える方が，より明確な理解が得られる。愛着の領域においても，パーソナリティの発達と力動の他の領域においても，心理学的な因果律の相互的で双方向的な性質を理解することが本質的に重要なのである。

　たとえば，安定型の愛着を示す典型的な子どもについて考えてみよう。安定型の愛着ステータスの事実上の定義からして，その子は，内的作業モデルに基づいて，彼の愛着対象が彼の欲求と経験に対して感受性のある調律されたしかたで彼に応答してくれると期待しているだろう。不安定型の愛着を示す子どもは，内的作業モデルに基づいて，愛着対象が信頼できない反応，予測できない反応，あるいは彼の経験に対して不十分にしか調律されていない反応，自らの愛着欲求や愛着対象から目を背けるのが最も安全であると示唆するような反応を期待するだろう。結果的に，安定型の愛着を示す子どもは，不安定型の愛着を示す子どもとは，愛着対象に対して異なった行動を示すことになるだろう。

　翻って，子どもの側のこうした異なった行動は，愛着対象となっている人物の経験と行動に影響を与える。しばしばその影響によって，愛着対象の人物は，子どもに対して，はじめにその子どもが相対的に安定あるいは不安定になるよう導いたまさにその行動を続けてしまうのである。たとえば，子どもが親に対

する欲求を経験したり表現したりすることを快適に感じていて，子どもをなだめようとする親の努力にある種のやすらぎと喜びをもって応えるとしよう。そうした子どもの反応は，一般的に親に満足をもたらすだろう。そのとき，その親は，さらにより応答的で利用可能になりそうである。これとは対照的に，子どもが自分の愛着欲求から退却し，無関心，冷淡，無反応に見える（回避的あるいは退却的とラベルされる子どもに典型的な行動）場合や，子どもが，憤慨，過度のしがみつき，なだめられない状態，その他の抵抗／両価型，あるいはとらわれ型の子どもの行動特徴のどれかを示す場合，母親が感受性をもって受容的に反応することは困難になるだろう。母親の不安や怒りは，子どもの欲求に対する母親の応答性を妨げ，子どもがなだめられたと感じるよう助け続けることは困難になるだろう。

　これらのパターンや持続性はいずれも避けられないものである。親か子のいずれかに影響を与える変化は，新しいパターンを作り出す。親と子それぞれの行動や情動状態の瞬間瞬間の自然で不可避的な変動もまた新しいパターンを作り出す（たとえば，多重の流動的な自己状態についての，近年，発展しつつある論文を参照のこと。Bromberg, 1998; Davies, 1996; Harris, 1996; Howell, 2005; Slavin, 1996; D.B. Stern, 2003）。そのことは，ほんの小さな変化が決定的な転換点を導く様子を記述する確率論的なカオス理論によって説明される（Piers, 2000, 2005）。たとえば，親は，分析治療を受けて困難な葛藤を克服し，子どもへの応答性を抑制してしまう傾向を和らげることができるかもしれない。夫婦関係が変化して親の気分が変わることで，子どもにとっての親の情緒的利用可能性が高まるかもしれない。家族の経済状況の変化でさえ，親が子どもと関わることができる時間の長さや，子どもと関わるときの気分に影響を与えるかもしれない。同時に，これらの変化が子どもの発達途上の性格に影響を与えていくにつれて，子ども自身の反応が親へのフィードバックとなり，**親の**経験に影響を与える。さらにはそれがまた子どもに影響を与える。こうして終わりのないフィードバック・ループが持続的に発展していく。そのループは，連続性と変化のいずれの原因でもある。

愛着を文脈化する──精神分析的思考の展開と並行して

　私はこの章で，愛着の理論と研究への注目が，臨床的な努力の革新にいかに寄与できるかを説明しようと試みた。また同様に私は，愛着の概念をカテゴリー

86 第1部 心理療法，人格力動，間主観性の世界

的なものではなく力動的なものとして捉えたとき，そしてワン・パーソン的あるいは純粋に内的なものではなくトゥー・パーソン的あるいは文脈的なものとして捉えたとき，愛着理論が臨床の理論と実践に寄与する可能性が高められることを強調した。私はまた，愛着理解へのこのアプローチを発展させる中で，愛着理論の概念的基礎と，精神分析的思考の関係論的な展開の概念的基礎との間の類似性を指摘した。関係理論と愛着理論とは，関係性は，欲動満足による依存がもたらす二次的な結果ではなく，心の一次的な基盤であるという前提を共有している。しかし，愛着理論と関係理論との共通点は，パーソナリティ発達においてこのように関係性を重視することだけにとどまらない。関係理論と愛着理論の間には（少なくとも何人かの主要な関係理論家に関しては[注7]），もう1つ重要な共通点がある。関係理論と愛着理論は，人生早期の経験と生涯にわたるパーソナリティ特徴とを結びつける因果構造に関して，一連の仮定を共有しているのである。

　この点に関して重要な問いは，パーソナリティは時間の経過の中でどのように構造化されていくのかという問いである。この問いにどう答えるのかが決定的な違いをもたらす。とりわけ，過去は内在化や固着や発達停止を通して保存されると考えるのか，それとも，過去は双方向的な相互作用の生涯にわたる持続的影響を通して保存されると考えるのかの違いが重要である（たとえば，Mitchell, 1988; Renn, 2012; Wachtel, 2008; Westen, 1989, 2002; Zeanag, Anders, Seifer, & Stern, 1989 を見よ）。前者の，発達に関するより伝統的な精神分析の見方では，世界に対する私たちの知覚の仕方や経験の仕方は，子ども時代の知覚の仕方や経験の仕方の傾向と似た形で固定されていると仮定されている。なぜなら，内的な世界は，人生の経験がもたらす影響力から切り離されて封印されていると考えられているからである。この考えは，多くの分析家の概念的枠組みの中心に据えられているものだが，その起源は，初期のフロイトの言説（1983）にある。抑圧された記憶に関して，フロイトは，健康な人の場合は，「記憶の中でもともと強烈であった情動も，次第にその激しさを失うようになり，最終的にはその記憶を思い出しても情動は喚起されなくなっていく。そうしてその記憶は必ず忘却されることになる」。しかしヒステリーの場合は，「遠い昔に起きた出来事が，その主体に対する力を行使し続ける」。なぜなら，抑圧過程の結果として，「これらの記憶は，**減衰と忘却の処理に委ねられることがなかったからである**」（pp.35-36, 強調は筆者）。まるで北極の氷の層の下で完璧な状態のまま保存されてきた毛むくじゃらのマンモスのように，この理論

においては，心の旧石器時代の要素は防衛の層の下で保存されているものと考えられている。防衛の層は，それらの要素がもし封印されていなかったら晒されてきたはずの侵食の影響力から，心の古い層を守っているのである（Wachtel, 1997）。

これと同様の考えは，その後，実際の出来事の記憶だけでなく，より幅広く欲動に関連した空想にも適用されるようになった。

　　人間にとって快の断念は常に困難であった。何らかの埋め合わせがなければ，人間は快を断念することができない。それゆえ人間は，断念された快の源泉と快達成の方法をその後もなおすべて存続させておくための心の活動を保持することになった。その心の活動によって，これらの快の源泉や快達成の方法は，**現実からの要請**や現実吟味と呼ばれているものの**影響を免れる**ようになったのである（Freud, 1917, p.370, 全集 387 頁，強調筆者）。

発達や経験の諸側面がその後の新しい経験の影響を免れて分裂あるいは封印される結果，それらは原始的で蒼古的な形のまま保存されるのだという考え方と同じ因果構造が，多くの対象関係理論においても認められる（Mitchell, 1988; Wachtel, 2008）。

この説明構造のために，愛着理論は多くの分析家によって受け入れがたい逸脱だと見なされるのである。というのも，愛着理論は，個人の内的作業モデルを創り出し，維持する力のかなりの部分を実際に起きた出来事に帰属させているからである。しかし，長い年月を経るうちに精神分析的な思索家の間に，伝統的な精神分析的な説明とは異なる新たな説明モデルが発展してきた。その説明モデルにおいては，初期のパターンは，実際に起きている出来事にもかかわらず維持されるのではなく，早期の経験によってパーソナリティ発達の軌道が歪められた結果，その人がまさにそれらの初期構造を同じままに留めておくような経験を期待し，また，かなりの程度**引き起こす**からこそ維持されるのだと理解される[注8]。この代替的な視点（たとえば，Wachtel, 1997, 2008; Zeanah et al., 1989; そしてもちろん，ボウルビィの愛着についての諸論文を参照）においても，行動と経験の無意識的な下部構造に対する注目は失われたわけではない。しかし，この視点では，無意識的な動機や葛藤や空想を，現実の影響から切り離されて封印された領域に存在するものとは見なさない。その代わりに，それらの無意識的な構造と過程を，その人の人生において起きている出来事との**関**

連において観察し，原因と結果の両面から検討する。個人の生に起きる出来事は，かなりの程度，その人の行動を駆り立てる無意識的な思考・知覚・性向がもたらす産物である。しかし逆に，これらの無意識的構造は，持続するにせよ，新しい経験によって微妙に変化させられるにせよ，遭遇した出来事の影響を**反映した**ものでもある。よく調べてみれば，精神分析の仕事に現れる無意識のファンタジーは，純粋に内的あるいは蒼古的なものではない。それらは，繰り返し経験されながらも，意識的に表象されていない，そして徹底操作されていない経験を象徴している（D.B. Stern, 1997; Wachtel, 2008, 2011a）。精神分析が強調しているように，私たちは「客観的な」出来事そのものに反応するのではなく，私たちがその出来事に与える**意味**に反応するのである。それらの意味は，しばしば，何らの意識的な気づきも伴わないままに記憶され，持続する。さらには，それらの意味は，主観的な解釈スキーマの働きによって生み出されるのだが，解釈スキーマの働き自体もおおむね無意識的である。しかし，私たちが遭遇する出来事を主観的に「加工する」解釈スキーマの能力は，無制限というわけではない。経験に対して与えられる意味は，解釈スキーマと経験そのものとによって共同決定されるのである。

　このような説明構造は，無意識に対してなお重要な関心を持ち続けながら，心理的生活を幅広く特徴づけている悪循環や予言の自己成就に注意を向け，それらを明確化するのに役立つものである。こうした説明構造は，経験の共同構築と心理学的因果性の相互性（Aron, 1996）を強調する，広くトゥー・パーソン的な諸理論において（その明瞭さの程度はさまざまだが）認められる。その代表的なものが，ギル（Gill）（たとえば，1979, 1982, 1983, 1984）による重要な転移理論の改訂版であり，この本の中核である循環論的心理力動論の視点であり，ストロロウとアトウッド（Stolorow & Atwood, 1992）の文脈的間主観的アプローチであり，そして愛着理論である。愛着理論では，個人の内的作業モデルは持続的に構造化されるものとして理論化されている（安定した，あるいは不安定な愛着パターンを示す子どもたちが，いかに彼らの愛着ステータスを維持するような行動を養育者から引き出すかについての前述の議論を思い出してほしい）。

　これらの諸理論はいずれも，（後の出来事の経験を強力に形成し，過去の経験のフィルターやレンズを通して新しい経験を見るように私たちを導く）持続的な無意識構造という精神分析の鍵概念の上に構成されている。しかし，これらの諸理論はいずれも，長年にわたって精神分析的な思索において優勢で

あった考古学的モデルの理論構成から離脱している（Blum, 1999; Renn, 2012; Spence, 1982; Stolorow & Atwood, 1997; Stolorow, Orange, & Atwood, 2001; Wachtel, 2008）。こうした新しい精神分析的概念化は，より深く埋もれている層が発達的により早期でより重要な層であるという見方によってこうした現象を理解しようとはしない。その代わりに，文脈，相互的な因果パターン，埋められた過去が生きている現在によって持続的に変容されるフィードバック・ループを強調する（Schacter, 1996, 2001; Schimek, 1975 を参照）。現在もなお発展を遂げつつある精神分析のこうした新しいパラダイムは，何十年にもわたって分析家たちの中心的関心であった現象に十分な注意を払いながらも，同時に，人間が，過去や心の深層の中だけで生きているのではなく，現在の関係性の文脈の中でも生きているということにも注意を向ける。この新しいパラダイムは，愛着の理論と研究を，その精神分析的なルーツと一貫性をもって再統合し，双方の理論的伝統に基づいた新たな体系を確立するのにふさわしい媒体となるものである。

注

注1）親密さと接触への欲求と，自律と分化への欲求との間の弁証法的関係の他の側面については，Blatt（2008）によって深く探究されている。そこでは，依存型と取り入れ型の力動と発達ラインが区別されている。

注2）私は，両者をトゥー・パーソンの視点よりも**文脈的**視点として捉える方が良いと考えている。その理由についてはこの後で論じる。

注3）Balint（1950）と Rickman（1957）は，ワン・ボディ心理学，トゥー・ボディ心理学，マルチ・ボディ心理学という区別をすでに論じていた。けれども，彼らは精神分析の文献において重要なテーマを切り拓くには至らなかった。

注4）少し後に論じるように，愛着は個人に対してだけではなく，**集団**に対しても，また，抽象的な思想に対しても向けられることがある。

注5）ピアジェは，ボウルビィが世界保健機構で働いていたときにジュネーヴで組織した一連の討論グループに参加していた（Marrone, 1998）。ボウルビィの内的作業モデルの概念化は，ピアジェの心理的発達における力動的スキーマの概念と密接に関係している。

注6）コフートもまた，これと同様のことを主張した。コフートは，自己−対象の意味を最終的に拡大し，**考え**も自己−対象になりうるとしたのである。実際，考えは，それとのつながりを維持するために人が進んで死ぬような自己対象にさえなりうる。コフートはこのことを，ナチスドイツにおける白バラ団の若い学生たちを例に取って論じている。彼らはとても勇敢にヒトラーと戦って死んだが，コフート（Kohut, 1985）によれば，彼らの「内面は平和で穏やかであり」「恐怖の跡はなかった」（p.21）。

注7）（関係を重視することが欲動理論の適切性に対して何を示唆するかに関しては，さまざまに異なった見解があるものの）ほとんどすべての関係論者は関係の重要性を強調している。しかし，私がこの最後のセクションで取り組んでいる発達過程の因果構造に関しては，関係論者の中にもかなりの相違がある。これらの相違とその含意についてはワクテル（2008）を参照のこと。

90 第1部 心理療法，人格力動，間主観性の世界

注8) 読者の中には，ここでの記述と，投影性同一視や反復強迫といった概念との間に類似性を見出す人もあるかもしれない。しかし，ここで記述されている概念構造は，投影性同一視や反復強迫といった初期の概念とはかなり重要な点で違っている。その点をより明確にする詳しい議論は，ワクテル（2008）を参照のこと。

第5章

表層と深層
——精神分析における深層のメタファーの再検討

　ここまでの諸章は，精神分析において（しばしば暗黙のうちに）標準とされている表層と深層というモデルに取って替わる別のモデルを提示しているものと理解できる。この章で私は，たいていの精神分析的思索の基礎にある表層と深層というイメージを明確に取り上げて検討し，それに取って代わる理解の仕方について考察しよう。深層というメタファーは，精神分析の論議の中にすっかり織り込まれてしまっているために，それがメタファーであることを**忘れて**しまい，メタファーであるイメージの諸特性にすぎないものを，そのイメージを用いて扱おうとしている現象が持つ諸特性だと誤解してしまいがちである。われわれはそのメタファーに非常に馴染んでしまったので，それがいかに私たちの思考を形成してきたか，そして，それが日頃の実践における観察を他の仕方で理解する可能性をいかに締め出してきたかを認識するのは難しい。結果として，パーソナリティ発達，精神病理，治療的変化についての私たちの定式化は制約されてきたし，時には間違った方向に誘導されてきた。

　ここで明確にしておきたいのは，私は決してメタファーの使用そのものについて異議を唱えているわけではないということである。この本自体が十分に明らかにしているように，私自身の著作もまた（別のメタファーではあるものの）メタファーでいっぱいである。じっさい，メタファーを多用すること**なし**に有意義な心理学的探究ができるとは想像しがたい。そのような試みは，思考の貧困化をもたらすか，メタファーを用いていながらもそれを認めない自己欺瞞をもたらすことになるだろう（Lakoff & Johnson, 1980 参照）。

　メタファー的なイメージをまったく含んでいないように見える文章の中にさえ，丹念に調べればメタファーの痕跡が認められる。というのも，私たちの言

92 第1部 心理療法，人格力動，間主観性の世界

語の構成そのものがメタファーに依拠しているからである。私たちの最も抽象的な言葉の語源も，調べてみれば，通常は具体的な経験やそれを描写するのに使われる言葉をメタファー的に拡張したものであることが分かるのである。T・E・ヒュルム（Hulme）が述べたように，私たちの散文は「詩人たちの死んだメタファーが保存されている博物館である」（Rubenstein, 1997 からの引用）。あるいは，エンプソン（Empson, 1930）が文学理論の古典的な業績において述べているように「メタファーは，いくらか回りくどく，いくらか複雑で，いくらか当たり前と見なされるが，……言語発達の通常の様式である」（p.2）。

　私たちは，一般に，見たところ単純な「単語」とそれらを用いた「メタファー」とを区別しているが，多くの「単語」は，単に以前はメタファーだったものである。新しいメタファー的表現は，長年のうちに定着していくにつれ，ついにはその言語共同体の「世襲財産」になる。私たちが特定のメタファー的拡張表現をいつも使っていると，その表現はもはやメタファーとして**経験**されなくなり，むしろさらなるメタファー的拡張のための基礎となっていく。私たちが日常会話で用いる（しばしばギリシャ語あるいはラテン語に起源がある）単語の多くについて，このような積み重ねの痕跡をたどることができる。そこでは，新しい層が付け加わるたびに，以前の層を作り出したメタファーの活動はよりいっそう見えにくくなっていくのである。

　こうした構成過程の痕跡は，アルファベットで書かれているわれわれの言語より，象形文字によって書かれた言語において，より識別されやすい。中国語では，新しい意味を作るために，すでにある単語の文字が結びつけられる。よく例に挙げられるように，**危機**という単語は，**危険**を意味する文字と**機会**を意味する文字を結びつけたものである。興味深いことに，すでに存在する単語を結びつけて新しい意味を生み出すことは，他の霊長類の祖語（protolanguage）においてさえあきらかに認められる。たとえば，サイン言語でコミュニケーションしているゴリラのココは，すでに学んだサインを用い，本質的にメタファー的な構成を自発的に行ったという。たとえば，古くなった砂糖菓子を**クッキー－岩**と表現したり，セロリを**レタス－木**と表現したりした（Patterson & Cohn, 1990）。時間の経過に伴い，もしそれらの表現を使用する機会が十分にあれば，このような構成はココにとって単語のようなものになるだろう。それは，ちょうどヒトにおいてもメタファー的に構成された（**危機**のような）意味の単位が，単語となったのと同じである。単語とは，かつてはその構成要素であった意味の単位から独立してその意味を伝えるようになった，言語の意味の

単位である。

　このように，私たちは，（人類の最も早期の言語的努力の基礎である）具体的な経験から出発し，それをどんどん抽象化していくことで，知力の及ぶ範囲を拡大しているのである。そしてまた，このように，より早期のメタファーをつないでいくメタファーの拡張を通して，言葉はそれ自体の力で発展していくのである。

　それでは，私は，メタファーを埋葬しようとしているのだろうか，それとも，称賛しようとしているのだろうか。一方では，すでに明らかなように，私はメタファーが好きでそれをとても多様している。メタファーは，多くの点で，われわれの思考のまさに命であり，われわれの思考に，標準的な語彙では表せないような関係を把握する力を与えてくれる。そして実際，われわれの語彙は，最高の洞察を表現しようとするとき，**ほとんど常に**不十分であり，どうしてもメタファーの助けを必要としている。しかしながら，これほどメタファーの長所（もちろん，その絶対的な必要性）に敬意を払いながらも，本章においては，私はメタファー（とりわけ深層というメタファー）が，私たちを間違わせる危険性を強調したいと思う。

　一般に，メタファーは，あからさまにメタファーとして用いられている場合には，およそ無害なものであり，混乱を生み出すこともなさそうである。私が本章のここまでのところでメタファーを意図的に多用しているのは，メタファーの使用に**注意を呼び起こす**ためである。つまり，われわれが，通常，いかにメタファーをメタファーとして**認識**し，その結果，字義通りの意味としてではなく，メタファー**としての**啓発的な意味を受け取っているかに注意を向けさせるためである。しかし，時間の経過と共に，特定のメタファーは日常会話の慣れ親しんだ一部となっていく。そうなると，それらはもはやはっきりとメタファーだという断りなしに用いられるようになっていく。私がここまで使ってきたたくさんのメタファーとは対照的に，深層というメタファーはそのままで通ってしまう。たとえば，私たちが，何かが「深く」抑圧されていると言うとき，およそ私たちはありのままの経験をまったく率直に述べているのであって，メタファー的に述べているわけではまったくない。こうしたことの結果として，深層のメタファーが導いてきた結論（そしてまたセラピーの進め方）には，多くの面で再考が必要となっている。

94　第1部　心理療法，人格力動，間主観性の世界

深層と考古学のイメージ

　フロイトは，主として空間的なメタファーと軍事的なメタファーを好んで用いた。この2つが一緒に用いられることもあった。たとえば，フロイトは固着と退行について論じる際に，軍隊が領地を前進しながら，途中のいくつかの地点に一部の部隊を分遣隊として残していくというメタファーを用いた。フロイトは，心を構成するさまざまな組織について議論するとき，空間的なメタファーを活用した。そうしたメタファーは，意識と無意識のいわゆる局所モデルの中心であり，「自我とエス」(Freud, 1923) における，自我，イド，超自我についてのより後期のモデルでも，卵型をした心の図式として現れている。

　精神分析のあらゆる論議の中で，その歴史を通しておそらくもっとも影響力があるのは，深層のメタファーである。この特定の空間的メタファーは，いくつかの起源を持っており，それらの起源からその力を得ている。部分的には，それはフロイトが生涯にわたって考古学に没頭していたことを反映している。古代のトロイ遺跡を発掘するシュリーマンのように，精神分析家はどんどん深い層を掘り起こしながら，よりいっそう重要な発見をするものと見なされた (Jacobsen & Steele, 1978; Mitchell, 1993 参照)。もちろん，深層のメタファーと発掘のメタファーは密接に関係している。いずれも，分析家を，表面の下を探って，隠れていたり，埋まっていたり，表面により近い素材によって覆い隠されているものを見出そうとするものとして表現している。そこでは，表面の素材は，その下にあるより興味深い真実を見るために取り除かれなければならないものとされている。これらのメタファーはいずれも，この発掘を通して発見される宝物こそが精神分析の中心的な目的であると暗黙のうちに示唆している。

　考古学へのフロイトの強い関心と深層のメタファーとの間のつながりに目を向けることは，このメタファーの魅力（つまり精神分析的対話の中での見かけ上の自然さ）についても，それがどのように私たちを道に迷わせるかについても，理解を助けてくれる。考古学は，空間と時間の結びつきに基礎を置いていると言えるかもしれない。より深く掘れば掘るほど，より早期の文明の遺跡が見つかる。私たちの惑星の物理学と地質学の性質そのものが，より深いものはより早期であり，より早期のものはより深いという考えを呼び起こす。この考えは考古学の領域では妥当であろう。というのも地球はまさにそのようになっているからである[注1]。しかしながら心理学においてはこの考えは大いに問題

となる。

　心理学の領域では，空間と時間との結びつきはずっと不確かである。第一に，明確な「空間」は存在しない（Schafer, 1976 参照）。考古学者の発掘ではどれくらい深いかは何メートル掘ったかという数字で示されるが，心理学ではそんなことは不可能である。じっさいのところ，心理学の領域では，深さはしばしば**時間**によって判断される。すなわち，私たちは，より早期のものが出てきたときに，その仕事はより深くに達したのだと判定する。この場合，深さと早さの区別はまったく破綻しており，われわれはトートロジーに陥っている。

　深さにはもう 1 つ（なおメタファー的な）基準がある。こちらはそこまで混乱していない。私たちは，より到達しにくい心的内容や心的過程を，より深いものだと言うことがある。われわれは，患者が懸命に特定の話題を避けようとしたり，主語を変えようとしたり，たった今言ったことが論理的に示唆することを否定しようとしたりするのに気づくことがある。われわれの側も，患者の経験のある種の側面に光を当てようとかなり奮闘しているのに気づくことがある（フロイトの抵抗の概念における骨折り要因と呼ばれるようなもの）。何かを意識にもたらすのに必要とされる「作業量」は，何かがより「深く」無意識的であることの心理学的意味の一部となっている。こうした考え方は論理的に一貫しており，また観察にも適合している。

　確かに，より到達しにくい素材をより**深い**と描写することにはしばしば何らかの合理性があるかもしれない。しかし，そのような場合に明らかになる感情や表象が常に**より早期の**ものを反映しているという推論には何の根拠もない。ここで深層のメタファー，とりわけそれと考古学との間の歴史的な結びつきは，問題を引き起こす。たしかに，深層のメタファーが持っている持続的な喚起力は，それが心理的状況について重要な**何か**をとらえていることをわれわれに告げるものである。しかし，たとえメタファーがある領域から別の領域へと橋を架けることによって思考を拡張するものであるとしても，それでもなお，私たちはメタファーにおいて喩えられている対象のすべての特性がその喩えによって完全に共有されていると誤解してはならない。もしある思考が「深く」（実際，意味深く，興味深いという意味で深く）抑圧されていると描写できる場合でも，そのことは，心的内容が早期の層の上に後の層が重ねられるように層をなしていることを意味しているわけではないし，もっとも早期のものはもっとも深い層にあって最後に到達されるということを意味しているわけでもない。それは，考古学的発掘の文字通りの物理的な意味を精神分析の探究に不適切に

96　第1部　心理療法，人格力動，間主観性の世界

拡張する，不適切な具象化に他ならない。精神分析の探究は，考古学的発掘と似ているところもあれば，似ていないところもある。

　興味深いことに，フロイトのより古典的な定式化の方が，実際のところ，ある種のより現代的な考え方よりも，考古学的メタファーから離脱しているように見える。フロイトと多くの古典的フロイディアンにとって，心理的発達にとって，また，神経症的苦悩の説明においてもっとも重要なのは，通常，エディプス水準である。分析の中で現れるより早期の素材は，エディプス葛藤というより深くより重要とされる問題に直面することに対する防衛であるとしばしばみなされた。しかしながら，このような見方が覇権を握ることができたのは，その見方の起源であった考古学的メタファーの牽引力に対抗できていた間だけであった。今日，精神分析理論におけるエディプス力動の中心性は，かなり衰退している。今日の精神分析は，「早期」，つまり**前**エディプス期を重視する時代にあるのである。

深さ（depth）と深遠さ（profundity）

　深遠な（profound）という語は，しばしば，特に洞察に満ちた独創的な知的活動の性質を指すものとして用いられる。私たちの語彙はメタファーの拡張を通して増えていくという上述の議論との関連で言えば，その語源は明らかに深さについてのより物理的なイメージにある。実際，時間とともに，もともとのより物理的な意味とのつながりを失っていった多くの語（**洞察（insight）や洞察に満ちた（insightful）**がおおむねここに含まれる）とは対照的に，「深遠な」は「海洋の深遠な深み」という表現があるように，元の意味を2番目の定義として維持している。多くの文脈においては，この語の意味のこうしたメタファー的な基礎は何の問題も引き起こさない。実際，多くの領域の議論においては，**深い**と**深遠な**は，まったく互換的に使用されるし，「表面的な」考えとは対照的であるという両者に共有の性質は，少しも明晰な思考を妨げない。

　けれども，精神分析においては，問題はもっと複雑である。**より深く無意識であることは，より早期であることと等しく，またより深遠であることとも等しい**という暗黙の等式に具体化されたイメージの結びつきは，無意識的過程や心理的障害の起源についてのわれわれの考え方に，十分な認識を伴わないままに影響を与え，時には，臨床的な理解や理論的な理解に重大な歪曲をもたらしてきた。

第 5 章 表層と深層 *97*

　私がここで焦点づけようと思うこの歪曲の第一の次元は，テーマに関する問題である。精神分析の用語において「前エディプス的」と言われるテーマと論点への注目が，近年，ますます増大しており，圧倒的と言っていいほどになっている。そのうちのいくらかは，確かに価値あるものである。依存に関する葛藤，愛着，世話，所属，信頼，自己の凝集性，自己の境界は，人類に課された課題の中でもっとも広く行き渡った重要なものであり，もっとも苦痛で手に負えない困難の原因となるものである。そのうえ，長年の間，エディプス・コンプレックスが発達のドラマの決定的な山場であり，もっとも強烈で重大な葛藤の源泉であるという権威ある統一見解によって，臨床家たちはいわゆる前エディプス的問題の重要性を過小評価してきた。だから，ある程度までこの数十年間の動向は，それまでの不均衡を是正するものとなっている。

　しかし，今やその不均衡は逆転しつつある。かつてはフロイトの権威によって精神分析の注意はエディプス・コンプレックスへと方向づけられていたけれども，今や，深さのメタファーが持つ抗しがたい力によって，そしてまた，深いものはより早期であるという等式によって，**前エディプス的なもの**が精神分析的臨床の手堅い通貨となっている。より早期のものはより深い（すなわち，より表面的でなくより深遠）という前提に立つなら，解釈の努力の焦点も，必然的にそのように方向づけられる。表面的だと思われたい人や，自分自身を表面的だと思いたい人などいない。精神分析の理論は，世話や見捨てられることや自己の安全な境界といった「口唇的」なテーマは，コントロールや秩序の問題といった「肛門的」なテーマよりも発達的に早期であると見なしている。また，そうした「肛門的」なテーマは，競争や性的欲望や限度を逸脱した罪悪感といったエディパルな，あるいは「性器的」なテーマよりも早期であると見なしている。その結果，臨床家も理論家も，深遠であろうとして（あるいは表面的だという非難から自分を守ろうとして），より早期の（したがってより深い）ものと見なされているテーマについての解釈に焦点づけるようになってきている。

　しかし，エリクソン（Erikson, 1963）やミッチェル（Mitchell, 1988）らが指摘したように，これらのさまざまなテーマはいずれも，特定の発達段階との結びつきがどうであれ，実際のところ，ライフサイクルを**通してずっと**重要な問題である。特定の患者にとっては，それらのうちの**いずれか1つ**が問題のもっとも重要な結び目となっており，心理的なジレンマや苦悩のもっとも深い源泉となっているかもしれない。つまり，「より早期」とされている事柄に取り組

98 第1部 心理療法，人格力動，間主観性の世界

むことが，個人の心を「より深く」探ることになるとは限らないのである。

　このように，性的願望と競争への衝動は，確かに，結びつき，保証，世話，凝集性などを求める願望によって力強く形作られているとはいえ，このことをもって，結びつき，保証，世話，凝集性などを求める願望（いわゆる，より深くより早期の願望）にまつわる問題が，性的あるいは攻撃的な傾向の「下層にある」と結論づけるのは誤っている。というのも，結びつき，保証，世話，凝集性を求めるわれわれのニーズは生涯を通して発展し続けるものであり，他の動機や経験の文脈によって常に発展的に形成されるということもまた真実だからである。結びつき，保証，世話，凝集性を求めるわれわれのニーズは，人の性的生活の性質や競争的・攻撃的な傾向も含んだ文脈の中で時間をかけて発達するのである。その発達過程は，より深い，あるいはより基本的なニーズが，より後期のものとされているニーズに対して一方向的に影響を与えるようなものではない。その影響は相互的で持続的なものであり，通常，前エディプス的とされている動機や問題と，通常，より後期のものとされている動機や問題とは**お互いに影響を与え合っている**。層をなしたケーキのイメージよりも，二重らせんのイメージの方が，この様子をよりよく描き出している。

病理学の過剰な強調

　より早期であることはすなわちより深遠なことだと考えるバイアスは，精神病理を過大評価する傾向もたらす。これは，いっそう厄介な問題である。ここでは，より早期であることはより深いことだと見なす前提が，もう1つの広く行き渡った（しかしほとんど根拠のない）精神分析の議論における前提と相互作用している。それは，より早期のものは**より病的である**という前提である。もし，人々をより深く，あるいはより深遠に理解することがより早期の発達水準の強調を指向するなら，そして，より早期であることがより蒼古的あるいは原始的（現代の精神分析の議論においてよりいっそうよく見かけるようになった用語）であることを意味するなら，より多くの病理を認める傾向が生じてくる。人々をより深く理解することは，健康そうに見える表面によって覆い隠されている深層の病理を見分けることへと微妙に変換される（Mitchell, 1988; Wachtel, 1987, 2011a を参照のこと）。実際，われわれはみな「精神病的な核」を持っているといった主張がなされることがある（たとえば，Eigen, 1986 を参照）。

しかし，この最後の（とりわけ議論の余地のある）主張から離れても，現代の精神分析的な理論家や臨床家は，心の「深い」層を理解しようとする中で，他の学派のセラピスト以上に病理を重視しがちである。患者の問題はますます「前エディプス的」と記述されるようになっており，それにつれて，ますますより深く，より厄介なものとみなされるようになっている。心理療法の過程について検討した近年の私の論文は，病理重視のこの傾向に対する代替案を提供することを目指したものである（たとえば，Wachtel, 2011a）。誤解のないよう急いで付け加えると，その代替案は，（上に論じてきた「より深いほどより早期である」という前提に基づいて）蒼古的で原始的なものを強調する諸理論が扱っているような経験や問題や葛藤への注目を少しも減じるものではない。

考古学のメタファーと発達レベルの考え方

ここで問題にしている病理重視の傾向にさらに拍車をかけているのが，患者を特定の発達レベルによって特徴づけられるものとして描写する傾向である。こうした発達的な概念化はそれ自体で大きな問題を孕んでいるわけではないが，深さのメタファーが生み出すイメージや，それと結びついた考古学のイメージと微妙に混じり合うことで問題を引き起こす。心理的発達の**過程**を，段階という言葉で考えるのは理に適ったことである。ある地点を超えていないと，もう１つ上の段に上るためのブロックがまだ足りていない。子どもが成長する過程においては，その子は，ある思考様式を獲得していないレベル，あるいはまだできないレベルにあると表現しても不適切ではない（たとえば，ピアジェやウェルナーなどの理論家の仕事を参照のこと）。しかし，発達過程についてのこうした一般的な構造ないし過程についての理解が，成人患者の（あるいは年長の子どもたちの）心理的な状態と混同されるなら，つまり彼らが早期の発達レベルに固着していると描写されるなら，深刻におかしなことが生じてくる。

比較的重篤な病理があるときでさえ，患者の機能は「前エディプス発達水準」にあると描写することには問題がある。こうした描写は誤解を導くものである。たとえば，ウェスティン（Westen, 1989）は，境界性パーソナリティ障害について議論するなかで，こうした患者の機能の「前エディプス的」性質についての標準的な精神分析的仮説は，堅実な発達研究の知見と一致しないことを詳細に論じている。精神分析の文献において，通常，前エディプス的と記述されている，ボーダーライン的な思考と経験の中心的特徴のいくつかは，前エディプ

ス期の子どもたちの機能とは明らかに異なっているだけでなく,実際のところ,エディプス期の子どもたちの能力をもはるかに超えたものである。ウェスティンが述べているように,精神分析の文献は,経験的な観察よりもむしろ理論的な仮説をもとにしているために,エディプス期の子どもたちの能力を過大に評価し,実際には一般に潜伏期になるまで,あるいは思春期になってからでさえ獲得されない能力を,エディプス期の子どもたちがすでに持っているものとみなしている。その結果,混乱が生じている。そして,考古学的モデルの論理によって,エディプス期に達成しているはずの能力に欠如や欠損を示す患者は,前エディプス水準で機能しているものとみなされる。たとえば,ボーダーライン患者には両価的感情をコンテインすることが困難であるとされているが,ウェスティン (1989) によれば,関連する発達研究は「理論に反して,両価性を抱える能力は,エディプス期までにしっかり確立されるものではなく,エディプス期においてその始まりの段階に達するにすぎない。**ボーダーラインの分裂機制は,前エディプス期と同じぐらい前思春期においても見られる**」(p.335, 強調は筆者) ことを示している。彼は,「たとえひどい機能不全の状態にある成人であっても,(実際上,非言語的であり,表象的知能をほとんど持ち合わせていない) 18 カ月の子どものレベルの認知表象で機能することがあるという考えは,厳しい言い方をすれば,擁護できないものである」(p.336) と付け加えている。発達研究は,「より安定した,心理的に統合された表象への決定的な発達的シフトが生じるのは,エディプス期ではなく,児童期の中期から後期である」(p.338) と示唆している。

　ウェスティンも私も,境界性パーソナリティ障害に苦しむ人々に明らかに認められる重篤な困難と問題のある機能を小さく見積もろうとしているのではない。ボーダーライン患者の対象表象には,明らかにとても問題がある。しかし,ボーダーライン患者の対象表象は乳児の対象表象ではない。私たちの概念的な基盤が間違っているとき,この障害の理解とセラピーを前進させる私たちの能力は妨げられる。ボーダーライン患者の発達は,重要な点で歪んでいるが,単に何らかの早期水準で停止しているのではない。ウェスティン (1989) が指摘したように,ある面では,ボーダーライン成人は,エディプス段階よりもずっと年長の健康な子どもでも標準的には示さないような,複雑な表象を持つ能力がある。彼らの困難を前エディプス的発達段階に帰属してしまうと,現在に至るまでの彼らの発達過程(成人期をも含めて)の全体を**通して**何が起きてきたのかを理解することが困難になる。そこで起きてきたことが,不安定で悪意あ

る表象と対人関係の経験の悲惨なパターンを進行させてきたのである。

　ボーダーライン患者が，実際の機能において前エディプス的であるとか，人生の最初の1〜2年の出来事が，その後の発達における出来事よりも，彼らの困難を説明する上でより重要であるとかいうことを示唆する証拠はほとんどない。実際，ボーダーライン患者の子ども時代に関してもっともよく報告される発見の1つは，彼らは偶然から予測されるよりもずっと高率に性的虐待を受けているということである（たとえば，Goldman, D'Angelo, DeMaso, & Mezzacappa, 1992; Herman, Perry, & van der Kolk, 1989; Paris & Zweig-Frank, 1992）。この注目すべき出来事は，前エディプス期では**なく**，児童期後期か思春期前期に生じていることがほとんどである[注2]。

早期経験の役割は何か？

　「より早期」と「より深い」とを同等のものとする見方に対する私の批評を，早期の経験は後の発達にとって決定的な影響力を持っているという考え（精神分析コミュニティのほとんどのメンバーが深く抱えている考え）に対する挑戦でもあると受け取る読者もいるかもしれない。確かに私は，早期経験が実際にどれぐらい重要であるかは，信念の問題ではなく，経験的に探究される問題であるべきだと信じている。そして実際，精神分析における著述家たちは，児童期後期や思春期，成人期の経験には大きな影響力があり，発達の真の原因となりうるということに，しばしば十分な注意を払っていない。しかしながら，私のここでの議論は，早期経験が重要でないなどと主張するものではまったくない。早期の出来事には後の人生の方向性を形成するとりわけ強力な役割があるという見解には十分な合理性があるように見える。私は，その影響を理解する際の**理解の仕方**に疑問を投げかけているのである。実際のところ私は，考古学的モデルに挑戦することは，早期経験の重要性を否定することに他ならないという見方の基礎にある，（一般的に未検証の）諸前提を疑問視しているのである。

　この点についての混乱の一部は，**起源がある**とか**根ざしている**とかいう用語に関連する混乱から生じている。私たちが，患者のある種の生活パターンは早期の乳幼児期に起源があるとか，その時期に根ざしているとか言うとき，多くの分析家にとって，それは，その早期経験がその傾向の原因であるとか**説明**であるとかいう意味に近いものである。しかし，**いつ始まるのか**ということと，その原因とは同じではない。あるいは，別の言い方をすれば，**いつ始まるのか**

102 第1部 心理療法，人格力動，間主観性の世界

は，**なぜ始まるのか**と同じではない。さらに重要なのは，なぜ**始まるのか**が分かったとしても，なぜそれが**維持されるのか**が分かるわけではないということである（このことはより容易に混同されてしまいがちなので，しっかりと理解しておくことが重要である）。すべての行動は子ども時代に始まり，そしてその後，変化したり消失したりする。「私は朝食を食べるでした[訳注1]」と言ったり，弟や妹との競争に反応しておもらしをしたりする大人はほぼいない。心理的領域には，**変化**を推し進める多くの強い力がある。精神分析的な議論には，しばしばこれらを忘れてしまう傾向がある。精神分析の理論は，変化への力と維持への力の持続的で弁証法的な緊張関係を描き出すよりもむしろ，後者に特権を与え，前者を不可視のものとしたり，周辺に追いやったりする傾向がある。

　ゼナー，アンダース，セイファーとスターン（Zeanah, Anders, Seifer & Stern, 1989）は，乳幼児発達の系統的な研究が精神分析理論に与える示唆について検討し，広く信じられている精神分析的な考え（固着や発達停止を強調する考え）が多くの面で発達研究の成果と調和しないことを指摘している。初期の批評におけるピーターフロインド（Peterfreund, 1978）と同様に（また，境界性の病理において「前エディプス的」とされている要素についての本章における以前の議論も参照），彼らは，重篤な精神障害を患っている子どもや大人の病理的な機能を，正常な乳幼児に想定される機能の仕方と同じものと見なしたり，これらの患者の問題を，すべての子どもが通過するけれども，その中の気の毒な一部の人だけが固着してしまう不可避の段階や時期における経験様式が後の年代にまで持続することから生じると想定することが，理論的にも方法論的にも極めて問題であると論じている。ゼナーらは，「後の問題は乳幼児期のトラウマの反復であり，後の病理の形式はトラウマが起きた自己発達の時期によって決定される」（p.663）とする精神分析理論に幅広く認められる傾向に言及して，発達についてのこうした考えはこれまでに得られてきたエビデンスとうまく適合しないと指摘している（ここでのトラウマへの言及に関連して，次のことを明確にしておくことが重要である。ゼナーらは彼らが批判している理論家たちが，ブロイアーとフロイトが「ヒステリー研究」（Breuer & Freud, 1895）で述べたような個々のトラウマ的出来事だけを扱ってきたと示唆しているわけではない。彼らは，1世紀以上のあいだ精神分析的理論化の核心に置かれ続けてきた，葛藤を孕み，空想に彩られた発達的経験や，一般にそれらと結

▶訳注1) eat（食べる）は不規則動詞なので，過去形は ate なのだが，ate（食べた）と言うべきところを誤って eated と言う。

びついている「発達レベル」の概念にも言及している）。

　固着，退行，発達停止のモデルに替わる新しいモデルとして，ゼナーら（1989）は，「持続的構築モデル」（p.657）を提案した。そのモデルにおいては，発達は，発達していく個人の特徴と，その個人を取り囲む環境的文脈との間に進行する弁証法として，生涯にわたって展開していくものとされる。その文脈は，単に個人が受け身的に出会うものではないということを理解しておくことが重要である。その文脈は，それ自体が，その個人の過去や現在進行中の選択や，その個人の発達するパーソナリティや，世界での存在の仕方がもたらす産物なのである。私たちが他者に**向かって**表わす行動や態度は，それに対する応答として，他者から特定の行動や態度を引き出す。また私たちは，ある種の状況や関係性には参入し，他の状況や関係性からは回避したり退却したりする。こうした過程によって，私たちは，かなりの程度まで，私たちが出会う環境を能動的に作り出しているのである。

　このことと関連して，注目すべきことは，3カ月から6カ月という早い時期においてすでに，抑うつ的な母親の子どもは，抑うつ的でない母親の子どもたちと比べて**見知らぬ人**から異なった行動を引き出すことが観察されている（Field et al., 1988; Weinberg & Tronick, 1998）。より具体的に言うと，そうした子どもたちは，抑うつ的でない母親の子どもたちと比べて，見知らぬ人たちからその後の発達を促進するのに適した行動をあまり引き出さない傾向を示す（それゆえ，母親の行動それ自体の影響を離れたとしても，彼らの発達上の不利はさらに持続しがちとなる）。つまり，このような子どもたちは，発達のとても早い時期においてすでに，彼らに対する母親の反応の仕方による影響を受けるようになるばかりか，その影響がもたらす**二次的な影響**，すなわち他者との相互作用の仕方への影響をも受けるようになる。つまり，早期の経験は，**その後の**その子の経験を左右することによって，おおむねその影響力を発揮するのである。

　これらの子どもたちの発達を狭いレンズを通して観察すると，最早期の経験の影響は修正不能と見えてしまうかもしれない。しかし，より広い視界で見るなら，早期の経験の影響は，早期の経験の間接的な結果としてもたらされる無数の後の経験によって媒介されていることが理解される。最早期の影響が修正不能と**見える**のは，早期の経験によって引き起こされる行動パターンが，事実上，自己永続的なプロセスを始動させるからである。つまり，発達途上の個人が出会う後の経験は，すでに発達した行動パターンや知覚パターンの産物であ

104 第1部 心理療法，人格力動，間主観性の世界

るだけでなく，まさにそうした行動パターンや知覚パターンを維持するもので
もあるからである（そのようにして，同じような経験と繰り返し出会いやすく
なる）。

　このように考えれば，特定のパターンの精神病理が特定の発達上の時期（そ
の個人が固着している時期，あるいは特別な困難を抱えた時期）と対応してい
ると考える必要がないことは明らかである。異なった人は，発達上の異なった
時期に生じた問題の結果として，異なった道筋を通って同じ苦境に到達するか
もしれない。発達レベルと称される連続体に沿って精神障害や性格特性を順番
に配列していくような理論構造を探究しても，こうした発達の複雑性を理解す
ることはできない。実際には，発達は，発達する個人の人格と（その人格が遭
遇するものであると同時に，その人格が時間をかけて創造するものでもある）
環境との間の持続的な相互作用によって進んでいくのである。

　精神分析的な探究によって明らかになる，空想，願望，自己と他者のイメー
ジの見たところ「原始的な」性質は，こころの構造的な分裂によって新しい経
験の影響に接近できなくなってしまった結果として持続するわけではない。十
分に注意深く観察すれば，新しい経験は，いわゆる原始的な空想から切り離さ
れているどころか，それらの空想に糧を与え，維持する上で，重要な役割を果
たしている（Wachtel, 2008, 2001a）。これを生じさせているプロセスも，（原
因としても持続的結果としても）これに関わる心理的構造も，たしかに，たい
てい深く無意識的である。しかし，無意識的ではあっても，これらの構造は，
経験から切り離されて密封されているわけでは**ない**。事実，これらの構造は，
常に類似の経験を引き出すことを通して，すなわち，まさにその経験によって
継続性や持続性を確保しているのである。

自己愛パーソナリティ──1つの事例

　たとえば，自己愛パーソナリティ障害を表している人について考えてみよ
う。この障害に関しては競合する複数の精神分析理論があり，それぞれが，こ
の障害の説明において，いくぶん異なった力動と早期経験を仮定している（た
とえば，カーンバーグの理論［Kernberg, 1975］と，コフートの理論［Kohut,
1971, 1977］とを比較してみればよい）。しかし，精神分析の領域においては，
この障害の起源は人生早期にあると一般に合意されている。しかしながら，そ
の時期に何が経験されるかを見るだけでなく，その経験によって形成される心

理構造の**継続的な結果**にも視野を広げれば，固着や発達停止のモデルとはまったく異なった，その障害の実際の力動の全体像が見えてくるだろう。自己愛的な個人の人生において発展する動機，空想，防衛は，結果をもたらす。時が経つにつれ，それらは，それら自身の生命を帯びるようになる。そうした結果と持続的な力動を理解することなしに，その患者を理解することはできない。

　自己愛的な個人を苦しめる，内的な空虚さ，脆弱な自己凝集性，不安定な自己尊重感，純粋な承認の欠如といった経験は，単に悲劇的な過去の残渣としての「内的な」経験ではない。それらは，その人の**人生**の力動的な要素なのである。これらの個人に特徴的なように，（転移においてであれ，日常生活においてであれ）彼らが自己の傷つきやすさの感覚を補強するために，尊大で誇張された自慢したがりの態度に頼るとき，その結果は強力なものである。このような行動が他者から引き出す2つのよくある反応は，不快な自慢屋を拒絶する退却か，英雄的な人物を畏怖する賞賛かだが，それらの反応はどちらも彼らの痛ましく問題に満ちた生き方を維持することに寄与する。

　前者の反応はより明白に痛ましい。自己愛的な人は賞賛を必要としているが，彼らの行動は，重要な一群の人たちから，まったく正反対のものを引き出す。彼らは，侮蔑的にあしらわれたり，脅かすように見透かされたりする。その経験は，誰にとっても愉快なものではないけれども，彼らにとってはとりわけ苦痛である。しかし，評価されていないという感じに対してかれらが好んでとる対処法は，自分自身を膨張させ，自分の欠点を安っぽい蛍光色で塗り込めることであるので，彼らはこの自己愛的な傷つきに対してさらに同じ行動で反応する傾向がある。その結果，彼らは，本当に彼らに敵対的な人々と直面し，追い払われ，競合し，あるいはただ単にできるだけ関わり合いたくないと熱望するようになってしまう。そして，彼らの日常世界がこのような経験を標準以上に含むようになれば，防衛的に動機づけられた同じ対処パターンには，いっそう拍車がかかる。そしてその結果，さらに多くの同様の経験が生み出される。

　彼らが引き出す**賞賛**の有害な結果は，最初はそれほど明らかではないかもしれない。結局のところ，賞賛は彼らの欲するドラッグである。しばしば報告されるように，自己愛的な人は実際に高い業績を挙げていることが多く，たとえ問題の深刻さによってより周辺的な生き方を余儀なくされている場合でさえ，「華々しい」感じを抱くことができるようなある種の性質や才能を持っていることが多い（自己愛的な傾向が強くても，このように見せびらかすことができる特質を持ちあわせて**いない**人は，自己愛的なパターンを維持することが難し

くなり，結局は単に抑うつ的になることが多い）。しかし，重篤な自己愛者によって引き出される賞賛は，どんな形にせよ私たちが欲する（そして，もちろん，享受する）賞賛とは異なっている。私たちの本当の才能や性質に対する賞賛は，力づけるものである。それによって私たちの傷つきやすさは**和らぎ**，もっともっとと求める渇望は**なだめられる**。それは，コフート（1977）が自己−対象に対する生涯続く健康で正常な欲求として記述したものと調和する。これとは対照的に，自己愛的な人に差し出される賞賛は，そのようには機能しない。なぜなら，自己愛的な防衛の成功そのものが，その防衛が支えようとしている安心感をむしばむからである。自己愛者が受け取る賞賛は，彼の本当の性質，正真正銘の性質，持続する性質に対する賞賛ではない。それは，彼が経験している無価値で傷つきやすい内的自己を覆い隠すために，無理にでも世界に向けて示さなければならないと彼が感じている誇大化された自己イメージに対する賞賛なのである。

　自己愛的な力動は人生の早期に起源を持っているかもしれないが，その力動を理解するためにもっとも本質的なのは，そのパターンがそれ自身で皮肉な結果を生じさせていく過程である。ひとたび人が内的な傷つきやすさと不十分さの感じを自我肥大によって防衛するような人生航路に漕ぎ出したなら，よりしっかりと安定した自己尊重感を作り上げる上で中心に据えられるべき材料が，そこから先の自己の建設から除外されてしまう。私たちは誰しも，本当の自分に対する賞賛を必要としている。もし私たちが，自らが描き出した**自己像**に対する賞賛を受け取るなら，それは偽りのなぐさめである。じっさいそれは，欺瞞感や空虚感を和らげるよりも，むしろ悪化させるだろう。病理的なナルシシズムの悲劇は，その人が，さらにいっそうの自我肥大と過度の自己の売り込みによって欺瞞感を和らげることを学んだ結果，当然のことながら，欺瞞感がさらに高まってしまうことにある。このプロセスは無意識的に進行し，他者だけでなく自己をも欺くように仕組まれた道筋で進むかもしれない。そのことは，このプロセスがもたらす悪影響を減じにくくさせ，その人がこの泥沼状態から脱出できるようにするのをいっそう難しくさせてしまう。

　皮肉なことに，彼らが傷つきやすさを表現したとき，つまり防衛が失敗し，大言壮語に代わって抑うつ感，空虚感，卑小感，無価値感が表出されたとき，（分析家も含む）他者は，彼らにより共感的で思いやりのある反応を示す。こうした患者との仕事のかなりの部分は，彼らが自らの実際の人間的性質に対して他者から与えられる真実の温かさと思いやりを経験できるようにする援助ととも

に，そのような温かな接触を**持ちこたえられる**ようにする援助から成っている。以前の自己愛的な必要性の論理によって，背伸びして提示した性質ではなく等身大の性質によって賞賛されることは，彼らにとっては，おとしめとして経験されるかもしれない。実際には，このようなより現実的な賞賛の方が，より堅固で安全な心理構造が構築されるよう助けるものなのだが。

　このような個人が，発達早期において，病理的自己愛についての精神分析理論において想定されている心理的経験の特定の布置をどの程度まで経験しているにせよ，心理発達の特定の水準に固着しているとか発達停止しているとかいったイメージに依拠した彼らの困難の説明は，そのパターンを持続させている強力な**力動的**要素をとらえ損ねている。早期経験の深い影響は，（有能な分析家が修正しないかぎり人生を通して保持される）固定的な欠陥が生じることでもたらされるわけではない。前節においてより一般的な問題について論じたように，早期経験の深い影響は，早期経験が引き起こす**後**の経験によってもたらされるのである。特定の早期経験がなければ，ここに述べたようなパターンが起動されない可能性は高い。しかし，そのパターンがいかに繰り返しそれ自身が生み出す結果によって（その人がそれらの結果に対してさらに繰り返し反応することによって）再創造されているのかを理解していないなら，こうした個人のジレンマを十分に理解しているとは言えない。早期経験は決して些末なものではない。それは，残りの人生においてずっとその人のパーソナリティを特徴づける構造の基礎となるものである。しかし，こうした構造が存在し続けるためには，常に持続的に再構築される必要がある。精神病理の悲劇は，苦しんでいる人が，人生を通して繰り返しこうした構造を再建築する（無意識的な）スキルを発展させることにある。

「結果としてもたらされる過去」の表象，「結果としてもたらされる未来」の種

　最も早期の経験の影響を受けて発達してくる表象と相互作用のパターンが非常に大きな影響力を持つのは，最初の経験の残滓が（まるで喉に刺さった骨のように）心の中に留まるからではなく，これらの表象と行動パターンは，**それ以降**の経験を歪ませるからである。時間が経つにつれて，もし子どもが異なった経験を重ねていくなら，その子ども（そしてその後の大人）が早期に確立されたパターンにどれぐらい留まっているかは，実際上，不確かになっていく。

108 第1部 心理療法，人格力動，間主観性の世界

なぜなら，早期経験と子ども自身の行動の早期のゆがみの影響は，1つには，その子が，違った早期体験によって出発した子どもたちが出会っていくような経験に**出会わない**ことにあるからである。私たちの早期の傾向と性質は，他者から，これらの傾向と性質を永続させがちな反応を引き出す（Renn, 2012 参照）。

先に述べたように，抑うつ的な子どもは，人生が抑うつ的に始まっていない子どもたちとは異なる経験世界にその子を浸すような反応を，他者から（両親から，そして後には世話をする他の人たちから，さらに後には仲間たちからも）引き出す。同様に，怒らされたりイライラさせられたりした早期経験がある子どもは，他者から怒りや拒絶的な行動を引き出しがちになる。そしてそうした他者の反応は，子どもの側の怒りやイライラをさらにかき立て，他者からさらにいっそう否定的な（そして怒りを生み出す）反応を引き出しがちとなる。反対に，早期に安定した愛着と愛情のこもった反応を経験した子どもは，その後も引き続き，他者から肯定的な反応を引き起こすような行動をとる。そして，そうした他者からの肯定的反応は，肯定的な循環を維持させるようなさらなる反応を子どもから引き出すだろう。

循環的な再確証のパターンは，変えられないものではない。たとえば，きわめて困難な最早期の経験をしているにもかかわらず，きわめて高いレジリエンスを示すようになる子どもたちがいる（たとえば，Hetherington & Blechman, 1996; O'Connor, Bredenkamp, & Rutter, 1995）。この事実そのものが，早期経験の決定的な影響力という単純な視点がもたらす理解よりも，発達のプロセスはずっと複雑であることを浮き彫りにしている。これとは逆方向に，何らかの問題を示している子どもや大人に関して，現在の問題の「ルーツ」を発達早期に見つけようとして過去を振り返るなら，それは理論的な先入観に基づく証拠漁りとなってしまう。そのような探索によって見つかるのは，早期に実際に観察されたであろうものではなく，「観察されたはず」のものとなってしまう。どんな問題に関しても，その先駆や起源を見つけることはできるが，重要なのは，発達を**プロセス**として理解することである。それは，生涯を通して連続的に続いていくプロセスであり，最早期に書かれた脚本がただ演じられるだけのものではない。

深さと社会

深さのメタファーとそれが喚起する思考の構造は，精神分析的な議論におけ

る社会的な力や制度の役割を周辺へと押しやってしまう。そのことは，パーソナリティ発達に社会が及ぼす影響についての理解を歪曲し，精神分析に基づく社会分析や社会批判を妨げてしまう。社会文化的な影響は，感覚の方向からのものは「表面」からのもの（つまり「深層」からのものではない）という心理学的等式と関わっている。したがって，深さのメタファーという見方には，社会的な影響が「表面的」に見えてしまうという危険がある。このことに関連して，グリーンバーグとミッチェル（Greenberg & Mitchell, 1983）は次のように述べている。

　　欲動／構造モデル［標準的なフロイディアンやその近縁の立場の理論モデルに対する著者らの用語］の中では，社会的現実は，欲動によって構成されているこころのより深くより「自然な」基礎の上に付け加えられた上張りのベニア板のようなものとされている。この視点からすれば，動機づけ原理の基礎から欲動を除外したり，欲動を他のものに置き換え，その上，他者との個人的・社会的な関係の重要性を強調するような理論は，パーソナリティの「表面」に関わり「深み」に欠ける，その定義からして表面的なものと見なされる（p.80）。

　しかしながら，このような見方をもたらすのは欲動モデルだけではない。多くのヴァージョンの対象関係論や自己心理学の理論もまた，私が氷漬けのマンモスモデルと呼んだモデルに含まれる。氷漬けのマンモスモデルとは，ある種の早期の経験，知覚，傾向が，まるで北極の氷の中に埋もれていた毛むくじゃらのマンモスのように，もともとの形のままで冷凍保存されており，心の他の部分が遂げていくような発達上の変化と発展が妨げられているという概念化を伴う，心理構造と発達の理論である（Wachtel, 1997, 特に pp.26-30 と 348-349）。フロイトは，本能的な表象が抑圧されると「それから先，変わらないまま持続し」，その結果「暗闇の中で増殖し……極端な表現型をとるようになる」と考えた（Freud, 1915, pp.148, 149）。このフロイトの見解は，現代の理論においても本質的に引き継がれている。内在化された「原始的」あるいは「蒼古的」対象や自己表象という概念化がそれである。古典的なフロイト派のアプローチと同様，こうした関係論的な理論においても，ある種のこころの部分は，発達の道筋から分裂排除され，その結果，パーソナリティの残りの部分のようには成長しないと仮定されている。つまり，より接近しやすい人格部分は新たな経験によって変化させられていくけれども，分裂排除された部分はそのようには

変化しないと仮定されている。

　このような対象関係理論や自己心理学理論では，理論的関心の中心は，今なお患者の「発達レベル」に置かれている。それらの理論は，いずれも考古学モデルやそれと結びついた深さのイメージに根ざしている。そのことは精神分析的な議論におけるさまざまな問い，定式化，関心に表れている。しかし，それらはあまりにも浸透しているので，ほとんど気づかれていない。患者の問題は，人生の最初の1年目か2年目に「由来する」ものと記述される。問題の「ルーツ」は特定の発達上の時期あるいは発達段階にあるものとされる。「患者の問題は『どの段階』のものなのか？」という問いが問われる。これらの問いはすべて，私たちに発達上の時期を探すよう方向づけている。つまり，いつ発達の一部が停止したのだろうか，いつその人の一部がこころの前エディプス的な状態に永続的に固着してしまったのだろうか，といったことを探索するよう導いている。そして，その発達の停止や固着は，分析家だけが提供できる特別な対象関係（あるいは自己対象関係）によってのみ解放されるものと考えられている。自己心理学者や対象関係論者が非常によく用いている**原始的**とか**蒼古的**という用語は，単に患者の知覚や願望の**性質**について述べているわけでなく，その起源が心理的発達の最も早期にあるという示唆を含むものでもある。実際，それらの用語は，問題が発達上のその時期に**始まった**ことを意味しているだけでなく，その人物が，年齢上は大人であっても，人生の最早期以来ほとんど変わらない自己と他者のイメージを無意識的に表現し続けているということを意味しているのである。

　関係論的な定式化に浸透しているこうした未検証の理論的諸前提は，より古典的なフロイト派の説明と内容は異なっているものの，その構造は同じである。こうした理論的諸前提の存在は，グリーンバーグとミッチェル（Greenber & Mitchell, 1983）による警告，つまり，精神分析はしばしば社会的な力と現在の対人関係上の経験の影響を過小評価しがちであるという警告が，関係理論家にも大いに当てはまるということを意味している。関係理論家の言説においても，他者との日常的で具体的な経験の影響は，グリーンバーグとミッチェルの言葉を繰り返すなら，「こころのより深くより『自然な』基礎の上に付け加えられた上張りのベニア板のようなもの」として暗黙のうちに取り扱われている。ましてや，社会的・経済的な状況や，人種的・民族的ステレオタイプや，政治的価値や経済的傾向の影響については一層のことそうである（Wachtel, 1983, 1999や本書の第2部を見よ）。現代においては，多くの分析家が基礎と見なす

内容は，もはや欲動ではなく内在化された対象関係や蒼古的な自己他者表象となっているだろう。しかし，その考え方の構造はほぼ同じままなのである。

深さのメタファーは，社会的次元を軽視させる。これを理解するためには，次のことを明確に認識しておく必要がある。それは，人間の行動や経験の無意識的な決定因に注目しても，社会的なものは表面的であるという見方が本質的・必然的にもたらされるわけではないということである。結局のところ，社会的影響そのものが無意識的であることもある。そして人々は，精神分析的な議論でおなじみの願望や空想を認識することに防衛するのと同じぐらい，社会的影響を認識することに対しても激しく防衛することがある（たとえば，Devine, 1989; Gaertner & Dovidio, 1986; Hamilton & Gifford, 1976; Sears, 1988; Wachtel, 1999; Word, Zanna, & Cooper, 1974）。しかし，深さのメタファーの観点からすると，このような影響は，なお，表面的で限られた重要性しかもたないものとみなされるかもしれない。このメタファーがもたらす表層と深層の区別は，社会的なものを表層のものと見なすよう導き，それゆえ表面的なものと見なすよう導いている。私たちの生活を作り上げている，社会的・経済的・文化的な状況は，ほとんど気づかれることもないままに，表面的な役割しか持たないものと見なされる。社会制度などの社会的な影響が果たしている強力で**力動的な**役割を正当に評価することが必要である。また，社会的に共有された諸前提や，人種や階層や経済的地位がもたらしている重大な現実もまた，こころの深層を形成する同等に重要な要因であって，それらが果たしている役割を十分に認識することが必要である。そのためには，表層と深層という魅力的で印象的なイメージを意図的に解体しなければならない。

深さのメタファーとは異なるレンズを通して心理的な因果関係を見直してみれば，一方行的で直線的な因果関係よりも，循環的で相互的なプロセスの方がはるかに一般的であることは明らかである（たとえば，Nichlos & Schwartz, 1998; Wachtel, 1987; E.F. Wachtel & Wachtel, 1986）。私たちの最も深い願望と知覚は，すなわち最も個人的で特徴的で重要な願望と知覚は，単に私たちの中にあるだけでなく，社会的相互作用の世界に広がっている（そして，社会的相互作用によって少しずつ変えられている）。私たちの最も深い願望と知覚は，世界の**重要部分**である。それらは，いずれかを損なわずに分離することなどできないほど，互いに複雑に絡み合っている。

無意識的な動機，空想，葛藤は私たちの人生のあらゆる側面において重要な役割を果たしている。しかし，それらの無意識的な心理現象を説明するために，

112 第1部 心理療法，人格力動，間主観性の世界

日の射さない深海に潜んでいる太古の鮫のように，内的な世界の深層に潜んでいて，日常生活の経験に影響されない「早期の」あるいは「蒼古的な」心理的組織という概念化は必要ではない。これからの精神分析は，深層と表層とがいかに相互的に形成され，互いが互いを定義しているかを明らかにすることによって，私たちの人生を最もよく照らし出す。「深層心理学」は，日常生活の表面に見えている外観の下にあって分離された領域に関わるものではなく，生きること自体の，豊かさ，神秘性，多方向性，多因果性，幅広く絡み合った複雑性に関わるもの，つまり，生きること自体の**深み**に関わるものである。

注

注1) もちろん，いくつかの例外はある。地殻のねじれや噴火などの地殻変動によって，地質学的・考古学的により古い層が，もともとはその上にあったより新しい層の上に押し上げられるような逆転が生じることはありえる。しかし，こうした現象は部分的なものであり，一般的に見られるわけではない。

注2) もちろん，ボーダーライン患者の生育歴の最早期において，**他の種類**の虐待や剥奪が生じていた可能性はあるだろう。児童期後期において子どもに性的虐待を加えるような（あるいは他者が子どもに性的虐待をするのを看過するような）親は，それ以前の時期においても子どもとの相互作用の他の面において問題を示していた可能性が高い。それでもなお，ボーダーライン患者の生育史においてそうした虐待がよく見出されるという心理学的に非常に重要な事実は，その障害のプレエディパルな性質を中心に据えた定式化が，発達上のそれぞれの時点において進行している生活上の現実に十分な注意を払っておらず，十分に複雑で包括的な発達過程の見方を欠いていることを示すもう1つの指標である。

第6章

抑圧，解離，自己受容
——無意識の意識化という考えの再検討[注1]

　若い大学院生として私が最初に担当した患者は，嚥下困難のある女性だった。彼女は，食べ物を飲み込もうとすると，必ずえずいてしまうのだった。特に肉を食べるのが難しかったが，事実上，どんな固形食も問題だった。彼女はほぼ流動食で生きていた。彼女が容易に飲み込むことができた食べ物は，M&Mチョコレートだけだった。M&Mは彼女の食事の中心アイテムとして，食物の推奨順位とは別に，特例的に提供されていた。

　注意深い医学的検査によって，彼女の問題には身体的な基礎は認められないことが判明した。それゆえ，彼女はエール大学心理療法クリニックにリファーされてきた。そして不運なことに，そこで駆け出しの大学院生に割り当てられたのだった。

　治療開始後数カ月が経過した時点で，彼女は，幼児期において，食べることを巡って母親と長期にわたって苦闘してきたことを話題にした。彼女の母親は体重136キロ以上の肥満体型で，娘の食習慣に対する気がかりに取り憑かれていた。母親はとりわけチョコレートに敏感で，チョコレートはほぼ禁止だった。読者は，子ども時代の彼女が，ベッドルームにM&Mをこっそり持ち込み，枕の下に隠しておいて，明かりが消えた後，秘かに禁断の楽しみを味わっていたと聞いても驚かないだろう。

　彼女の口からこの話を聞いたとき，私はびっくり仰天すると同時に，わくわくした。初めて担当した事例において，目の前で抑圧についてのフロイトの理論が劇的な仕方で証明されているように思えたのだ。この患者が，自分が抱えている困難と衝撃的なまでに関連している，こんなにも重要な出来事を忘れていたということは，この若い新米セラピストに対する天からの（あるいは少な

114 第1部 心理療法，人格力動，間主観性の世界

くともウィーンからの）贈り物のように思えた。しかし，私には衝撃的と思え
たこの告白を取り上げたとき，それまでのわくわく感はどこかに吹き飛んでし
まった。

　私は彼女の説明を聞いて，（その当時，優勢であった）精神分析的自我心理
学を臨床的アプローチとしている大学院生であることを反映するコメントを返
した。まず防衛を解釈するべきだという，オットー・フェニケルが示した重要
な指針（Otto Fenichel, 1941）に従って，私はこうした目立った回想が意識に
上ってくるまでに数カ月かかったという事実を取り上げた。要するに，私は，
こうした体験の想起を能動的に防衛していたことを彼女に認めてほしかったの
である。さらには，現在の私の観点からすると，次のことを言い添えておくこ
とが大事だと思う。というのは，彼女にそうコメントしたとき，私は堅苦しい
態度だったのである。そして，そうした堅苦しい態度こそが専門家の取るべき
態度であり，純粋に精神分析的な態度であると教えられていたのである。その
ときの私は，実践を始めたばかりの大学院生だけにしかありえないような忠実
さで，堅苦しい態度を取っていた。「興味深いですね」と私は言った。「飲み込
むのが難しいというあなたの問題を理解する上で非常に重要なエピソードが意
識に上るのにこれほど長い時間がかかったというのは！」。私はこのコメント
によって，彼女がある種の考えや記憶を意識から積極的に遠ざけてきたのだと
いうことに気づきをもたらす過程を開始しようとしていたのである。

　まずはじめに，「興味深いですね」という言い回しは，見かけ上の客観性を
伝え，中立性を偽装する表現である。その時代においては，こうしたスタイル
が流行していたのである。こうした表現によって，患者の好奇心を引き出すこ
とが意図されていたわけである。しかし，その過程は2人の人間の生き生きし
た関わりというよりも，注意深く統制された環境下での科学実験のようなもの
と認識されていた[注2]。そうした言い回しはまた，しばしば気づかれていない，
しかし重大な非難の要素を反映するものでもあった。古いハリウッド映画に登
場する分析家が，ひげをなでながら，ウィーン訛りで「非常に興味深い」とつ
ぶやく場面を思い起こす人もいるだろう。この文脈における「興味深い」は，
患者の独創性を面白く受けとめたことの表れではなく，分析家を知恵のある優
位な立場に置き，患者を自己欺瞞に満ちた無知な立場に置く暗黙のメッセージ
なのである（レニック［Renik, 1993］のフロイトの「鉄道の車掌の喩え」に
ついての議論は，伝統的な分析における，問題を孕んだこうしたスタンスのあ
り方についてのより詳しい啓発的な議論である）。私は，セラピストの言葉づ

かいや言い回しの選び方の影響力をテーマにした著作（Wachtel, 2011a）において，患者についてのセラピストの考え方や話し方がしばしば暗黙のうちに非難的になったり侮辱的になったりしうることをより包括的に論じた（Wachtel, 2008, 2011b; Wile, 1982, 1984 も参照のこと）。ヘイヴンズ（Havens, 1986）もまたこれと似たところに注目して次のように述べている。「現在の多くの心理療法における解釈の雰囲気では，患者は拳を握りしめて来たるべき洞察を待っている。それも当然である。それがいい知らせであることなど滅多にないのだから」（p.78）。

　私が患者に上述のようなコメントを与えたのは，彼女が特定の考えや記憶を意識から積極的に排除してきたことに気づかせるためであった。けれども，私のコメントへの患者の反応はきわめてそっけないものであった（たぶんその理由の一部は，スーパーヴァイザーたちの悪習慣を模倣した結果として，気づかないうちに私が非難的なよそよそしさを伝えてしまったことにあるのだろう。またそれに加えて，単に彼女のありのままの主観的体験がそういうものだったということでもあろう）。「別にいつだってそのことを話すことはできましたよ。忘れていたわけではないのです。ただ，以前に話したときには，関係のあることとして，この話が思い浮かばなかっただけです」

　患者が，忘れていたのではなく，関係があるとは思っていなかったというように自らの体験を述べたのは，正確であったと思う。もし私が，たとえば「子どもの頃，あなたとお母さんは食べ物のことで衝突したことがありましたか？そして M&M はその衝突の重要な要素でしたか？」といったように，彼女に直接的にこの記憶について尋ねていたら，きっと彼女は「はい，そうでした」と答えていただろうし，少なくともそうした衝突の概略について話してくれただろう。その意味では，そのエピソードは彼女が「想起できない」ものでは**なかった**。つまり，抑圧という用語の最も単純な理解の仕方において，**抑圧**されたものではなかった。けれどもまた同時に，私は，その記憶は確かに防衛過程によってアクセス不可能なものとなっていたのだとも思う。その記憶の内容自体ではなく，連想のネットワークがブロックされていたのである。もし直接的に尋ねられたら，患者はその体験を想起することができたのだろう。しかし，その体験の**自発的な想起**は制止によって妨げられていた。最終的には彼女はそれを想起した。しかしそれは，その記憶と劇的に結びついている問題について，何カ月にもわたって話し，取り組んだ後のことであった（2 つの領域のいずれにおいても M&M という特定のチョコレートが関わっている）。彼女の心にこ

116　第1部　心理療法，人格力動，間主観性の世界

の結びつきが思い浮かばなかったということは，つまりそれが「まったく思いつかなかった」ということは，非常に強い制止が働いていたことを示唆している。たとえ，その記憶そのものは正常に機能しており，直接的な質問によって容易にアクセスできる状態にあったとしてもである。

知っていることと本当に知っていること
――「無意識を意識化せよ」から「イドあるところエゴあらしめよ」へ

　数年後，この経験の示唆するところを考えているとき，最初に読んだときには見過ごしていたフロイトの一節が私の目にとまった。「想起，反復，徹底操作」において，フロイトは次のように述べている。

　　　印象，場面，体験などを忘れていたことは，ほぼたいてい，閉め出していただけだとされる（私が初めてこのくだりを読んだフロイト全集の翻訳では，「解離していた」と訳されていた）。患者は，こうした「忘れていた」ことを話すとき，たいてい次のように付け加える。「実際のところ，私はいつもそのことを知っていたのです。ただそのことを考えつかなかっただけなのです」。患者は，十分なことが思い浮かんでこないために，それが起こったときから今まで一度も考えたことがなかっただけのことを「忘れてしまった」と言ってしまうことをしばしば悔しがる（p.148）。

　最初に読んだとき，私がこの一節を見過ごしたのは，ある意味ではフロイトもまたそれを見過ごしていたからである。もちろん，フロイトはここに記述されているような体験を明らかにきわめてよく認識していた。しかし，彼の著作と思索は異なるメッセージに力点を置いているように見える。フロイトが報告したまさに最初の（そして精神分析のその後の道のり全体を決定的に形成してきたように見える）観察は，患者たちが意識から完全に追放したように見える記憶であり，それを回復するのには大きな抵抗と闘わなければならないような記憶であった。さらにはこれらの記憶はしばしばきわめて劇的なものであった（そのことは，それらの記憶が忘れられているように見えていたことをいっそう印象的なものにした）。そしてまた，それらの記憶の重要性をさらに高めたことには，それらの記憶の回復は，しばしば頑固なものと見えていた深刻な症状のきわめて急速で目覚ましい消失と結びついているように見えた。このよう

な印象的な観察が，フロイトの思想を形成する上で強力な影響力を持ったとしても少しも驚くべきことではない！

　もちろん，フロイトもまたこうした治癒の多くがきわめて一時的なものであって，セラピーの進歩を維持するためには，さらにまた記憶を（彼の見解では，**より早期の記憶を**）掘り起こさなくてはならなくなるということをすぐに見出した。さらには，そのわずか数年後には，彼はこうした記憶はしばしばまったく現実の記憶ではなく，早期の願望や空想の残滓であって，時間の経過の中で，そして幼い子どもの現実と空想との区別はまだ脆弱であることの結果として，現実の出来事として心に貯蔵されてきたものだと結論づけた。

　フロイトのもともとの理解は，このようにさまざまな仕方で修正されてきた。にもかかわらず，「無意識を意識化すること」が治療的変化への鍵であるという考えは，精神分析における治療過程と治療技法の概念化の中心に据え置かれ続けている。そして長年の間に精神分析には（この後で論じられるように）治療的な変化過程についての**他**の概念化も出現してきたにもかかわらず，無意識を意識化するというもともとの治療目標が，今日まで精神分析の営みの中心に，事実上，留まり続けてきた。

　問題は，患者の気づきの明確化や拡張を重視するのは間違っているとか，よくないということではない。患者が無知，自己欺瞞，自己疎外の状態にあることを擁護したいと思う者などいない。問題は，気づきの明確化や拡張だけでは不十分だということにある。そして，その結果，気づきの明確化や拡張は，それぞれの事例において，必要とされるさまざまな異なった治療過程のしばしば**葛藤する**要請をどのように選択していけばいいのかに関して，われわれの理解に寄与しないということにある。無意識を意識化するというのは，有意義な治療的変化をもたらすことに関わる過程の1つにすぎない。さらには，この後に論じられるように（そして私が本章の冒頭に示した事例がすでに明らかにしているように），意識は，実際上，それまで「無意識」にあったものを「意識」に上らせるという表現において示唆されているような，全か無かの現象ではない。意識は，アクセスの程度，あるいは明確化の程度という視点から論じられるべき性質なのである（これに関しては，以下の文献を参照のこと。Schachtel, 1959; Shapiro, 1989; D.B. Stern, 1997）。

　意識はまた，文脈的なものとして理解されるべき現象でもある。つまり，同じ考えや体験が，ある文脈では焦点的な意識にアクセス可能であり，別の文脈ではそうではないということがありうるのである。1915年の時点においてす

118 第1部 心理療法, 人格力動, 間主観性の世界

でにフロイトは抑圧はある時点で生じて, それ以後ずっと変わらずに維持されているようなものではなく, 変動的で流動的なものであることに気づいていた。この変動性を説明するとき, フロイト自身は量的な要素を強調した。すなわち, 禁じられた考えや願望に結びついたエネルギーが強まると, そうした思考や願望は表出されやすくなる。そのときには, 心の痛みや危険な結果を避けるために, そうした思考や願望を無意識に留め置くことがより重要になる。

　しかしながら, 現代の視点からすると, 特定の傾向が, 意識的に体験されうるほど安全なものと感じられるか, 抑圧されたり偽装されて意識されたりする必要があるほど危険なものと感じられるかは, その状況における社会的な慣習のあり方や, 他者がその感情やその感情に基づく行為を受け容れてくれる程度にも左右される。多くの幅広い文化の慣習において, 祭りのときにのみ本能的に開放的に振る舞うことが許容され, 他のときにはそうした振る舞いは禁止されている。また現代の都会の社会においても, 誰しも日常的に微妙な調整をしている。そうしたことから明白に見て取れるように, 言っていいこと, 感じていいこと, していいこと, そして考えていいことでさえ, 誰といるのか, どんな場面なのかに応じて変動する。土曜日の夜にしたこと (あるいは空想したこと) を, 日曜日の朝の教会では都合よく「忘れている」ことは, 病理的なことではなく, 自我が健全に機能しているサインである。前夜の意識状態を思い出すこと (とりわけ生き生きと思い出すこと) は, 苦痛をもたらすばかりか, 敬虔な気持ちに浸る体験を妨害することさえあるだろう。その体験は, 必ずしも偽善的なものではない。というのも, それは (ほとんど不可避的に) 分割された心の体験だからである[注3]。しかしながら, そうした忘却は, 少なくともその健全なヴァリエーションにおいては, 尋ねられても思い出せないというような種類の忘却ではなく, 私のM&Mの患者が示したような種類の忘却である可能性が高い。その記憶は**ただ意識に上ってこないだけ**なのである。この場合の忘却は, 機能不全として思い浮かばないものではなく, きわめて適切な機能として思い浮かばないものである。

　こうした新しい理解の取り入れを可能にする1つの概念装置は, 構造論と呼ばれるようになった理論的改訂であった (Arlow & Brenner, 1964; Freud, 1923)。この理論的改訂は精神分析の歴史において非常に重要なものであった。というのも, それは精神分析の治療目標を表す新しい金言,「イドあるところエゴあらしめよ」をもたらしたからである。無意識を意識化するということが実のところ何を意味しているのかについてのわれわれの理解 (つまり, 古い金

言の理解）は，数々の重要な洞察によって変容されてきた。その結果，分析に
おけるこの新しい治療過程の見方（イドあるところエゴあらしめよ）がもたら
された。この理論的改訂は，数十年にわたる精神分析の発展を反映したもので
あり，そこでは精神分析的な探究の焦点は，無意識の**内容**を掘り起こすことか
ら，それらを埋もれさせてきた過程（防衛）を発見することへと移行した。

　こうした防衛の研究は，いくつかの重要な結論を指し示すものであった。第
一に，防衛（特定の考えや体験を気づきから締め出す積極的な努力）もまた，
たいてい気づきの外にあるということが明らかになった。さらには，防衛が締
め出そうとしている体験と同様，防衛は単に記述的に無意識的であるだけでな
く，**力動的にも**無意識的であることが理解されるようになった。つまりわれわ
れはただ単に防衛に気づかないだけではなく，防衛に**気づかないようにしてい
る**のであり，防衛に気づくことに**抵抗する**のである。こうした理解に基づいて，
精神分析の技法は，ますます防衛された素材を解釈する（明るみに出す）だけ
でなく，その素材を気づきから締め出し**続けている**防衛を解釈することを狙い
とするようになった。分析家は，防衛を意識化することなしには，そしてそれ
によって防衛の円滑な働きを妨害することなしには，あるセッションで掘り起
こした素材も，次のセッションにはまた埋もれてしまうと考えるようになった。
患者が，セラピーが始まって何カ月もたってから，彼女の食べ物に関する母親
の非常なこだわりや M&M に関する記憶を思い出したことを私が取り上げた
とき，その中心にあったのは，まさにこの「防衛の解釈」を強調する考え方で
あった。

　セラピーを導く指針が「無意識を意識化せよ」から「イドあるところエゴあ
らしめよ」へとシフトしたことには，また別の重要な意味があった。そのシフ
トには，防衛もまたしばしば無意識的であるという理解に基づく面もあったけ
れども，他の面もあった。つまり，**意識的であるかそうでないか**は，まったく
アクセス可能か，それとも完全に締め出されているか，そのいずれかであると
いうようなものではない，つまり必ずしも白か黒かの問題ではないという認識
を反映する面もあったのである。分析家は，合理化，知性化，解離といった諸
過程は，衝動や体験を，**意識に上ることが可能な状態**のまま，効果的に非主体
化するということをますます理解するようになった。

　「イドあるところエゴあらしめよ」はこの新しい理解を反映し，取り入れた
概念化であった。自我心理学あるいは構造論の概念的枠組みにおいては，**イド**
の一部であった素材が**自我**にもたらされると，その素材の性質とアクセス可能

性に多くの重要な変化が生じるものと考えられた。特に，過去に根ざしており，新しい体験による修正を受けつけない思考や傾向も，自我に統合されると，より意識にアクセス可能になるばかりか，新しい知覚の影響やその人がすでに持っている思考や知識によって修正可能になると考えられるようになった。「自我」や「イド」といった言葉には具象化の危険性や，実際の「場所」をイメージさせてしまう危険性がある。実際にはそれらの言葉が表しているのは機能的な関係である。しかし，この新しい用語が表しているのは，セラピーは単に無意識的な考えを意識化することだという過度に単純な考えを超える努力なのである。

不安と体験の重要な役割

　無意識を意識化するという古い指針の限界をさらに理解するためには，精神分析において，不安についての理解が，そして理論や治療的変化にとっての不安の意味についての理解がどのように推移してきたかを考察する必要がある。フロイトは，「自我とイド」において提示された考えと同じくらい重要な考えを，その3年後に論文として発表した。そこには，成功した精神分析において生じていることを理解する上でより革新的な考えが述べられている。不幸なことに，精神分析家の多くは（おそらくフロイト自身でさえも），その革新性を十分には理解していない。フロイト（Freud, 1926）は「制止，症状，不安」において，精神分析の過程を導く新しい指針を暗黙の内に導入した。その指針とは，（実際にはこのような言葉で表現されてきたわけではないけれども）言ってみれば**「不安のあるところを見つけ，不安を低下させよ（あるいは不安からの自由を高めよ）」**というものである。

　フロイトがこの1926年の論文において明らかにしたのは，抑圧の現象の背後には不安があり，不安が抑圧を動機づけているということである[注4]。この理解に基づくと，無意識を意識化することよりも，患者の恐れを低下させることの方がより基本的だということになる。フロイトが焦点を当てた不安は，たとえば行動療法家が典型的に扱うような不安とは異なっている。フロイトは，行動療法家が焦点づけるような外的刺激に対する恐れではなく，人が自らの考えや願望や感情や空想に対して抱く恐れを取り上げたのである[注5]。さらに言えば，精神分析的な視点において最も重視される不安は，恐怖症患者やパニック発作の患者を苦しめるような，**体験された**不安ではない。精神分析において

重視される不安は，**回避**を促す信号となっているために，患者には**体験されない**不安である。その不安は，どんな犠牲を払ってでも不安のあからさまな生起を避けさせる信号なのである。実際，不安の源や引き金があまりにもしばしば隠されているからこそ，そしてまた不安そのものが非常にしばしば隠されているからこそ，何が無意識的であり，潜在的であり，締め出されているのかを探究することが，治療努力の適切かつ重要な目標となるのである。

　精神分析的な探究と推論の方法は，今なお，患者にとって何がもっとも顕著な不安の起源なのかを**同定する**ための最も強力な道具であり続けていると思う。しかし，いかに効果的に不安を**低下させる**かに関して言えば，最善の方法は別の領域に求められる。私の知る限り，不安の低減に寄与する最も重要な要因は**エクスポージャー**である。私の理解では，精神分析的な**解釈**は，洞察を促進する方法として理解するのではなく，締め出されてきた体験へのエクスポージャーを促進する方法として理解するとき，最も効果的に働く（Wachtel, 1997, 2008, 2011a）。

　私が，もともと訓練を受けてきた（そして今なお，おおむね私の考えの基礎となっている）精神分析の視点を超えて，自らの実践と理論的思索を拡張していくことに興味を抱くようになった重要な要因の１つは，私が統合的な探究を開始した当時（Wachtel, 1977a），精神分析があまりにも知性化されすぎているように見えたということにある。精神分析は，**知ること**に根ざしすぎており，**体験すること**に十分根ざしていないように見えた。私は精神分析的な作業を促進するために，ある種の行動療法の介入を用いる可能性を探究することに興味を抱くようになった。というのも，行動療法は私には何よりもまず**体験的な**セラピーであるように見えたからである。これは，多様な諸アプローチを分類する際の，通常の分類方法には容易に収まらない概念化である。多くの人々の見解では，行動療法は，「体験的な」諸療法という分類ではなく，「行動主義」の分類に収められる。けれども，系統的脱感作，フラッディング，行動リハーサルなどの技法に触れてみて感じたことは，それらの技法は，恐れられ禁じられてきたものへの直接的な直面化や体験を促進するものだということであった。自分を悩ませているもの**について**話す代わりに，行動療法の患者は実際にそれに**エクスポーズ**される。

　不幸なことに，行動療法におけるこのより体験的な性質は，行動療法が**認知行動療法（CBT）**へと発展するにつれて後退した。時間と共に，認知に焦点づけられた CBT は，精神分析の実践をより深く体験的なものにするために私

が統合の努力を開始した当時の精神分析実践とまさに同様の問題をまとうようになった（Wachtel, 1977a）。CBT のセラピストたちは，かなりの程度，クライエントの考えの前提にある信念が「非合理的」であるとクライエントを説得するという，過度に知性化された努力に注力するようになった。そして，セラピストたちは，自分たちが定義する合理性に適合した考え方をするよう，クライエントを導くようになった。それゆえ，感情と行動への注目は，結果的にかなり低下した（Barlow, 2002; Burum & Goldfried, 2007; Samoilov & Goldfried, 2000; Wachtel, 2011a, 2011b; Whelton, 2004）。**合理主義的な**認知療法というレッテルで私や他の論者たちが批判している流れ（Arnkoff & Glass, 1992; Mahoney, 2003, 2004; Neimeyer & Mahoney, 1995; Wachtel, 2011a, 2011b）は，臨床的・理論的な進歩（認知その他の内的な媒介過程にほとんど注目してこなかった治療学派が，そうしたものを統合していく進歩）として出発したものであるが，その流れにおいては，かつての行動療法の特徴であったクライエントの全身による体験は後退し，乾いた理性的な説得がクライエントの力強い主観的体験への関与に取って替わるようになった。私は，その当時は表面的で臨床的に洗練されていないものと一般に見なされていた方法を取り入れることを推奨したために，精神分析家の同僚たちから孤立していた。そのため私は，指導的な立場の行動療法家たちがいずれも，私が職業的なキャリアの中で出会ってきた人々の中でも特に感受性の豊かな観察者であり，臨床的に反応性が高いセラピストであることを示すテープや逐語記録を同僚たちに見せることに熱心だった。しかしここに述べてきたような変化が加速するにつれ，CBT の発展のこの段階において私が目にしたビデオやデモンストレーションは，私を勇気づけるよりも，むしろ当惑させるものになっていった。数年前には私が多くを学んだ，その同じセラピストが，アーロン・ベック（Aaron Beck）とアルバート・エリス（Albert Ellis）の高度に合理主義的な見方の影響に支配され，不安の源に直接的に体験的に触れていくよう[注6]クライエントを助ける代わりに，恐れるのをやめるように，さらには感情を感じるのをやめるようにさえ，合理主義的にクライエントを説得するようになっていた。怒り，悲しみ，その他の人間の基本的な情動は「非合理的」だとラベルされた。そこでは，本質的にそれらの感情は間違ったものであり，不必要なものだというメッセージが伝えられていた。そうしたビデオを見て私は縮み上がった。そして，精神分析家の同僚たちにはこれらのビデオを見せない方がよさそうだと判断した。というのも，行動療法や認知行動療法についての彼らのステレオタイプは，これらのビデオ

第6章　抑圧，解離，自己受容　*123*

を見ることで修正されるよりも，むしろ強化されてしまいそうに思われたからである。

　幸いなことに，近年，認知行動療法の世界に2つの新しい流れが出現した。これら2つの流れはいずれも，（私が魅力を感じた初期の行動療法家の仕事からはかけ離れたものとなった）過度に合理主義的な流れに対して重要な挑戦を投げかけてきた。第一の流れはCBTの一種でありながら，クライエントに情動は非合理だと説得しようとしたり，クライエントの情動的体験の前提を間違ったものとみなして修正しようとしたりせず，むしろそうした情動的体験を**抱える**よう促し，いかなる変化を目指すにせよ，それらを変化への努力の重要な出発点と見なすものである。弁証法的行動療法（dialectical behavior therapy; DBT）とアクセプタンス＆コミットメント・セラピー（acceptance and commitment therapy; ACT）は，いずれも，効果的な臨床的取り組みにおける重要な最初のステップは，クライエントの体験を**受容する**ことであるという前提からスタートする。当然のことながら，これらのセラピーには，受容するという目標とは弁証法的な緊張関係にある，もう1つ別の目標もある。それは，クライエントが**変化する**よう助けること，それゆえ，暗黙の内に，少なくとも部分的に，クライエントの困難の定式化に**疑問を投げかけ**，それに挑戦することである。受容と変化促進の間のこの緊張は，精神分析的なセラピーにおいても非常に重要なものである（たとえば，Bromberg, 1993; Ghent, 1995; I.Z. Hoffman, 1998; Schchter, 2007 を参照）。これは，CBTのセラピストたちも，精神分析のセラピストたちも，よく認識していない，両者の共通点の一例である。

　私が懸念している過度に合理主義的なCBTに挑戦する，もう1つの重要なCBTの発展は，認知療法への**構成主義的な**アプローチへの関心の高まりである（Feixas & Botella, 2004p Guidano, 1987, 1991; Mahoney, 1995, 2003; Neimeyer, 2009; Neimeyer & Mahoney, 1995）。CBTのこの発展も，精神分析における近年の発展と大いに共通するものである。構成主義は精神分析における関係論的な視点の重要な特徴である。

　セラピーを単に知的なものではなく深く体験的なものにするという問題に戻ると，原則的に言えば，このことに反対する精神分析家はほとんどいないだろう。知的洞察と情動的洞察の区別は精神分析的な思索において中心的なものである。しかし抽象的なレベルではこの考えに敬意を払いながらも，分析家は単に知的な洞察ではなく情動的な洞察をどのように**もたらす**のかについては明確

な指針を持っていないことが多かった。実際には（理論的にも手続き的にも）その努力を妨げるような前提に基づいて作業してきた[注7]。半世紀以上も前に，フランツ・アレクサンダー（Franz Alexander）は精神分析的コミュニティに洞察は変化の主な動力源であるよりも，むしろ変化の**後**に生じることが多いと示唆した。また彼は，新たな記憶は変化の単一の源であるよりも，患者の現在の生活パターンが（**多様な**セラピーの過程や方法によって）変化した**結果**として浮上してくることが多いと示唆した（Fonagy, 1999 も参照のこと）。アレクサンダーが示唆していることこそ，本章の最初に私が論じた患者に起こっていたことであると私は思う。彼女の中には**潜在的には**常に利用可能な一連の記憶があったのだが，それらの記憶が実際に心に思い浮かぶには，他の治療作業がそれらの記憶に対する恐れを低下させることが必要だったのだ。彼女が早期の体験にまつわる困難を克服するのを助ける上で，彼女が自分の症状が早期の体験に根ざしていることを**認識する**こと以上に，こうした記憶が結びついている**感情**を徐々に受容していくことこそが重要だったのである。

統合的に「内的世界」にアプローチする

　患者の不安の源は，たとえ自らの考え，願望，情動への恐れであっても，単に過去のものではないということを認識しておくこともまた決定的に重要である。本書のさまざまなところで論じられているように，患者の生活様式と，精神分析的な議論において，通常，患者の内的世界として論じられている情動的要請や自己や他者の表象との間の関係を詳細に分析すると，内的世界は生活の他の領域から切り離されて密封されているわけではないということが分かる。内的世界は，それ自体は影響を受けないままで他のものに影響を与えるものではないし，何かの結果とはならずに何かの原因にはなるようなものでもなく，**相互に**影響を与え合う強力なウェブの一部分であって，その人の生活様式を原因とする**産物**でもある。こうした理解に基づけば，ほぼ不可避的に，心理療法への多焦点的で統合的なアプローチが重要であるという結論がもたらされる。

　心理療法を効果的に適切に概念化し遂行するためには幅広い過程と視点が必要となる。すでに私はエクスポージャーの重要性に言及した。しかし変化の源泉は多元的であり，しばしば相互的であるということを理解しておくことが重要である。たとえば，他者に対する新しい行動の仕方を学ぶことは，単に顕在的あるいは「表面的な」生活パターンを変化させる方法として重要であるにと

第 6 章　抑圧，解離，自己受容　*125*

どまらず，知覚，認知，体験の感情的構築といった**内的な**パターンを変化させる方法としても重要なものである。顕在的な相互作用パターンの変化がもたらすこうした結果は，新しい行動様式とそれに伴う新しい情動的信号が他者からのフィードバックを変化させることによって得られる。そうした他者からのフィードバックは，内的世界を維持する（あるいは変化させる）上で重要な役割を果たしているのである。

　同様に，患者が，それまでは締め出され否認されてきた感情体験に接触し，それらと馴染むようになるにつれ，こうした体験の新しい表現方法，調整方法，統合方法の学習はより容易になる。しばしば，こうした感情と関連して患者が経験している危険の少なくとも一部は，こうした感情に対する早期の不安から，そしてその結果としてのこうした感情の体験の回避から生じた現実の欠損や剥奪の結果である。社会的に適切で，情動的に満足で，より大きな人生の目標と調和した感情表現の仕方を学習することは，実際のところ，生涯を通して続く課題である。発達の過程で，われわれは数え切れないほどの練習を通して，それぞれの発達水準にふさわしい仕方で感情を人生に統合する方法を学ぶ。しかしながら，こうした感情を恐れるようになると，それらを表現したり抱えておいたりするスキルを磨く機会が奪われてしまう。そして皮肉なことに，そのとき，われわれはそれらを恐れる理由をさらに増やしてしまう。このことは，回避が回避すべき理由を創り出し，それゆえもっと回避しなくてはいけなくなるという自己永続的サイクルを創り出す。（こうした用語で概念化されていようといまいと）幅広いヴァリエーションの治療的介入が，多様な仕方でこのサイクルを打ち砕き，われわれの患者が，生まれながらに与えられている感情の能力を回復し，感情を調節し，表現し，生きる能力を取り戻す（ある意味では初めて得る）のを助ける。

　言い換えれば，治療的変化にとって重要なのは，単に感情や願望を意識化することではなく，患者がこうした自己の側面を**受容**できるよう助けることである。長年の間，ときにはまったくあからさまに，ときにはセラピストの側には明確な意図のないままに，精神分析的に導かれたセラピーの目標は，患者に無意識の内容を直面化することによって，患者が秘かに抱いている時代錯誤の傾向を**放棄**できるように（それらが無意識的であった場合とは異なり，丸ごと放棄するのではなく，より焦点づけられた仕方で放棄できるように）することだとされていた。アロン（Aron, 1991）はこう述べている。

126　第1部　心理療法，人格力動，間主観性の世界

　　自我心理学的な理解においては，精神分析の治療目標は欲動の制御と欲動か
らの自律性の達成にある。そしてそれは放棄と喪失を強調する徹底操作の過程
をもたらす。そこでは，患者は子ども時代の願望を充足させるという望みを自
ら進んで放棄しなければならない。このような概念化は徹底操作を喪の過程と
同等のものと見なす記述によく表れている。実際，徹底操作の過程は喪の過程
と比較されてきた。…徹底操作においては，喪の過程においてと同様に，個人は，
痛々しくも，リビドー放出の好みの道筋を放棄し，喪失の現実とそれに伴う欲
求挫折を受け容れていかなければならない。……幼児的欲動に対する自我の制
御を確立すること，そして幼児的欲動を放棄することによって幼児的な努力を
乗り越えることへの焦点づけは，「成熟の道徳」の濫用となりやすい。患者は分
析家から「大人になるよう」求められていると感じやすい。患者は分析家が審
判的であって，患者が子どものように振る舞うのをやめて，大人らしく振る舞
うようになるのを待っていると感じがちである（Aron, 1991, pp.90-91）。

　そうした治療方針の背後にある諸前提は，セラピストの患者理解のあり方や
患者への話し方を，知らず知らずのうちに**非難的**なものに，そして非治療的な
ものにしてしまう（この点に関しては，たとえば，Apfelbaum, 1980; Schechter,
2007; Wachtel, 2011a; Wile, 1984, 1985 を参照）。シェクター（Schechter, 2007）
は「この領域は変化しつつあるものの，精神分析的な文化には，はっきりした
支持や妥当性の承認は，おそらく必要とされる場合もあるにせよ，精神内界的
な葛藤の分析には含まれないという感覚の名残がなお存在している」と指摘し
ている（p.107）。またシェクターは，よい解釈とは，実際，患者を承認したり，
患者の妥当性を認めたりする性質を帯びたものであって，解釈の効果のかなり
の部分はそのことによって説明できる，とも指摘している。彼はまた，精神分
析の過程における真に治療的な要素についてのこうした概念化は，支持的・承
認的になりすぎることを控えようとする分析家の傾向に挑戦するものであるけ
れども，実際のところ，こうした概念化は，ストレイチィ（Strachey），ローヴァ
ルト（Loewald），コフート（Kohut），クリス（Kris）など，卓越した幅広い
精神分析的な著述家たちの主張と軌を一にしたものであると述べている。その
最も力強い表現は，関係的な視点の臨床観に見出される。そこでは，治療関係
の性質が，治療的変化における主要な要因として，いっそう強く強調されてい
る。こうした見方は，治療的変化の起源についての系統的な調査からも，かな
りの支持を得ている（Blatt & Zuroff, 2005; Norcross, 2002, 2010）。

心理療法への精神分析的アプローチは，洞察（つまり，無意識の意識化）から**新しい関係体験**へとますます推移し始めている（この発展についての秀逸な要約と議論はK.A. Frank, 1999を参照のこと）。この流れは，ある意味では，フェレンツィ（Ferenczi, 1926），そしてアレクサンダーとフレンチ（Alexander & French, 1946）といった早期の分析家の革新的な仕事に起源を持つものである。その後，彼らの仕事は，コフート（たとえばKohut, 1977）や，ワイスとサンプソン（Weiss & Sampson, 1986）などの著作において，さまざまな仕方でさらに発展させられてきた。とりわけここでの議論と関連深いのは，ストロロウ，ブランドシャフト，アトウッド（Stolorow, Brandchaft, & Atwood, 1987）による重要な論考である。彼らは，洞察と，理解的な他者との新しい共感的な関係体験とは，実際には二者択一的な概念化ではないと論じている。セラピストが，これまで排除されてきた体験の側面についての正確な理解を伝えることを通して，理解されたという実感が生まれるのである。

洞察と無意識の意識化の役割は？

それでは，治療的変化の全体像における，意識，気づき，洞察の位置づけはどうなるのだろうか？　ここでの私のコメントは，決して意識や洞察が重要ではないと主張するものではないということを明確にしておきたい。明らかに，患者の最も真実の心からの意図を正確に理解することは，それ自体で非常に重要な目標である。またそれは，倫理的に適切で，持続的な変化のために役立つ治療方略を立てるための前提条件でもある。たとえば，患者もセラピストも患者の不安を引き起こしている中心的な刺激を理解していないとしたら，どうやって不安喚起刺激へのエクスポージャーを促進できるだろう？　しかし私は，精神分析家はしばしば洞察の役割を過大評価してきたと主張したい。精神分析家は，治療的変化をもたらす要因に関して，エビデンスによって裏付けられる以上に，洞察に重きを置いてきたと思う。そして，そうする過程において，精神分析家は，潜在的に価値がある幅広い変化促進要因を排除したり，周辺に追いやったりしてきた（Wachtel, 1997）。

言い換えると，精神分析家は，洞察と解釈を高級な治療要因と見なし，治療的変化の他の要因を格下の治療要因と見なすような階層的な見方に立つことによって，過度に狭い範囲の治療努力に注力するようになってしまった。また，価値のある治療的働きかけについての精神分析家の発想は貧困化してしまっ

た。その結果，精神分析家は，**洞察を最も効果的にもたらすことにさえ**失敗している。患者の不安と回避を低下させ，不安がもたらす回避によって抑えられてきた行動的・情動的な能力を患者が再び発達させられるよう助けるセラピーによって，洞察は促進される。そうしたセラピーの目標は，より十全な自己受容を通して，より強い自己を促進することにある。自己受容とは，単に**意識**を拡張することではなく，意識化されたものを抱え，改訂し，**承認する**能力を拡張することを意味している（Schechter, 2007 を参照）。

　意識と無意識の伝統的な精神分析的区別を未構成の体験という概念の下で再概念化することによって，自己受容の促進という目標を，洞察の追究や尊重とうまく結びつけることができる。未構成の体験というのは，スターン（D.B. Stern, 1997）によって提示された精緻な概念である。抑制され，声にされてこなかった感情，願望，不安に対して，より分化し洗練された声を与えていく過程を理解する上で，未構成の体験という概念化は，意識と無意識の区別に取って替わる，現象学的により的確な選択肢となる。未構成の体験は，明確に形成された後に埋もれたり隠されたり無意識化されたりしたものではなく，そもそも明確に形成されること自体を**妨げられて**きたものである。不安，罪悪感，恥とこうした感情が刺激しうる防衛努力の結果は，問題のある傾向が一種の忘却状態にとどめられるということにあり，その状態の中では問題のある傾向は体験されると同時に体験されないのである。つまり，それは曖昧で言葉にしがたいものとしては体験されるが，**後に**そう見えるようになるものとしては体験されないのである。分析過程あるいは治療過程において最終的に現れてくるのは，「最初からそこにあったもの」ではなく，**潜在的には**確かにそこにあったけれども，そこにあることが**許されてこなかった**ものである。つまり，出現してくるのは，何か新しいものであり，ずっとその人がそうであった人物に根ざしたものでありながら，同時にまたその人が**なっていこうとしている**人物の前兆でもあるようなものである。

　したがって，無意識の意識化は，覆いを取ったり掘り起こしたりする過程というよりも，**生じることを許す**過程なのである。防衛されているものが記憶である場合，本章の最初に論じられたような，外見上のパラドックスに出会う。つまり，気づきから強制的に排除されてきたように見える記憶が，（的を射た質問さえされれば）容易に意識化されうるものでもあるというパラドックスである。防衛が成し遂げるものは，的を射たその質問がなされないようにすることである。防衛されているものが感情や願望である場合，排除のされ方はより

完全で深刻である。防衛されているのが記憶である場合，的を射た質問は「そうです，そうだったんです」という答えを引き出す。けれども，防衛されているのが感情や願望である場合，最も波長の合った質問でさえ，「そうです，私はそうしたいんです」とか「そうです，私はそう感じています」という体験を引き出すとは限らない。患者はそんなふうに体験を認めたり許容したりできないままに留まることが多い。

　精神分析的な概念化の基礎にある複雑な現象をより詳細に見ていくなら，記憶の領域においてさえ，「的を射た質問」によってさえ引き出されない部分もあるということに気づかされるだろう。記憶の事実の側面はある程度まで引き出されるだろうが，現代の記憶研究は，こうした記憶でさえ事実の通りではないということを明らかにしている。今やわれわれは，出来事や体験の記憶は，保管庫からファイルを取り出すようなものではなく，引き出されるたびにいくぶん新しく（いくぶん違って）**構築**されるものであるということを知っている。出現するものの正確な性質は，そしてその語りの正確な具体的詳細や順序は，その人の心理状態やその時点で強まっている情動的なニードを含め，数多くの文脈的要因によって変容される。語られた出来事に反映されている感情や意図に関しては，記憶過程は，自己概念や他者概念を維持する必要性によってずっと容易に影響される。

　フロイトは，精神分析を基本的に発見の過程として概念化した。それによって，精神分析においては，セラピーと調査という2つの目的が同時に成立するものとされた。こうした探索の強調は，心理力動についての決定的に重要な新しい理解をもたらした。しかしまたこれは，発見された力動への**介入**の可能性についての分析家の想像力を制限した。無意識の意識化は，1つの重要な目標であり続け，また包括的な治療努力の手段であり続けている。しかしその目標と手段は，より大きな臨床的・理論的文脈において理解され追求される必要がある。たとえ有益なことでも多くを求めすぎると，より正確には，それだけに限って追い求めると，反生産的な結果を招くことになってしまう。治療的変化を推進する**他**の有益な要因を考慮することなく，もっぱら洞察だけを追い求めるなら，他の治療的要因が締め出されてしまう。そうなると，かつて他の文脈で述べたように（Wachtel, 1997），洗練された絶望がもたらされることになる。

注

注1) 本章は，2002年5月4日にサンフランシスコで開催された心理療法の統合を探究する学会（Society

130 第 1 部　心理療法，人格力動，間主観性の世界

for the Exploration of Psychotherapy Integration) の第 18 回大会におけるシンポジウム「無意識の過程：21 世紀の視点から」での発表原稿に基づいている。

注 2）　最近では，「客観的」で「科学的」な立場という外見を装っているのはある種の認知療法家である。そして，私がここに報告しているエピソードから今日に至るまでの年月において，精神分析家の多くが分析家と患者の間の関係と感情的関与が治療過程の決定的に重要な部分であることを見出してきたように，多くの認知療法家や認知行動療法家たちが，治療的出会いの人間的な側面の重要性を認識し始めている（たとえば，Gilbert & Leahy, 2007; Hayes, Follette, & Linehan, 2004; Leahy, 2008 を参照のこと）。

注 3）　禁じられてきた思考や感情の回想が，信仰心を打ち砕くとは限らない。自分が罪人であるという強い感覚は，宗教的体験を低下させるよりも，むしろ高めるかもしれない。しかし多くの場合，人は，教会という場では，日常生活における選択や体験とはかなり対照的な自己イメージに焦点づけ，コミットしようとするものである。

注 4）　ある面では，フロイトは常にこのことを知っていた。彼は，たとえば 1915 年に書かれた「抑圧」という論文で，「抑圧の動機と目的は不快の回避に他ならない」と述べている（全集版では，おそらくより適切に「痛みの回避」と訳されている）(p.153)。しかしながら同じ論文（しかも同じページ）で，彼はまた，抑圧された衝動は不安へと**転換される**という定式化を提示している。つまり，抑圧と不安はしばしば同じ文脈で一緒に見られるという観察を，抑圧された衝動は不安として放出されるという放出現象を反映するものと解釈したのである。1926 年の再定式化では，不安と抑圧が一緒に見られるのは，抑圧が**失敗**した結果として解釈された。つまり，それは抑圧が不完全ないし不十分であったために，不安が起きるのを予防できなかったことを示すものとして解釈された。

注 5）　近年，行動療法家や認知行動療法家もまた，（幾分焦点づけの仕方は違うものの）生理学的な喚起や，内的で主観的な体験と結びついた刺激と関連する不安の役割に注目し始めているということを，ここに記しておくことが重要である。たとえば，バーロウとアレンとチョートの論考を参照のこと (Barlow, Allen, & Choate, 2004)。

注 6）　本書の別のところで述べたように，行動療法家がエクスポージャーの対象として注目する刺激は，精神分析家が（エクスポージャーという概念化は伴わないものの）注目する刺激とは異なる傾向があった。しかし，不安を低下させる過程としてエクスポージャーが有効であることは，精神分析的なセラピーにおいても同様である。外的刺激へのエクスポージャーはほとんど常に無意識的な空想や傾向を喚起し，現実世界の文脈において不可避的に生じる特定の空想，感情，願望へのエクスポージャーを引き起こすものである。このことを考慮するなら，認知行動療法において生じているエクスポージャーと心理力動的なセラピーで生じているエクスポージャーとをはっきりと区別することにはあまり意味がないと考えるのが妥当であろう (Dollard & Miller, 1950; Wachtel, 1997, 2008, 2011a; Weitzman, 1967)。

注 7）　本書のさまざまなところで論じているように，精神分析的な思索における関係的な運動は，そしてとりわけその運動における新しい関係体験の治療的影響力の強調は，この点で重要な例外であった（幅広い関係論の思索家が異なる言葉を用いながら新しい関係体験という考えを強調している。これについては Wachtel, 2008 を参照）。しかしここで次の 2 点について認識しておくこともまた重要である。(a) 精神分析的実践をより深く体験的なものに改訂していく探究は，何も関係論の寄与だけによって推し進められてきたわけではない。(b) 関係的な理論と実践は，その母胎となったより古い制約的な思考モデルを，多くの点でいまだ十分に乗り越えていない (Wachtel, 2008)。

第7章

積極的介入，精神構造，転移の分析

　本書で述べられている循環的心理力動論の視点が，精神分析的な思考の基本的な前提の再検討のみならず，治療実践の再検討をも求めるものであることは，読者にとってすでに明らかであろう。前者，すなわち循環的心理力動論のより理論的な側面に関しては，より一般的に関係理論と呼ばれている流れと，かなりの程度，重なっている。第1章において述べたように，循環的心理力動論と関係理論は長年にわたって別々に発展してきたが，やがてそれらは非常に多くを共有していることが明らかになってきた。それゆえ循環的心理力動論は，関係理論の1つのバージョンとみなすことが理に適っていると考えられるようになってきた[注1]。

　しかしながら，理論から離れて臨床実践の方に目を向けると，循環的心理力動論の視点と他の関係論的アプローチの視点との間の重なりはより小さくなる。確かに，循環的心理力動論の視点に基づく治療実践と，より一般的な関係論的視点に基づく治療実践の間には，多くの重なりがある。他の関係論者の治療実践においてもそうであるのと同様に，私の治療実践においても，主観性と間主観性を吟味する作業がかなり含まれている。無意識的で未構成の経験の検討。葛藤と解離の検討。人生早期の人間関係や愛されかつ恐れられた対象の影響の検討。これらすべてが，そしてさらに多くが，循環的心理力動論の視点においても，より広い意味での関係論的な視点においても，共通して重視されている。また，こうした現象や体験に構成主義的で間主観な視点を適用することも，共通して重視されている。つまり，循環的心理力動論の視点においても，より広い意味での関係論的な視点においても，そうした現象や体験は，単に患者の“内部”にあるものとは見なされないし，患者の本質的な性質に対するセ

132 第1部 心理療法，人格力動，間主観性の世界

ラピストの“客観的な”洞察を反映したものとも見なされない。むしろ，患者の体験は，彼の過去やすでに構築された人格特徴を反映していると同時に，こうした人格特徴がセラピストという特定の人物の前で，両者によって共同構築された特定の双方向的な関係体験において，表現され変容される様子をも反映しているものとして理解される。

　とはいえ，循環的心理力動論と，より幅広い関係論的な流れは，最終的には交わるようになったものの，長い年月にわたって別々に発展してきた。このことを反映して，何が治療的変化をもたらす中核的要素なのかについての見解や，どこまでが精神分析でどこからは精神分析ではないのかについての見解に関しては，両者の間でかなりの相違がある。循環的心理力動論と同様，関係理論もまた統合の努力によって生じてきたわけであるが，その統合は循環的心理力動論が追求した統合よりも狭い範囲の統合であった。精神分析における関係論的方向性と呼ばれるようになったものは，対人関係論と自己心理学と対象関係論の3つの理論における調和的要素を統合する努力に重きを置いていた。これに対して，循環的心理力動論を導く統合の目的はより広範囲のものである。それはもともとは精神分析と行動論的アプローチの統合を目指したものであった（Wachtel, 1977a 参照）。最終的には，それは，システム論的な視点と体験主義的な視点の統合をも含むようになった（E.F. Wachtel & Wachtel, 1986; Wachtel, 1997, 2011a, 2011b）。前章において私は，循環的心理力動論の視点が，いかにより包括的で統合的な治療アプローチを志向しているかを，より明確に論じようと試みた。この章ではその議論をさらに推し進め，他の治療学派に由来する積極的介入をも含んだ統合的な治療実践と，精神内界の構造や転移の現象への注目を強調する伝統的な精神分析との間の関連性について，特に詳しく検討したい。

　これらの異なった方法や関心がどのように統合されうるのかを考察するにあたり，同じ論点について検討しているケネス・フランク（Kenneth Frank）の論文を論じることから始めたい。というのも，フランクは，長年にわたって心理力動的アプローチと行動論的あるいは認知行動論的アプローチの統合を探求してきた最も重要な論者のひとりだからであり（たとえば，K.A. Frank, 1990, 1992, 1993, 2001），また私の著作に関する彼の議論が，私の見解について，そして私の見解がどのように誤解されうるかについて，さらに明確にする機会を提供してくれるからである。精神分析理論や治療実践についての私の見解をフランクが描き出す際に，彼はほとんどの点で的確であり非常に好意的で

あって，こうした点に関して私は彼に感謝している。しかし，フランク（Frank, 1993, p537）は，私の著作は"内的構造と精神内界の探究の役割を軽視しており"，"精神内界の定式化に最小限の評価しか与えていない"と述べている。このような捉え方が何を意味しているのかを検討することは，循環的心理力動論が心理構造をどのように考えているのか，またそれがどのように治療的介入や治療的変化の見通しの拡張と関係しているのかを明確化する有用な機会となるだろう。さらには，それは，より一般的にわれわれが精神内界や内的構造という言葉によって正確に何を意味しているのかをより詳細に検討する機会ともなるだろう。

　もし精神内界という言葉が日常の出来事の世界とまったく関係のないものとみなされる内的世界を意味するのであれば，私がそういった定式化に最小限の評価しか与えていないというのは正しい。しかしフランク自身が指摘しているように，精神内界のプロセスは現在進行中の他者との相互作用の一部として見る方がよりよく理解できること，また対人関係的なものと精神内界的なものとは，実はあれかこれかの二者択一的なものではなく，むしろ相互作用的な，あるいは弁証法的な1つのプロセスの2つの極であるということを，さまざまな志向性を持つ分析家がますます認識するようになっている（たとえば Aron, 1996; I.Z. Hoffman, 1998; Mitchell, 1988, 1993, 1997; そしてもちろん K.A. Frank, 1999 を参照）。精神内界のプロセスと構造がこのように理解されるなら，私が提唱しているアプローチが"精神内界の定式化に最小限の評価しか与えていない"などということはまったくない。そうではなく，むしろ対人関係的なものと精神内界的なものとの間の誤った二分法を超越していくために，それらの定式化をより正確に改訂しているのだ。

　フランクの議論に照らして考えてみると，私の仕事は決して内的構造を**軽んじるものではなく，内的構造とは何なのかを再概念化する**ことを中心的な目的の1つとするものであったように思われる。循環的心理力動論の記述は，心的構造を"人生初期の人間関係モデルによって形成され，パターン化される"（p.537）ものと理解するという点で，フランクが論じている他の関係論的アプローチと共通している。しかしながら循環的力動論は，そのパターンがのちの経験によってどのように維持されたり，修正されたりするのかを吟味することに重きをおく点で，他の多くの関係論的アプローチとは異なっている。初期経験がそれだけ決定的なものになるのは，それが後の経験に**二重**の影響を与えるからである。第一に，精神分析的な説明がしばしば強調しているように，初期

経験は後の経験を解釈し理解するためのスキーマ，あるいはテンプレートを作り出す。選別，変形，再組織化といった多様で複雑なプロセスを通して，以前の経験は，そしてそれらが生み出した期待やバイアスや恐れや願望は，新たな経験に意味を与える。われわれはファンタジーという産婆術を通してのみ現実と出会うことができるのだと言えるかもしれない。感情を帯びた対人的な出来事は本質的に曖昧なものであるから，経験を期待に沿うよう変化させるかなりの余地があるのだ。

しかし，過去が現在に影響を及ぼす方法にはもう1つある。それを適切に理解することは同じくらい重要であるにもかかわらず，精神分析においてはさほど注目されてこなかった。無意識的なファンタジーと期待の純粋に同化的な働きは，確かに強力なものであり，"この新しい出会いにおいても，これまでいつも体験してきたものをまた体験しています"と言わせてしまうまで体験を歪曲するほどのものである。けれども，日常生活の出来事を歪曲的に書き換えるそうした影響力には限界があるのも事実だ。もしそうでなければ，われわれは大人になるまで生き延びることなどできないだろうし，たとえ生き延びたとしても，精神分析の料金を支払えるほど効果的に機能することなどとてもできないだろう。

対人関係において実際に何が起きているのかについてのわれわれの見方は，曖昧で個性的なものである。またそれは，まったく恣意的なものでも，完全に自律的なものでもない。ギル（Gill, 1982, 1983），ホフマン（I.Z. Hoffman, 1983），アロン（Aron, 1991），ミッチェル（Mitchell, 1988）といった論者が議論してきたように，見たところもっとも個性的な転移反応であっても，患者と分析家の間で実際に起きた出来事に根ざしているものである。そして，生活の中で起きる他者との交流においても，同様のことが言える。もし人が関わっている他者が，その人の転移による期待とは異なったやり方でずっと反応し続けたとしたら，その人の期待は徐々に変化していくだろう（ここでは，転移という用語は，患者と分析家との関係を超えて，われわれの生活のすべての面にわたって，現在を，過去ないし心的構造の中にある過去の残滓の影響下で体験する幅広い傾向を指すものとして拡張的に用いられている）。過去は，こころの領域の強大な独裁者ではなく，むしろ（フロイトだけでなく，モンテスキューやマディソンにも敬意を表して）力の分割によって特徴付けられるシステムの中の1つの強力な圧力団体のようなものだ。他者の実際の性格や意図，そして相互交流が起こる社会的文脈もまた，影響力を持っている。国家の政治におい

て，業界の圧力団体が一片のパイを受け取ることで満足せざるをえないように，心の領域において，転移という圧力団体も，一片のパイを受け取って満足せざるをえない。そのパイは悪さをするには十分な量であるが，幸運なことに，絶対的な力を持つほどではない。

　しかしながら，企業関係者の影響力は，圧力のみによって行使されるわけではなく，広告や一般のメディアを通して何を欲しいと思うかについての大衆の認識に影響を及ぼすことでさらに増大する（その結果，反対勢力の幾分かが弱体化され，交渉の必要が少なくなる）のとちょうど同じように，心の領域においても，過去の影響力は対抗勢力の弱体化によって増大する。つまり，現在の現実が，過去が持つ転移の影響力に対して多少なりとも相殺する力を持っているなら，そして，期待されることと実際に起きることの間の持続的な相違が，そういった期待の強度を徐々に低下させていくなら，過去が現在において反復されることはなくなる。しかし，そうではなく，対立勢力が降参してしまい，期待を裏打ちしてしまうことがよくある。それは転移で盲目になっている当人の歪んだ目から見てそうであるというだけでなく，仮説上の客観的な観察者の目から見てもそうなのである（もちろん，客観的な観察者など実際には存在せず，空想上の概念である。しかし，空想上の概念も時に役に立つものだ）。

　第2章で論じた共犯者の概念をさらに明確にしながら別の言葉で言い換えると，考慮すべききわめて重要なことは，われわれの対人関係的な知覚は，物質的な対象に向けられているのではなく，生きて反応する存在，つまり**どのように知覚されているかに対して反応する**存在だということだ。もしわれわれが優しい，または好意的な微笑を嘲笑だと感じるなら，あるいは興味を示す表情を狡猾さや悪意の表現と感じるなら，われわれは**幻想の中だけでなく現実に**他者の態度を変化させ始めるだろう。おそらく最初は，対人的な出来事がかなり曖昧であるがゆえに，他者が嘲笑しているという知覚が可能になったのかもしれない。しかし，もし3回，4回，5回，あるいはそれ以上，好意的な仕草に対して悪意を知覚し続け，その相手に対する（あからさまな，あるいはさりげない）反応の仕方を通してその知覚を伝えるならば，それは重大な影響を与え始める。他者はそういった不信感（あからさまな敵意ではないにしても）に直面したとき，いつまでも優しい関心を向け続け，好意的であり続けるわけではないだろう。ほどなく，彼または彼女は，よそよそしく**感じ**始める。そして，そのことにより，悪意を知覚した人の疑念を"確証"してしまう。というのも，そのときその人は，とうとう"本性を現した"と理解されるからである（Wachtel,

136 第1部　心理療法，人格力動，間主観性の世界

1981)。このようにして予言は自己成就される。そして，転移は固定され，心にしっかり組み込まれているように見えるのである。

　別の表現をするなら，もしわれわれが，新しい経験が古い期待に同化される様子のみにしか注目しないなら，転移のプロセスと心の構造の真に力動的な性質を正しく評価することはできない。同じくらいきわめて重要なのは，現実そのものが調節される様子である。なぜなら，他者に対する最初の歪んだ知覚が，結果的に転移による期待のもっともらしさを維持するような行動を他者から引き出すような仕方で，他者に対して行動するよう導くからである。他者の参加がなければ，より正確に言えば，（そうした引力圏に一旦足を踏み入れてしまったら，参加**しない**ことは不可能だから）他者が違ったやり方で参加するならば，内的構造は徐々に変化するだろう。というのも，内的構造は，実際のところ対人的な環境から完全に自律したものではないからである。それは，他者から無自覚的な協力を引き出しているので，あたかも完全に自律して存在しているように見えているだけである。私が第2章で"すべての神経症には共犯者が必要だ"と述べたのは，こうした理由からである。不適応を起こしている期待は，他の誰かによって保証されなければ，最終的には変化することになるだろう。実際，うまくいった治療過程では，そういうことが起きているのだ[注2]。

積極的な介入と転移の分析

　どのような統合的アプローチであれ，それが精神分析的な視点に根ざしたものであるならば，積極的介入を行う場合，その転移上の意味を吟味し理解することが必要であるし，可能でもある，という教えが含まれている必要がある。精神分析の領域では，伝統的に，積極的介入は精神分析の作業に対する侵入的行為であり，必ず転移を曖昧にし，歪めてしまうと見なされてきた。しかし，K・A・フランク（Frank, 1993）は，そのような見方は，積極的介入の技法を誤解しているばかりか，より典型的な精神分析的実践や，より伝統的な形態の転移分析についても誤解した，間違ったものだという，説得力のある議論を展開している。私の理論とギルの理論に基づいてフランクはこう述べている。"セラピストのどんな反応も，それがたとえ沈黙であっても，患者の経験に影響を与えることから逃れることはできない。むしろ，セラピストのさまざまな反応は，転移－逆転移のパラダイムにおけるさまざまな側面を刺激するものである"（p.551）。

第7章　積極的介入，精神構造，転移の分析　*137*

このような観点からすれば，いわゆる積極的介入[注3]に対する患者の反応は，より伝統的なやり方で行われる分析の中で起きる出来事や経験と同様に分析可能である。いずれの場合でも，セラピストが理解しようと試みるのは，セラピストの行動が患者にどういう意味で受け取られたのかということである。確かに，このあと論じられる事例でフランクがルースにしたように，セラピストが患者に具体的な対処スキルを教えようとするとき，セラピストは“実際に”何かをしているのであって，そこで生じる患者の感情や空想は，彼の精神内界の傾向によって生み出された産物であるだけでなく，セラピストが実際にしたことによって生み出された産物でもあるだろう。しかしながら，セラピストが沈黙しているとき（つまり，セラピストが“実際に”沈黙しているとき）であっても，解釈を提供しているときであっても，その事情は同じである。そこで生じる患者の感情や空想は，やはり彼の精神内界の傾向によって生み出された産物であるだけでなく，セラピストが実際にしたことによって生み出された産物でもある。

伝統的には，沈黙は，そして解釈でさえ，本来的に曖昧であって，本質的に中立的な刺激と見なせるほど十分に非侵入的なものだと見なされてきた。つまり，セラピストからのその特定の入力が患者の反応に影響を与えることはなく，それらに対する患者の反応は，ただ純粋に患者の傾向が明らかにされたものだと考えられてきた。分析家はどこへともなく姿を消してしまい，そして患者の内的生活が“立ち現れてくる”あるいは“展開してくる”のである（Wachtel, 1982a）。しかしながら，実際のところ，セラピストが沈黙しようと，解釈を与えようと，あるいは対処スキルを教えようと，それに対する患者の反応は，その患者の（現在の心理的構造の中に残っている過去の経験やその残滓に基づく）個性的な捉え方の関数であるだけでなく，セラピストの実際の行為（沈黙もまた1つの行為である）の関数でもある。

たとえばセラピストが黙っているとき，患者はその沈黙を，拒絶，躊躇，厳格さ，敵対的な態度，丁寧な傾聴，熟慮，何を言っていいか分からないでいるサイン，有能な専門家であるサイン，などさまざまに体験する可能性がある。われわれは誰しも，患者がわれわれの沈黙に対してこのように幅広い意味を付与しうることをよく知っている。多くのセラピストにとって，そのような体験は，沈黙が中立的で曖昧なものだということを，そしてそれゆえ沈黙に対する患者の反応は分析可能だということを支持するものと見えるのだろう。沈黙は本来的にこれらのうちのいずれかであるというわけではないのだから，患者が

138 第1部 心理療法，人格力動，間主観性の世界

沈黙をどう体験するかは，患者についての何かを反映しているということになる。たとえセラピストが"現実に"沈黙したとしても，沈黙に対して与えられた意味は患者に由来することになる[注4]。

　しかし，セラピストが対処スキルを教える時には何が起きるのだろう？　本質的には，その過程は同じである。より"積極的な"介入も，沈黙や解釈と同じように曖昧である。セラピストは恩着せがましいのかもしれない。セラピストは温かく寛容で，それゆえ熱心に助けようとしているのかもしれない。彼女は伝統的な役割を遂行するための訓練を十分に受けていないために，小細工を弄さずにはいられないのかもしれない。セラピストは患者の痛みに共感しやすく，患者の要求をより踏み込んで理解することができるのかもしれない。セラピストは支配的なのかもしれない。セラピストは人間の感情を表面的に，機械的に理解しているのかもしれない。セラピストはオープンで柔軟で，患者の利益になる新しいアプローチを検討する用意があるのかもしれない。ここでもまた，患者がどのように受け取ることがありうるかを挙げていけば，そのリストには際限がない。そして積極的な介入に対する患者の反応もまた，確かにセラピストが"実際に"していることによって決定されている部分もあるけれども，対人関係上の出来事に対する患者の個性的な受け取り方によって決定される余地を十分に残したものでもある。

　以上からすると，フランクが行動志向的介入（action-oriented interventions）と呼んだもの（たとえばFrank, 1992, 1993, 2001）も，セラピストが自分のしたことが患者にどう受け取られたのかを探索することにコミットしている限り，より馴染み深い様式の分析的対話と同様に，転移の分析に基づくセラピーに容易に組み込むことができる。フランクが明確に指摘しているように，このような探究方法は，標準的な分析手順にとって必要であるのとまったく同様に，行動志向の技法の導入にとっても必要である。別の言い方をすれば，フランクが記述しているような介入は，単に外国製品の輸入のようなものではない。それは関係性の中で起きる出来事であり，患者にとっての意味を探求する作業は，その介入を有効に使う上で必要不可欠な部分である。フランクは，彼が提示している事例の中で，このことを（さらには，症状の改善だけを目指すのではなく，深く広範囲にわたる変化を目指す**すべての**分析的あるいは治療的な作業の複雑さを）うまく説明している。その事例では，患者のルースはパニック発作に対処するための認知行動療法的な方略をたくさん教えられている。しかしなお，そこで進行している治療的作業は，本質的に精神分析的な視点から取り組

まれたものであり続けている。

　ルースは彼女をみくびっている父親と，距離をとるか競争心を燃やすかを交互に繰り返す母親に対処するために，ある性格上の方略を身につけてきた。それは，ホーナイ（たとえば Horney, 1945）が「近づく神経症傾向（moving toward neurotic trend）」と呼んだものに似た生き方であった。彼女は，内心は憤慨しながら黙って従うという形で両親にも，また後に彼女の人生で出会う他の人々にも接近した。分析家に対しても同様であった。彼女がもっと積極的に主張したり社会で有能でありたいという望みを実際に表現したときには，それに続いて自分を傷つけるような行動が見られたり，憤慨しながら黙って服従する傾向が強化されたりした。生活のさまざまな側面で進歩していることを示す兆候があった時には，彼女はしばしばその進歩をけなし，無意味なことだと言い，抑うつ的になりつつあると述べた。彼女が行っていた努力は，たとえそれがうまくいっている場合でも，"あまりにも困難"で，"進歩と呼ぶには値しない"のであった。

　あるときフランクはこのパターンに反応して，進歩に対するこうした彼女の反応の仕方（一見したところそう見えるほどには物事はうまくいっていないのだと分析家に強く訴える）は，"母親と繋がる昔のやり方に基づいているのかもしれない"と示唆した。つまり，母親がルースの個人的成長を脅威と感じているかもしれないとき，ルースは失敗を強調することで母親を‘安心させている’のではないかと示唆した（p.566）。フランクによれば，ルースはフランクのこのコメントを思慮深く検討した。彼はこのパターンを抑うつ的失敗と名づけたのだが，そのように名前をつけることで，ルースは，抑うつ的失敗によって母親と繋がろうとする努力を少なくとも幾分かはやわらげることができたようだった。次のセッションに現れたとき，ルースは"用心深いやり方ながらも，彼女には珍しく自尊心を示し"，彼に"少し成長している"ように感じると告げたという（p.566）。彼女は，特に，リラクゼーションや呼吸法や対処のスキルを使ったことを報告した。これらは，彼女が授業中に起きる不安感に対処するため，そして授業中のディスカッションに満足な仕方で寄与するため（彼女は授業中のディスカッションがとても苦手だった），フランクが彼女に教えたものである。

　ルースは，自分の進歩はフランクによる認知－行動的介入に主として由来していると考えていた。フランクは彼女のこの見解に挑戦したり疑問を投げかけたりしなかった（彼はこうした方法がルースの役に立つだろうと考えたからこ

140 第1部 心理療法，人格力動，間主観性の世界

そ，これらの方法を導入したのである）。しかし精神分析的な視点から，彼は，これらの介入がルースにとって持ちうる意味に幅広く気づいておくことが重要であると考えていた。フランクは次のように書いている。

　　私は，とりわけ，ルースは侮辱的な父親に対して服従的な関係を持ちながらも父親を喜ばせたいという矛盾した願望を抱いていたということに注目しながら，行動志向的な技法を使用することが持ちうる転移上の意味を注意深く探索した。そして，"私が対処方法を少しばかり教えたことが，なにか侮辱されているとか，いじめられているとか，プレッシャーをかけられているとか，セラピストの方が優れているとかいうように，あなたに感じさせているのではないか"と伝えた。(Frank, 1993, p.569)

　セラピストがそう言ったとき，ルースは，そうした感情をまったく認めなかった。しかし，しばらく後に別の出来事を扱っていたとき，彼女はセラピストが教えた対処技術を使って不安をうまく調節できなかったことについて，落胆の気持ちを表現した。そして，セラピストを喜ばせることに失敗したので，彼が彼女を見限るのではないかという懸念を示した。そこでフランクは，これらの技術を紹介することが彼女にとってどんな意味を持っているのかについて，特に，フランクとの関係においても，父親との間で体験したのと同様の葛藤を孕んだ感情を体験しているのではないかという点について，もう一度ルースと話し合った。彼女は死に物狂いで父親を喜ばせたいと思っていたし，あからさまに服従的なやりかたで父親と関わっており，父親が望むような人物になろうと努力していた（その努力はうまくいっていなかったけれども）。同時に彼女は，父親に対する腹立たしい気持ちや反抗的な気持ちと格闘していた。彼女は，そうした感情を危険なものと感じており，それらは彼女が何とか作り上げてきた父親との間の安心感やつながりの感覚をすべて台無しにしてしまうのではないかと恐れていた。フランクはルースに対して，彼女がフランクから教わった対処技術を用いようと努力するとき，同様の感情や葛藤が掻き立てられているのではないかと問いかけた。そのようにして，フランクは，彼が紹介した認知 – 行動的技法は，ルースが家族環境の問題に対処しようと格闘する中で発展させてきた性格上の方略の持つ制約的な影響力から彼女が離脱するのを助ける上で有効な補助的方法であることを認めながらも，同時に，ルースとフランクの関係の文脈においては，それらは彼女にとって複雑で葛藤を孕んだ**意味**を持って

いることを彼女に示そうとしたのである。

　フランクは，ルースのセラピストに対する感情がいかに父親に対する感情を再現しているかをこのように詳しく調べたばかりか，母親との間の葛藤を孕んだ関係の性質をも探究していった。そして，認知−行動的な対処技法の導入がどのような転移的な意味を帯びているかを，母親との関係に関しても検討した。これまでに作り上げてきた関係の理解に基づいて，フランクはルースに対して「あなたは，自信を持って，よりはっきりと自分の有能性を表現するようになると，そういった状況でかつて母親がよくそうしたように，私もまた情緒的に離れていくのではないかと恐れているのではないだろうか」と示唆した。彼女の両親はいずれも，ルースが彼らの要求に十分に応えなかった時，非常に攻撃的になった。彼女はそれを恐く感じ，そうした攻撃に対する反応として，自分をけなしたり，子どもっぽく関わったりすることによって少しでも安心感を得ようとしたのだった。彼女の安心感や愛着の感情は“豊かな自己表出や達成の感覚と結びついた新たな自己の体験や，自分の努力が受けとめられ始めているという認識”(p.567) によって脅かされるように思われると，フランクは指摘した。

現状維持のためのサポート？

　現状擁護を望むセラピストであれば，ルースの事例を考察して，セラピストが非分析的な方法を用いて援助しようとしたことが逆効果であったことを示す兆候を見いだすこともできるだろう。たとえば，ルースはセラピーを受けている間にビジネススクールに入学の申し込みをしたが，そのことをセラピストには隠していた[注5]。彼女はセラピストの介入をあまりにも侵入的なものと感じたために，自分の努力を隠しておくことで何とかして自分だけの空間を作り出す必要があったのだろうか？　セラピーのまた別の時点で，いろいろなことがむしろうまくいっているように思われた時（言い換えると，セラピストの介入が成功しているように思われた時），ルースは，すでに克服したと思われていた深刻な症状を再発した。フランクは以下のように述べている。

　　うまくいっているという感覚があったので，次のセッションの冒頭で，1年以上見られなかった一連の症状が再び現れたことを知ってセラピストはショックを受けた。ルースは，待合室にあった一冊の雑誌を面接室に持ち込んだ。そ

142 第1部 心理療法，人格力動，間主観性の世界

して暴力に関する記事についてコメントする中で，"言うつもりはなかったのだけど，また自分を傷つけてしまったの"と言った。ルースには，時折，ヘアーブラシで繰り返し強く自分の顔を殴ることで自分自身を"傷つける"というエピソードがあった。時には擦り傷ができて出血するまでやめないことさえあった。この行動は青年期に始まり，首をつってロープにぶら下がって窒息死している自分を想像するという，自殺念慮を伴っていることもあった。その行動に関連した感情を明瞭にする中で，ルースは自分には価値がないと感じていることを主に語った。(p.567)

　その上，この症状についての彼女の最初の連想は，セラピストに関する夢であり，その夢の中で彼女は裏口からセラピストの家に入っていた。さらに彼女が連想したのは，セラピストは彼女がセッション中に自分自身を十分はっきり表現していないことに不満であって，彼女のことを"めちゃくちゃな人"と思っているに違いない，という考えだった。また彼女は，裏口から入ることは使用人のための出入口から入ることであり，"自分は正面玄関から入るのにはふさわしくない"と連想したのである。(p.568)

　見ようによっては，これら一連の出来事を次のように解釈することも容易にできるだろう。つまり，ルースにとっては，積極的介入の使用は，セラピストが彼女を見限ったこととして，あるいは彼女には分析治療に取り組む能力が十分に備わっていないと見なし，それゆえ治療目標を引き下げて手っ取り早く体裁を整え，普通に見えるような状態にした上で追い払おうとしたこととして体験されたと解釈することもできるだろう。ルースは，もし彼女が自己主張的になったり，自分を肯定的に感じたりすれば，両親から見捨てられるのではないかと恐れていた。それと同じように，セラピストからも見捨てられるのではないかと恐れていたのかもしれない。そのことを指し示す材料は，ルースの夢についての話し合いに出てきたし，セラピー全般にわたって目立っていた。こうしたことに注目すれば，次のような推論も容易に成立するだろう。すなわち，ルースは，セラピストが提供した援助に対して疑惑を含んだ複雑な感情を抱いていただろうという推論である。中でも特に重要なのは，ルースは，セラピストが対処技法を教えたのは，セラピストがルースのことを"めちゃくちゃな人"だと思っているからであり，あまり深くルースと関わりたくなかったからである，と感じていただろうという推論である。

　しかしながら，たとえそういった推論が成り立つとしても，それはけっして

フランクが記述したアプローチの価値を下げるものではない。そもそも，すぐ上に述べた種類の転移体験は（フランクが記述した）行動志向的な方法を取り入れたセラピーに限って見られるものではない。そういった転移反応はどのような精神分析的作業でもよく見られるものである。精神分析や精神分析的心理療法を受けている患者は，ルースが示したような種類の思考や感情や幻想を**かならず**抱くものである。患者は，今起きていることについて，セラピストの意図とは異なる意味を，あるいは患者についてのセラピストの理解には合致しないような意味を**かならず**付与するのである。そのような反応はたとえば，分析家の沈黙に対する患者の反応に現れるかもしれない。あるいは分析家の的を射た解釈に対する患者の反応（分析家は痛いほど私のことをお見通しなんだ）に現れるかもしれないし，分析家の的を射ていない解釈に対する患者の反応（分析家は私のことをまったく分かっていない。まるで私は理解不能な存在みたいだ）に現れるかもしれない。あるいは分析家の共感の表現に対する患者の反応（分析家は私がペットのコッカースパニエルみたいに哀れだから，私のことを心配してくれているんだ）にさえ，現れるかもしれない。そういった出来事は，決してそのセラピーが妥当ではないことを示す印でもなければ，セラピストが間違った方向に進んでいる印でもなく，むしろ精神分析的なセラピーの中核にある現象として一般に理解されている。

　また同じくらい重要なことだが，ルースの葛藤を孕んだ，あるいは否定的なトーンの転移反応は，転移反応に注意が向けられないままに行われるセラピーやセラピストが転移反応の扱い方を知らないセラピーでは，このようにセラピストが転移の扱い方を熟知しているセラピーとはまったく違った様相を見せたことであろう。フランクのケースでは，ルースの側のこうした反応は，分析過程そのものの中核部分となっている。積極的介入の領域に足を踏み入れる時，その入り口で分析過程や転移分析についての自らの理解を放棄するわけではないということこそ，彼の論文の最も重要なメッセージである。実際，フランクが指摘しているように，精神分析の訓練を受けた臨床家は，他の流派のセラピストが発展させてきた積極的介入を有効に使用する上で，もっとも有利な立場にあると言えるのかもしれない。フランクが述べているように，"包括的な人格の変容をもたらすために，行動変化の促進を精神分析の過程と結合させるような統合的な適用こそ，認知行動療法の技法のもっとも強力な使用法なのかもしれない。"（p.556）

144 第1部 心理療法，人格力動，間主観性の世界

積極的技法と標準的技法との間の間違った二分法

フランクの議論と，その議論の基礎の一部となっている循環的心理力動論の視点を十分に考慮するならば，解釈は，フランクによって記述された行動志向的方法と同じくらい積極的な介入であり，解釈を"中立的"なものだとする理解は適切ではないということが示唆される（Wachtel, 1987）。解釈は，分析家にとってより**馴染み深い**ものであるという点で異なっており，そのためにより快適に感じられるだけである。実際には，解釈と，フランクの論文が焦点づけている介入とは，かなり類似した心理的過程を促進するものであって，転移と転移解消の可能性に関して言えば，それらの間にはほとんど違いがない（Wachtel, 1997, 2011a）。

この点を十分に理解すれば，フランクの結論は不必要に保守的であると言えるだろう。彼の論文のいくつかの箇所で，フランクは行動志向的技法を使用するに当たっては，"思慮深く""慎重で"ある必要があると述べている。これらの技法を思慮なく，軽率に使用することを支持するつもりはまったくない。しかしこうしたフランクの言葉は，彼の議論全体の要旨とは調和しないバイアスを持ち込むものである。**思慮深く**という言葉は，フランクがその論文において用いている用い方では，そういった技法を使用する決断をする場合に，セラピストにはその正当性を示す責任があるということを暗に示唆している。しかしフランク自身が，セラピストは，患者の質問に答える理由を理解している必要があるのと同様に，患者の質問に答えない理由を理解している必要があると述べている（個人的会話）。そうであるならば，セラピストは，積極的介入技法を使用する理由を理解している必要があるのと同様に，積極的介入技法を使用しない理由を理解している必要がある。

フランクの議論全体の趣旨からすると，ひとたび，いわゆる行動志向的技法が精神分析的アプローチと共存可能であって，そうした技法に対する転移反応も分析可能であるという認識に立脚すれば，セラピストにとってはより広範囲の選択肢が利用可能となり，そこでは**それらの選択肢のすべてが**思慮深く，慎重に選択されなければならないと考える方が妥当である。われわれはこれらの技法を用いることの意味も，用いないことの意味も，（転移，逆転移，またそれ以外の観点から）慎重に検討しなければならない。人格の構造的変化を達成するために適応的行動がいかに重要であるかを正しく理解するなら，（より多くの選択をしなければならなくなり，多くの選択肢を考慮しなければならない

のだから）セラピストの考えるべきことはより複雑になってしまうだろうが，それに伴ってセラピストの治療力は増大することだろう。

　上に述べてきたことは，慎重さや思慮深さをそのように拡大して，明らさまに行動志向的な技法が優位なセラピーを推進しようということではない。精神分析的実践が伝統的に備えている，静かで内省的で傾聴的で共感的な態度には非常に重要な臨床的利点がある。それは，臨床的に健全な思慮深い選択を可能にする背景的な文脈なのである。私自身の経験では，私が最も積極的に行動志向的な技法を試していた時期でさえ，そういった技法がセラピーの主要な様式になることは滅多になかった。それらはむしろ，主として徹底操作の過程を活性化させ，より持続的かつ包括的なものにするための手段として用いられた（そして，フランクが唱道したアプローチにおいてそうであったように，それらの技法は患者にとっての意味や転移上の含意を常に考慮しながら取り組まれていたし，現在でもそうである）。

　しかしながら，そういった技法は，単に徹底操作の促進手段に留まるものではないということを，つまり伝統的な精神分析的セラピーによる探究活動のフォローアップに留まるものではないということを認識しておくことが重要である。それらは，多くの事例において，それ自体が探究のための有効な方法なのである。イメージ技法も，日常生活の現実の中で積極的な歩みを進めるよう励ますことも，患者を新たな体験や素材に接触させる。これらの方法は，決して，患者の葛藤を表面的に覆い隠すような方法ではない。むしろ，これらの方法は，しばしば探究のプロセスを深化させ，防衛されていた自己の部分に接近させる手段となるものである（たとえば第8章を参照）。いつも通りの分析をするのか，それとも患者の要求に応えてフランクが論じているような種類の介入をするのかの判断に際しては，積極的方法に備わっているこうした可能性もまた考慮すべきである。

　また，積極的な方法をより居心地良く使えるようになるにつれて，"通常の分析"と積極的技法を使用するセラピーとの間の明確な区別は消えていくものだということにも注意を喚起しておく必要があるだろう。ここで論じられているような仕方で構造的変化において適応的行動が果たす役割にアプローチすることがもたらす最も重要な影響は，通常の分析に対するわれわれの理解そのものが修正されていくことにある。患者の困難に対する純粋に精神分析的なアプローチの治療的可能性は，ただ静かに耳を傾けて解釈を提供することだけにあるわけではないと一旦正しく理解したなら，またさらに，これほど長きにわ

146 第1部 心理療法，人格力動，間主観性の世界

たって精神分析的な言説を支配してきた中立性という概念の論理上の難点を一旦正しく評価したなら（Aron, 1996; Gill, 1982, 1983; I.Z. Hoffman, 1998; Renik, 1996, 1999; Wachtel, 1987 を参照），適応的行動の次元を解釈の過程そのものに織り込むことが可能になる。あるいはより正確に言えば（フランクが明らかにしているように，適応的行動の次元は良質な精神分析の作業にはつねに潜在的に含まれているのであるから），この次元を統合し，より十全に活性化することが可能になる（Wachtel, 2008, 2011a）。

　私が初めて積極的介入を試してみたときには（Wachtel, 1977a），積極的介入は，（対人関係論的なテイストではあったが）おおむね標準的な分析的作業を背景にしながら，明確な輪郭をもって生じるものという形をとっていた。しかし私は，長年にわたって自分の臨床作業に積極的な方法や（恐怖喚起刺激へのエクスポージャーへの焦点づけに加えて）適応的行動への焦点づけを統合していくうちに，その統合はより継ぎ目のないもの，すなわち精神分析的であって同時に積極的でもあるような治療様式になってきたことに気づくようになった。このような治療様式は，ただ単に患者の最も深いところにある願望を探究し理解することを目的としているだけでなく，その願望に実現可能な形を与えるように援助することをも目指している。もはや私の治療様式は，ある時には分析的作業からはっきり区別されるような行動志向的介入に携わり，また別の時にはおおむね"標準的な"分析作業に携わるというようなものではなくなっていた。つまり，最初の頃よりもずっと十分に統合された仕方でセラピーに取り組むようになっていたのである。このとき，多様な糸は継ぎ目なく織り合わされ，セラピーという1つの織物を作り上げている。それでは次に，こうした継ぎ目のない包括的なセラピーの統合について考えてみよう。

注

注1）このことは，循環的心理力動論の視点と他のほとんどの関係論的視点との間に重要な理論的**違**いは存在しないと示唆するものではない。本書のこれまでの章には，それらの違いを反映し，描写している部分がある。ワクテル（2008）も参照のこと。

注2）もちろん，分析家がうっかり患者の期待を反証するのではなく確証してしまうようなパターンに陥ってしまうことは決してないと言っているわけではない。引き込まれてしまうのを完全に避けることは不可能である。もしそれを完全に避けることが分析家の目標になるなら，分析家は，巻き込まれていても気づかないでいるように動機づけられるだけだろう。重要なのはむしろ，関与と内省の適度なバランスである。それは，サリバン（Sullivan, 1953）が関与しながらの観察と呼んだものや，現代の著作家たちが治療同盟における亀裂の修復と呼んでいるもの（Safran & Muran, 2000; Muran & Proskurov, 2009），エナクトメントの分析と呼んでいるもの

（たとえば Aron, 2003; Bass, 2003; K.A. Frank, 2002; Maroda, 1998; D.B. Stern, 2004, 2004）と深く関係している。

注3）ここで私が「いわゆる積極的な介入」という言い方をしているのは，沈黙や解釈といった，伝統的な精神分析の実践によく見られる諸特徴もまた，実際にはフランクによって議論されている介入と同じくらい積極的な介入であるという（この後に論じられる）私の議論を反映したものである。それらはただ単に精神分析家には馴染みのものであるという理由で，精神分析家には積極的な介入とは認識されていないだけである。水の中の魚が，ことさらに水を認識しにくいのと同じである。

注4）しかしながら，実際には，沈黙に関してさえ，それに対する患者の反応は単に患者の傾向の関数というわけではない。沈黙には現実にさまざまな意味が含まれうる。たとえはっきりと認識されなかったとしても，患者はセラピストの沈黙に実際に備わっている多様な性質を拾い上げているのかもしれない。時には，沈黙は主として患者に対する憤りの表現であることがある。また時には，患者から批判されるだろうと予測されることを言うのをセラピストが本当に恐れていることもある。また時には，それは患者の能力への信頼の表現であることもある。循環的心理力動アプローチの基礎となる，本質的に構成主義的な認識論（I.Z. Hoffman, 1991 参照）は，沈黙の"唯一正しい"意味を絶対的な確信を持って断言することなど決してできないと示唆している。しかし構成主義はニヒリズムではない。構成主義は，さまざまな種類の沈黙に異なった質や異なった意図が備わっていることを否定するものではないし，対人関係の状況に備わったこうした現実の性質が，患者の自発的な傾向と同じくらい，患者の知覚に影響を与えることを否定するものでもない。

注5）当然のことながら，ビジネススクールに入学したという事実がケース報告に記載されているということは，彼女はのちにそのことをセラピストに語ったということである。

第8章

パンサーを取り入れる
——臨床的により継ぎ目のない治療実践の統合に向けて

　前章では，精神分析的な枠組みを他の学派に由来する要素と結びつける，統合的な治療方法の示唆するところを検討した。第1章で論じたように，循環的心理力動論は，統合に向けてセラピーの狙いや方法を再定式化するとともに，そのような統合の努力が単なる折衷を超えて一貫したものとなるよう理論を再構成することを目指したものである。

　この本のここまでの章においては，議論の大半は，伝統的な様式の精神分析理論には適合しない観察（精神分析の場面そのものから引き出されてきた観察，ならびに，他の学派に関連した調査や臨床経験から引き出された観察）を考慮に入れるとき，精神分析的定式化はどのように修正される必要があるかについて吟味してきた。この章では，統合的な実践の重要な要素に，より直接的に取り組もうと思う。

　心理療法の統合という考え方に触れたときに，学生がしばしば尋ねる質問の1つは“ある療法から他の療法にどのように移行するのですか？”というものである。彼らはそうした移行の仕組みが理解できず，ぎこちなさや不連続感を予想して心配しているのだ。彼らは，たとえば心理力動的な探索のモードから行動療法的な介入のモードへと（あるいはその逆へと），どうやってスムーズに移行することができるのかイメージできないのだ。しばしば彼らは次のような疑問を抱いている。

- セラピーのモードを切り替えるとき，患者にそれを伝えるのか？
- どのようにして前のモードに戻るのか？
- どんなときに特定の療法を使い，どんなときに別の特定の療法を使うと

判断するのか？

- 同じセッション内で複数のアプローチを使うのか，それともセッション間でアプローチを変えるのか？
- 一人のセラピストが複数の治療モードでセラピーを行うことが可能なのか，それとも患者は分析的なセラピーにはあるセラピスト，行動療法的なセラピーには別のセラピスト，というふうに二人のセラピストに会うべきなのか？

　これらはすべて重要な質問であり，実際のところ，統合的なやり方でのセラピーに取り組んできたわれわれにとってさえ，これらの質問に対する答えはかならずしもまだ明確ではなく，多くの場合，正確なガイドラインはいまだに得られていない。しかしながら，このような質問に伴う問題の1つは，これらの質問は，実際のところ，統合的な思考様式から発せられたものではないということだ。それらはむしろ，**折衷的な**立場を反映したものである。折衷的な立場というのは，もっぱら単一の学派に依拠しているセラピストであれば考えないような（しばしば創造的な）仕方で，異なる学派に由来するセラピーの要素やアプローチを明確な輪郭をもったままで用いる立場を意味している。ただし，そこではそれらの要素はそれぞれ独立しており，本当の意味で融合，あるいは総合されてはいない。それらはセラピーというパズルを構成する独立した"ピース"なのである。だからこそ，いつ，1つの要素を用い，いつ他の要素を用いるのか，ある要素から他の要素へいつ"切り替える"のか，といった疑問が自然に湧いてくることになるのである。実際，このように考えてみると，前述の疑問に答えようと最大限に努力した人には，つまり"切り替え"や"選択"の基準をもっとも正確かつ有効な形で詳細に説明した人には，学派を超越しようとする努力における統合的な流れよりも折衷的な流れに属するセラピストが多いというのも当然だと言えるだろう（たとえばBeitman, 1987; Frances, Clarkin, &Perry, 1984; Norcross, 1986a, 1986b; Prochaska, 1984）。

　だからと言って，折衷的ではなく統合的であると自認しているわれわれが，これまでに述べてきた統合をより十分に達成してきたわけではない。さまざまな学派に伴う習慣や境界を弱めることは難しく，統合的な実践をしている臨床家の多くにとって，統合は継続的で日常的な現実というよりも，なお目標にとどまっている。統合を熱望しつつ折衷を実践しているというのが，統合的治療者がたいていの場合に行っていることの正確な表現であろう。しかしながら，

時には真の統合により近いことが達成される場合がある。そうした場合について検討することには価値がある。なぜなら，そうした事態は，どのようにして統合がより完全な形で達成されるのかについての手がかりを与えてくれるからである。

　以下の臨床例がこの目的に寄与し，もともと独立していた要素を一貫性のある継ぎ目のない1枚の織物へと織り合わせるような，より十分に統合的なアプローチの発展を指し示すものとなることを願っている。

融合と脱融合——リリアンの事例

　ここで論じるために抜粋されたセッションが行われた時，患者（仮にリリアンと呼んでおく）との治療的作業は，彼女の社会的制止に焦点づけられていた。彼女は，顧客に電話をかけることに困難を抱えており，この困難を克服できるようイメージを用いたセラピーが行われていた。フラッディングという行動論的技法にしたがって，彼女は電話をかけているところを想像し，最悪の事態が起きている場面を想像するよう指示された。想像し始めたとき，予期しなかったことが生じた。電話での会話の結果についてのイメージではなく，母親と融合するイメージが自発的に現れてきたのである。彼女の母親は，常に極度に制止されており，とりわけ電話をかけることに多大な困難を抱いていた。イメージの中で彼女と彼女の母親が同じ空間を占めているとき，リリアンはまさに身体的に，また文字通りの意味で，自分が縮み上がっていると感じた。彼女はそれまでにも，母親が縮み上がっていると比喩的に描写したことがあった。そのイメージはまさにそれを具象化した表現であった。

　私は彼女にこのイメージに留まるよう頼み，この事態をもっと悪くすることができるかどうか，試してみてほしいと頼んだ。彼女は，"どうして縮み上がっているの？"と彼女に尋ねてくる人と関わっているところを想像した。そのとき，彼女の中から，母親から**脱融合**しているイメージが自発的に出てきた。彼女が脱融合すると，母親の方は縮こまり続け，一方，リリアンはどんどん大きくなり，ついにはきわめて大きく，強力になった。最初のうち，彼女はこのイメージを怖く感じたが，やがて愉快になり，わくわくするようになった。

　リリアンが報告したイメージは，非常に自発的な性質のものであった。彼女も私も，そのことに驚かされた（もっとも，そのことが生じた後では，すぐに，"当然のことだ！"と思われたが）。それは知性化されたものとも，意図的なも

のとも，セラピストを喜ばせようとしたものともまったく思われないものだった。しかしそれは，しばらく前からセラピーの中で行われていた解釈的作業において焦点となっていた重要な問題を，生き生きしたイメージで表現したものだった。このイメージを取り上げ"徹底操作"する作業においては，そのイメージが何を意味するのか，そしてリリアンの生育歴とどのように関係しているのかを話し合っただけでなく，自発的に生じたそのイメージをリリアンに何度も意図的に繰り返し想像してもらった。そのように繰り返しイメージすることで，彼女は，さらにそのイメージを探究し，母親と融合したいという切望と，母親から脱融合したいという切望とを統合させることができたのである。

　上に述べた治療作業は，どのように理解されるものだろうか？　明らかに，それは純粋な行動療法ではなく，単なる条件付けの問題ではない。また，それは精神分析でもない。さらに言えば，それは両方の要素を含んでいるものの，まず片方の要素が現れ，次にもう一方の要素が現れる，というような単純な寄せ集めでもない。ここでわれわれが目にしているのは，2つのアプローチの融合である。そこでは，どこからどこまでが行動療法の要素で，どこからどこまでが精神分析の要素なのかを指摘するのは非常に難しい。

パンサーを取り入れる——ジェームスの事例

　さてここで，また別の事例を見てみよう。この事例には本章のテーマであるセラピーの"創造的融合"が，より明確かつより完全な形で現れている。ジェームスは，彼の職業においてかなり優秀な人物であった。にもかかわらず，彼は資格試験にどうしても合格できなかった。そしてそのことに，彼自身，大変狼狽していた。彼の職業上の名声は確固たるものであり，試験の中で彼自身の仕事が触れられることさえあるほどであった。にもかかわらず，彼はこれまで5度にわたって試験に落ちていた。

　彼は自分のことを"テスト不安"の事例だと自己診断しており，初回のセッションでもそう述べた。しかし，すぐにそれ以上のものが関与していることが明らかになった。ジェームスは，ボストンの有力な家族で育ち，非常に要求がましく地位を気にする両親から，卓越していなければならないと教えられてきたし，そればかりか，努力することなく卓越しているように見せなければならないと教えられてきた。

　ジェームスは，こうしたことを最初から単刀直入に述べることができたわけ

ではなかった。最初のうち私は，担当セラピストとして私が相手にしているのは誰なのかを，婉曲な仕方ではあるもののしっかりと私に分からせようとする彼のさまざまな努力に強く印象付けられただけだった。彼は非常に熱心に，自分の職業上の名声や社会的地位を伝えようとしていた。彼にとって，患者という役割は，非常に居心地の悪いもののようであった。ジェームスが批判されたとかやり込められたと感じないような仕方でこの傾向を探究する方法を模索する中で（Wachtel, 2011a 参照），私は彼の両親は地位を非常に気にする人たちだったのだろうか，またそのことは彼にどんな影響を与えたのだろうか，と声に出して不思議がって見せた。すると彼は非常に安堵し，幾分かリラックスしたように見えた。彼は，「そう，彼らはそんな感じだったし，とても重苦しかった」と言った。

　ジェームスは，自分の考え方は両親のそれよりもずっとリベラルなものだという自覚を持っていた。そのことは彼のジレンマをより複雑なものにしていた。つまり自分はリベラルだと考えていたために，彼は自分が地位を気にしているということを率直に認めることができなかったし，そういった懸念が彼の人生においてどのような役割を果たしているかをきちんと評価することができなかったのである。というのも，彼はそういった地位への懸念を認めまいとして格闘しており，実際に否認していたからである。そこで私は，それらの地位への懸念を**彼の両親**の懸念として取り上げたのである。そうすることで，彼自身はそうした懸念を抱いていないという彼の見解を維持しながら（実際，地位を気にすることに対して嫌悪感を述べながら），彼がその懸念について語り始めることができるような状況を設定したのである。

　ジェームスが抱えている困難の重要な部分であると私には感じられたそうした態度を彼が探究していけるよう，さらに道を切り拓くために，私は次のように付け加えた。「そのような環境で成長したのなら，単純に自己防衛のために両親の見解をいくらかは取り入れずにはいられなかっただろうね」。地位と成功とが絶え間なく強調されているそうした環境においては，彼自身がそのことに注意を払わないでいることなど，苦痛すぎてできなかっただろう。このコメントは，ジェームスが，地位を気にする自らの傾向について考えるのを少しばかり容易にしたように思われた。おそらくは，このコメントが，彼がそのように感じたとしても，それは**彼のせいではない**ということを暗に伝えているからだろう。

　彼の中で否認されていた地位への懸念に，やさしく，徐々に直面させていく

このプロセスを通して，ジェームスは次のことを認め始めた。すなわち，彼は
試験を，本来，自分のような人間が煩わされる必要のないはずの"うっとおし
いもの"とみなしていた。そして，出願し，試験を受けるプロセスの非個人的
で官僚的な要素を屈辱だと感じていた。というのも，そのプロセスは，彼を他
の人々と同じように扱い，彼に"試練を与えようとする"ものだからである。
また彼は，自分はその試験を受ける他の誰よりも良い成績をとらなくてはなら
ず，しかも，他の人々がやっているような"見苦しい"試験勉強などせずにそ
うしなくてはならない，という内的な要請を感じており，そのため，恐れを感
じ，防衛的になっていることも認識した。このような葛藤の結果，彼は最初に
試験を受けた時には，十分に真剣に試験勉強をしていなかった。分析作業のこ
の段階において，彼はそのことを理解するようになった。彼は，試験勉強に熱
くならず，とてもクールに無頓着な態度でいなければならないという要請があ
る一方で，同時にまた，彼を当惑させ，侵入してくる不安（ただ単に合格する
だけではなく，目をみはるほど卓越した成績で合格しなければならず，**かつ**"涼
しい顔で"合格できなければならないという内的な要請によって駆り立てられ
た不安）に直面してもいた。そのため，彼は，効果的に準備するためにはどの
程度熱心に準備し，どの程度冷静であれば適切なのかを見出せなくなっていた。
言うまでもなく，どの程度準備するのが適当なのか，あるいは十分なのか，を
めぐるプレッシャーと葛藤は，何度も試験に落ちる中で，いっそう強まっていっ
た。どのくらい勉強する**必要がある**のか，また，どのくらい彼の内なる声が彼
に勉強することを"許容する"のかについて，ジェームスがある程度，明確に
なれるよう援助することが，この段階の分析においては重要な部分であった。

　この初期の洞察志向的な作業は，その後，用いられる行動論的介入のプログ
ラムを決定し，ある意味では変化させた。この後述べるように，私はジェーム
スがテスト不安を克服できるよう助けるために確かに系統的脱感作を用いたけ
れども，そこでは，その試験が象徴している試練に彼がよりしっかり準備する
ことにかなり集中した。もしこうした初期の洞察志向的な作業がなかったら，
それほどそのことに集中していなかっただろう。初期の作業によって，ジェー
ムスは，試験を軽蔑的に扱うよう仕向けていた，否認された感情や考えに気づ
くようになった。そのことによって，ジェームスは，今回はより真剣に試験に
立ち向かうことができるようになったのである。彼が理解し始めたのは，克服
されるべきは単なる不安の問題ではないということだった。その不安は，ある
意味では過剰であり，確かに彼の試験でのパフォーマンスを妨げていた。し

かし，完全に非現実的なものかというと，そうではない。すなわち，その不安は，ある面では，彼が試験に十分真剣に向き合っておらず，そのため適切な準備ができていない，という否認された知覚に基づくものだったのである[注1]。

　試験を軽蔑するようにさせていた内的なプレッシャーにかなり取り組み，どうすれば今度はもっと真剣に試験勉強ができるかを話し合った後，われわれは脱感作に取り組むことにした。最初，不安階層表を作るための主要な軸は，時間軸であった。想像するイメージは，試験のかなり前の時期の場面から始まり，次第に試験当日の場面へと（たとえば会場の入り口に到着する，机に向かって座るなど，実際に試験を受けている間に遭遇するであろうさまざまな体験に）近づいていった。

　これらの場面を時間軸に沿ってイメージする作業に取り組む中で，いくつかの特定の場面で，彼の苦痛の本質が明らかになった。たとえば，試験会場に入っていく場面を想像しているとき，彼は受験者の群れが互いに押し合っていることを意識し，自分が押されるときや身分証をチェックされるときに，強い**侮辱感**を体験した。この侮辱感は，試験に失敗することに対する心配以上に，こうしたイメージに伴う苦痛の主な源であった。われわれはこのことについて，彼が育ってくる過程で受け継いだものと関連づけて話し合った。そしてその結果，試験勉強の方法について，重要な話し合いができた。彼は，他の誰よりも一生懸命に勉強しようとする傾向と，他の誰よりも勉強しないでおこうとする傾向の，二重の傾向と格闘していたのである。われわれは，彼が，群衆のひとりにすぎない自分をあまり苦痛なく想像できるようになるまで，そのイメージに取り組んだ。それができるようになると，彼はどの程度試験勉強をすればよいのかについて，ずっと明確な感覚を持つことができるようになった。彼は"他のみんなと同じように"やればよいのだということがわかったのである。

　同様に，試験会場のドアに近づいていくところを想像したときの彼の反応も意味深いものだった。彼がそのイメージの中に自分を浸していくにつれて，もう1つの苦痛の源が明らかになった。それは，ドアのところにいる警備員を見ることだった。彼は同じ警備員が以前にも何度かそこにいたのを思い出した。そのとき，その警備員が彼を見て「この男はまた同じ試験を受けに来ているぞ」と気づくだろうという考えが浮かび，非常に不愉快になった。彼は，そのセッションの多くの時間を費やしてこのイメージに取り組んだ。そしてついにその不安を克服し，（繰り返しこの場面をイメージする中で，あるとき彼がそうしているのに気づいたように）警備員に気づかれないようにこそこそ忍び込もう

とする代わりに，勇気を出して彼に"おはよう"と声をかけているところをイメージすることができた。

　最も興味深い展開は，試験の前日に下見のために試験会場を訪れている場面をイメージしていたときに起きた。この一連のイメージ課題の目的は，当初，試験の会場に慣れることであった。彼は注意深く部屋を見回し，机や壁に触れ，照明の具合を体験する，といったようなことを求められた。そうすることで，試験状況で彼が体験しがちな不安のいくぶんかが低減されることが期待された。

　しかしながら，彼が想像を始めたとき，魅力的な一連の連想と，新しいイメージが現れた。最初，その部屋は死体置き場のようであり，何列もの机は戦場を埋め尽くす無数の墓のように思えるという連想が自発的に出てきた。そして彼は，無力感に圧倒されるのを感じた。私は彼に，自分が堅固でたくましく，戦う準備ができているように想像できないかと尋ねた。彼は私が言ったように想像した（私は，彼が私のこの言葉を，特に勃起を意味するものと受け取るのか，それとも一般的に身体がたくましく，戦う準備ができているという意味として受け取るのか，曖昧なままにしておいた）。彼は，ずっと気分が良くなり，強くなった気がすると言った。それから，巨大な剣を持っていて，龍と対決する用意ができているというイメージが自然に湧いてきた。われわれは，それまでに，この試験は闘う価値のある敵であって，真剣になる必要があるものではあるけれども克服できるものだと話し合ってきた。彼はここで自然に湧いてきたイメージを，そうした話し合いと関連づけた。彼はこのイメージに興奮した。私は，家でもそうしたイメージに取り組むよう提案したところ，彼はそれを熱狂的に受け入れた。

　次のセッションでも，われわれは，試験の前日に試験会場を訪れている場面を想像することから始めた。しばらくの間彼は，その部屋のさまざまな特徴を調べながら，自分が非常に落ち着いていて自信にあふれているのを感じていた。ところが突然，彼は何かが自分の背後にいるかのような不安に襲われた。私は彼に（想像の中で）振り返ってそこに何がいるのか見てほしいと頼んだ。彼は，大きなネコ科の動物，パンサーがいると報告した。ここで私は，ある種の解釈を行った。私は，「パンサーはあなた自身の力と攻撃性を表しているのでしょう。そしてそれは，あなたがそれを自分の外部に，あるいは視界の外に置いているときにだけ，あなたにとっての脅威となるのです」と述べた。そして彼に，パンサーを自分自身の中に取り戻すことができないかと尋ねた。そして，「あな

たが恐れているのは**自分自身の**力であり，　**自分自身の**中に渦巻く激しさなのです」と付け加えた。

　彼はパンサーが自分に取り込まれるところを想像した。すると，不安は弱まった。それから私は，きわめて憶測的ではあるものの，試験に関して困難をもたらしている力動について，ともに成し遂げてきた理解に基づいて，なぜ彼が，取り戻されるべき彼自身の一部を表すために特にパンサーを選んだのかについて，詳しく述べた。私は，パンサーはただ単に強くて決断力があるだけでなく，非常に慎重で獲物に対してこの上なく敬意を払う動物であることを指摘した。パンサーは，とても強い動物でありながら，獲物を軽く扱わないと私は示唆した。パンサーは，獲物になりうるものを発見した時でも，すぐに軽率に飛びかかったりなどしない。彼らは何時間も獲物をつけ回したり，腹ばいになって忍び寄ったりすることが，彼らの威厳にふさわしくない，とは考えない。パンサーは，狙った動物の習性を，その専門家となるまで熱心に研究する。その優れた狩りの技は，単に本能あるいは生まれもっての優れた技能というだけでなく，細やかな注意の結果でもあり，自然が彼らに課した克服すべき課題の難しさに対して敬意を払った結果でもある。その優雅な姿からは，彼らが努力していないかのように見えるが，それは決して無頓着なものではない。パンサーはきわめて真剣に取り組んでいるのだ。

　今，振り返ってみると，このコメントのどこまでが，このイメージ体験の背後にある意味を現実に私が共感的に理解したことの表れなのか，そして，どこまでが私の側から発した暗示なのか，私には区別できない。このコメントは解釈としても成り立つだろう。しかし私が，それらが実際にそのイメージの源泉であろうとなかろうと，彼が取り入れれば有益であろうと私が感じた態度に彼を方向づけるために，パンサーのイメージを利用したというのも確かである^{注2)}。

　重要なことは，私のコメントが**患者**にとって意味深いものであったということである。私のコメントがイメージの**起源**を正確に記述するものであろうとなかろうと，それらはそのイメージが生み出した意味のさざ波に共鳴するものであったし，ジェームスが創り出したイメージそれ自体の有用性を拡大し，強化するのを手助けした。テスト不安へのその後の取り組みにおいて，また意義深いことには，その後，他の種類の心配事への取り組みにおいても，ジェームスは，パンサーのイメージやそれに似たイメージを大いに活用した。ジェームスにはイメージという様式が合っていた。たとえば，リラクセーションを行う際には，彼は自分がくつろいで毛づくろいをしている大きな猫であると想像した。

このイメージは彼のリラクセーションを助けた。また，困難な課題に直面した時にも，彼は自分がパンサーと一体であると想像することで，過度に攻撃的になる必要がなくなり，必要なことはなんでもできると心から思えるようになった。彼は，時には，喉をごろごろいわせているところを想像しさえした。彼は，そうすることで "パンサーに自分がパンサーだということを思い出させているのだ" と言った。

彼はさまざまな仕方で自発的にパンサーのイメージを創造的に用いた。その中でも，後に脱感作法を行っていた時のエピソードは，私の心に残っている[注3]。それは，会場で机に向かって試験を受けている場面を想像していた時だった。彼の顔に素敵な笑顔が浮かんだのである。彼は，ちょうど今，答案を書いている鉛筆の先がパンサーの爪になっているイメージが出てきたのだと言った。そして，パンサーはしっかりと彼の内部に取り込まれており，繋がりが保たれているので，彼の指先から爪が出てきた時，その爪は試験の答案を書いている鋭く尖った鉛筆になったのだと述べた。

今回の試験では，彼の成績はすばらしかった。これまで彼は5度試験に失敗していたが，今回は単に合格しただけでなく，非常に良い成績を収めた。もちろん，いかなる種類のセラピーをも受けずとも合格していたかもしれないし，行動療法か精神分析的治療かのいずれかのみのよりオーソドックスなセラピーでも（あるいは他のどんなアプローチでも）同じ結果になったのかもしれない。もちろん，それは誰にも分からない。系統的な調査を待たなければ，こうした事例が提起する多くの疑問に確信をもって答えることはできない（しかも，その調査には粘り強さと方法論上の革新がなお必要である）。しかしこの事例は，統合が「この治療法からこれを，別の治療法からあれを」という仕方を越えて，異なる治療法に由来する要素のより十全な統合へと向かうとき，何が起こりうるのかをよく示している。ジェームスのような創造的な患者がもたらす可能性には，好奇心がかき立てられる。

統合的アプローチの発展

この章に記述されているような仕方でセラピーを行っていることに初めて気づいたとき，私はそのことを喜んだわけではなく，むしろ困惑した。というのも，私は，行動論的な諸方法を自分の治療実践に統合しようとそれまで深く関与してきたが，その関与を今や放棄しようとしているのだろうかと，自分自身，

158 第1部 心理療法，人格力動，間主観性の世界

いぶかしく思ったのである。なぜなら，（ますます増えてきた）こうした事例
においては，私は"行動療法"をまったくしていなかったからである。私は次
のような問いを自らに投げかけていた。私は，より伝統的な精神分析的治療の
実践に，つまり私がもともと訓練を受け，私の中にしっかり刷り込まれてきた
ように思える実践の仕方に逆戻りしているのだろうか？[注4]

　このように懸念した理由の1つは，行動論的方法を自分の臨床実践に取り入
れようと努力し始めた頃には，私はかなりオーソドックスな仕方で行動療法の
技法を使用していたからである（その技法を使用する状況はオーソドックスな
ものではなかったとしても）。つまり，私が行動療法の技法を用いているとき
の様子は，伝統的な行動療法のセラピストがそれらを使っているときの様子と
非常によく似ていたのである。

　しかしながら，私の臨床活動の行動論的な側面と，心理力動論的な側面とを
区別する境界線は，徐々にぼやけ始めた。私は，行動療法の技法を，心理力動
論的なテイストを付け加えて使うようになっていった。そればかりか，セラピー
の心理力動的な側面を遂行する際の私のスタイルも（解釈の仕方，理解したこ
との伝え方，また患者の話の聴き方さえ），行動論的な観点にますます熱中し
ていくことによって影響を受けるようになった。

　このような変化の一端は『精神分析と行動療法』（Wachtel, 1977）に紹介さ
れている。そこには，標準的な行動療法の手続きを使用した例も，心理力動論
的な方向づけを持ったセラピーにそれらを組み込むために修正しつつ利用した
例も，ともに挙げられている。私が本章で述べているのは，その統合のプロセ
スのその後の展開である。現在の私のセラピーの大半においては，どこが心理
力動論的で，どこが行動論的かを述べることは困難である。言ってみれば，私
の仕事はより継ぎ目のないものになりつつある。これは望ましい状況であるよ
うに私には思われる（時には混乱をもたらすかもしれないとしても）。

　おそらく，本章の始めに取り上げた問いが完全に解消されたり，まったく重
要性でなくなったりすることはありえないだろう。しかしながら，われわれが
真に統合的なアプローチに近づくにつれ，それらの問いは，それほど差し迫っ
たものでも，脅威を与えるようなものでもなくなり，それらに対する答えはよ
り明確な形を取るようになるだろう。このような発展を理論的に理解するべく
たゆまぬ努力を重ねることによって，また，統合的治療がもたらす新たな課題
を扱えるほど十分複雑な調査モデルを洗練させていくことによって，さらに
には，リリアンやジェームスのような患者が自発的に創造的に示す発想によって，

人々を援助するわれわれの能力はこれから本当に向上していくものと期待してよいのかもしれない。

注

注1) ここに，また異なった視点から，循環的心理力動論の視点の中核にある循環的なパターンを読み取ることができる。ジェームスの地位に関する不安と屈辱の感情は，彼に勉強を避けさせ，試験を軽視するよう導いた。そうなると，今度はこのことが，しっかり準備できていないという否認された認識が引き起こすさらなる不安を，そして，不安と準備不足の双方に由来する失敗をもたらした。次に，その失敗は，テスト不安と，地位にまつわる屈辱感や不安感を高める。そしてその結果，彼はもっと試験を避けるようになるとともに，失敗を補償するために尊大になろうとする要求が高まる。そしてそのことがまた失敗をもたらし，このパターンがさらに繰り返される可能性を高めるのである。

注2) ところで，大型のネコ科動物の行動に関する私の知識は，ほぼ，お気に入りのテレビ番組に由来するものである。この崇高なる生き物の**主観的体験**についての私の知識は，もちろん，悪意のない擬人化に基づくものである。実際，私の描写が鮮明なのは，前の晩に見た自然番組の影響である。しかし，その番組は大型のネコ科の**他**の種に関するものだったので，未だに私は，パンサーが本当に腹ばいになったまま何時間も過ごすのか，あるいはライオンやトラと同じように何時間も獲物を付け回すのかどうかさえ，確かな根拠を持って言うことができない（ターザンの映画を熱心に見ていた10歳児のときの記憶では，パンサーは，ほとんどの場合，木の枝から獲物に飛びかかって狩りをする）。

注3) ここに提示されたような魅力的なエピソードがあったにもかかわらず，われわれは"ごく普通の"脱感作に取り組み続けていた。そのことを明らかにしておくことが重要であろう。われわれは不安階層表の項目に1つずつ取り組んでいった。その過程では，実際，何度か頑固な不安に出くわした。それらのしつこい不安を乗り越えるためには，その場面を何度も繰り返し丁寧にイメージすることが必要であった。さらに言えば，こうした脱感作の作業は，現実にどのように試験準備をしているのかについての話し合いと歩調を揃えて進んだのである。その話し合いにおいても，われわれの友人であるパンサーは，時折，有益な貢献をしてくれた。

注4) もちろん，実際のところ，私は伝統的な意味での精神分析的治療を行っていたわけではなかった。しかしながら私はそのことにはそれほど困惑しなかった。というのも，私の思考は多くの点で依然として心理力動論の伝統にしっかりと根付いたままだったからである。また，より典型的な心理力動的心理療法を修正する必要性について明確に考え抜いていたからでもある。（Wachtel, 1997）

第9章

抵抗について考える
――感情，認知，修正情動体験

　抵抗は，心理療法の分野全体の中でも最も問題を孕み，また非生産的となる
危険性を孕んだ概念の1つである。また同時に，それは，セラピーの成否を決
定する上でおそらく最も重要な要因（より正確には一連の諸要因）を指し示す
ものでもある。これら2つの陳述は，一見すると矛盾しているように見えるか
もしれない。しかしこれから詳しく論じるように，その矛盾は現実のものでは
なく，見かけ上のものである。

　事実上，あらゆる学派のセラピストたちが，抵抗という一般的概念に包摂さ
れるものと容易に認識されうる現象を報告している（Wachtel, 1982b を参照）。
セラピストであれば誰でも，患者が，少なくとも短期的には，セラピーの進歩
を阻害するように見えるような仕方で振る舞うこと，そして，そもそも患者に
セラピーを求めさせたのと同じ不安，性格特性，問題を孕んだ行動パターンが
治療場面においても表れてきたのだと推定されるような仕方で振る舞うことを
見出している。どのような学派に属していようと，優れたセラピストは，こう
した振る舞いについて患者を責めることは不適切で反生産的だということを認
識している。患者はセラピストの努力に抵抗しているわけではなく，どんなも
のであれ彼が人生においてこれまでに達成してきた安全と安定を懸命に守ろう
としているだけである。別の見方をすれば，患者は単に「自分自身」であると
いうだけのことである。もちろん，まさにそれこそ，セラピストが患者に願い，
期待していることに他ならない。

　抵抗を概念化する上での困難の一部はこうした観察にある。セラピストとし
てわれわれは患者に，彼がどんな人であり，どのようにこの世界で機能してい
るのかについて，彼にとっては苦痛だったり恥ずかしかったりする現実をあり

第9章　抵抗について考える　*161*

のままに共有したいと思う。われわれは彼に，他者にはほぼ隠していることでさえ，あるいは隠していることこそを，告白してほしいと願う。実のところ，われわれは彼に，彼が自分自身にさえ隠していることをも（やはり**とりわけ**そういうことこそを）告白してほしいと願う。患者がそうしないなら，患者についてのわれわれの知識は表面的なものになりやすく，せいぜい仮説的で抽象的なものにしかならないだろう。直接的経験と直接的観察の代わりになるものなどないのである。けれども，彼の生活において彼に問題をもたらす行動パターンは，治療場面においても彼に問題をもたらすものであることが多い。それゆえ，われわれが最も観察したいと願う（あるいは観察する必要がある）まさにその特徴こそ，われわれの努力を挫折させがちな特徴ともなるのである。

　究極的には，その挫折それ自体がプロセスの決定的に重要な部分である。治療過程におけるセラピストの役割の観点からすると，挫折の体験は，以下に論じるように，さらなる探究が必要なポイントや，有望な鉱脈がありそうなポイントへと導く有用なガイドとなりうるし，そればかりか，進歩がなされるために調査され，徹底操作される必要があるエナクトメントの探究の出発点ともなりうるものである（Aron, 2003; Bass, 2003; Black, 2003; Bromberg, 1998; KA. Frank, 1999, 2002; Jacobs, 1986; Maroda, 1998; McLaughlin, 1991; D.B. Stem, 2003, 2004）。有意義な治療的変化を目指す努力における患者の役割の観点からすると，真の進歩が生じるためには，いかに彼が自らの利益を妨害しているか，そして，自らの願望，恐れ，主観的体験の十分な理解をブロックしているかを，直接的に徹底操作する作業が必要であることがよくある。抵抗を**避ける**ことは，明らかに的外れなことである。

　これは精神分析的なセラピーにおいて最も明らかであるが，他のアプローチにおいても同様である。幅広い学派のセラピストと抵抗について議論し，さまざまな学派における抵抗へのアプローチを比較した際に，私は，この問題の複雑性と曖昧性を認識するとともに，どの学派にも共通するものがあることを再確認した。たとえば，デイビスとホロン（Davis & Hollon, 1999）は認知療法における抵抗の現象を，彼らの学派の言葉で論じて，以下のように述べている。

　　クライエントが宿題をやり遂げることができない……あるいはやろうとしない場面は，たいてい，クライエントの水面下の信念や態度を同定し探究する機会となる。こうした場面は特に治療的なものになることが多い。セラピーの過程を妨害するまさにその信念は，より大きな人生目標の追求を難しくさせる態

162 第1部 心理療法，人格力動，間主観性の世界

度や価値とよく似た性質のものであることが多い（p.42）。

　デイビスとホロンは，認知療法家のこうした視点は，心理力動的なセラピストが，治療関係において出会う困難さの経験を患者の人生におけるより一般的な不適応的対人関係パターンを探究するための材料として用いるのとよく似ていると指摘している。けれどもそこには重要な違いもある。1つの違いは，認知療法家は，精神分析家が想定しているほどには抵抗を普遍的な現象だと見なさないと彼らが論じている点にある。これは確かに現実の違いでもあろうが，認知療法と心理力動的アプローチとを区別するために誇張された違いでもある。たとえば，デイビスとホロンは，クライエントが認知療法家の治療上の助言に従わない理由について，彼らの考えに基づいて，以下のように幅広く4つの説明を提示している。「①コンプライアンスを妨害したり抵抗を生み出したりするクライエントの態度や信念，②変化のペースについての非現実的な期待がもたらす落胆，③非コンプライアンスや抵抗を生み出すセラピストの失敗，④治療モデルの不十分さ」（p.52）。彼らは，これら4つの理由のうち，心理力動的な抵抗の概念に含まれているのは最初のものだけだと主張している。彼らの述べているところによれば，認知療法は「より因習的な心理力動的心理療法とは区別される。というのも，心理力動的心理療法においては，（抵抗の過程は）普遍的なものであり，抵抗の解決こそが変化のための基本的な作業となるべきだという前提に立っているが，認知療法はそうではないからである」（p.52）。

　この区別にはいくらか誇張がある。というのも，精神分析的な抵抗の理解には，しばしばデイビスとホロン（1999）がセラピーの失敗に影響を与える要因として挙げた4要因のすべてが含まれているからである。精神分析家にとっても，変化のペースについての患者の非現実的な期待のせいで，患者が落胆したり，治療過程から撤退したりすることは，馴染みの経験であろう。また，そうした期待の結果や，非現実的な期待への取り組み方の結果は，抵抗の複雑性を理解する際に分析家が考慮することの範囲外だというわけでもない。より重要なことには，非コンプライアンスや抵抗を生み出すセラピストの失敗についての考察は，精神分析的な実践家の中心的な関心事であって，治療過程において抵抗が生み出される多様な道筋についての，そしてまたどのようにしてそれが解決されうるかについての精神分析的実践家の理解の中心にあるものである。逆転移，エナクトメント，治療同盟の亀裂と修復（Ruiz-Cordell & Safran, 2007; Safran & Muran, 2000; Safran, Muran, & Proskurov, 2009）といった諸

概念はすべて，現代の精神分析的実践にとって中心的なものである。現代精神分析における拡張された抵抗の理解においては，抵抗は単に患者の心の中だけにある現象ではなく，セッションにおける出来事と体験についての（患者とセラピストによる）協同構築の産物だと見なされているのである[注1]。

　にもかかわらず，たいていの読者は，少なくとも抵抗への取り組みそのものは，認知療法よりも，精神分析においてより重視されているということに同意するだろう。その意味では，皮肉なことに，精神分析家よりも認知療法家の方が抵抗をより純粋に**抵抗**として見ている。精神分析家にとって，抵抗という概念の下に含まれる現象は，とりわけ強情で，気難しく，（認知行動療法家がしばしば用いる表現では）ノンコンプライアントな患者のために用意された特別のものではない。むしろ，こうした現象は普遍的で理解可能なものと見なされている。抵抗現象への取り組みは，対処すべき「問題」ではなく，心理療法という営みの本質そのものであって，恐れられ，回避され，追い出されてきた自分自身の部分と再び接触できるよう患者を助ける努力が不可避的に招く結果なのである[注2]。前に指摘したように，認知療法家もまた，クライエントの生活場面においても見られる，回避をはじめとする問題を孕んだパターンと折り合いをつけるよう患者を助けるために，抵抗に注意を払うこともある。しかしながら，精神分析においては中心的なものであるこうした作業は，認知療法においてはさほど中心的なものではない。

理論における明瞭な違い，ごちゃごちゃで複雑な実践における共通点

　時に，諸アプローチの間の違いは，そしてまた類似点は，はっきり述べることがとても難しいものである。たとえば，認知療法も精神分析も，しばしば言語的で認知的なものを過度に強調するような仕方で説明されている。また，いずれにおいても，重要な治療的変化にとって，認知的要因よりもたいてい本質的であるずっと大きな広範囲の影響力を不明瞭にさせるような仕方で説明されている。たとえば，デイビスとホロンは，かなり標準的となった認知療法の説明において，次のように述べている。「認知療法においては，クライエントは自らの信念や解釈の正確性と有用性を系統的に評価するよう教えられる。こうした解釈に変化をもたらすことが，苦悩を緩和し，適応的な反応を促進するだろうと期待するからである」（p.35）。このような高度に知性化された変化過程の説明は，**洞察**を何よりも強調する精神分析の記述と共通するものがある。い

164 第1部 心理療法，人格力動，間主観性の世界

ずれの学派においても，人の頭の中の表象を強調するこうした説明を文字通り
に受け取っているセラピストは，あまり成功しないだろう。

　たとえば，デイビスとホロンは，認知療法は「常に，特定の**思考**や潜在する
前提の同定と評価を中心的に扱う」（p.35，強調は引用者）ものだが，認知療
法の実践には，より厳格に行動論的な方略や，感情喚起的な技法，生育史の再
構成さえ，しばしば含まれると述べている。認知療法とされているセラピーに
含まれる「認知的な」要素こそが，決定的に重要なのだという主張を証明する
ことは困難である。

　同様に，うまくいった精神分析的心理療法においては「洞察」こそが決定的
に重要な要素なのだという主張は，（まだ信奉者はいるものの）ますます古く
さいおかしな主張と見なされるようになってきた。現代精神分析の考え方にお
いては，ずっと幅広い治療要因が決定的に重要な仕方で変化に寄与しているも
のと見られている。実際，イーグル（Eagle, 1999）が述べているように，「修
正情動体験」というかつてはタブー視されていた考えでさえ，（以下に示すよ
うに，たいていは異なった用語を用いて偽装されながらだが）精神分析の主流
に再び取り込まれるようになってきた。

　認知療法にせよ，精神分析にせよ，その「公式的な」ヴァージョンは，熟練
した巧みな実践家が実際に行っているヴァージョンよりも，味気なく知性化
されたもののように見える。さらには，これらの公式的なヴァージョンでさ
え，より臨床実践に呼応する方向に急速に変化しつつある。精神分析の領域に
おいては，面接室の中の2人の間の感情の交流を最も重要なものと見なす関係
的定式化が主流に取り入れられ，ますます優勢となりつつある。同様に，認知
行動療法の領域においては，より感情を重視するアプローチがますます優勢
となり，よりドライで抽象的なヴァージョンの認知療法に挑戦している（た
とえば，Burum & Goldfried, 2007; Hayes, Follette, & Linehan, 2004; Samoilov
& Goldfried, 2000）。しかしながら，私の信じるところでは，精神分析家は一
般に感情の次元をより重視している。そのことは，イーグルの説明にも見て取
れる。抵抗についての彼の記述においては，抵抗の中心にあるのは，間違った
考えではなく，**恐れ**（変化は危険や崩壊をもたらすだろうという恐れ）なの
である。確かに，イーグルが高く評価しているワイスとサンプソン（Weiss &
Sampson, 1986）の概念化においては，間違った**信念**がかなり強調されている。
しかし，ワイスとサンプソンは，こうした信念がその人の感情や対人関係に強
く根ざしていることをよく理解している。実際，ワイスとサンプソンの説明に

おいては，認知療法において一般にそうであるよりもずっと感情の次元が目立つものとなっている。

抵抗と治療関係

　私は，抵抗あるいはそれに類する現象は（抵抗という用語に関する問題は以下を参照），事実上，あらゆる形態の心理療法において普遍的な現象であって，もし適切に理解され取り組まれれば，抵抗は治療努力にとって非常に**有用な**ものともなりうるとさえ述べた。にもかかわらず，抵抗は，実際にセラピーの障害ともなりうるし，巧みな実践家は，拙い実践家よりも患者に抵抗を引き起こさないというのも本当である。「余分な抵抗」とでも呼ぶべき種類の抵抗がある。しばしばそれは，セラピストが特定の学派に所属している印として，一連のルールを過度に厳格に，あるいは機械的に適用した結果，生じるものである。

　幅広い立場の著者たちが指摘しているように（たとえば，Davis & Hollon, 1999; Eagle, 1999; Norcross, 2002, 2010; Safran & Muran, 2000），治療関係への注目は，セラピーの進展を妨害するような種類の抵抗を最小化する上で決定的に重要な要因である。デイビスとホロンが述べている興味深い見解によれば，認知療法におけるクライエントは「本質的に，彼らが現在持っている自己概念や世界観を信じる気持ちを保留するよう求められて」おり，それゆえ認知療法への参加は，しばしば「信念を飛び越えること」を求めるものである（p.36）。彼らはまた，サフランとシーガル（Safran & Segal, 1990）に依拠しながら，「認知療法は，それがなされている対人的文脈から切り離すことのできないものである」とも述べている（p.36）。このように，患者やクライエントが，少なくとも「信念を飛び越える」よう試みることができるほどにセラピストを信頼しているような治療関係を確立することは，成功する心理療法の決定的に重要な部分なのである。

　イーグル（1999）もまた，違った視点から治療関係が決定的に重要であることを指摘している。彼は，抵抗の高まりは，患者が安全でないと感じていることのサインでありうること，そしてそれは，セラピストが知らず知らずのうちに非難を伝えていたり，治療関係を嫌なものや怖いものにしていたりするために（Wachtel, 2011a を参照）生じうるということを述べている。イーグルは，よい治療結果が治療同盟の質と関係していることを示す調査研究に触れて，以下のように示唆している。

166　第1部　心理療法，人格力動，間主観性の世界

　　　セラピストの解釈がいかに正確で賢明であろうと，患者がそのセラピストを
　　援助的でサポーティブだと体験していないなら，そしてまたセラピストが患者
　　との共同作業に関与していると体験していないなら，たぶん変化は生じないだ
　　ろう。(p.29)

　言い換えれば，治療関係の質は，どの程度の抵抗が発生するかを左右する重
要な決定要因だということである。
　ここでもまた，関係の活用，そして関係の質への注目は，精神分析に特有の
ものではない。すでに私は，こうした考察が認知療法の実践においても当ては
まることを指摘してきた。前に言及したデイビスとホロン（1999）の論文につ
いて考察してみよう。その論文の中で，彼らは1つのケースを報告している。
クライエントは仕事の面接で緊張して失敗することをとても不安に感じていた
が，これについてセラピストになかなか話すことができずにいた。というのも，
こうした不安についてセラピストに話すと考えただけで，恥の感情がかき立て
られたからである。彼はそんなことで苦しい思いをするつもりではなかったの
だ。セラピストが，何が起きているのか理解できないことへの自らの当惑と不
満を表現したとき，はじめて患者は心を開いて話せるようになった。このケー
スについてのデイビスとホロンの説明は，モデリングの要素を強調するもので
あった。「自尊心への脅威だと見なすことなく失敗を認めるセラピスト自身の
能力がクライエント自身の自己開示を促進したのだ」(p.40)。しかしながら，
治療関係の影響力を示すこの一連の出来事には，システミックで戦略的な立場
のセラピストが「ワン・ダウン・ポジション」と呼ぶものを含め，多くの他の
次元が作用しているのを認めることができるだろう。この立場の見方では，人
は何かを強いられたり，プレッシャーをかけられたりすると，抵抗するものだ
とされる。セラピストが，自分は無力なのでクライエントに心を開かせること
などできないというポジションを取るとき，クライエントは心を開くという行
為を自ら**選ぶ**ことができると感じやすくなるのである。
　この点に関して言えば，フロイトによる抵抗の概念のもともとの定式化は，
フロイトが，患者が隠そうとしていると見なされる記憶や願望を患者から引
き出そうと格闘していた文脈において生じてきたものである（以下を参照）。
長年の間に，フロイトの理解は（そして他の分析家たちの理解も）より洗練
されたものとなり，イーグル（1999）が指摘しているように，患者が本質的
に強情で頑固であるという見方から，患者は心の中から現れてきそうなもの

を**恐れている**のだという見方へと移行した。しかしながら，多くの分析的な定式化の中には，侮蔑的で，潜在的に高圧的な見方が残された。そのことは，分析家が目にする抵抗の程度を高めている。たとえばイーグルは，デワルド（Dewald, 1982）による戦術的防衛（tactical resistance）と戦略的抵抗（strategic resistance）の間の区別について述べている。戦術的防衛とは，無意識的な願望や葛藤に気づくことについての患者の不安に由来する抵抗であり，戦略的抵抗とは，**幼児的な欲望を充足したいという願望**を放棄することに対する患者の抵抗である。デワルドによれば，戦略的抵抗において，患者は「現時点で年齢的にふさわしく，現実的に可能なものを受け容れるのを嫌がり，今となっては不適切で時代遅れで不可能な満足や関係を求め続けようとする」（p.49）。この概念化においては，患者は頑固なまでに幼児的で，「年齢相応のものを受け容れる」のを嫌がっている存在だと見なされている。こうした見方は，敵対的な権力闘争を生じさせてしまう。そして，微妙な形であれ，あからさまに分かるような形であれ，患者の中の幼児的で頑固な子どもに「成長」を強い，より成熟した仕方で適切にセラピーに参加するよう患者に強いる，闘争的な治療関係をもたらしやすい（Aron, 1991）。

　セラピストが抵抗を放棄するよう巧みに患者を助けながらも，共感的に（適切に）患者の防衛努力の**妥当性を認め**（Schechter, 2007），抵抗と**共に歩む**アプローチとは対照的に，抵抗へのこのアプローチは抵抗と**対立する**ものであり，それゆえ抵抗を高めてしまう可能性が高いものである。患者を，幼児的な思考様式に頑固にしがみついている存在として，そしてまたセラピーで幼児的な願望の存在とその幼児的性質について洞察させることでそうした願望を**放棄させる**ことが必要な存在として見る見方には問題があるということを，近年，多くの精神分析的な著述家が指摘している（たとえば，Aron, 1991; Mitchell, 1986, 1991; Wachtel, 2008, 2011a; Wile, 1984, 1985）。とりわけアロン（1991）は，このことを，説得力をもって鋭く論じている。

　　精神分析的な過程についての伝統的な見方は，健康と成熟を高めるため，諦めと犠牲の倫理を強調している。分析は離乳や喪にたとえられる。そして，分析の焦点は諦められ放棄されるべき快楽にある。幼児的な欲動を自我が制御できるようにすることや，幼児的な欲望を放棄することによって幼児的努力を克服することへの焦点づけは，「成熟道徳」の濫用になりがちである。それでは，分析家は「成長」させたがっているのだと患者が感じてしまっても無理もない。

168 第1部　心理療法，人格力動，間主観性の世界

　　患者は，分析家は審判的であり，自分が子どもっぽく振る舞うのをやめて成熟
　　した振る舞いを見せるようになるのを待ち望んでいると感じるだろう。これは，
　　歪曲された知覚として分析される必要がある投影された転移的空想ではない。
　　それはしばしば理論的な信念によって合理化された分析家の態度の正確な知覚
　　である。(pp.90-91)

　アーロン（1991）は，分析家の側のこうした態度は「行き詰まりの長期化を
もたらしたり，さらに悪いことには服従や追従に基づく症状の解消をもたらし
たりしうるものである」(p.91) と付け加えている。それはまた，かなりの**医
原性**の抵抗を生み出しうるものでもある。そうした「洞察」が無慈悲に諦める
よう求めるものでしかないなら，洞察を心から求める理由などほとんどなく
なってしまう。循環的心理力動論の視点の中心にある洞察へのアプローチは，
これとは対照的なものである。それは，患者が，自らの本当の欲求をより明確
に認識できるよう助けるものである。その目的は，**より効果的にその欲求を達
成できるようにすること**であり，それらを彼の発展する自己の，そして人生の
可能性の感覚に統合できるようにすることである（Wachtel, 2011a）。その過
程においては，もちろん，彼が必死で得ようと奮闘してきたもののいくらかが，
彼の現在の生活の文脈においては時代錯誤的だと，あるいは，繰り返される欲
求不満や苦痛な体験のもとだと見えるようになるだろう。しかし本書に述べ
られている臨床的アプローチのレンズを通して見れば（Wachtel, 2008, 2011a,
2011b も参照のこと），こうした問題は，**さらなる**諦めが必要であるサインで
はなく，むしろ彼の中の最も重要な欲求を諦めようとして**すでに過剰な**努力が
なされてきたことの結果だと分かるだろう。これは，コフートが崩壊産物と呼
んだものとも関連している。その人の切望は，なお「幼児的な」ままに留まっ
ているように見えるだろう。しかしこの視点からすれば，それは，そうした切
望の健康な発達上の表現が，恐れ，罪悪感，恥によって妨害されてきたからで
あり，そして結果的に歪められ誤解をもたらすような表象を与えられてきたか
らである。患者がそれらの欲求を再び自分のものとして取り戻すとき，そして
治療作業がそれらの欲求と結びつけられてきた罪悪感や恐れや恥を低下させる
とき，それらの欲求は危険なまでに幼児的で「退行的な」人格の基盤ではなく，
より大きな生命力の源となる。

抵抗と修正情動体験

　抵抗に関して適切な単一の立場はない。それは，臨床的な取り組み一般において適切な単一の立場はないのと同じである。たとえばワイス（Weiss, 1998）は，サンプソン，ならびにシオンの山グループとの共同研究の方向性からアプローチした治療作業について論じて，以下のようにコメントしている（たとえば Weiss & Sampson, 1986; Silberschatz, 2005）。「基本的に，自分には意見を持つ権利も，権威者の意見に疑問を呈する権利もないという信念によって苦悩している」患者との取り組みにおいては，セラピストはとりわけ自分の意見をあまり強く表現しすぎないよう控え，物事についての患者自身の判断を励ますようにすることが重要である。しかし，彼はこれに付け加えて，次のように述べている。「もし患者が，基本的に自分は保護されるに価しない存在だという信念によって苦悩しているなら」（p.421），セラピストはより積極的，主張的になって，自分はあなたを（おそらくあなたの両親がそうであったようには）ネグレクトしないし，あなたに対して受け身的でもないと患者に伝えることで，より助けになるだろう。ワイスにとって，セラピストが直面しているこうしたさまざまな選択の岐路は，患者が無意識に創り出す「テスト」なのである。すなわち，彼がこれまで生きてきた人生において制約となってきた諸前提が揺るがされる可能性があるのかどうかを調べるテストなのである。もしセラピストがテストに「合格」すれば，変化の見込みは高まる。もしセラピストがテストに「落第」すれば，つまり自分はお馴染みのエナクトメントに引き込まれているのだということを理解していなければ，変化は妨げられる。

　ワイスとサンプソン（1986）の仕事について論じる中で，イーグル（Eagle, 1999, 1984）は，患者が分析家に贈り物をした事例を一例として挙げている。イーグルの事例の記述によれば，分析家は巧みに贈り物を断った。1つには，それは「分析の契約に違反するものだから」であった。そしてそれに続いて有益な展開があった。イーグルは以下のように述べている。

　　患者による贈り物の提示は，分析家が簡単に誘惑される人間なのかどうかを判別するテストとしての無意識的な意味を持っていた。分析家が贈り物を巧みに拒否したことで，分析家はこのテストに合格したことになる。その結果，患者は安心し，それまで防衛されていた素材が意識に浮上し，治療セッションに持ち込まれるようになった。（p.13）

170 第1部　心理療法，人格力動，間主観性の世界

　しかし以前に述べたようなワイスの視点は，イーグル（1999）が言及してい
るまさにその分析の契約について，潜在的に疑問を投げかけるものである。あ
る種の患者にとっては，それは安全な守りとして体験され，イーグルが示唆し
ているように，分析家が容易に誘惑されない印と感じられるだろう。しかしイー
グルも指摘しているように，彼が記述している経緯は，これとは違う仕方で理
解することもできる。そして，この特定の事例をわれわれがどのように理解す
るにせよ，患者が子ども時代にもっと違った重要な体験をしている事例もある。
たとえば，患者の親は厳格なルールをいつも頑固に守り通すような人だったか
もしれないし，子どもからの贈り物を受け取ることができないような人だった
かもしれない。そうした事例においては，患者の贈り物をどれほど巧みに断っ
たとしても，そのテストに落第したことになるだろう。逆に，本物の利益相反
や倫理違反になってしまうほど高価なものではないのなら，セラピストが贈り
物を思慮深く受け取ることで治療的な癒やしが生じるだろう。それが患者の人
生早期に確立された問題のあるパターンを持続させるものとなるのか，反証す
るものとなるのかに注意深くあることは，治療努力を損なう「余分な抵抗」を
減少させるのに大いに役立つ。

　もちろん，こうした考察は，ここでもまた，長きにわたって精神分析の議論
においてタブーとなってきた修正情動体験の概念と関わっている。アレクサン
ダーとフレンチ（Alexander & French, 1946）は，セラピストは，患者の子ど
も時代における問題を孕んだ経験に注意を払い，治療関係において，患者にそ
れに替わる関係モデルとなる体験を直接的に与えるよう努力するべきだという
考えを導入した。ワイスら（Weiss et al., 1986; Wachtel & DeMichele, 1998 も
参照のこと）と同様に，アレクサンダーとフレンチもまた，患者に対して，「患
者の不幸な早期体験の結果として生じてきた前提と生き方は，一般の人間関係
を代表するものではなく，将来起きそうなことを予測する確かな基盤にはなら
ないのであって，もし患者が，自分や他者を違ったように体験するなら，ある
いはもし患者が，両親との相互交流に基づいて必要だと考えるようになったの
とは違ったように振るまい，違ったように人生を構成するなら，そのことが分
かるだろう」ということを示す体験を与えることを目指した。

　イーグル（1999）は，ワイスとサンプソンの概念は，アレクサンダーとフレ
ンチの修正情動体験の（再包装された）現代的ヴァージョンであり，アレクサ
ンダーとフレンチの概念から権威的あるいは操作的な性質を取り去ったもので
あると指摘している（精神分析的コミュニティに属する多くの分析家がアレク

サンダーとフレンチのアプローチには潜在的に権威的ないし操作的な性質があるものと認識した）。実際，修正情動体験の基本的なアイデアは，コフートとその仲間たちの仕事や，ワイスとサンプソンとシオンの山グループの仕事，多くの対象関係理論家の仕事に浸透しているけれども，その名前を口にするものはほとんどいない（Wachtel, 2006, 2008; Wachtel & DeMichele, 1998）。イーグル（1999, 2003）は，この概念にはっきり言及している点で，精神分析的著述家の中では特筆すべき存在である。

抵抗と価値

　心理療法は価値から独立した営みではない。それゆえ，何が抵抗なのかを決定すること自体，実はそう単純なことではない（そのようには感じさせない議論が多いけれども）。「知能とは知能検査で測定されるものである」といった定義と同様に，「抵抗とはセラピストが抵抗と見なすもの（呼ぶもの）である」といった操作的な定義は，そのような擬似科学的な呪文で安心できる人たちを満足させるかもしれないが，何が本当に患者のためになるのかをしっかりと理解する上ではほとんど役に立たない。

　たとえば，レイド（Reid, 1999）は文化的な視点から抵抗を論じる中で，ナバホ族の居留地で働いていたときの事例を記述している。奨学金を得て大学に入学した聡明な若い男性が，学業から脱落しそうになっており，うつに悩まされていた。この問題について調べていくにつれて，居留地から友人や親戚が頻繁にやって来ることが彼の学業上の困難の中心にあることが明らかになった。彼らは患者が奨学金を受け取ると，その直後に押しかけてきて，ビールや食べ物を買ったり，パーティを開いたりするためにお金を使った。患者はこうした騒動の中でも学業を続けようと努力していたが，故郷からの「来訪者」たちに生活費を使われてしまい，生活費が不足するので，その分を稼がなければならなくなり，授業に出席できなくなってしまうのだった。お金がなくなると，これらの「友達」は居留地に帰っていくのだが，次の奨学金が振り込まれるとまたやって来るのだった。このパターンが続いていたために，患者は大学から脱落しそうになっていたのであった。そして彼はこのパターンに関して自分を無力だと感じており，抵抗できないように感じているようであった。

　レイド（1999）が述べているように「ニューヨーク育ちのセラピストには解決策は明らかであるように思われた。それは『たかってくる人たちにいい加減

172　第1部　心理療法，人格力動，間主観性の世界

にしろと告げなさい』ということだ」(p.72)。彼は，無理強いにならないよう繊細な注意を払いつつ，患者にもっとアサーティブで独立的になるよう励ました。しかし患者は，彼が直面している事態に，そして彼の人生の成り行きに明らかに失望していたにもかかわらず，自分が得たものは何であれ，すべて家族や一族と分け合う義務があるから，違ったように振る舞うのは不可能だと言った。レイドは「彼らは，自分たちが大学でのあなたのチャンスを危険に晒していると分からないのかな？」と尋ねた。患者は「彼らはネイティブ・アメリカンにとっては大学なんて意味がないと思っているんです。というのも，故郷に帰っても，いい仕事はないからです。彼らはただ私に楽しんでほしいだけなんです」と答えた。セラピストは怒りに駆られて「僕はひとかどの人物になりたいんだと彼らに言ってやったらどうなんだい？」と言った。患者の答は「そんなこと言えません！　そんなことを言ったら，彼らは，私がみんなより自分の方が上だと思っているんだと思うでしょう。それは恥ずかしいことです」というものだった (p.73)。

　「堂々巡りだった。彼は2つの文化の間で板挟みになっていた。彼も私も出口を見つけることができなかった。彼のうつ状態は投薬によって緩和された。彼はしばらく定期的にセラピーに通っていたが，やがて来なくなった。私の知る限り，彼は大学を卒業していない」(Reid, 1999, p.73)。

　友人の期待や部族の伝統に適応するこの患者の傾向は，アサーティブネスの欠如だと言えるだろうか？　レイドの価値システム（おそらく大多数の読者に共有されている価値システム）を取り入れることを嫌がるこの患者の傾向は，抵抗の表れと言えるだろうか？　あるいは，この事例をふり返ってレイドが示唆しているように，これは，セラピストが自分の価値システムを押しつけ，患者にとってもっとも大事なものに注意を払い，尊重するのに失敗した例なのだろうか？　文脈抜きにこうした質問に答えることはできない。セラピストの掲げる目標と価値観が，そうしたジレンマについてのセラピストの見方を形づくる。そして，事実上あらゆるセラピーにおいて（おそらくはもっと見えにくい形で），こうしたジレンマが発展する。

　レイドは他の事例も提示している。これらの事例は，文化的な価値や前提の潜在的な衝突のまた他の次元に光を当てるとともに，本質的に，抵抗は，生起していることについてのセラピストの解釈によって，**構成される**現象でありうることを示している。たとえば，ネイティブ・アメリカンのある母親は，セラピーのセッションに子どもたちを連れて来た。レイドは，その理由について「彼女

はたいてい同時に多くのことをしていた」と記述しているが，そこにはそれ以外にも多くの理由がありうるだろう。しかし，この文脈において最も重要なのは，セラピストと患者との間で，その出来事についての解釈が重要な点で違っていたばかりか，赤ん坊を**連れてこないでほしい**というセラピストの願望が，患者や患者のコミュニティにとっては決定的に奇妙に見えていただろうということである。

　何が正しくて普通であるかについてのこれと同様の知覚の衝突は，患者と親（あるいは子ども）との間でも，患者とセラピストとの間でも，常に起こっている。レイドは，たとえば，伝統的な価値を堅持している親が，家族や集団に拘束されないより個人主義的な価値を持つ子どもたちといかに衝突しがちであるかを述べている。

　抵抗として解釈されるかもしれないものに関して，文化的価値が果たしている役割を論じる中でレイドが挙げている例には共通するテーマがある。それらはすべて一般に人間の生活における基本的なジレンマを反映しており，中でも，より伝統的な文化と，合衆国や西ヨーロッパの高度に個人化された文化との間に挟まれた人々が体験しがちなジレンマを反映している。さまざまな論者がこのジレンマ（あるいは葛藤）について論じている。たとえば，フロム（Fromm, 1941）は個性化対孤独という言葉で，ベーカン（Bakan, 1966）は主体対親交，そして「人間存在の二面性」という言葉で，ブラット（Blatt, 2008）は対人的関係性対自己定義という言葉で，それぞれこのジレンマについて論じている。近代の工業化された文化は，その二重性のより分化した方の極を強調しがちである。そこでは自律性，すなわち精神分析用語で分離個体化と言われるものに重きが置かれている（Aron & Starr, 2013 を参照）。この社会やこの社会と類似の社会におけるセラピストたちは，おそらく同じ社会の人々全般と比べればより関係性に価値を置いていることだろう。しかしそれでもなお，彼らもまた合衆国と他の近代的な工業化社会が共有している高度に個人主義的な文化が生みだした存在である。それゆえ，彼らもまた，家族の文脈から**離脱**しながら成長すること，そしてその文化の埋没させる傾向から自己を分化させることを強調する価値観を抱きがちである（Wachtel, 1983 を参照）。その価値観における関係性の強調は，家族，とりわけ拡大家族との選択の余地のない関係性よりも，友人との（そしてわれわれの社会のような離婚社会では配偶者との）**自発的な**関係性と結びついていることが多い。しかしながら，他の文化においては（そしてわれわれの社会でもより伝統的な価値を抱いている人々の間では），よい

174　第1部　心理療法，人格力動，間主観性の世界

生き方をするために重視されている事柄はきわめて異なっている。ワイスとサンプソン（1986）は，多くの患者の困難の中心には「両親から分離し独立した生活を送ることは，両親を深刻なまでに傷つけ破壊することに他ならない」という無意識の信念があると述べている。この見解と関連して，ある種の文化や下位文化においては，子どもたちがアメリカの社会においては当たり前で健康だとみなされる程度に両親から分離するなら，そのことは，両親には，残酷で，痛々しく，破壊的であるとさえ経験されるということを意識しておくことが重要である。これは，われわれセラピストは，患者がより大きな自己実現を達成できるよう助ける努力を放棄すべきだという意味ではない。しかしながら，これは，われわれが容易に認めうる以上の，より複雑な価値の葛藤がしばしばありうることを意味している。

　レイドは，患者とセラピストの潜在的な価値システムや世界観の調和の程度は抵抗がセラピーに表れてくる程度を決定する重要な要因である可能性を強調している。患者がセラピストを，彼と同じ世界観を持っている人だと，あるいは少なくとも彼の世界観を理解し尊重している人だと体験しているかどうかは，セラピストが精神分析家か認知行動療法家かといったこと以上に決定的な要因なのかもしれない。

抵抗は適切な用語なのか？

　フロイトは，精神分析の歴史の非常に早い段階で**抵抗**という用語を導入した。そしてその定式化は，いくつかの考察を1つに収束させたものであると私は考えている。まず始めに，精神分析のまさに始まりからフロイトは，実質的に，治療過程を研究目的と軌を一にするものとして概念化していた。すなわちフロイトは，治癒をもたらすのは，隠されてきたもの，ないしは理解されてこなかったものの**発見**であると考えていた。これは，その研究の対象が同時に患者でもあるような研究者にとっては非常に便利な考え方である。フロイトは，自伝的な著作において，自分が治療的な情熱を欠いていると非常に率直に述べている。彼は何よりも発見者として記憶されることを目指していたのである。それゆえ，患者の連想を妨げるもの，セラピーの時期尚早な中断，セッションのすっぽかしなどは，治療過程への障害物であるばかりか，患者の無意識の奥底に隠されているものを**発見する**ことへのフロイトの興味に対する障害物でもあった。

　それゆえ，その概念の歴史の最初から，抵抗は，セラピストによって，また

文献の読者によって，違ったように解釈できる，曖昧な性質を持っていたのである。一方では，抵抗の概念は，生活全般において患者を苦しめているのと同じ不安（あるいは他の困難）が，セラピー場面でも表れるという痛々しい現実を指摘した賢明で人道的な概念として（正しくも）読むことができるものであった。抵抗の概念は，こうした可能性に注意を払うようセラピストに警告を与え，患者を助ける努力，とりわけ，面接室においてこうした妨げが生じたときに，それを治療的に利用する努力を洗練された効果的なものにすることを可能にした。

　他方で，その概念の出自やその概念のために用いられている用語は，**フロイト自身**の興味を含んでいると私は思う。フロイト自身の興味は，必ずしも彼が信じたがっていたほどうまく患者の関心とは一致しないものである（Wachtel, 1987, 12章）。つまりフロイトは，しばしば，患者が**彼**の発見の努力に抵抗しているという体験をしていたのだと私は考えている。そのように呪われた患者は結果を出さないだろう！

　（イデオロギー的な理由からにせよ，視野が狭いせいにせよ）セラピーの停滞の理由を患者の反抗のせいにするものとして，抵抗の概念を単に患者を**責めるもの**として理解している人は，その概念のより人道的で洗練された面を見逃している。しかしそのような見方をしている人も，何の根拠もなくそのような見方を捏造しているわけではない。精神分析的なセラピーと研究のまさにその最初から，抵抗の概念の織物にはそうした糸が現実に織り込まれていたのである。そして，現在においてもなお，分析家が患者について話す話し方の中に，そうした糸はしばしば現れ続けている。患者が頑固で，幼児的で，操作的で，禁じられた欲求の満足を引き出そうとしているなどと見られるとき（Wile, 1984），つまり抵抗がそのように侮辱的で敵対的なものとして理解されるとき，そのような抵抗の概念は**失敗**に終わっていると言えるだろう。つまりそれは抵抗についての**間違った**概念化であり考え方であると私は思う。しかしこの間違いは，精神分析的な思索と実践の歴史と無関係なものではない。

　抵抗には多様な意味があり，そこには曖昧さがある。そのことは，抵抗の概念を示唆的なものにしていると同時に，明確な1つの意味が指定されないものにもしている。たとえばイーグル（1999）は，「変化に対して高度に抵抗する」心的表象について言及している（p.20）。ここでの「変化に抵抗する」というのは，正確にどういう意味であろうか？　読者はヘニー・ヤングマンの古い1行ジョークを思い出すかもしれない。彼は「奥さんのぐあいはどう？」という質問に，「何と比べて？」と答えるのだ。「特定の表象は変化に高度に抵抗する」

という言い方に関しても，われわれは「何と比べて？」と尋ねることができる
だろう。つまり，こうした表象には生得的に粘着的な性質があるという前提が
あるのだろうか？　そうした表象が神経系の中にコード化され収められる際
に，それらを変化させようとする後の新しい体験に対して反応しにくくさせる
ような何らかの仕組みが組み込まれていたのだろうか？　あるいは，そうでは
なくて，それらの表象が変化に抵抗的であるように**見える**のは，それらの表象
が対人的な行為の連鎖とがっちり結びついているためであって，（本書に提示
されている議論と調和して）そうした行為の連鎖においては，それらの行為の
結果，同じ体験を再生産するような行動が引き出されてしまうということなの
だろうか？　後者の場合，その表象自体は，変化に対する抵抗という点で，他
の表象と何ら変わりはなく，単に，変化（調節）の能力を活性化しうる潜在的
に反証的な新しい体験に，実際上，直面しないというだけのことである。

　たとえば，イーグル（1999）は，早期の心的表象が長年にわたってほとんど
変化することなく維持される理由について，以下のように述べている。

　　　（早期の表象が維持されるのは）それらが，人間関係を形成し変容するからで
　　あり，その結果，そうした人間関係は早期に獲得された期待やスキーマに一致
　　するようになるからである。こうしたことが起きるのは，基本的には，われわ
　　れがまさに早期の関係パターンを持続させるような反応を他者から引き出すよ
　　うな仕方で振る舞うからである。(p.20)

　この考えが本書の中心テーマであるということは読者には明らかだろう。

抵抗と多様な治療的コミュニケーション

　抵抗の概念が問題のある仕方で用いられるとき，セラピーの停滞は，事実上，
ほとんどもっぱら患者のせいにされる。抵抗しているのは**患者**だというわけで
ある。より満足のいく抵抗の概念化においては，セラピーが停滞している理由
のかなりの部分が，セラピストに，そしてセラピストの技術に帰せられる。そ
うした視点からすると，抵抗は患者一人の産物というよりも，むしろセラピス
トと患者の二者の産物である。この視点では，セラピストにはより大きな責任
が課せられるけれども，抵抗を（あるいは少なくとも**余分な抵抗を**）低下させ
るスキルを用いる余地も大きくなる。

近年の私の論考の多くは，余分な抵抗を低下させるという，まさにこの目標に関わっている。イーグル（1999）は，セラピストが示す手がかりが，セラピストが出会う抵抗の種類や程度に実質的な違いをもたらしうると述べている。こうした手がかりには，セラピストの葛藤や逆転移に由来する，無意識的なものもある。けれども，われわれが患者に伝えるものの多くは意識的に制御できるものであり，もしわれわれが患者に対するコミュニケーションの微妙なニュアンスや多様な次元に注意深くあるならば，より治療的に効果的な仕方で提示できるものである（Wachtel, 2011a）。患者の症状の逆戻りを単なる後退と見なす代わりにチャンスだとリフレーミングすることは，抵抗を低下させうる治療的コミュニケーションの良い例である（ex. Prochaska & Prochaska, 1999）。他方で，幼児的な動機という精神分析的概念を「非機能的信念」という認知行動的な表現に言い換えるデイビスとホロン（1999）のリフレーミングは，私にはさほど適切だとは思えない（p.41）。「あなたは幼児的ではない，単に非機能的なんだ」と言うことは，あまり優しいメッセージにはなりそうにない。この文の前半は一瞬の情緒的な高まりをもたらすかもしれないが，文章の全部を聞き終えた時には，落胆が生じていることだろう。（この点に関連して，ワイル［Wile, 1984］は，標準的な精神分析的概念化のコフートによる再定式化が，これと同様にあまり実を結んでいないことを論じている）。

　心理療法の実践は，人間の活動の中でも最も報われる試みであると**同時に**，最も欲求挫折的な試みでもある。その2つの極のうちのどちらがより優位になるかを最終的に決定するものの多くは，患者行動の侮蔑的な見方と共感的な見方の間のバランスにあると私は信じている。伝統的に抵抗とラベルされてきた現象は，いずれの見方にも開かれている。いわゆる抵抗を，より有益で慈悲深い仕方で理解することによって，欲求不満が和らげられ，（患者にとってもセラピストにとっても）報われる思いが強まることだろう。

注

注1) デイビスとホロン（Davis & Hollon, 1999）が引用しているセラピーの失敗の4つの要因の中でも，セラピストの好みの治療モデルがその特定の患者には不適合であるという4つ目の要因は，おそらく，分析家の間では十分に考慮されていないものであろう。しかしこの点に関しては，他の学派のセラピストも同様である。自分自身のアプローチが他のアプローチよりも優れているという前提は，精神分析的なセラピストに限って見られるものではない。デイビスとホロンは，認知療法がどうして失敗することがあるのかを考察する中で，こうした議論を導入した。それは素晴らしいことではあるが，実のところ，私の経験では，認知療法家や認知行動療法家が，謙虚な姿勢で，自分たちのアプローチの方が心理力動的心理療法よりも優れているという主張

178 第1部 心理療法，人格力動，間主観性の世界

をトーンダウンするようなことはまずなかったのである。

注2) この点にまつわる混乱は，フロイトが**抵抗**という用語を用いた，まさにその用い方によって引き起こされたものである．本章の後の方で論じられるように，フロイトは偉大なセラピストになるよりも，偉大な発見者になることを目指していたのであり，彼が抵抗という用語を用いるとき，そこにはそのことが反映されていたのである．

第10章

「精神分析の訓練は精神分析家になる訓練」でいいのか？

　読者の中には，私が本章のタイトルとして掲げた問いを見て，意味不明な問いだと思った人もいるだろう。精神分析の訓練と，精神分析家になる訓練は歴史的に非常に密接に結びつけられてきたので，その2つは反射的に同じものと見なされがちである。けれども，それらは必ずしも同じである必要はない。最も効果的で進歩的な訓練モデルを開発するためには，それらの間の違いとその意味について明確にしておく必要がある。

　私は，特定の視点や特定の経験的知見に基づく訓練と，特定の技術の訓練とを区別するよう提案しているのである。その2つは，精神分析の歴史と言語に根ざして融合されてきた。さまざまな文献が指摘しているところでは，「精神分析」という用語には，心の理論，治療方法，研究方法という3つの意味合いがあるという。精神分析をこの3つの側面から記述する考え方においては，通常，これら3つは見事にぴったりと結びついており，互いを促進しあうものと考えられている。理論は実践を導き，その実践は（セラピーのまさにその方法が「探索的なもの」であるがゆえに）理論を変容させ発展させていくのを助ける新しいデータを与える。そこで得られた新発見は，さらになお，治療努力の効果を高めていくのを助ける。こうした見方は魅力的ではあるが，それが本当に正しいものかどうかに関して，私にはまったく確信が持てない。

　この見方は，フロイト自身の仕事においては，そして初期の幾人かの分析家の仕事においてもある程度までは，正確に近いものであったであろうし，リアリティがあったとさえ言えるだろう。フロイトは一人で仕事に取り組んでいた。彼は理論と治療法を両方とも発明する必要があった。また彼は，本質的な理由からしても，経済的な理由からしても，研究上のデータを得るための主な手段

180 第1部 心理療法，人格力動，間主観性の世界

として，実践に頼らなければならなかった。そして彼は見事にこれをやっての
けた。このことは彼が天才であったことを示すものである。実際，彼は新しい
ことを発見するにつれて，治療技法を変容していった。たとえば，抵抗と防衛
の役割について理解を深めるにつれ，彼は，効果的なセラピーのためには抵抗
と防衛の分析が必須であることをより強調するようになった。このようにして
抵抗と防衛の現象により注意を向けるようになったことで（ここで，治療技法
は彼にとっては研究方法でもあったということを思い起こしてほしい），こう
した現象の理論的な理解が深められていった。そして，そうして得られた新た
な理論的理解は，さらに治療技法の変容をもたらした。

　しかし，研究方法をほぼもっぱら治療方法に頼っていたことは，セラピーに
とっても，研究にとっても，大きなツケをもたらした。フロイトであればたぶ
ん真っ先に認めることだろうが，人間の問題に関して，何らの犠牲も払わずに，
何かを達成することなどできない。つまり何かを達成しようとすれば，他の何
かを諦めなければならない。フロイトの解決は卓越しており，有意義なもので
もあったが，そこには限界もあり，歪曲ももたらされた。精神分析コミュニティ
のメンバーであるわれわれは，とりわけ葛藤の遍在性をよく認識している。わ
れわれは，研究の要請とセラピーの要請とが決して衝突しないという，リアリ
ティに欠けるバラ色の見解に陥ってはならない。治療実践を通して研究すると
いう戦略は素晴らしいし，おそらくはその発展段階においては必要でもあった
だろう。しかし，それは研究にもセラピーにも，それに見合った影響をもたら
した。

研究への影響

　セラピーへの影響よりも，研究への影響の方が，おそらくより明瞭である。
まず，データを集めるのに1つの方法だけにもっぱら頼っているような科学は，
たとえその方法が比較的健全である場合でも，かなり危ういものである。その
方法が主観的な考察に非常に大きく依拠しているような場合，またデータの意
味が高度な解釈的努力によって初めて明らかになるような場合，そしてさらに
はデータがそのもともとの形で報告されず，報告者の解釈的前提というフィル
ターを通して報告されることが通例であるような場合，その科学はさらに危う
いものとなってしまう[注1]。科学的な調査においては標準的である対照群を欠
いていることが多い場合，その危うさはさらに高まる。

もちろん，調査を志向する精神分析家たちは，こうした制約を乗り越えようとさまざまな努力をしている。たとえば，乳幼児の系統的な観察，精神分析的な理論の実験的な検証，コンピューターや録音機器などのテクノロジーを用いて治療状況を現代的な意味での研究の場にする革新的な試み，などが挙げられる（たとえば，Beebe & Lachmann, 2014; Blatt, 2008; Bomstein & Masling, 1998; Curtis, 2009; Fonagy, Gergely, Jurist, & Target, 2002; Luborsky, 1996; Masling, 2000; Shahar, Cross, & Henrich, 2004; Shedler, Mayman, & Manis, 1993; Westen, 1998; Westen & Shedler, 2007）。

　これらの調査はなぜ必要とされてきたのだろうか。多くの場合，それは，精神分析的な理論の**エビデンス**として，精神分析的なデータにどれほどの有効性があるかに関して（上に述べたような）懸念があるからである。しかし，ここでの文脈にとってより重要なのは，この領域における**新しい発見**の基本的な源として，精神分析と呼ばれている治療方法の実践にどれほど依存し続けられるのかについては，本質的な制約があるということである。調査が必要だという考えは，まず間違いなくこの認識からも派生している。フロイトはこの方法によって偉業を成し遂げたが，それは彼が天才的な人物だったからのみならず，彼が，事実上，ゼロからスタートしたからでもある。彼が用いた方法は，素晴らしい初期的探索手続きであった。しかし，調査の道具としては，（現代の科学技術や方法論的革新を利用しない）この方法によってもたらされうるものは，そのほとんどがすでにもたらされてしまったと考えてよいだろう。この方法による調査は，もう 100 年以上にわたってなされてきた。その鉱脈はほぼ完全に掘り尽くされてしまったのである。われわれはこのことをしっかり認識し，受け容れる必要がある。というのも，そうすることによってわれわれは，精神分析的観点にとって基本的な関心でありながらも必ずしも精神分析の臨床実践によってうまく調査されえないさまざまなテーマ（無意識の動機，葛藤，心理構造，早期の発達上の体験が後の行動や体験の形成に寄与する道筋など）について，さらなる知識を得るために，他の方略を見つけるよう促進されるからである。また，厳密な精神分析の実践が今なお精神分析訓練の中心と見なされているのは，1 つには，この方法を用いることこそがこの領域にさらに新発見をもたらし続ける最善の道だと考えられているからである。こうした現状では，この方法ではもはや新発見はほとんど期待できないという事実を認める必要性はさらに高まる。

セラピーへの影響

　ここまでのところで私は，精神分析の臨床実践を研究方法として用いることがどのような制限をもたらしてきたかについて述べてきた。その中で示唆したように，精神分析における多くの指導的な思索家たちがこの問題を認識している。これとは対照的に，**治療方法**としての精神分析が，同時に精神分析学の主要な研究方法としての役割をも担っていることによっていかに制限されてきたかを検討する仕事は，ほとんど手付かずのままである。たとえば次のような問いを考えてみよう。探索と明瞭化（uncovering）は，精神分析的な研究にとっては本質的な課題であるが，それが都合のよいことに治療的変化を引き起こす上でもまさに最も重要なものであるなどという偶然があるのだろうか？　われわれはあまりにも安易にそう見なし過ぎてきたのではないだろうか？　それは自然がわれわれに与えた好都合な贈り物なのかもしれない。しかし，フロイトが，自然は皮肉なユーモア感覚をもっているという警告を与えてきたことを思い起こす必要があろう。この文脈においては，われわれは患者の過去の詳細な探索が，その障害の病因を理解するという調査目的にとっては必要不可欠であるにしても，患者を苦しめている生活パターン（その起源がどうであれ今では彼の他者との関係の縦糸と横糸に織り込まれてきて，自己永続的となってきたパターン）を変化させるよう援助するという治療的な目標にとっても果たして同じくらい必要不可欠なものなのか，疑問に思うかもしれない。

　とにかく，われわれは，調査においてもセラピーにおいても同一の方法に依拠してきたという状況に置かれている。われわれは，おそらく他のどんな学問においても類を見ないほど1つの方法を重視しているのである。われわれが標準的な精神分析と呼んでいる，精神分析的な考えの臨床的適用の特定の形が，実際に特別な結果を生んでいる明確なエビデンスがあるのなら，そのことは必ずしも問題にならない。しかし，精神分析的なコミュニティにおいては，そのことはおおむね未検証のまま，暗黙の前提とされてきた。つまり，「分析」は，（少なくとも患者が「分析可能」であるなら），いかなる形態の精神分析的な**心理療法**よりも大きな変化を生み出すことができるとされてきたのである。しかし実際には，この前提を裏付けるようなエビデンスは（少なくとも何らかの合理的な規準に適合するようなエビデンスは）存在しない。つまり，もともとその主張が正しいと確信している人だけが納得するようなものを超えた，堅固なエビデンスは存在していない。

第10章 「精神分析の訓練は精神分析家になる訓練」でいいのか？　*183*

　標準的な精神分析と精神分析的心理療法の治療効果の比較に関して存在している。エビデンスは，精神分析を特別のものとするような見方を支持していない。ワラーシュタイン（Wallerstein, 1988, 1989）はメニンガー研究の結果を報告する中で，研究の結果は彼自身の予想を否定するものだったと述べている。その研究では，本格的な精神分析が，より効果的でないと予想されていたいくつかの心理療法と比べて，明確に見て取れるようなより大きな変化をもたらすことができなかったのである。いかなる研究に関してもそうであるように，この研究に疑義を呈することもできるし，私自身，この研究を決定的なものと見なしているわけでもない。しかし，これは，アメリカ合衆国において精神分析の訓練とセラピーを提供している最も卓越したセンターの1つにおいてなされた研究についてのアメリカ精神分析協会の元会長による報告であって，当然のことながら，反精神分析的な陣営による偏った攻撃だとして打ち捨てることのできないものである。

　このような研究の意味を誤解すべきではない。アイゼンク（Eysenck）やフレデリック・クルーズ（Frederic Crews）から，経験的に支持されたセラピーと称されているリストの信奉者たちまで，あからさまに反精神分析的な論者たちが提出してきた批判は，精神分析を無意味なものとみなしてきた（Wachtel, 2010 を参照）。しかし，これまでになされてきた調査からすれば，そのような結論は正当だとは言えない。メニンガー研究は，そして他の多くの研究は（たとえば，Shedler, 2010 による重要なレビューを参照），精神分析的な諸原理によって導かれた諸療法には例証可能な治療効果があることを示している。つまり，一般に精神分析的だと認められている諸療法の効果にはエビデンスがある。その上で，ここで問題にしているのは，精神分析と呼ばれるようになった特定の精神分析的な諸療法の方が，心理療法と呼ばれるようになった諸療法よりも効果的であることを示すようなエビデンスはさほど得られていないということなのである（このような表現をとったのは，現在においては「精神分析」を「心理療法」と対比して捉える精神分析の定義は 1950 年代や 1960 年代よりもはるかに論争のある問題となっているからである）。

T 型フォードかロールスロイスか？

　精神分析においては，その最初の研究道具や方法が，今なお忠誠心をもって使われている。他のどの領域においても，そのようなことは見受けられない。

184　第1部　心理療法，人格力動，間主観性の世界

優しい言い方をすれば，精神分析の概念や方法は，他の領域における概念や方法よりも「長持ち」しているように見える。精神分析の概念や方法の老朽化の速度はかなり遅いように見える。

　もちろん，現代の分析家が用いている方法は，本当にもともとの方法に近いものなのかと問うこともできる。長い年月の間に，分析家の方法には明らかに変化が生じてきた。たとえば，フロイトをはじめとする初期の分析家によって，転移と抵抗の分析に関する分析の方法はますます洗練させられてきた。その後も，対象関係論者や自己心理学者によって，さらには関係精神分析家たちによっても，精神分析の方法には変化がもたらされてきた。しかしわれわれはこの領域にどっぷり浸かっているがゆえに微妙な差異にも敏感になっているため，変化の程度を過大評価しがちである。外部の観察者にとっては，さほど変化しているようには見えないだろう。むしろ精神分析の実践が長年にわたって連続的であることに驚くことだろう。ほぼ何らの皮肉な感覚も当惑も感じることなく「古典的分析」といった用語をわれわれがなお用いることができているという事実（そしてそれを今なお実践している者さえいるという事実）は，それを裏付けている。もしあなたが手術を受けることになって，執刀医から，自分が実践しているのは「古典的な手術」だと言われたとしたら，それがどれほど奇妙なことか（恐ろしいことであるか）を考えてみればよい。

　精神分析のコミュニティにおいては，精神分析と心理療法とを鋭く区別する傾向がある。この傾向は，われわれの実践の変化を妨げる主要な要因の1つとなっている。この鋭い区別（連続性を見ないようにする努力）は，精神分析と呼ばれている実践と，精神分析的に方向づけられた心理療法と呼ばれている実践の両方の発展を制限している。もし誰かが非常に大きな改革を導入したなら，いかにその改革が治療的に有用であることが分かったとしても，その人の実践は実のところ精神分析ではなく，ただの「心理療法」だと非難されることになるのだ[注2]。

　このことがもたらす結果の1つは，精神分析の文脈においてよりも心理療法の文脈において，より容易に改革が導入されるということである。しかし，「心理療法」の領域においても，精神分析コミュニティにおいて用いられているのと同様の区別が存在し，そのためにかなりの制約がもたらされている。というのも，そうした二分法は，記述的な目的よりも，むしろプライドを満たす目的のためになされている面が大きいからである。こうした区別の用いられ方のニュアンスを，フロイトが示したような正直で冷静な目で見ていけば，その表

面のすぐ下に，精神分析家であることは心理療法家であることよりも**よい**ことだという明瞭な示唆があるのを見て取ることができるだろう。たとえば，以下の2つの文章がどんなふうに違って聞こえるかを考えてみてほしい。「そんなのは精神分析じゃない。ただの心理療法だ」。「そんなのは心理療法じゃない。ただの精神分析だ」。前者には意外性の感覚はない。それはおなじみのものであり，意味をなしているように感じられる。われわれは誰しもこうした文章を何度も聞いたり読んだりしたことがあるだろう。後者の文章は，最初に読んだときには，誤植ではないかと疑ってしまうのではないだろうか。意味が分からないと感じるかもしれない。そんなことを口にする人はいない。どんな文献にも，どんな文脈でも，「ただの精神分析」という言い方に出会うことはない。それに対して，「ただの心理療法」は，われわれが話し慣れ，聞き慣れた言語の一部となっている。

　こうした状況を踏まえるなら，精神分析的な方向づけをもった心理療法の実践家たちができるだけ忠実に精神分析を真似ようとするのも理解できる。そのため，そこに見出される違いは，時間，予算，患者の性質などが要請する切迫した必要性ゆえの違いだと見なされがちであり，精神分析を**改善する**努力ゆえに生じてきた違いだとは見なされない。

　心理療法への精神分析的なアプローチの発展にとってそうした方略が合理的である可能性があるとすれば，それは，精神分析と呼ばれている**手続き**や**技術**が，精神分析の**知的伝統**がもたらしうる最高の産物であると想定した場合のみである。私は，精神分析の知的伝統こそ，われわれにとっての真の強みの源泉であると信じている。そしてその知的伝統は，古い方法をなお尊重し過ぎているがゆえに，深刻な制約を被っている。その方法は，初期の発展においては確かに有用であったけれども，もはや時代遅れであり，改訂されるべきものと見なさざるをえない。われわれは今なお（心理療法と対比される）精神分析をセラピーのロールスロイスと見なしている。しかし今や精神分析の手続きや技法は，モデルT，つまり当時は非常に優れたモデルだったけれども，その後の年月の中で得られた知識や経験を踏まえるともはや時代遅れとなったモデルと見なした方がよいだろう。

　読者の中には，こうしたコメント，とりわけ精神分析と呼ばれる臨床的な方法がもはや時代遅れであるという示唆を，侮蔑的なもの，あるいは反精神分析的なものと感じた人がいるかもしれない。私の意図はまさにその逆である。私は精神分析を非常に真剣に考えている。私は職業的人生の多くを，精神分析

186 第1部 心理療法，人格力動，間主観性の世界

を研究し，精神分析について書くことに捧げてきた。より重要なことには，私は精神分析の巨大なポテンシャルはまだ実現し始めたばかりだとさえ考えている。私は，精神分析のポテンシャルの実現を邪魔しているものは何なのかに興味を抱いているのである。考えてみてほしい。パロマー天文台の巨大な反射望遠鏡や，星や銀河の秘密を探究するために，現在，用いられているさまざまな電子機器を前にすれば，ガリレオの望遠鏡の力も色あせて見えるだろう。そのことを認めるなら，天才ガリレオを侮蔑していることになるのだろうか？　その歴史的文脈においては，ガリレオの望遠鏡は画期的な達成であった。そしてその達成の偉大さは，それが後に数多くの多様な改良版を生みだしたことに表れているとも言える。どのような学問領域であれ，豊かに発展しているのなら，新しい創意工夫がもたらされ，初期の方法は時代遅れになってしまうものである。われわれは新しい創意工夫を促進しないことで，フロイトを称賛していることになるのだろうか？　精神分析と呼ばれる特定の治療法を理想的なものとして固持し続けるなら，われわれは自らの理想を裏切っていることになる。フロイトは，人間のありようについての洞察を常に発展させていくよう，われわれを導いた。そこにこそわれわれの理想があるはずである。

　こうした考察から，私は，一見すると矛盾しているように見えるが，しっかり検討すればまったく合理的だと分かる，次のような結論を下すに至った。それは，精神分析的な伝統（真実の偉大なる探究者がわれわれに遺した伝統）に忠実であるためには，精神分析という名前で受け継がれてきた特定の**方法**にコミットすることをやめる必要があるということである。これはその方法を丸ごとうち捨ててしまうことを意味するものではないけれども（それは尚早であろう），訓練機関においても，文献においても，われわれがその方法に与えてきた重要性をかなり大きく引き下げることを意味している。またそれは，伝統的に「精神分析」と結びつけられてきた実践方法が，いかに精神分析的心理療法と呼ばれてきた実践に自動的に引き継がれてきたかを詳しく検討してみることをも意味している。もちろん，両者の間には違いも発展してきた。しかしほとんどの場合，そうした違いは，精神分析のそのままの適用を困難にさせるような患者の性質に対応するために発展してきたものである。葛藤，不安，自己表象，対象表象などについての精神分析的な理解をどのように運用するかを**根本的に**再考する明確な努力は，ほとんどなされてこなかった。むしろ，どのような修正も，分析家の日頃の実践方法をほんの少し変更しただけだというふうに提示されてきた。数少ない例外がフランツ・アレクサンダー（Franz Alexander）

第10章 「精神分析の訓練は精神分析家になる訓練」でいいのか？　*187*

である。そしてわれわれは，彼が精神分析を根本から再考したがために，精神分析コミュニティにおいてどのような評価を受けることになったかをよく知っている[注3]。

　私がここで発展させようとしている立場がもたらす示唆の１つは，精神分析におけるどのような訓練プログラムのカリキュラムも，短期精神分析療法と精神分析的に方向づけられた心理療法一般の領域においてなされてきた，多様な努力をもっと大きく取り上げるべきだということにある。精神分析家というよりもむしろ**精神分析的心理療法家**と見なされてきた人々の変革の努力には，現在の精神分析の訓練プログラム一般において与えられている以上の注目が与えられるべきである。注目の量だけに留まらず，**注目のしかた**にも変化がもたらされる必要がある。しばしば，そうした変革の努力は，古典的方法という「純金」を卑金属と混ぜ合わせて合金にする仕事，つまり気の進まない妥協の産物でしかないという前提のもとに言及されてきた。そうした前提は放棄されるべきである。そうした変革の努力は，われわれが精神分析と呼んでいる方法を**改善する**ものかもしれないし，少なくとも改善する方向を指し示すものかもしれないという，（これまで異端とされてきた）考えを真剣に取り上げる必要がある。

　われわれが精神分析と呼ばれる特定の技術の実践にコミットするのではなく，精神分析的な知的伝統に明確にコミットするなら，そしてその２つのコミットメントはかつて想定されていたほど両立可能ではないと明確に認識するなら，精神分析的な考えや方法と，他の治療学派において重要とされてきた考えや方法との間の関係への興味も増大するだろう。精神分析における主要概念と他の臨床的・理論的伝統における主要概念との間の接点の探究は，循環的心理力動論の視点の発展にとって中心的なものであった（たとえば，Wachtel, 1977a, 1987, 1997; E.F. Wachtel & Wachtel, 1986）。またそれは，本書の多くの章における重要テーマでもある。長年の間に，治療アプローチの統合の可能性は，非常に生産的に探究されてきた（たとえば，Norcross & Goldfried, 2005, Stricker & Gold, 2006）。そして今や，精神分析的心理学における良質の訓練においては，すべての訓練生が心理療法の統合について教わるべきであると言ってよい地点に到達しているように私には思われる。それは，心理療法の統合について理解しておくことが重要だからというだけではなく（もちろん，明らかにそれも重要ではあるけれども），心理療法の統合は，精神分析という営みや精神分析がもたらしてきた発見に対してどのようにアプローチするべきかについて示唆を与えるからである。

188 第1部 心理療法，人格力動，間主観性の世界

　「精神分析家」になるための訓練を強調する代わりに，精神分析的な考え方の豊かさと生産性を強調することで，精神分析的な洞察を治療以外の領域に適用する動きがさらに促進される。たとえば，本書の第2部は，幅広く社会的な傾向や現象をよりよく理解するために精神分析的な考え方がいかに援用されうるかを示している。これまで政治学的・社会学的視点にほぼもっぱら支配されてきた領域に精神分析的な視点が導入されるなら，こうした諸現象の理解は深みを増し，より立体的なものとなる。同時にまた，そのことによって，精神分析的な考え方は試され，鍛えられることになる。それは，精神分析的な考え方が洗練される機会となるものであり，無意識の空想，葛藤，不安がいつどのように表現されるのかを支配している変数をよりよく理解するための機会ともなる。

　もしわれわれが，精神分析の訓練を，基本的に精神分析家になるための手段だと見なし続けるのであれば，精神分析的心理学の可能性は十分に認識されないままに留まるだろう。精神分析の伝統とその知的遺産はとても豊かで力強いものであり，このまま葬り去られるべきものではない。精神分析実践から得られた観察と精神分析的な思索の絶えざる発展は（他の起源から得られる観察と理論的進歩とも相俟って），人々を助け，意義深く生産的な探究に取り組むための広範囲の新しい方法をもたらすものである。いくつかの新しい方法がすでに出現し，発展し続けている。精神分析家たちが，スーパーヴァイザーに教わったことを超えて進み，その代わりに（これまで受け容れられてきたセラピーの方法や考え方を揺るがすがゆえに）周辺化されてきた精神分析的発見の示唆するところに注目していくという創造的な努力を払うようになれば，さらに新しい方法が生み出されていくことだろう。われわれは今や精神分析に新しい生命力を注入するべき地点にいる。われわれは精神分析の訓練を，権威と伝統ではなく，理論とエビデンスに根ざしたものにしていく必要がある。われわれの責務は，われわれが知っていることを訓練生に継承することだけでなく，知らないことや，知っているにしても不確かなことを訓練生に伝え，訓練生にさらなる探究へのコミットメントを鼓舞することにもある。そういう構えをもって，新しい世代の精神分析的心理学者を訓練する課題にアプローチしなければならない。（フロイトが自らのコミットメントを表現するときに用いたその時代ならではの手段ではなく），そうしたコミットメントそのものが，フロイトがわれわれに遺してくれた永遠の遺産なのである。

注

注1）科学者たちや科学哲学者たちは，**いかなる**科学的データも，その報告の対象となっているものを歪曲する選択的・解釈的な構えの上に得られたものだということを認識するようになってきた。とはいえ，精神分析においては，このことは，桁違いに大きな問題となる。

注2）精神分析と心理療法とを過剰なまでに区別することにはどういう意味があるかについてのさらなる興味深い議論は，アーロンとスター（Aron & Starr, 2013）を参照のこと。

注3）精神分析的な考え方を治療的に用いるための新しい基礎を構築する緻密な仕事については，ワイスとサンプソン（Weiss & Sampson, 1986）を参照のこと。彼らがどのようにしてアレクサンダーと同じ運命を辿らないよう努力したかに関する議論は，ワイス（1998）を，そしてワクテルとデミシェル（Wachtel & DeMichele, 1988）を参照のこと。

第11章

精神分析の認識論的基礎
—— 科学，解釈学，敵対的議論の悪循環

　科学は単純な1つの営為ではなく，私が以下に手短に述べるような，一定の共通の特徴を持つ多くの方法や概念的方略の集合体である。このことが正しく理解されていないために，誤解を生じさせるような実りのない議論が大量に生じている。人文主義的，あるいは解釈学的アプローチの賛同者の中には自然科学的アプローチを拒絶する人たちもいる。彼らは，ディルタイ（Dilthey, 1883/1991）が19世紀に提唱した**自然科学**と**精神科学**との間の区別に共鳴しているのである。そして，非常に狭い範囲の営為にのみ焦点を当て，そのような営為だけが科学と呼ぶにふさわしいものだと考えている。私は，もっと幅広い多様な営為を科学と見なしている。すなわち，**科学**とは，(a) 集積された組織立った知識を足場にして発展できるように設計された営為であり，(b) 少なくとも部分的にでも人間に備わっている驚くべき自己欺瞞の能力を克服できるように設計されている営為である。これら2つの基準を満たしていれば，人間が知識を増やそうとして関与するあらゆる営みが，科学という用語に十分値するように私には思われる。

　これから論を進めていくわけだが，(統制された実験は，科学にとっての最も強力な手段の1つではあるものの)，科学は実験とイコール**ではない**ということを，読者は明確に心に留めておいてほしい。同様に，科学は，実証主義とも，客観主義とも，直線的思考とも同義ではない。これらは時おり精神分析家が科学という**恐怖の影**を防衛的に拒絶するために使う，架空のレッテルである。実際，精神分析家は，科学が彼らのお気に入りの考えに水を差すかもしれないということをしばしば恐れている。さらに言えば，精神分析家は，科学が本当に彼らが患者の助けになっているかどうかをチェックできるようにしてしまう

第 11 章　精神分析の認識論的基礎　*191*

かもしれないとしばしば恐れている。

悪循環と認識論的議論

　ある方向性を持つ極端な立場が，反対方向の極端な立場を誘発するとき，そしてそれぞれの極端な立場が対立する側の行き過ぎによって正当化されるものと体験されるとき，対立する立場間の相違は強くなる傾向がある。今，私が述べているのは悪循環（本書全体が扱う主要な現象）というものである。悪循環について最初に認識しておかなければならない事がらの1つは，いつ，どのようにして悪循環が始まるのかを特定するのは非常に難しいということである。家族療法家が指摘してきたように，反復的で連鎖的な事象のどこに"句読点"を打つかという問題は，往々にして当事者間の論争の主要なポイントの1つである（たとえば Hoffman, 1981）。どちらの側も，相手がその事象を開始したと言うのである。そして，"私は**彼ら**がしていることに反応しているだけだ"と主張するのだ。当然，相手側も，まったく同じことを言う。そしてどちらの側も，相手が同じことをさらにもっとやり**続ける**ようなやり方で相手に反応し続け，挑発的な行動をとり続けながら，そうしている**自分自身**を正当化するのである。この種の，何度も何度も繰り返されるパターンは，夫婦にも家族にも，また個人の人格の力動の中にも見出される。

　これと同じ力動は臨床場面の外でも働いている。以前，私は，十分な経済成長を遂げた社会が取り憑かれたように経済成長を求める様子に，同様の循環的パターンを見出せるということを検討した。そのような経済成長の追求は，社会的な混乱や深刻な生態学的ダメージを生み出すし，より多くを所有することで得られると想定されている満足を，実際上，十分に与えてくれるわけでもない。にもかかわらず，経済成長は貪欲に追求される。なぜ私たちは常に欲求不満状態にあるのか，なぜ常に"もっと"必要だと感じるのか，そしてそれを手に入れたとき，なぜ常にそのもっと多くのもので満足することができないのか（そしてどういうわけか，なぜ**さらに**多くのものを手に入れれば目的は達成されるだろうと考えるのか）を理解するためには，この悪循環の力動を理解する必要がある（Wachtel, 1983）。

　私は，アメリカにおける人種間関係についての広範囲な研究の中にも，これと同様の循環的パターンを見出した（Wachtel, 1999）。この領域においては，相互**非難**的な循環があまりにもよく知られている。循環的パターンはそこでは

特に明白だと言えるだろう。つまり、"われわれは自分たちの好きなようにやっているだけだ。なぜなら**彼らの方が**好きなようにやっているからだ"というわけである。そしてどちらの側も、自分たちが不満に思っているまさにその行為を、相手側がやり**続ける**ことを確実にするような仕方で行動するのだ。そのような行為は、相手側が破壊的なパターンに再びはまり込むよう誘導する。少なくともこの領域においては、永久機関が実現してしまったようだ。残念なことに、また恐ろしいことに、現在の西洋世界とイスラム過激派の間の争いにも同様のパターンが見出される。この領域においても、いずれの側もが自分たちの行動は相手側の行き過ぎた行為に対する反応にすぎないと考える悪循環が多様に認められる。そしていずれの側も、相手側の行き過ぎた行為を再び誘発するような仕方で**反応し続けている**。

　心理療法の領域でも、方法論的問題と認識論的問題に関して、特に自然科学と人文科学（または解釈学）の間で、どうしてこうまで分裂が生じてしまったのかを理解するために、同様の悪循環に注意を払うことが助けになる。あらゆる循環的パターンがそうであるように、どこから説明を始めるかによって、その説明の正当性の印象が大きく違ってくる。精神分析を**批判する人**の立場では、説明は、精神分析が、そのセラピーの基礎となる仮定についても、提供されたセラピーの有効性についても、系統的なエビデンスをほとんど提供してこなかったということから始まる。"経験的に有効性が認められた心理療法"や"エビデンスに基づいた実践"を支持する人たちはこうした説明を採用している（こうしたアプローチの批判的検討については、ワクテル（Wachtel, 2010）を参照）。このような見方に立って、科学を擁護し、実験による厳しい検証を重視する人々は、精神分析集団がこの点で甘く無責任であるということに反応しているのであり、また精神分析においては、新しい見解は有効性を示す**エビデンス**によってではなく、**権威**によって承認されるという、うんざりするような保守主義に対して反応しているのである（この点に関しては、実際、精神分析雑誌においては、特定の見解を裏付けるために、系統立った観察が参照されるよりも、クライン（Klein）やウィニコット（Winnicott）やカーンバーグ（Kernberg）など権威ある人物の言葉が引用されることの方が多いというのが正直なところである）。

　こうした見地に立つならば、これらの"科学"の信奉者たちは勇敢な改革者なのであって、精神分析家の主張を体系的に評価することによって、そしてエビデンスによって効果が証明されたより短期の新しい治療法を導入することに

第 11 章 精神分析の認識論的基礎 *193*

よって，心理療法の公共性を守ろうとしているのである。

しかしながら，このことを逆サイドから見た別のストーリーも存在する。“悪いのは奴らであって自分たちは悪くない”と主張するもう 1 つのストーリーでは，事の発端は，科学の信奉者たちからの不当な要求である。科学の信奉者たちは，不当な基準を設定した上で，その基準に基づいて“経験的に有効性が認められた”ないしは“経験的に支持された”心理療法しか実践されるべきではない，と要求してきたのである（Wachtel, 2010）。この要求の基礎にある科学は，鍛錬された知性の創造的な実践としての科学ではなく，まるで強迫症状のような科学である。彼らは，心理療法の領域においては，ランダム化比較試験（RCT）によって検証されない限り，経験的な支持を得たものとはみなせないと主張している。宇宙論から地質学，細胞生物学，古生物学に至るまで，広範囲の自然科学の領域で用いられている他のどんな方法も，どんな手続きも妥当ではなく，ただランダム化比較試験のみが妥当だというのが彼らの主張である。

仮にダーウィンの理論が，ランダム化比較試験によって検証されなければ有用なものとは認められないということになったら，どうなるだろう。実に数十億年以上の気が遠くなるような期間にわたるプロジェクトに資金提供できる十分な財源（および忍耐力）を持った助成機関を見出さなければならない。地球の代わりとなる多くの惑星の中からサンプルを選び（これはすなわち，無作為に抽出された臨床試験というパラダイムにおける患者に相当する），前もって定められた条件に無作為に割り当てなければならない。極端に科学主義的な臨床上のイデオロギーの信奉者たちの主張にさらに応じるなら，惑星の進化についての**マニュアル**を開発しなければならない。というのも，たとえ条件 A に割り当てられた惑星がある種の生命を進化させ，条件 B に割り当てられた惑星は別の種類の生命を進化させたことが発見されたとしても，狂信的な科学主義者たちはマニュアルがなければ納得しないのである。彼らは「惑星 A が高温の恒星の近くにありながら豊富な水を**本当に保っていた**とどうして言えるのか？」とか，「惑星 B で恐竜が栄えていたちょうどその時にその惑星に**本当に隕石が衝突した**とどうやって知ったのか？」などと尋ねるかもしれない。この点についてあらかじめ詳細に説明し，マニュアルを作成し，惑星をそのマニュアルに従うように訓練し，惑星がこっそり変なことをしたりしないよう確認することができない限り，われわれの発見は大して信頼を得られないだろうし，われわれの主張は実験的に妥当性があると認めてはもらえないのである。

ランダム化比較試験によって検証されてこなかった手続きは，いかなるもの

194　第1部　心理療法，人格力動，間主観性の世界

であっても妥当とは認められないと主張する研究者や心理療法家と，天地創造説を唱える進化論否定論者とは，皮肉なことに，同じ意見を主張する仲間となっている。進化生物学は，地質学や宇宙論のような多くの自然科学と同様，ランダム化比較試験によって検証することはできないし，対照群を伴う実験によって検証することもほぼできない。したがって，心理療法の領域において「実験による妥当性」を極端に主張するグループがとっている立場は，反自然科学主義的な天地創造主義者たちのグループがとっている立場と，軌を一にしているのである。彼らは共通して非常に創造的な能力を持っている。それは，自分たちが抱いている先入観に合わないエビデンスは無視し，確かに存在しているエビデンスを疑わしいとか不適切だと言って拒否する能力である。

　というのも，統制された臨床試験が行われていないということは，信頼できる証拠がないということを意味するものではないからである。私が上に名前を挙げた自然科学（地質学や宇宙論など）では，ランダム化比較試験に相当するものは，何ら用いられていない。しかしだからといって，正確で，方法論的に精巧で，純粋に科学的な調査研究によって検証されていないわけではない。同じことが心理療法やその基礎となっている理論にも当てはまる。妥当性のある経験的な評価を行うにはたくさんの方法があり，われわれが取り組むべきは，ランダム化比較試験だけに限定されない，エビデンスの全体である（Wachtel, 2010）。

　ランダム化比較試験のことを指して，**ゴールド・スタンダード**という用語が用いられることがある。私はそのような表現にショックを受けている。ミダース王の物語を記憶にとどめておくべきである。すべてを金に換えることはいつも賢明とは限らない。

臨床的有効性の研究におけるマニュアルへの没頭

　私は，他の条件がすべて同じであるなら，ランダム化比較試験による有効性の証明が，おそらく最も強力なエビデンスであろうという意見に反対しているわけではない。ただしその場合でも，ランダム化比較試験は，臨床的アプローチの有効性を示す**唯一**の適切な証拠ではないということは言っておきたい。それ以上に賛同できないのは，マニュアルが不可欠な構成要素になっていることである。心理療法研究におけるマニュアル化運動の背後にある一般的な理屈は私にも理解できる。2つの治療法を比べる場合に，その2つのグループの特徴が，

提供しているつもりの2つの治療法の特徴と実際に一致していることを確かめる必要があるということだ。ただし，マニュアル化はそれを可能にする唯一の方法では決してないし，多くの場合非常に不適切な方法である。

　第一に，マニュアルは目標に向かう手段にすぎず，目標そのものではない。たとえマニュアルがあったとしても，セラピストがマニュアルに**従っている**ことを確かめるためのコンプライアンスチェックが必要である。もしコンプライアンスチェックがあるなら，マニュアルがある場合でも**ない**場合でも，**それら自体が**評価の方法として役に立つ。もし調査の対象となっているセラピーがマニュアル化されていない場合でも，その治療法の実践家がそこでなされている治療作業を検討し，どれくらいその治療法に当てはまるかを評価することができる（このとき，評価に当たる実践家は，セラピーの結果については知らされないままに評価することができる。そうすることで，彼らの判断が歪曲されないよう予防できる）。もし経験豊富で熟練したセラピストが（そのセラピーの治療結果や，そのセラピーがどの治療法のつもりでなされているかを知らされないままに），それぞれの治療例がどちらの治療法に属しているかについて高い信頼性をもって判断したなら，それらの条件間の違いは，他の治療法とは区別される，その治療法の本質的特徴を示しているものと確信してよいだろう。

　結局のところ，そのセラピストがマニュアルに従っているかどうかということも，究極的には判断の問題であり，結局のところ，見る人の見地の問題である。というのも，幸いなことに，すべてのマニュアル化されたセラピーが，マニュアルの概念が示唆しているほどには，細かく書かれていないからである。したがって，そのセラピストがマニュアルに忠実に従っているかどうかの評価もまた，評価する側の判断や選択をかなりの程度含むことになる。マニュアルはそれぞれの患者によっていくぶん違った形で適用されるものであり，それゆえ，そのセラピストがマニュアルに従っているかどうかの判断は，単純なチェックリストの問題ではなく，曖昧で主観的な要素を含む難しい判断の問題となる。実際のところその判断のエビデンス的で認識論的な基礎は，マニュアル化されて**いない**治療法について，セラピストがその治療法に従っているかどうかを評価する場合のエビデンス的で認識論的基礎と変わらないものである。

　近年の心理療法研究においては，マニュアル化されているかどうかが，研究助成金が与えられるかどうかを左右する重要な要因となっており，いわば「頭に銃を突きつけられて」強制されているようなものである。マニュアル化の運動が猛烈な勢いで進んでいるのはそのためである。その結果，2つのことが生

196 第1部 心理療法，人格力動，間主観性の世界

じている。第一に，マニュアル化の運動はかなり機械的な科学の見方を反映している。この見方においては，要素的に分解していくアプローチが取られる。このアプローチは，かなり多くの研究分野において非常に有効であったけれども，決して科学的方法と同義ではない。そうしたアプローチが，ある特定の学問分野や問題に**たまたま適合しているから**ではなく，そのアプローチを取っていなければ科学的だとは言えないという強硬な主張によって採用されるなら，それは科学に見せかけた強迫症状に他ならない。

　第二に，（DSM や ICD の診断に確実に当てはまる患者グループを研究すべきだという主張とともに）マニュアルを強調する主張は，他のアプローチを否定し，特定のアプローチを正当化する偏向した主張をうわべだけ偽装したものである。科学的探究への真摯な努力というよりも，経済的な市場における策略である。経験的な検証へのこのアプローチの主な信奉者たちが認知行動療法家たちであって，このアプローチが，**まさにそれが導入する科学的検証の定義によって**その競争相手の治療法を検証されていないものにするばかりか，**検証不可能な**ものにさえしてしまうのは，単なる偶然ではなく，最初から意図されたことである。というのも，経験的な検証のための基準の１つとして，調査においてマニュアルを使用することが求められるのであれば，**その定義によって**，マニュアルを用いない治療法は「経験的な検証」が不可能になってしまうからである。これは政治であって，科学ではない。

科学と直感

　マニュアル化を求める主張の中には，要素に分解していく科学へのアプローチが反映されている。このアプローチについて，もっと詳しく検討してみよう。ある種の概念は，あらかじめ細かく設定された基準によってではなく，おおまかで直感的とも見える判断によって，もっともよく評価される。**その後**，それらの概念を他の方法で評価するなら，たとえば，最初の評価とは独立に**別の**評定者によって信頼性をもってその評価が再現されるかどうかを，エビデンスの標準的な基準を用いて調査するなら，そうした評価もまた詳細なチェックリストに基づく要素的な測定と同じくらい「科学的なデータ」だと言えるだろう。

　マニュアル化を求める主張には直感に対する不信が見て取れる。その主張は，科学的探究の最も重要な本質に関する（いわゆるハードサイエンスにおいても見出される）多くのエビデンスを無視している。科学哲学者であり科学史学者

でもあって，物理学と化学との境界について卓越した業績を残した科学者でもある．マイケル・ポランニー（Michael Polanyi）の古典的著作は，このことを非常に明らかにしている．ポランニー（1966）は，感じ取られてはいるものの，まだはっきりと言葉にはできない微妙な認識である"暗黙の次元"について詳しく論じている．彼によれば，それは科学という営みの本質的な部分なのである．また彼は，その暗黙の次元が，心理療法の領域においてそうであるのと同じくらい，いわゆるハードサイエンスにおいても重要な役割を果たしていることを示している．私が，科学の本質的な性質についてのある種の見方を強迫的だと形容するのは，そうした見方が暗黙の次元を理解し損ねているからである．そうした見方は，イデオロギーによって直感を排除しているのである．

　私自身の初期の研究から，直感の力がどのように科学的な方法論と結びつきうるかを示す例を示してみよう．現代科学は，直感を検証するためにこうした方法論を発展させてきたのである．その研究はまた，研究されている現象にマニュアルや要素主義的な方法論が適合しない場合，それらに固執することがいかに科学的に不毛であるかということも示している．私は，ジーン・シメックと共同で，偶発的な刺激の情緒的な影響力がもたらすさまざまな効果について調査した（Wachtel & Schimek, 1970）．その研究では，被験者は自由連想をし，TAT の図版を見て物語を作った．被験者には伝えられていなかったことだが，その実験には隣室から聞こえてくる騒音が含まれていた．半分の被験者は，口論しているような物音を耳にした．残りの半数の被験者は，楽しげなパーティが行われているかのような軽音楽と笑い声を耳にした．それらの物音は，話の内容は聞き取れないくらいの音量であった．実験後の聞き取りで，被験者はこれらの騒音が実験の一部だとは認識していなかったことが確認された．さらに，ほとんどの被験者がその騒音を偶発的なものと受け取り，その音に注意を払っていなかったにもかかわらず，実験後に尋ねられたとき，隣室にいる人たちが怒っていたか楽しそうであったかを正確に言い当てることができた．

　この実験の結果について詳細に述べることはしないが，大まかに言って，偶発的刺激の情緒的なトーンは，被験者の自由連想や TAT のお話に現れる情緒的なトーンに確かに影響を与えた．つまり，隣の部屋から"険悪な"音声が聞こえてきたときに述べられたお話には，怒りのテーマがより多く出現した．ここで私が強調したいのは，この研究において被験者のプロトコルを評定するための"マニュアル"を作成しようとした際，それには膨大な時間がかかったばかりか，うまくいかなかったということだ．言い換えれば，2 つの異なった偶

発的刺激に対する反応を効果的に識別できて，評定者間での一致度が高く，明白な行動上の指標によって記載された，要素主義的なチェックリストを作成することは不可能だった。しかしながら，マニュアルに頼るのをやめて，単純に，被験者の示すデータから直接的に包括的に伝わってくる情緒的な意味合いを感じ取るわれわれ自身の能力に頼ることにしたとき，高い評定者間の信頼性を達成しつつ，険悪な偶発的刺激への反応と楽しげな偶発的刺激への反応の重要な違いを識別することが可能となった。つまり，自由連想や物語の中に現れた怒りを検出するためのマニュアルを作成する代わりに，単純に，（どちらの条件での物語や連想かを知らされることなく）どのくらい怒りが表現されているかを全体的に判断した時，ずっと望ましく，意味深い結果が得られたのだ。

逆方向への過剰反応──エビデンスの科学的基準の防衛的な無視

　専門家としての私のキャリアの初期におけるこの研究上のエピソードは，われわれの領域において人為的に作られてきた分断の両方の側にとって興味深い示唆を含んでいると思う。一方では，マニュアルのような強迫的な基準を超越することの重要性を示している。明瞭かつ詳細に説明された基準は，事実を知るための最善の方法である場合もあるが，障害となることもある。それゆえ，私は“経験的に妥当性が証明された”セラピーの信奉者に対してかなり批判的な立場をとってきたわけだが，とはいえそれに反対する立場の人たちの間には，逆方向の偏向が存在していることを認識しておくこともまた重要である。ここまで述べてきたことは，科学の基準を無視して恣意的に判断しても構わないという意味では決してない。それでは悪しき科学主義の双子の兄弟となってしまう。つまり，ここまで述べてきたことは，“私の言うことを信じなさい”という態度を推奨するものでは決してない。むしろその逆である。上に述べた実験においても，われわれは評定者間の信頼性を査定して評定者の判断を検証した。

　私もメンバーである，ある精神分析関係のメーリング・リストに投稿された次のメッセージは，上に述べた「恣意的な判断」をよく表す一例となっている。その投稿は，精神分析的な諸概念の妥当性と精神分析治療の有効性を経験的に証明する必要性について論じたものであった。この投稿をしたのは，かなり有名な精神分析的著述家であった。彼を傷つけたくないので，名前は挙げずに引用することにしよう。彼は臨床上の観察の有用性を擁護し，系統立った経験的評価に反対する立場から議論に加わった（繰り返しになるが，経験的な評価と

いうのは，マニュアルの使用やランダム化比較試験と同等とみなされるべきものではない）。彼は以下のように述べている。

　　ある種の調査結果についてはどうだろう。ここに私は，面接室内で行われた精神分析的に方向づけられたセラピーにおける，創造的な心の働きの一部始終を記録した著作を14冊持っている。これらの著作が語っているのは，正真正銘の心の現実である。確かにこれらはなお修正され，補強され，探究されていく必要のあるものである。しかし，そこにあるのは現実である。現実は雄弁である。

　興味深いことに，同じメッセージの中で，この著者は，科学を愛しており，科学に魅了されていると述べている。しかしこれは，科学に対する，よくある自己満足的で聞こえの良い忠誠心の表現である。私がいま述べているメーリング・リストの多くのメンバーが同じようなことを述べている。それは彼ら自身の信念に抵触しない限りにおいての科学への愛であるように思われる。そのモットーは，"民衆には科学を，**私には**直感を"というものであるように思われる。

　経験的な妥当性の検証に関して**偏狭で政治的な**基準を拒絶するのは適切なことである。しかし，そのように装いながら，精神分析療法やその基礎にある諸概念の臨床的有効性を証明する**すべての**系統的試みを（ひとりよがりに，あるいは防衛的に）拒絶する人たちがいる。ポストモダニズム，構造主義，解釈学などの旗印を掲げ，"実証主義"を無価値なものとして描き出す中で，それらの立場の信奉者たちは，皮肉なことに，精神分析それ自体の最も基本的な示唆を無視している。すなわち，精神分析が示唆してきたところでは，われわれはとても自己欺瞞に陥りやすく，この自己欺瞞はしばしば動機づけられたものであり，たいていは無自覚的なものであって，その自己欺瞞のおかげでわれわれはより心地よく過ごせると同時に，心を動揺させるものに気づかないでいられる。われわれの知覚そのものも，つまり"自分の目で見た"と確信をもって言えるものでさえも，（動機づけられた，あるいは動機づけられていない）歪曲や偏りに容易に陥る。記憶もまたあやしいものであり，体系的な記録に基づくセッションの報告と比べれば，（精神分析関係の論文では標準的となっているような）事後的な回想は信頼性が低いのである。科学的方法は，まさにこのような事態に対処するために発展してきたものである。科学にはさまざまな方法

論的形態があるが，本質的に言えばいずれも，見たいものを見，記憶したいものを記憶するわれわれの傾向に対処するような仕方での観察を実現しようとする方法である。

　実際のところ，何よりもまずわれわれの**臨床上の**観察や理論こそが，前の週に面接室で起きたことについての分析家の記憶の蓄積を超えて，より体系的なやり方で評価されていないのであれば，そうした観察や理論を疑うよう注意を喚起している。臨床に基づいたわれわれの理論に少しでも価値があるとすれば，それは，その理論が，われわれ人間には恐ろしいほどの自己欺瞞の能力があり，それゆえこの傾向をコントロールすべくさらに努力しない限り，純粋に臨床だけに基づいた理論は脆弱なものだということを指摘している点にある。もし，"私を信じなさい。私はそれを面接室で確かに見たんだから" といった仕方による以外には観察の評価方法を持っていないのであれば，われわれは閉じた輪の中で行き詰まることになるだろう。

　このことは，特定の方法論の独裁を意味するものではない。科学という言葉の正確な意味を明確にするのは難しいが，知覚や信念がいかにわれわれを惑わせるかをよく認識しており，なおかつ正直であるならば，そのスピリットを見抜くことはたやすい。科学的であるために，主観的体験の微妙なニュアンスへの関心や，思考や感情や行動に対する無意識的な影響への関心を放棄する必要はない。確かに，情緒や体験の機微は体系的な研究では**捉え難い**というのは本当である。また，刊行されている多くの論文が，現場の臨床家にとっては，自分たちの仕事とはまるで無関係だと思われる，些末な事柄や表面的な事柄を取り扱っているのも事実である。しかし，われわれが「科学とは何か」という問題に対して，より形式主義的でなく，より強迫的でない理解をするなら，面接室の中で臨床家がよりどころにしている細やかな共感や知覚をも利用しながら，科学という保護措置を利用することができるようになる。私が上で紹介した小さなエピソードを思い出してほしい。そこでは，科学の**仕掛け**は役に立たなかった。ところが，通常の情緒的感覚を体系的に利用することで，有意義で，信頼できる結果が得られた。これと関連して，ウエスティンとウェインバーガー（Westen & Weinberger, 2004）による例証を思い出す人もいるだろう。彼らは，臨床的手法と統計的手法との間の古い二分法は間違ったものだということを指摘した。彼らは，しばしば統計的な手法が最も効果を発揮するのは，単純な自己報告式の質問紙や訓練を受けていない評定者による評定を用いた場合ではなく，経験を積んだ臨床家による洗練された判断を用いた場合であると論じた。

しかしながら，彼らは，臨床家が得意なことと統制的分析が得意なことを**組み合わせる**ことこそが，最も有益で最も信頼できる知見を生み出すのだと力説している。この点をよく認識しておく必要がある。

立場と方法論

　科学は，ある１つの立場の"所有物"ではない。認知行動療法家のものでも，神経科学者のものでも，ランダム化比較試験の実施者のものでもない。科学は単に，われわれが誠実であり続けるための方法である。また，それはしばしば，（望遠鏡であれ，顕微鏡であれ，粒子加速器であれ，あるいはオーディオレコーダーであっても）新たな方法論や新たな技術によってわれわれの知覚を拡張するための方法である。

　オーディオレコーダーは，今や，ハイテクを備えた研究室よりも，子どもたちやティーンエージャーの若者たちの部屋でよく見かけるような，ありふれた道具となっている。しかしながら，それは，今なお，臨床過程と臨床的直感を科学的なデータに変換する上で，十分に活用されていない道具である。第一に，録音や録画は，他者が同じ素材を見て独自の判断を下すことを可能にする（ビデオを見るのと，患者との間の情緒的な場に直接参加することの間には，当然のことながら，違いがある。完璧な解決方法は存在せず，ただ妥協策のみが存在する）。第二に，録音や録画をすると，セラピストの記憶を確かめることが可能になる。ビデオを見てみると，いかに記憶とは違っているかに気がついて驚かされる（微妙な違いも，印象的で明白な違いと同様に重要である）。第三に，何度も繰り返しビデオを見直して初めて，何か大事なことに気づくこともある。ずっとそこにあったのに，繰り返し見ないと気づかないことがあるのだ。私がごく初期に発表した論文の１つに，ボディーランゲージによるコミュニケーションについてのものがある（Wachtel, 1967）。その論文において描写したあるパターンは，50回以上ビデオを見て初めて気がついたものであった。しかしいったんそれに気づくと，それ以降はすぐに目につくようになり，むしろ明白なものとなったのである。

　われわれはまだオーディオレコーダーやビデオレコーダーのような単純な方法論上の新技術に潜在する可能性を十分に理解していない。たとえば，ビデオ録画を１コマ１コマ分析する研究方法がある（たとえば，Beebe & Lachmann, 2002; D.N. Stern, 1985; Tronick, 1989 を参照）。われわれの観察力を高めてく

202 第1部 心理療法，人格力動，間主観性の世界

れるこうした新しい方法にどのような可能性が秘められているのか，われわれはまだよく理解していない。たとえば，愛着とリフレクティブ機能に関する体系的な研究（たとえば，Fonagy, 2001; Fonagy, Target, Steele, & Steele, 1998; Hesse, 1999; Main & Goldwyn, 1998）では，録音された面接を書き起こしたものがデータとして用いられた。これらの研究は，新しい観察方法から**臨床的に意味深い**発見が引き出され得ることを示している。新たな観察方法は，それを用いなければ見逃してしまうような現象（しばしば精神分析をはじめとするより臨床的な理論家の興味の中心に近い現象）に気づかせてくれる。

録音やその書き起こしを使うことは，ただ記憶のみに基づいたセッションの報告からの科学的な進歩の一例にすぎない（面接の記憶は，たいていはせいぜいその日の終わりに書きとめられる。何日も，あるいは何年も経ってから書かれることすらある）。私がここでオーディオレコーダーを取り上げているのは，それが今日ではむしろありふれた低い技術レベルの道具となっているからであり，しかもなお伝統的なケースレポートからのめざましい進歩（フロイトが仕事を始めた頃には想像すらできなかったであろう進歩）をもたらす道具だからである。さらにまたそれは，基本的に精神分析家が通常抱いている興味の焦点の範囲内の方法でもある。つまりオーディオレコーダーは，患者とセラピストの言葉を記録し，セラピストが患者の情緒に共感的に波長を合わせようと努力する様子を記録するものである。それは，伝統的なケース研究が取り扱っていたのと同じ種類の素材を対象としており，そうした臨床的素材からの逸脱でも回避でもない。それは，質問紙にチェックしてもらうような，直接的に意識的に接近できる内容のみを調べるような方法ではない。録音や録画を使った研究は，なお多くの推測や解釈を必要としており，常に単純明快で直截であるとは限らない。しかし，そうした方法によって得られた結論は，単に分析家の言うことを信じるしかない場合よりも，より公共性が高いものであり，専門家コミュニティにおいて評価・検討されうる余地がより大きいものである。しかも，分析家やセラピストがやりとりに取り組むなかで感じた主観的体験も除外されるわけではない。セラピストの主観的体験は，"私を信じなさい"タイプのケースレポートの場合と同様に，そうした研究においてもセラピストによって提供されうるものだからである。実際，セラピストの主観的体験の報告は，**より豊かな**ものとなるかもしれない。なぜなら，ビデオを見ることで，セラピストはそこで起きたことをより明確に思い出す手がかりに接し，濃密な記述に反応しながら主観的体験を報告するからである（Geertz, 1973）[注1]。

私は近著（Wachtel, 2011b）において，3つのセッションを録画し，患者が何を言い，私が何を言ったかを書き起こして報告するとともに，そのプロセスの瞬間瞬間に私が何を考え主観的に体験したかについて詳細にコメントした。その際，私は以下の点についてはっきり痛感させられた。つまり，セッションの録音や録画を利用することによって，あらゆる瞬間の私の主観的体験が，細部にわたって豊かに蘇ったのだ。頭の中で再編集された大雑把な記憶だけに頼ってセッションで起きた体験を再構成するという仕方では，そういうことは不可能だっただろう（ずっと虚構的なものとになっていただろう）。確かに，主観的体験に関する私の報告を，完全なものあるいは正確なものとみなすことはできないだろう（精神分析的な考えに馴染みのある人であれば誰でも，そのように完全に正確無比な接近方法が存在するとは考えないだろう）。しかし，ここで明確にしておきたいのは，精神分析における典型的な仕方での主観的体験の提示も，同じように完全ではなく，正確ではないということである。精神分析における典型的な仕方での主観的体験の提示は，生じたこと（言葉，出来事の流れ，声のトーンなど）の高度に選択的な仕方での想起に基づいている。したがって，精神分析における典型的な提示の仕方は，認識論的な意味でより脆弱なものである（人は自分の期待に添うことを想起しやすく，期待に反することは都合よく忘れたり軽視したりする）。そればかりか，同じ選択的な（かつただ単により不完全な）プロセスの結果，生起していたことについてのセラピストの**主観的体験**は，より不完全かつ不正確に再構成されがちとなる。人間の記憶の制約の必然的な結果として，想起される出来事は不完全なものとならざるをえない（さらには，想起を組織化する物語に適合しない要素はそぎ落とされざるをえない）。そのように想起された限定的な出来事に触れるだけであるよりも，正確な継起で再現された正確な言葉や表情などに触れることによって，より豊かな主観的体験が引き出されるだろう。したがって，録音や録画は，証拠という観点から見て信頼性を高める上で有用であるばかりか，セラピストの主観的体験を再構築する上でも有用なのである。

　治療過程を理解する上で最も重要なものは“事実”ではなく，双方の**主観的体験**であるという理由から，セッションの録音や録画に反対する人もいる。この観点からすると，分析家の記憶に基づいて語られたストーリーは，録音や録画よりも有益な記録だということになる。というのも，そうしたストーリーには，（少なくとも分析家にとっての）出来事の**意味**が織り込まれているからである。こうした見解においては，記憶における選択的な編集は，その無意識的

側面も含めて，障害とは見なされていない。むしろ，選択的に編集された報告は，本当に大事なことをふるい分けるフィルターを通すことで**より改善された**報告だとみなされている。私は，この主張の前半部分，つまり，"事実"は，当事者にとってそれがどういう意味を持っているかという観点から理解する必要があるという点については同意する。しかし私は，後半部分については疑わしく思っている。第一に，セラピストが後になって語りを再構成する際の無意識的プロセスは，そのセッションにおけるセラピストの主観的体験の興味深い要素を明らかにするものであるにせよ，セラピストが**患者の**主観的体験をどの程度正確に理解できているかを評価しにくくさせてしまう。もし分析家の記憶が，自分の体験に合うよう無意識的に編集されているとすると，その報告に接した第三者が患者の側の主観的体験について**異なった**見解を持つ可能性が遠ざけられてしまう。というのも，こうした報告から，セッションで何が起こっていたのか，そしてそれが何を意味していたかについて，分析家が提示している説明を否定することは極めて困難だからである。さらには，セッションにおける分析家自身の主観的体験にどのようにアクセスするかというテーマに立ち返るなら，先に言及した私の著作において，逐語記録は，セッション中の私の主観的体験の説明を**代用**するためではなく，まさにその説明を**より豊かなものにする**ために活用されたのだということを，もう一度強調しておきたい。

　録音や録画というありふれた技術以外にも，単にセッションだけから得られる以上の情報をもたらしてくれる，より複雑な，あるいは技術的により高度な方法も存在している。そうした方法の多くは，生理学的，あるいは神経学的な形の記録だが，それ以外の方法もある。重要なことは，生理学的な証拠が，心理学的な証拠よりも現実的で確かなものというわけでは決してない，ということだ。結局のところ，行動に現れたデータや実験で得られたデータと結びつけることなしに，脳内で起きている神経発火のある特定のパターンが何を**意味しているか**を，いったいどうやって理解するというのだろう？　"ハードな"生理学的指標の有用性は，それらが相関している"ソフトな"心理学的指標の有用性と同じである。片方の指標に関して適切で分化したデータが得られないなら，他方の指標においても得られないだろう。しかし，それにもかかわらず，心理学的領域への細やかな注意と結びつけられるなら，生理学的指標はわれわれの理解をかなり推し進めることができる。最善の研究方法のもとでは，これらの指標は相互に寄与し合うのである。心の中で何が起きているのかを判別し，明確にし，パターン化して整理するのは，しばしば非常に難しい。心理現象は

複雑だという言説（心理現象は複雑すぎて科学的にアプローチできないと主張する人たちがよく口にする言説）が意味しているのはそういうことである。しかしながら，（有能な臨床家が自然に行っているように）患者の曖昧な話をよく理解できないでいるとき，話の合間の沈黙や困惑した表情などに注意を向けることで，そこに潜在するテーマが見えてくることがあるように，fMRI によって活性化されている脳の部位についての情報が得られるなら，患者が表現しようと苦闘している葛藤や，まだ気づかれていない欲望や恐れなどについて，もっとよく理解することができるだろう。

　明らかに，精神分析や心理療法の現在の実践のあり方からすると，面接室でfMRI を用いて患者の脳の活動についての情報を得るようなことは現実的ではないだろう。そうした情報は実験室において得られるものだろう。それでもなお，そうした情報は**これまで理解されてこなかった，あるいは正しく評価されてこなかった心理学的な意味**を解明してくれるものである。どちらの場合でも，進歩を可能にしてくれるのは，積極的で感受性豊かな探究である。患者が沈黙したり，何らかの注目すべき表情を浮かべたりするとき，まだ十分には明らかになっていない意味を追求するためにわれわれがなすべきことは，その沈黙の間に，あるいはその表情を浮かべる直前に，患者の心の中で何が起きていたかを尋ねることである。実験室でも同じである。何らかの生理学的な指標が現れたときには，実験者は，そのとき患者の心に何が生じているのかを**尋ねる**だろう。脳スキャンから得られた徴候は，きちんと評価されないまま，あるいは解釈されないままに，われわれの注意をすり抜けてしまった何かについて質問するよう，警告してくれる。心理学的理解がより分化し，きめ細かなものになれば，今度はそのことが新たなより進化したプラットフォームとなって，脳スキャンの方法論を進歩させる。つまり，そうした心理学的理解は，研究者に，なお見過ごされている微妙な心理現象に関する手がかりを与える。このように，一方の領域の進歩は他方の領域の進歩をもたらし，両者は相互に高め合っていくのである。一方が進歩すると，その進歩を基礎としてもう一方が進歩する。そしてその進歩を基礎として，もう一方がまた進歩することになるのだ。

　現在の臨床場面においてより現実可能な領域では，ルボルスキーと共同研究者たちによる症状文脈法と呼ばれる方法に基づく研究が，こうした相互の高め合いの一例として挙げられる（Luborsky, 1996）。ルボルスキーは，反復される症状的な行為や出来事（痛みや痙攣といった身体症状や，今言おうとしていたことをど忘れするといった心理的症状）を心理学的に探究した。彼は，そう

206 第1部 心理療法，人格力動，間主観性の世界

した出来事に注目し，その出来事の前後の意味の文脈を体系的に研究した。現実の場面では，瞬間，瞬間に消えて行ってしまうために容易に見落とされてしまう連鎖や関連のあり方が，録音された素材を非常に綿密に調べることで把握されるのである。

　ルボルスキーによる実際の研究においても，また脳スキャンその他の科学技術を用いた想像上の仮説的な研究においても，重要なことは，意味の追求，すなわち解釈論的探究は，"外側の"視点からなされる探究過程と相容れないものではないということである。むしろ，もしわれわれが多様な探究方法に対して開かれた態度で，創造的に探究を進めるならば，それらの間の二分法はしばしばわれわれの先入観とバイアスの産物であるということが分かるだろう。一方では臨床観察や主観的体験に注意を向けること，他方では科学的研究の持つ技術的援助と体系的方法を利用すること，これら両者を相補的に用いることによって，より深くより完全な理解が達成できるのである。

理論の貢献と悪循環の遍在

　私がこれまで述べてきたような，相互に影響しあいフィードバックしあう過程においては，臨床状況の今ここに情緒的，直感的に没頭することと，体系的な調査の知見に注意を払うこととの間で，相互の高めあいが生じる。その過程におけるもう1つの非常に重要な要素は理論の進歩である。私は，クルト・レヴィン（Lewin, 1951）が述べた"良い理論ほど役に立つものはない"（p.169）という主張にまったく賛成である。多様な領域の観察や知見に基づく理論を持つことで，以前は気づかなかったことに気づけるようになるし，いままで遭遇したことのない現象を予見し，探し求めることが可能になる（Wachtel, 1980参照）。科学における最も重要な新発見（前世紀の最も偉大な人々でも想像すらできなかった現象との邂逅）の多くは，理論によって促進されてきた。つまり，理論が指し示すものを探し求めた結果，新発見が得られたのであって，もしその理論がなければ，そもそもそれを探し求めることはなく，新発見も生じなかったはずなのである。

　しかしながら，人間の行動や経験という領域では，限られた範囲の観察にのみ基づいて理論を構築しようとする傾向によって，有力な理論や学問分野の発展が妨害されてきた。たとえば精神分析の領域では，自由連想をもとにして発展した理論が，中立性，匿名性，禁欲といった理論上の概念をもたらし，それ

らの概念が自由連想やそれに密接に関連した方法を，精神分析的研究にとって
も，精神分析理論の構築にとっても，唯一の適切な方法として持続させること
になった。その結果，精神分析における観察の領域は，すでに受け容れられて
いる見解を否定するような観察にはまず出会わないような，制限されたものに
なってしまった。このようにして，すでに受け容れられている理論は人為的
あるいは人工的に適切と見えるよう維持された。けれども，理論的見解が，予
期せぬ観察による挑戦を受けて**成長したり変化したりすること**は制限されてき
た。

　もちろん，長年の間に精神分析の思想や実践にも変化はあったが，その変化
は限られた可能性の中で進行してきたにすぎない。ある考えや方法が純粋に精
神分析的であるかどうかを最優先の検討事項にしているので，それらが人間の
行動や体験の的確かつ十分に包括的な説明となっているかどうかや，それらが
患者に必要な援助を提供する可能性を高めるかどうかはしばしば後回しにされ
てきた（この点に関する優れた包括的説明としては Aron & Starr, 2013 を参
照）。後者の判断基準をクリアした多くの革新的見解が，前者の基準を満たし
ていない（それらは "精神分析的でない"）という理由で却下されてきた。近
年，新しい関係論的な考え方がその影響力を加速的に強めつつ，新しい精神分
析的**方法**と結びついてきた。その結果，新しい観察への焦点づけがもたらされ，
そうした観察はさらなる理論的，手続き的な修正を要請している（たとえば，
Aron, 1996; Mitchell, 1988, 1993, 1997; Mitchell & Aron, 1999; Wachtel, 2008 を
参照のこと）。しかし，こういった進歩でさえ，精神分析の周りに（以前より
はいくぶん緩まり，より拡張されたものではあれ）境界線を引き，家族システ
ム論や認知－行動論などのアプローチにおける観察を排除する傾向によって制
約されたものとなっている。

　もちろん，家族システム論や認知－行動論によるアプローチを推進する人々
も同様に偏狭である。とりわけ認知行動論に依拠するセラピストや理論家たち
は，精神分析に由来する観察の重要性を1世紀以上にわたって無視してきた。
第1章でも触れた「心理療法の統合を探究する学会（SEPI）」は，所属学派の
人工的な境界を越えて学び，意見を交換し，より包括的なモデルを構築したい
と願う精神分析家や認知行動療法家，家族療法家などが集う，かなり珍しい学
会である。

　私は，非精神分析的な分野からもたらされた観察を同化できるように，精神
分析的な概念を再構築しようと努力してきた。その際，この章の全体を通して

208 第1部 心理療法，人格力動，間主観性の世界

議論してきた悪循環の概念が最も重要なものとなった。悪循環に注目することで，人格の力動性がより十分により包括的に解明されるばかりか，競合し合う主要な学派のどれもが，われわれの人生を特徴づけているより大きなパターンのほんの一部にしか注意を向けていないということが理解されるのである。より大きなパターンには，過去から蓄えられてきたものの影響力と，現在の文脈が持つ新しい影響力の両方が含まれている。実際，悪循環のより大きなパターンに注意を払うことによって，内界と外界を分ける二分法そのものが間違いであり，誤解を招くものだということが理解されるようになる。もしわれわれが，隠された願望やファンタジー，葛藤，自己表象，対象表象などのいわゆる内的世界を十分に適切に理解するなら，それらは単に，閉ざされた心の中という領域にある内容や力であるだけでなく，われわれが**世界に反応する**際の生き生きした能動的な反応のあり方を反映したものでもある，ということが分かるだろう。詳しく見ていけば，しつこく持続する無意識的ファンタジー，あるいは転移の傾向，または見たところ原始的な願望や恐れなどは，われわれが絶えず遭遇している現実世界の出来事や体験への反応パターンの一部なのだと理解されるだろう。しかし，われわれが反応している世界は，古典的な心理学実験でいう"独立変数"で構成されているわけではない。いわゆる"外的"世界は，"内的"世界の関数であり，それと同じように，内的世界は外的世界の関数である。われわれは，願望や恐れやファンタジーに基づいて**行動する**。そしてわれわれが行動するとき，今度は他者がわれわれの行動に対して反応する。そのとき他者の反応は，われわれにとっては"外部の"環境からのインプットとなる（その外部の環境は，それ自体が，われわれの"内的な"傾向の関数である）。そしてさらに，そうした他者の反応は，われわれの内的傾向の光の下で意味を付与される（Wachtel, 1973, 1977b, 1981, 1994, 1997, 2008）。

　これは，精神分析家が単にエナクトメントと呼んだことがらをはるかに超えたことである。エナクトメントは，われわれが実際にしている行動に光を当てる概念ではあるけれども，それでもなお，通常，内界を優先的に扱う概念である。エナクトメントの概念において強調されているのは，行動の原動力としてすでに存在している**内的な**ものである。そこでは，その内的なものが行動として表れる文脈は，幼児期に書かれた脚本が演じられる舞台にすぎない。これに対して，私が重要視している循環的プロセスは，心理学的領域における因果律の**双方向的**性質を強調するものである。われわれが治療作業において見出す心理的構造は，単なる幼児期の残留物ではない。それは幼児期に**起源**を持つけれ

ども，新たな環境に反応して発展し，変化する。それと同時に（これこそが悪循環の皮肉な核心なのであるが），環境の（決してすべてではないものの）大部分は，われわれがそれまでに作り上げてきた心理的な構造や傾向，そしてそれらが生み出す現実世界での行動によって決定される。もしわれわれが，人々の現在の行動や体験を，今現在実際に起きていることよりもむしろ，幼児期のできごとによって決定されていると過度に考えすぎるなら，そうした人々の行動や体験をあまりよく理解できないだろう。けれどもそれと同時に，もしわれわれが，長年続いている恐れや欲望，葛藤，ファンタジー，主観的表象，発達過程の中で発展してきた知覚や認知の傾向などを考慮せずに，人々の現在の行動や体験を理解しようとしても，やはりあまりよく理解できないだろう。現在の環境の随伴性も，早期の体験の内的表象も，いずれの一方も他の一方よりも重要だとは言えない。実際，どちらの一方も，他方から切り離されるなら，あまり意味を持たないのである。われわれの分野のさまざまな理論は，実際には継ぎ目のない統一体を分割し，その一部を偏重してきたのである。

　私はこれまで，この本を含めてさまざまなところで（たとえば，Wachtel,1997, 2008, 2011a），このように循環的で，自己再生的で，互いに互いの原因となるプロセスがどのように働いているのか，そして，それが臨床実践にどのような意味を持つのかを示そうとしてきた。本書において私は，今日われわれの分野で急速に広まっている解釈学と科学についての議論においても，そうしたプロセスが見て取れることを明らかにしようと試みた。この試みがそこそこ成功していることを願っている。

注

注1) セッションを録音するという行為は，そこで生じることの形態を完全に変化させてしまうと主張する人もいる。そうした主張は，自分の臨床技術や考え方をこの種の精密な調査に委ねたくないという思いを利己的に合理化したものだと思う。

第2部

◆

人種，社会階層，貪欲，そして社会的に構成される欲望

第**12**章

精神分析と文化的構成の世界
——文脈的自己と日常的な不幸の領域

　前章までの基本的な焦点は，個人の力動，ならびにその個人が直接的に関わる相互作用の文脈にあった。本章以降，基本的な焦点は，より広い社会全体が関わる問題，ならびに個人の諸特徴と社会文化的な文脈とが互いにどのように形成し合っているかという問題に移行する。神経症の苦しみだけが，日常の不可避的な不幸とは区別される改善可能な苦しみではない。満足や意味の純粋な追求と，より多くの物質的富を求めることによる幻想的な幸福の追求との間の違いを曖昧にしてしまうような価値の内在化（Kasser, 2003; Kasser & Kanner, 2003; Wachtel, 1983），そして，社会的な不平等と不公正は，不必要な苦悩のまた別の強力な源である。これからの諸章においては，こうした次元の人間の苦悩を扱うよりよいアプローチを発展させる上で，精神分析的な理解が示唆しているものを探索しよう。これまで精神分析の分野においては，こうした方面には十分な注意が払われてこなかった。この探索の過程においてもまた，精神分析的な考え方自体の一般的諸前提をより詳細に検討することになるだろう。そして，より幅広い社会的パターンや価値に注目することで，そしてまた異なる文化や社会階層を背景とする人々と関わることで得られる新しい観察が，精神分析的な主張の洗練とさらなる発展にいかに寄与しうるかを考察しよう。

　以前，この社会の絶え間ない経済成長の追求がもたらす破壊的な結果（地球環境にとっての破壊的な結果であり，同時にまた純粋に満足な生活を達成する見通しにとっての破壊的な結果）について真剣に取り組んだことがあったので，私はこのように自己敗北的な道筋を歩み続けるようわれわれを導く価値と前提についてよく考えるようになった。そして，この問題のかなりの部分は，心理的な問題を解決する手段として経済学や経済的幸福を用いる誤った努力の結果

であるという結論をますます強く抱くようになった。言い換えれば，より多くの「モノ」を求める物質的な欲望は，われわれをあくせく働くよう仕向けるとともに，われわれの欲求不満や傷つきや苦悩をごまかし，結局は悪化させているように思われるということだ。こうした欲求不満や傷つきや苦悩の1つの起源は，人間関係の葛藤にある。そしてもう1つの起源は，われわれが，自己の生存に必要不可欠な愛着の絆を維持するために，人生早期において最も重要な知覚や核となる体験を拒否するようになってしまうことにある。

　私は，『豊かさの貧困』（Wachtel, 1983）において，初めてこうした考えを詳しく探究した。その著書は，経済成長を強調するわれわれの努力がいかに心理的な幸福を損なう舞台をしつらえるものであったか，また翻って，われわれがいかに安全感と満足感の低下に対処しようとして，さらに生産し，消費する努力を払ってきたか（もちろんそれは不幸な結果をもたらした）を描き出した。

　こうした立場を表明し，擁護するために，私は，私とはほとんど正反対の立場を表明している多くの卓越した社会批評家たちの主張と折り合いをつけなければならなかった（たとえば，Lasch, 1979; Rieff, 1966, 1979）。こうした批評家たちの議論は，心理学の理論や用語で溢れていたけれども，本質的に言ってその結論は，われわれは心理的なものに焦点を**当てすぎて**きたのであり，自己や自己の情念や特徴の明確化に関与しすぎてきたのだというものであった。私は彼らの立場を検討し，そこに一片の真実を見出すとともに，彼らの議論が多くの点で的を外していることも見出した。精神分析が発展しつつあった時代，社会においては資本主義が急速に発展しつつあった。私が到達した結論の1つは，彼らの精神分析批判や心理学的体験の考察は，フロイトが未検討のうちに共有していた資本主義社会の重要な（問題を孕んだ）諸前提に関しては適切であったけれども（こうした諸前提は今なおわれわれの社会に持続している），精神分析に独自の諸特徴に対しては，実際のところ当てはまらないということである。われわれの社会には，満足の真の源についての誤解が蔓延している。精神分析には，この誤解の**解明**に寄与するポテンシャルがある。それゆえ，精神分析を，その発展途上で社会的な文脈から知らず知らず取り入れられてきた制約的な諸前提や諸価値から解放する，新たな選択肢を見出す必要がある。

日常的な不幸

　本章のタイトルでも，また冒頭の段落でも，日常的な不幸という言葉に言及

第12章　精神分析と文化的構成の世界　*215*

した。フロイトが「精神分析の目標は神経症の苦悩を日常的な不幸に変えることだ」と言ったことはよく知られている。この言葉は広く引用されるが，それは1つにはフロイトの卓越した美点，すなわち簡潔で力強い文章力，目標についての魅力的な謙虚さ（少なくとも**見たところ**の謙虚さ），冷静な現実主義，などの美点を反映しているからであろう。われわれはこの言葉に願望的な不幸の予言を読み取るわけではない。一般的な解釈ではむしろ，この言葉はもっと価値あるものを表しており，合理主義と人間性主義に生きる卓越した思索家による，人間経験の悲劇的限界についての深遠で冷徹な省察だとされている。

　しかしおそらくフロイトのこの言葉は，少々，**冷たすぎ，控えめ過ぎる**ものであろう。実際，私がここで尋ねたいのは以下のような問いである。精神分析は日常の不幸そのものについては何が言えるのだろうか？　精神分析はそれについても何か寄与できるのだろうか？　それとも精神分析はわれわれが神経症と呼ぶ苦悩だけに関わる理論なのだろうか？

　フロイトの初期の追従者の多くは，より野心的な目標を掲げていた。『精神分析の抑圧─オットー・フェニケルと政治的フロイト派』（Jacoby, 1983）という著書の中で，ラッセル・ヤコビーは，オットー・フェニケルのような由緒正しい古典的な分析家でさえ，秘密裡に（私は意図して「秘密裡に」と表現している）根本的な社会変革の追求のために精神分析を役立てることに関与していたことを指摘している。フェニケルの急進的な傾向はヨーロッパでは公然のものであったが，アメリカ合衆国に亡命して来てからは注意深く隠された（エディス・ジェイコブソンなど，その世代の指導的な精神分析家たちについても同様であった）。ヤコビーによれば，フェニケルは，マッカーシー時代の合衆国における移民の地位と，精神分析家サークルの保守性の両者を懸念していたようだ。彼は秘かに自らを2つの前線で闘う戦士として描き出していた。1つには，彼は個人的経験の微妙な綾を理解し損ねているオーソドックスなマルクス主義のアプローチと闘っていた。そしてもう1つには，社会的現実の影響力を理解し損ねている大多数の精神分析家たちとも闘っていた。彼に共鳴する分析家たちの小さなサークルで交換された手紙の存在は（時に80枚に及ぶこともあった書類は「手紙」と呼ぶにはふさわしくないかもしれないが），より大きな精神分析のコミュニティにおいては，事実上，知られていない。実際のところフェニケルは，手紙の受取人に，読んだ後は手紙を処分するよう勧めている。

　フェニケルと私の間には，臨床的な問題についても，社会変革の問題についても，重要な違いがいくつもある。けれども彼と私は，精神分析は，われわれ

216 第2部 人種，社会階層，貪欲，そして社会的に構成される欲望

の社会状況を解明し，より人道的な社会の建設へとわれわれを差し向ける役割を果たすべきだという見解を共有している。精神分析の寄与がどうあるべきかを探索するに当たって，現在，社会政策についてのわれわれの考えを支配している合理主義的計算の限界を認識するために，精神分析がどのように役立つかを検討することから始めてみよう。われわれの社会において，社会的選択を（しばしば個人的選択をも）導く上で優勢なイメージは，経済主義の選択である。おそらく現在のわれわれの社会において，とても重要なことだという意味を伝えるための最も一般的なフレーズは「ボトムライン」であると言っても，あながち間違いではないだろう▶訳注1)。

　われわれは，経済システムやそれに付随する習慣から知らず知らずのうちに取り入れられた前提やイメージから，深く浸透的な影響を受けている。その影響は，経済とは無関係だと思われているわれわれの考え方においてさえ，明白に見て取れる。経済主義的な考えがいかにわれわれの文化に浸透しているかを示す代表例は，われわれは自分が何を欲しているかを知っているという前提にある（この点に関して，精神分析的な視点は，これに替わる明確な他の前提をはっきり示している）。自己知識の透明性というこの前提は，われわれの社会が，社会政策決定上のメカニズムとして市場を崇拝していることを道義的・社会的に正当化する，絶対的な土台である。市場の崇拝は，漸進的な社会変革の大きな障害であるばかりか，われわれが実際に欲しているもの（意味のある生活，安全性，純粋の満足など）を手に入れ難くする障害でもある。そしてもちろん，自己知識の透明性という前提こそ，精神分析が強く挑戦している前提である。

　今なおわれわれの社会における主要な考え方の1つである，いわゆる新古典派経済学は，人の選択を所与のものと見なすことに関与している。新古典派経済学では「顕示選好（revealed preference）」▶訳注2)の動機づけ上の起源を調べることはない。もちろん，顕示選好の背後にしばしば存在している不合理な考えも調べない注1)。たいていの経済学者には，こうした選択を道徳的に評価することも，人々の選択が本当に当人の福祉を高めているかどうかを考察することも容認できない。底抜けの楽天性でもって，彼らは次のような前提に立っている。すなわち，もしわれわれが何かを買うことを選択したのであれば，わ

▶訳注1) ボトムラインは，決算書の一番下の行，つまり収益・損失の最終結果を意味する表現。
▶訳注2) 顕示選好（revealed preference）とは，どのような内容の消費が他の内容の消費よりも選好されるかということ，すなわち消費者の好みのこと。ノーベル経済学賞を受賞したP・A・サミュエルソンによって1938年に提示された。

れわれはまさにそれを欲しかったのであり，われわれは自分が欲しているものについても，自分のためになるものについても最高のジャッジであるから，われわれは必ず「自分の実利を最大化した」のである。彼らの基本的前提は，われわれは決して欺かれることも間違いを犯すこともないということを示唆しているように見える。

　ノーベル経済学賞の受賞者であるハーバート・サイモン（Simon, 1957）は，皮肉のきいた懐疑的姿勢で，標準的な経済学のモデルについて以下のように述べている。

　　　ありうる選択肢の中から最適の選択肢を選択させる，完全で一貫した選好システムを，誰もが持っている。彼は自分に可能なあらゆる選択肢に常に気づいている。どの選択肢がベストなのかを決定するための計算がどれほど複雑になっても，そこに限界は存在しない。(p.xxiii)

　これと軌を一にして，イスラエルの経済学者，シュロモ・マイタル（Maital, 1982）は，主流の経済学理論における「経済人」は，事実上，合理性の完璧な模範であり，「予算ぎりぎりの崖っぷちラインで主観的価値と客観的価格を釣り合わせ，オリンピック選手のような正確さでその線に沿って進んでいく」(p.147) と述べている。

　市場に支配された社会の道徳的ならびに分析的な基礎は，こうした前提だけでなく，個人の決断がなされる**文脈**を系統的に排除する枠組みによっても支えられている。より大きな社会的文脈の影響は，さまざまな道筋によって曖昧化されている。第一に，われわれの社会組織のあり方，根本的に不平等な富の分配，それがもたらす事態，これらの道徳的な意味を考慮する際に，すべてが買い手側と売り手側という2つの立場による決定に還元される。不平等とエコロジー上のダメージがこれほど浸透した経済システムの正当化において支配的な説明のストーリーによれば，われわれの経済システムはあらゆる経済事象が進歩であるシステムなのである（たとえば Milton Friedman と Rose Friedman （1980）による『選択の自由─個人的意見』と，それに対する私の批判（Wachtel, 1983）を参照のこと）。買い手にとってはお金よりも商品の方が価値があり，売り手にとっては商品よりお金の方が価値があるから，買い手と売り手とは取引しようと決めるのである。いずれもが利益を得るのであり，損する者は誰もいない。さらに言えば，いずれもがただ**利益**を得るだけではない。いずれもが

218 第2部 人種，社会階層，貪欲，そして社会的に構成される欲望

おそらく当人に達成しうる最高の利益を得るのだ。というのも，もしいずれかにより大きな利益を得る他の可能性があったとすれば，その人は即座にそちらを選択しただろうからである。そういうところに「自由市場」の美しさがある。

われわれのすることはすべて，自分の持っているものをもっと好ましいものと繰り返し交換していくことであるから，このレンズを通して見れば，人生は常によりよくなり続けていくはずである。しかしながら，もしわれわれが売り買いから人間の体験に注意を向け換えるなら（経済学者はしないことだが），幸福感についての公式的な調査からも，また，自分自身，隣人たち，あるいは夜のニュースのシンプルな観察からも，そんなことはほとんどないということは明らかである（たとえば，Easterlin, 1974; Kasser, 2003; Kasser & Kanner, 2003）。

この間違いの起源は，市場の支持者たちの諸前提が現実世界とどのように対応しているかを詳しく見ていけばはっきりする。経済学を導くモデルを深く省察することができた数少ない経済学者の一人であるロバート・フランク（Frank, 1985）は，以下のように述べている。

　　経済的行動の公式的モデルを組み立てるに当たって，経済学者たちは，ほとんど常に，幸福感や有用感は，その人が消費する多様な商品の絶対的な量に依存すると第一に仮定している。そのとき，その量が，他者が消費する量と比較してどうであるかには注目していない。(p.33)

けれどもフランクが指摘しているように，経済学者のモデルとは対照的に，現実世界では，「人は自分の所得の絶対的量よりも，自分の所得が仲間の所得と比べてどうであるかということの方をはるかに気にしているということを示唆する多くの証拠がある」(p.5)。彼はメンケン（Mencken）による富の定義を喜んで引用している。すなわち，富とは「どんな金額でもよいが，妻の姉妹の夫の所得よりも少なくとも100ドル以上高い所得」である。

フランクはまた，経済学者が人の本当の欲求について非常に間違った見方の下で議論を展開しているということを洞察力と説得力をもって論じている。彼は，**集合的**な決断を排除する市場の作用の仕方そのものが，囚人のジレンマと似た選択を人々に強いているのだが，経済学者はそれを考慮に入れていないと述べている。経済学者や市場システムの擁護者たちが喧伝している選択のモデルは（ここでわれわれは本章の中心テーマに明確に戻ってくるのだが），徹底

的に非文脈的なものである。私が何かを購入するとき，その購入の行為は，実際には，純粋に売り手と私だけの決断の問題というわけではない。個々人による購入や経済的選択は，他の多くの人にさまざまな影響を及ぼす。たとえば，親は，子どもの欲しがるスニーカーの値段を高すぎると思っても，「学校のみんなが履いてるんだよ」という言葉を簡単には却下できない。私が自動車を買えば，あなたの肺や地球の気候に影響を及ぼす。

　原理的には，現在，経済学者はそうした事柄を考慮に入れている。外部性（externality）という概念は，特定の取引がそこに関わっていない人たちに及ぼす影響を認識するべく作られた概念である。しかし外部性の存在は，たいていは抽象的に認識されるのみであり，市場経済の日々の活動においては無視されている。さらには，別のところで論じたように，外部性がずっと注意深く精密に検討されることになったとしても，標準的な経済モデルには，われわれの人生がどれほど相互依存的であるか，そしてまた，われわれの選択はどれほど強いられたものでもあり，また絡まり合ったものでもあるかを適切に表現することができない（Wachtel, 1998）。

　ここ数十年においては，この主流の経済学の見方は，行動経済学と呼ばれる学派から疑問視されるようになってきた。しかし現在のわれわれの社会における政治的な議論を一瞥すれば，市場の道徳性，合理性，親切さに関して上に論じられてきた諸前提は，経済学者だけでなく一般大衆によってもなお広く支持されており，保守的な政治家とおなじくらいリベラルな政治家によっても声高に叫ばれているということは明らかである。これとは対照的に，精神分析的な諸理論による人間の行動と体験の理解ならびに精神分析的な探究は，われわれにきわめて異なった見方を提供する。とりわけ精神分析的な諸理論は，われわれがいかに自分自身を欺くかということを強調している（同時にそれは葛藤も強調している。つまり，われわれが意識的に求めるものが，もっと心の奥深くでわれわれが求めたり感じたりしているものと敵対することがあるということを強調している）。蔓延する市場への盲信的崇拝から，そしてその崇拝がもたらす数多くの社会的・生態学的問題から，われわれが自らを救出するためには，「最終的に自分が得たものがたしかに自分の欲しているものであって，われわれのシステムはそういうふうにできているのだ」という主張が，いかに真実とはかけ離れているかを明確に認識する必要がある。

　いわゆる顕示選好という方法論を用いている経済学者にとっては，自分が何を欲しているのかという問いへの答えは驚くほど単純である。つまり，クレジッ

トカード会社から送られてくる明細書を見れば分かるというのだ。しかしわれわれが何かを購入するとき，地球温暖化や土壌や水の汚染，社会的不平等の拡大などをも一緒に購入しているのだとすれば，それら商品と被害のパッケージこそ，われわれ意識の高い，合理的で，効用を最大化する顧客が欲していたものだということになる。こうした経済学者の見方では，われわれは自分たちが生み出した環境破壊の正確な量と，われわれが選択した商品が与えてくれると予想される快の正確な量とを交換しようと，明晰な頭脳を用いて決心したのだとされる。この見方の下では，その定義からして，事実上，いかなる他の交換も，われわれが決めた交換より劣るものとなるはずである。精神分析的視点はこの問題を明らかにかなり違った仕方で扱う。そしてそれは，日常の市場への関わりにおいてわれわれが顕示する「選好」が，われわれの福祉を最大化するものについての決定的な答えと受け取られるべきかどうかを問うていく上で，貴重な基礎となるものである。

精神分析的な諸前提の構造とその文脈である
社会経済的なシステムの諸前提の間の類似性

しかしもし精神分析が，人は自分が何を欲しているのかを正確に知っているとか，何が満足をもたらすかについて明快に理解しているとか，そうした認識に基づいて意識的・意図的な選択をしているとかいった，市場崇拝を正当化する神話のいくらかを打ち破る助けになるものであるとしても，精神分析にはこうした神話と**類似**している面やそれを**強化**している面もある。ある種の経済批評家たちは，われわれの「欲求」や「要求」は，われわれの存在の最も深い源泉から自発的に噴出するものではなく，かなりの程度まで企業の絶え間ないメッセージと操作（真の自己や真の欲望からますます**遠ざかる**ようわれわれを誘い出すメッセージや操作）の産物であるということを指摘している（Galbraith, 1958; 1967）。こうした批評家の努力は，他のどんな価値よりも消費者の行使する選択を尊重することにコミットしている政治経済界に非常な抵抗を引き起こした。つまり，われわれは今なお消費者の欲望についての効果的で包括的な批評を大いに必要としているのである。とりわけ欲望の科学である精神分析は，そうした批評の自然な基礎となるようにも思える。しかし精神分析もまた長年にわたって，欲望を内側から自発的に湧き上がるものとして概念化し，真の自己を日常の社会的交流から切り離された領域に存在しながら，あ

らゆる方向にメッセージを発するものとして概念化してきたのである。

　この見解においては，われわれの最も深い欲望は，われわれが絶えず互いに伝え合っている（親密で個人的なやり取りはもちろん，何が望ましいか，「みんなが」欲しているのは何か，何を欲するのが「正常」なのか，などについてのやり取りも含む）「表面的な」影響力からは区別されうる内側の領域に存在する。おそらくこのことこそ，われわれの生活の経済面について，すなわち，どの仕事に就くべきか（儲けの多い仕事か，やり甲斐があって意義深い仕事か），われわれはどのような製品を欲し求めるのか，などの決断を形成している前提と傾向について，精神分析がほとんど発言しない理由の1つであろう。こうした話題は，より一般的に精神分析のセッションにおいて話し合われる話題よりも，患者の意識的な関心をより多くの時間にわたって占めているにもかかわらず，精神分析は沈黙しているのである。精神分析的な欲望の理論は，何が望ましいか，何が称賛されるか，何がうらやましいかといったことに関する絶え間ないメッセージのやり取りによって，われわれが互**いの中に**欲望を創り出しているということを真剣に扱っていないし，認めていない。広告によってのみならず，日常の平凡な会話によっても，物質的な商品やお金で買える体験や成功のサインの社会的定義をめぐって，われわれは互いの中に非常に広範囲にわたってわれわれの欲望を構築するイメージを喚起している。ある種の人々は，シボレーではなく BMW が欲しいという強烈な欲望を持っている（そして，いずれの自動車を手に入れても，おそらくドライブのかなりの時間は，周到に制作された CM とは異なり，さわやかな自然の中の道路ではなく，混雑した都会の道路で費やされるのだということを暗黙のうちに否認している）。またある種の人々は，新しい iPhone は（あるいは他のホットな商品は）自分の生活を断然いい方向に変えてくれると信じている。こうした人々の欲望や信念は，精神内界からの衝動によって届けられるわけではない。それらは**われわれが互いに与えている**メッセージや信号を反映したものである。もしあなたがグループの一員になりたいのであれば，そうした前提を疑ってはいけない。あなたはそれらの前提を承認する。そしてそれらの前提を承認することで，あなたはさらに社会的なミーム▶訳注3) の往来を加速させるのである。われわれが信じていることの多くは，そしてわれわれが自分の生活を組み立てる上で基礎に置いて

▶訳注3) ミーム（meme）とは，人から人へと伝達される社会的・文化的情報のこと。人から人へと伝達される生物学的情報である遺伝子（gene）からの類推によって生まれた概念。リチャード・ドーキンス（Richard Dawkins）が『利己的な遺伝子』（1976）において発表した。

いるものの多くは，「みんなが」そう言っているから，ということを根拠にしている。われわれはコーラスをしているのだ。そこでわれわれは個人の声を表現していると信じているけれども，大局的に見れば，われわれは群衆の声を聞いているのであり，そこに加わっているのだ。

精神分析が，この自己成就的な幻覚を超えて，より人間的な経験と純粋の満足に根ざした生き方へとわれわれを導くためには，欲望は単に個人的で「内的な」経験ではなく，社会的に構成されたものだということをより明確に理解する必要がある。われわれは自分自身に近いこともあれば，自分自身から疎外されることもある。しかしいずれにせよこの世界で生活を共にしている他者との数え切れないやり取りによる欲望の相互形成の体験（**持続的な**体験）の影響を免れることはできないのである。

心理学的な感受性に欠ける平板な経済学者のモデルにおいては，われわれの欲望は，いかなる操作からも，比較からも，社会的に取り交わされるメッセージからも独立して，単にわれわれに備わった特性である。「主権を有する消費者（sovereign consumer）」が選択し，企業はこの選択に単に反応する。われわれの社会システムの不平等と環境破壊のかなりの部分を説明する，残酷なまでに表面的なこうした人間生活の見方に対して，精神分析には別の力強い見方を提供する潜在力がある。しかしその潜在力を達成するためには，精神分析は，密閉された内的世界という見方に向かう傾向を乗り越え，日常生活の体験とそこに暮らす人々の不安や欲望との間の結びつきに光を当てなければならない。深さは，どれだけ遠く「内側」を見ていくかという問題ではない。深さは，「内界」と「外界」からの影響，「深層」と「表層」というまさにその区別が，直観的にはわれわれの主観的体験に適合しているように思えるとしても，実は問題を孕んだ概念的な方略であるということを，どれほど深く理解しているかという問題である。問題を孕んだこの概念的方略は，われわれの人生の重要な特徴を曖昧にし，平和と健康を脅かす社会的・環境的な行き詰まりからの脱出を妨げてしまう。

われわれの社会全体に関しても，精神分析が初期に基礎に据えた諸前提に関しても，私がここで論じてきた非文脈的な思考様式は，（両者の多くの側面の中核にある）ラディカルな個人主義を反映するものである。精神分析の領域においては，この見方は，個人を非文脈的なモナドと見なす暗黙の概念化に表れている。ミッチェル（たとえば Mitchell, 1988, 1995），ストロロウら（たとえば Stolorow & Atwood, 1994; Stolorow, Orange, & Atwell, 2001），その他の精

神分析的思索家たちは，このような精神分析の概念化を批判し，それは個人を社会的・関係的な文脈の中で生きているものと見るのではなく，分離可能な個人的実体を措定し，心を孤立化されたものと見る見方を反映していると主張した。大きな文化のレベルでは，ラディカルな個人主義は，「昇進する（moving up）」ことや「転居する（moving away）」ことを望ましく自然なことと見なす見方や，よりよい仕事やより大きな家を得るために生まれ育った家庭やコミュニティを離れることは積極性や野心のしるしであると見なす見方に表れている。またそれは，企業が従業員をシンシナティの事務所からアトランタの事務所やデンヴァーの事務所に異動させる，その仕方の中に表れている。そこでは，たとえそうした生き方が親，兄弟，友達，コミュニティとの絆を弱体化させるとしても，昇給や昇進はそれを補って余りあると前提されているのである。われわれはどんどん「昇進して，昇進して，転居して（up, up, and away）」いくことを当然のごとく期待されているのだ。

「上へ，上へ，遠くへ（up, up, and away）」というこの言葉は，スーパーマンのお話に由来している。スーパーマンは，現代人の生活の野望の方向性を示すのにぴったりの象徴である。スーパーマンは，実際，通常思われている以上に，われわれの文化を象徴するキャラクターである。彼はある意味ではヘラクレスやサムソンを先祖とするヒーローであるが，別の意味では極めて現代的な人物である。昔の神話に登場する超人たちは，その強さを血統によって，つまり祖先である神やタイタンから授かっていた。ある意味でこれは現代のスーパーマンにも言えることである。彼の強さは，彼が地球よりもはるかに重力の大きい惑星に住み，われわれよりもずっと強い筋肉を発達させた人々の生まれであることに由来する。しかし彼の物語においてとても重要な点は，彼の超人的な力は，彼が故郷を後にしたときにのみ表れるということだ。彼の父たちの世界から遠く離れたときにのみ，彼は超人になるのである。実際，彼の唯一の弱点は，故郷の破片と出会うことにある。彼の故郷の惑星で採れる物質，クリプトナイトこそ，彼にとっては命取りなのだ。

もちろん，スーパーマンの物語の擬似科学的な基礎をあまり詳しく検討しても仕方がない。それはあくまで娯楽作品であり，厳密な批判精神の停止を前提として創作されているのである。しかし，故郷の物質との接触が，その引力でもって彼を普通の人間にしてしまうというのは興味深い（惑星クリプトンの重力を再現することなどありえない，ほんの小さなかけらであっても彼は無力化されることや，地球人はクリプトナイトの影響をまったく受けないことなどは，

224 第2部 人種，社会階層，貪欲，そして社会的に構成される欲望

この際，脇に置くとして）。そればかりか，ほんのわずかの故郷の物質が，彼には致命的な毒なのである。われわれの文化にとって，このことが伝えるメッセージは，人並み以上の高みに達することができたとしても，その人にとって故郷からの引力は致命的なものになる，というものだろう。

　人間関係のネットワークは，人類の歴史の大半を通して，ほとんどあらゆる人間にとって決定的な文脈であった。その人間関係のネットワークから離れ，転居することを通して成功と達成を求めるという，こうした生き方と幸福追求の考え方は，時間をかけて発展してきたものであり，今では世界中の至る所で見られる。たとえばここ数十年の中国における郊外から都市部への移動は，人類の歴史において最大規模のものである。しかしそうした生き方や考え方が最も顕著に社会のまさに屋台骨をなすような長年の前提となっている国は，アメリカ合衆国である。著名な哲学者，ジョージ・サンタヤナ（「過去を記憶しない者はそれを繰り返す運命にある」という，精神分析に由来するものとしばしば誤解されている有名な言葉を残した人物）は，合衆国を「人も家も簡単に移動させられ，生まれた場所に住み続ける者も，教えられたことを信じ続ける者も，ほぼ誰一人いない」土地であると述べた（Santayana, 1940, p.139）。彼のこのコメントは，アメリカ人の生活についてのまた別の卓越した研究者，ロイド・ワーナーの観察と重要な点で調和している。その時代のアメリカ企業文化の第一人者であるワーナーは，次のように述べた。

　　　成功した企業経営者や企業所有者の最も重要なパーソナリティ要素は，源家族との深い情動的同一視が解かれていることにある。彼らはもはや過去と密接に関わり合っていない。それゆえ彼らは現在と未来に容易に関わることができる。彼らは，文字通りの意味でも，精神的な意味でも，故郷を後にした人々なのである……彼らは他者と関わることも容易にできるし，他者との関係を切ることも容易にできる。（Warner, 1962, p.51）

　これと関連して，ビジネス・リーダーについての別の議論の中で，彼はこう言っている。

　　　機動的な人は，第一に，彼の物理的な生誕の地を後にしている。……（しかし）彼はその土地から離れているだけでなく，人々とのつながりからも離れている。子ども時代の友達とは縁が切れているし，地位が低かった頃の過去の知

人は，成功した現在の彼の生活とは相容れない。……しかし最も重要なことは，そして機動的な人にとってはこれが最も問題なのだが，彼は，過去の他の人間関係とともに，自分の父，母，きょうだいたちからも離れなければならないということだ。(Warner & Abeglen, 1963, p.62)

　おそらくこれは，アメリカ企業の多くが道徳のない冷酷さを顕著な特徴としていることの1つの理由であろう。しかし，ワーナーが企業のリーダーに関して述べているのと同じ傾向が，アメリカ社会のより大きな部分にも認められるということに注意しておくことが重要である。経済的に有利であるという理由で，生まれた街を離れてあちこち転居することは，アメリカ人の人生の目立った特徴である。同程度の経済水準にある他のどの国においてよりも，アメリカ合衆国では，より多くの人が，自分が暮らし，何らかの絆を確立した土地から遠く離れた土地へと転居する。平均的なアメリカ人は生涯の間に14回，新しい土地に転居する。毎年，アメリカ人の5分の1が転居している。1年の間に2度以上転居する者もいる。これとは対照的に，平均的な英国人は生涯に5回しか転居しない。平均的な日本人は4回である[注2]。明らかに，このような違いは，人々が近隣の人々や地域社会や家族とどれくらい親密な絆を持つかに影響を与える。

　より最近になって，このような頻繁な転居の傾向は，若干，和らいだ。1つにはこれは，家の価格が下落したために，家を売却して転居するのが以前よりも難しくなったことを反映するものである。また1つには，これはより深い文化の変化を反映するものでもある。注目すべきことに，2012年の大統領選挙の選挙結果における重要な要素は，ラテン・アメリカ系ならびにアジア系の人々が高い割合でバラク・オバマに投票したことにあった。より家族志向的で地域社会志向的なこうした文化が，長い間アメリカ社会を特徴づけてきたラディカルな個人主義を変えつつあるのかもしれない。そして，相互依存の価値と現実をより評価する方向へと舵取りしているのかもしれない。

　もちろん，超個人主義の要素は，決してアメリカ人のDNAからまったく取り除かれたわけではない。また，より文脈的で関係的な観点の影響が高まったとはいえ，超個人主義の要素は精神分析からも消え去ってはいない。しかし異なる理由からではあるが，いずれにおいても変化が生じていると考えてよい根拠がある。長年にわたって，精神分析的な思索は，相互依存とコミュニティよりも，自律，分化，分離をずっと強調してきた。しかしこうした強調のあり方

226　第2部　人種，社会階層，貪欲，そして社会的に構成される欲望

はますます変化しつつある。ウィニコットを初めとする理論家たちは，相互依存への焦点づけを導入した。これは早期の重要な改革であった。そして，関係理論家たちによるここ数十年の貢献は，この流れを大いに拡大してきた。この流れは，精神分析の理論化にとっての新たな基礎を提供するものである。精神分析的な思索のより大きな社会への適用は，こうした新たな理論的傾向にとってのさらなる発展の舞台となるかもしれない。

文脈的自己

　われわれの相互依存性について，また日常生活上の体験や出来事へのわれわれの反応性についてさらに考察を深めていく中で——個人の心と社会の動向との間に架け橋をかけるための概念的な基礎を固めるべく努力する中で——，私は単独の個人の孤立した特性としてではなく，それ自体が文脈的な構造あるいは文脈的な現象であるものとして自己を見ていく見方を強調したいと思う。こうした見方は，ある意味で1世紀以上にわたって展開されてきた歴史的視点に挑戦するものである。その視点は，自己の発展において正反対の方向性を強調してきた。今のところ主流となっているこの見方では，「自己」は現代に独自の概念として描き出されている。自己の歴史についての研究や，さまざまな自己体験をさまざまな歴史的環境に位置づけようとする試みにおいても，同様である。ここ50年ほどの間，ますます多くの著述家たちが，自己の体験がいかに歴史的に発展してきたものであるかに注目してきた。それぞれの著述家の考えには少しずつ違ったところがあるものの，そこに共通点を見出すことは難しくない。多くの著述家たちが，ますます個人主義的な自己の体験が出現してきたことを指摘している。それは，ルネッサンス期に始まり，資本主義と工業主義の発達に伴って加速したという。場所，家族，コミュニティ，伝統に根ざしたそれまでの自己（連続性，結びつき，埋没性を特徴とする自己）から，高度に個人的で個別化された自己の体験が出現した。ある面で，これは，体験の気づき，分化，洗練をもたらす有益な体験であった。それはわれわれの人生を豊かにしたのである。けれども他の面では，この同じ傾向が，疎外感や，拠り所や意味の喪失感をもたらした（たとえば Rieff, 1966, 1979 を参照）。そしてまた，失ったものの代償を求める絶望的な努力として理解されうる多くの破壊的な動きももたらした（たとえば，Fromm, 1941）。近年，自己の理論家の間には，さらなる変容を強調する傾向も認められる。そこでは，現代的な個性化さ

れた自己の中に，さまざまな**ヴァージョン**が区別される。このことに関して，たとえばフィリップ・クッシュマン（Cushman, 1990）は，境界があり，横柄で，主観的なものとしての個性化された自己という概念から，空虚で断片化された自己を強調するさまざまな概念群への移行が生じていると述べている。

　以下の諸章において，私はこうした社会批評の伝統に基づきつつ，議論を進める。しかし同時に，そこに見られる行きすぎた点や，潜在的に問題を孕んだ諸前提に疑問を投げかけたい。こうした説明は重要な点で啓発的で価値あるものではあるけれども，誇張された表現という以上のものを含んでいる。結局のところ，自己の体験は，実質的にわれわれ人間という自己反省的な種の進化と軌を一にしたものである。きっと中世における自己の体験も，こうした記述の多くが示唆するほどには，個人的なアイデンティティの感覚を欠いていたわけではないだろう。最も完全に個人の埋没したコミュニティにおいてさえ，**個人は究極的には一人ぼっちで生まれ，死に，痛みを感じるという事実**は，分離した自己の理解を大いに可能にしてきたはずである。いかに現代とは違った仕方でコミュニティがこうした体験に大きく関与していたにせよ，究極的にはそれらの体験は個人が一人ひとり別々にする体験であって，完全に共有することなどできない体験である。同様に，いかに現在われわれが孤立と分離を体験しているとしても，実際には，われわれの文化を支えているイデオロギー的な説明が認めるよりもずっと，われわれは相互依存的であり，私がここで言及してきた社会批評家たちが認めている以上に互いに結び付いている。埋没性と孤立性との両極の間の**緊張**は，われわれ自己意識的な種が受け継いできた遺産であり，決して消えてなくなることはない（Angyal, 1951; Bakan, 1966; Blatt, 2008; Fromm, 1941 を参照のこと）。これら2つの極の相対的な強さは，時代によって，また社会によって，重要な仕方で変わりうるものである。そして実際，変わったと私も同意する。けれども両極の間の緊張は常に存在し続けており，何らかの仕方で人々の体験に常に反映されているはずである。

　この後に続く諸章においては，これまでに提示されてきた理論的視点を，臨床心理の領域から社会と文化という大きな領域へと拡張することを試みつつ，特に社会的文脈との関係における自己や心理的体験のありように焦点づける。その過程で私は自己の関係的で文脈的な性質を強調するとともに，過度に密閉的で「内的」な説明が孕んでいる問題を取り上げるつもりである。しかしながら，これは，逆に，私たちを環境や社会的な力にただ突き動かされているものとして描き出すような，過度に「外的」なものに基づく自己や行動の見方を導こう

228 第2部 人種，社会階層，貪欲，そして社会的に構成される欲望

とするものではない。精神分析の伝統が受け継いできた主観性の豊かな理解や，動機づけ，情動，葛藤の多層的な理解こそ，私が提示したいと願っている説明の重要な部分である。しかしそうした理解の仕方が社会批評の基礎として（そして実際，有効な臨床作業の基礎としても）役立つためには，その理解が文脈化されている必要がある。

精神分析と「原始的なもの」

　精神分析は長年にわたって，本能的欲動とそれらに対する防衛の記述に支配されてきた。しかし現代の精神分析の定式化は，それとはかなり違っているように見えることが多い。身体的な快を求める力やエネルギーや圧倒的な欲求に焦点づける代わりに，新しい定式化は，内在化された原始的な自己や他者のイメージや，求められあるいは恐れられている関係や愛着の空想的で強烈なイメージに焦点づける傾向がある。しかし，その深い中核の部分では，新しい定式化も，かつてのイド心理学の基本的な理論構造をなお引き継いでいる。それらは，われわれの心的生活の一部を，成熟からも外的世界の影響からも切り離されたものとして描き出しているのだ。

　言い換えれば，この（しばしばあまりよく検討されていない）理論的中核から派生した諸理論は，古典的な欲動理論であろうと，現代的な関係理論ないし対象関係理論であろうと，心の中の何かが原始的なままに留まり，外的世界で何が起きようと維持されるという仮定に立っている。こうした早期の心理構造や心理傾向は（欲動に関連する欲望や空想，内在化された対象，その他のどのような概念によって理解されようとも）発達しつつある自我（知覚的現実と接触しており，常に変化する環境の出来事に反応している心の部分）からは分裂，排除されているために，環境が変わっても変化しないし，体験によって変化することもない。その意味で，それらは文脈から絶縁されており，今ここで実際に生きられているその人の人生とは，ほとんどあるいはまったく関わりがないものと見なされている。

　しかし，臨床的な視点からこれまでの諸章で論じてきたように，見たところ原始的で幼児的なこうした心理的体験の表れは，また違う仕方で理解できるものである。そしてその別の理解の仕方は，大いに異なる示唆を持ちながらも，こうした心理的体験の表れがいかに強いものであるか，そしてそれがいかに潜在的に危険で問題を孕んだ方向にわれわれを導きうるか，ということに十分な

注意を払うものである。より詳しく見ていけば，こうした一見原始的で異常とも見える傾向と体験は，その人の生活の仕方にもかかわらず維持されるのではなく，まさにその人の生活の仕方**ゆえに**維持されるのだということが分かる。それらは，非現実的で，現実と接触していないように見えるにもかかわらず，実際には日常生活の条件と経験を反映し，象徴的に表現し，しばしば永続化させている。こうした理解の仕方は，人間の社会生活にとって決定的に重要である，人種，階級，文化といった諸要素が，いかに無意識的な象徴化，構成，知覚的な特異性を形成し，またそれらによって形成されるかを理解するために精神分析の洞察を用いる上で特に重要である。

文脈的な自己とより大きな社会の動向

経済学者は，市場においてわれわれが示す欲望については疑念を差し挟むべきではなく，収入が去年より上がらないことが公認される唯一の悲劇であるかのようなこの文化における生活上の操作や環境と関連づけられるべきでもないと主張している。精神分析は，個人の選択を称賛しながらも，その選択をしている個人については恐ろしく貧弱な理解しか示さないこの見方に代わる，別の強力な見方を提供しうるものである。以下の諸章においては，私は循環的心理力動論の視点に根ざした精神分析的な社会分析へのアプローチを提示しよう。その視点は，無意識的な思考や動機の力動を，人々の日常的な満足や「日常的な不幸」の体験の非常に重要な部分である人種，階級，民族，文化，実際的な経済と力関係を考慮に入れつつ理解しようとするものである。

注

注1) 行動経済学（behavioral economics）という分野の出現は，この傾向の重要な例外である。行動経済学は，われわれの選択がしばしば合理性という因習的な経済学的概念からかなり逸脱することに注目する。しかしながら，行動経済学は，経済学の分野においてその重要性を高めつつあるとはいえ，学問においても，われわれの生活に深い影響を及ぼす決定が日々なされている政府の諸機関においても，現時点ではなお，かなりの傍流に留まっている。

注2) 以下のウェブページを参照（http://voices.yahoo.com/census-bureau-report-Americans-move-too-much-2983301.html.）。同様の傾向を描き出し，より詳細に検討した報告として，Jasper（2000）を参照のこと。

第13章

物質的には豊かでも虚しい人生

——現代文化の貪欲の探究

　精神分析の最大の利点は，それがもたらす答えよりも，むしろその問いに存在している。何よりもまず精神分析は，明白さの下に隠れているものを探究し，われわれが心地よく当然と見なしているものに対して疑問を投げかける視点である。うまくいった分析がもたらす最も重要な成果は，おそらく好奇心の増大であろう。退屈で決まり切ったことが**面白い**ものになる。その結果，固定されていたものにも変化の可能性が生まれてくる。専門職としての地位の不安定性と，保険適用を求める経済的な発想から，われわれの職業は医学との類似点を強調することになった。しかし現実には，われわれのルーツはより哲学に近い。フロイトの先駆者と言えるのは，ヒポクラテスよりもソクラテスの方である。権威ある診断よりも，問いかけていく対話の方が，精神分析的手法とその恩恵や美徳をよく表している。

　以上のような考えとも調和して，この章における私の狙いは，読者が現代社会の生活様式の一般的な前提や特徴に好奇心を抱き，何かに**気づき**，少なくとも若干は**奇妙**だと思うようになることである。私は，そうした前提や特徴の起源や力動に関して，精神分析的仮説を提出するけれども，あくまでそれは副次的目的にすぎない。本質的に言って，現代のアメリカ社会にアプローチする際に，私は優秀な精神分析家や心理療法家が個々の患者の人格の問題にアプローチするのとほぼ同じやり方を取る。その作業は，しばしば，問題を孕みながらもずっと自我親和的であった前提や選択を**自我異和的**なものに変えていく過程を含んでいる。それによって，患者が以前は単に当たり前のこととして捉えていたことに**眼を向ける**よう導くのである。私はここで，われわれがしばしば無反省に埋没している，現代の消費社会の一員としてのわれわれの生活の諸

側面に関して，それと同様のことをしたいと思っている。

　それゆえ私は，読者の注意を生活の物質的側面に向けてもらおうと思う。生活がうまくいっているにせよ，そうではないにせよ，また十分なものを手にいれているにせよ，もっと欲しいと感じているにせよ，“必要だ”と感じるものをどのように決めているかをよく調べてみたい。個人として，また社会全体として，経済は何を目的とするべきなのだろうか？　また何を欲し，期待することが適切で健康的なことなのだろうか？　こうした点に関して，通常，われわれが標準的で合理的だとみなしている諸前提をあらためて振り返ってみるよう促進したい。また，消費者としての，また市民としての日常の体験の中で，いかにわれわれがこれらの諸前提を，それらがもたらしている結果から防衛的に切り離しているかについても考えてみたい。これらの諸前提は実に以下のような結果をもたらしているのである。われわれが良い生活だと考えているものを執拗に追求することで，環境に対して取り返しがつかないダメージを与えている。多大な不平等を生み出し続けている。経済が下落している時でさえ，iPhone や iPad，薄型テレビといった類のものの使用は劇的に増えているにもかかわらず，また今日の平均的な住宅は裕福だった1950年代や1960年代に人々が住んでいた住宅よりも1.5倍も大きいという事実があるにもかかわらず，われわれはおそらくはより広範囲な補償内容を“まかなうことは不可能だ”という理由でヘルスケアをますます制限している（Rozhon, 2000）。

　これに関連して，私は，現代社会の多くの人々を，ただひたすら経済的な目標を追求し続けるよう仕向けている力動についてもまた，熟考してほしいと思っている。多くの優れた研究が力強く示してきたところでは，経済的な成功は人々の幸福感にほんのわずかな役割しか果たしていない。また，この数十年間で，われわれの社会における消費は非常に大きく増えたけれども，経済的な意味においても，またより一般的な意味においても，幸福や満足は高まってこなかったのである（Kasser, 2000; Kasser & Ryan, 1993; Myers, 2000; Sirgy, 1998）。

　また別の視点としては，現代社会において羨望と貪欲が果たす役割について考えてみたい。羨望と貪欲というのは，個人的な体験であると同時にわれわれの文化全体の特徴でもある。そしてある意味で，羨望と貪欲は，これら2つを結びつけるものでもある。それらは，個人的なレベルにおいても文化全体のレベルにおいても，われわれの動機づけの体系に影響を与え，われわれにとって本当に有益な方向とは逆かもしれない方向へわれわれを突き動かすことができ

232 第2部 人種，社会階層，貪欲，そして社会的に構成される欲望

る。しかしその2つの体験のうち，羨望の方がより特定しやすく，正確に定義しやすい。貪欲は，その意味するところがより曖昧で多様な用語である。もし貪欲が増水により制御不能な荒れ狂う川だとするなら，しばしば羨望はその主たる支流の1つである。他の人が持っているものを見ることは，欲望を刺激してもっともっと強めていく強力な影響力の1つである。そしてその欲望はやがて羨望として独立する。われわれはただ単に他の人たちが持っているものを欲しがるだけでなく，他の人たち**より多くの**ものを持っていたいと望む。合理的な必要性があろうがなかろうが，より多くのものを持つこと自体が目的となるかもしれない。（貪欲の持つ多様な心理学的意味の分析を開始して）別の角度から見ると，われわれは自尊心を支える目的のために，より多くのものを欲しがるのかもしれない。

　貪欲という用語は通常，道徳的非難に値する態度を指す侮蔑語である。しかし，その現象をより分化した複雑な視点で観察し始めれば，貪欲にまつわる典型的な行動は，脆弱な自尊心を防衛する役割を部分的には担っていることを理解できるだろう。また，貪欲の力動の心理学的理解を離れると，この用語が一般的に内包する侮辱的意味には例外がある。というのも，主流の経済学者やビジネスリーダー，自由主義信奉者たちが，次のようなことを主張するのをしばしば耳にするからである。すなわち，古くから道徳や正義，あるいは公平性に関心を寄せる立場から論じられてきた人類のジレンマを解決するために，市場をあてにせよ，という主張である。彼らの見解では，われわれの社会の方向性を批判する者は，ただ後ろに下がって人々に"選択の自由"を与えるべきなのである(Friedmann & Friedmann, 1980)。より多くを望む気持ち(それはもっともっとと加速するのだが)は，"動機づけ"の源であり，彼らが思い描く理想郷の世界では，技術革新を引き起こし，雇用を創出し，すべての業績を好転させるものなのである。上げ潮はすべての船を引き上げると言うが，そのとき，ヨットに乗っている人もいるということには，ほとんど関心がないのである。

　もし経済学者にとって貪欲が社会の発展の源であり，啓発された利己心の一形態であるとするなら，多くの他の思想家にとっては（ミダス王の神話が最初に具現化した古代に遡って）貪欲はむしろ，自己欺瞞の一形態として考えられてきた。貪欲は，物質的豊かさのみにひたすら集中することによって本当に大事なことが曖昧化された，ある種，不誠実な意識状態として考えられていたのである。貪欲な人，あるいは社会制度化された貪欲は，しばしば他者に対して多大な害を与え得る。しかし，ミダス王の物語における洞察は，いわば**貪欲の**

第 13 章　物質的には豊かでも虚しい人生　233

悲劇とでも言えるようなものを指し示している。貪欲な人は，道徳的に非難されるべきであるかもしれないが，そういう人はまた，心から満足することができない傾向がある。実際のところ，私の主な関心は，不断に努力するがその結果にちゃんと満足できる人と，貪欲が呪いとなって，金銭や富への欲望が満たされることのない渇望となっている人との間の**違い**を理解することにある。

　貪欲とその影響力の心理学的意味を理解しようと試みるとき，精神分析的な志向性を持つ人々は，メラニー・クラインとその後継者たちを参照しようと考えるかもしれない。クライン派の著作家たちは，他のどんな精神分的学派の学者よりもはるかに，羨望と貪欲に焦点を当てて論じてきた（Boris, 1986; Klein, 1957）。しかしながら，貪欲についての彼らの見解は，乳児がおっぱいを飲んでいる間に抱くとされている破壊的なファンタジーという，憶測的な考えにもっぱら焦点づけられたものである。そのファンタジーにおいては，吸う，という単純な栄養補給の行為が，貪り食う，破壊する，バラバラにしてしまう，などの意味を帯びているものと推定されている。そのような見解は，心理的体験とより大きな社会的傾向との関連性を探究する試みにはほとんど役立たない。われわれの生活（"内的"生活も含む）を形作っている，貪欲の**文化**に何らかの組織的な変化を生じさせるには，その関連性を理解することが必要不可欠なのである。極めて具象的なこれらのクライン派の定式化には，いかなる現実的な証拠もない。そのことは別にしても，これらの理解はあまりにも閉ざされており，あまりにも内界にのみ焦点を当てているため，日常の社会的現実の世界から遠くかけ離れている。海王星や冥王星よりもさらに遠いほどである。

　これに関連して私は，精神分析推進協会（the Association for the Advancement of Psychoanalysis）におけるカレンホーナイ記念講義においてこの問題に取り組むことができた[注1]。それは私にとって嬉しいことであった。というのも，ホーナイは，精神分析家として自らの理論を打ち立てる際に，社会的な文脈を正面からしっかり取り上げた数少ない偉大な精神分析的理論家の一人だからである。知っての通り，彼女の初めての著作は，『われわれの時代の神経症的人格』（Horney, 1937）であった。この「われわれの時代の」という言葉は，その時点まで精神分析理論を導いていた見方からの衝撃的な出立であった。つまりホーナイはこの言葉によって，分析家が精神分析的状況において観察する現象は，社会や時代によって規定されたものだと主張したのである。その著作の主要なメッセージは，**社会には重要な影響力があり**，精神分析は社会という観点を考慮に入れることで深みを増すばかりか，より正確で包括的なものになる

ということにあった。

　ここで，社会的価値や制度は，精神分析理論において一般に想定されているよりはるかに重要な役割を果たしているという見方は，患者において観察される現象は早期の幼少期に端を発するという一般的な精神分析的見解と決して矛盾するものではないということを理解しておくことが重要である。ホーナイの理論的視点は，幼児期にかなりの注意を向けている。彼女は，両親の態度や行動が発達過程における子どもの体験をいかに形成するかについて，また，成長段階にある子どもがいかに傷つきやすいかについて，明確に力強く論じている。しかし彼女は，神経症は単に固着や発達停止を反映するものではなく，人生を通して継続的になされる選択や行動の産物だと理解していた（Horney, 1939, 1945）。精神分析理論の中には，エディプス期より後の年月は，いわば余生のようなもので，5〜6歳までに出来上がった人格に対する報酬や罰を受け取っているだけだと考えられているようなものもある。ホーナイの理論ではそのような見方はしない。ホーナイの理論は，（ホーナイの考えにかなり依拠している）循環的心理力動論と同様，発達早期を重要だと考えている。というのも，早期の歳月は，後にどのような性質が現れやすいかに影響するからである。もしわれわれの運命がかなり早期に封印されてしまうように見えるとすれば，それは封印するものと封印されるものとが実は同じ1つのものだからである。われわれがすでに**形成してきた**人格こそ，その後に形成されていくであろう人格に最も強い影響を与えるものである。貪欲，羨望，そして物質主義という現象にこの視点を当てはめれば，個人の性格特徴を分析する場合であれ，社会全体のレベルでの表れを分析する場合であれ，こうした現象が複雑に絡み合った相互連鎖やフィードバックのループを反映するものだということは明らかである。

お金や財産はわれわれの人生においてどんな意味があるのか？

　お金や財産が人々の人生においてどんな意味があるのかを理解しようとするに当たって，たいていの人々にとっては，お金は具体的で文字通りのものとして受け止められているということに気づいておくことが有用である。お金以上に客観的で率直なものはないように見える。われわれは日常会話において“クールな現金”という言葉を用いる。お金を熱い感情とはまるで違うものと見なしているからであろうが，それは誤りである。

　もちろん，お金が激しい感情をかきたてるものであることをわれわれは知っ

ている。もしそうでなければ，殺人ミステリーがこれほど絶え間なく人気を博するジャンルにはならないだろう。しかし殺人ミステリーは単純なジャンルである。というのも，そのジャンルにおいては，激しい感情自体は明白なものと見なされており，説明の必要があるとは見なされていないからである。人々がお金を手に入れるために**する**ことを，われわれには十分理解できないかもしれないし，同一視できないかもしれない。あるいは魅了されつつ恐れるかもしれない。しかしそういった物語の作者は，なぜその登場人物がお金を**欲しがる**のかについて，われわれが十分に，またあっさりと理解していること（あるいは理解していると考えていること）を当てにしているのだ。

　お金は単純なもののように見える。ある意味で，それはまったく一次元的である。お金は所有する量こそが問題なのであり，そこにはいかなる質も伴わない（質こそ，われわれの生活を複雑にし，また豊かにするものなのだが）。お金に関しては，**より多いかより少ないか**のどちらかしかない。海外旅行をすると，アメリカのうっすら緑がかったあまりぱっとしない紙幣に比べて，ずっと美しい紙幣を使用している国があることに気づくだろう。にもかかわらず，アメリカの貨幣は世界でもっとも欲しがられる通貨である。なぜならドルは，他の多くの通貨よりも多くの量を所有しているからである。われわれは**きれいな（正当な）お金**や**汚い（不正な）お金**といった表現を使う。しかしそれは，そのお金をどうやって手に入れたかについて言及したものであって，お金そのものについて述べたものではない。お金そのものは質を**持たない**。量があるだけである。

　お金について知る必要のあるすべてのことは，ただ数えさえすれば分かるというこの性質こそ，お金をこれほどまでに単純明快に見せているものである。しかしなお，本質的にこれほど象徴的なものは，お金以外にはほとんど見当たらない。お金は，たとえば社会現象として，複雑に絡み合った対人的な義務の一部として，個人的な憧れや幻想や願望の象徴として，何か他のものを表すときにのみ意味を持つものである。

　お金について誤解した結果，この，われわれの生活において一見もっとも具体的で字義通りに見える要素が，逆説的なことに，われわれを実際の体験から遠ざけ，体験についての**幻想**へと導く。お金は，私たちが何について語っているのかを，自分自身，正確に理解していないときでも，理解しているように**思わせてしまう**。お金は自己認識の代用品となる。あるいは少なくとも，われわれが本当に欲しているのは何かを自問するのを遅らせる。お金は，自分が何を

欲しているのかについての明確な感覚の**芽を摘む**よう仕向ける媒体なのだ。すなわちお金が意味しているのは、"私はまだ自分が何を欲しいのか分からないけれど、欲しいものが分かったら、その時にはこれを使って手に入れることができる"ということである。もし何が欲しいかを理解したら、お金と交換してそれを手に入れる。そのとき、そのお金はなくなる。もちろん、お金を節約して貯めることもあるだろう。何のために貯金しているのかを分かった上で、そうすることさえあるだろう。しかしそのときでさえ、われわれは幻想の中にとどまっている。われわれは、自分はこれが欲しいと思っているけれども、本当にそうなのかどうかは、それを買ってからでないと分からない。そしてこれは誰もが経験していることだろうが、買ってしまってから後悔することは非常によくあることだ。セックスの後、悲しい気持ちになる動物は人類だけだと言われることがある。お金がセクシーに見えるのは、何かを買った後、やはり悲しくなることがあるからだろう。

　もちろん、最も表層的には、お金は成功の象徴である。(お金で何を買うことができるかということからは随分かけ離れているのだが) お金が意味するものの1つは、お金がわれわれについて何を語るかにある。ヴェブレン (Veblen, 1899) による誇示的消費についての洞察は、20世紀初頭には論争の的となる新奇なものであったが、今ではごく当たり前の見解となった。現在、あまり認識されていないのは、お金や物を所有することが、もっと他の要求、心のより深いレベルの要求を満たしているということである。

　"性格と肛門愛" という論文において、フロイト (1908) は、無意識的には、お金は大便を表しているという考えを公表した。フロイトは、肛門期的快楽を直接的に充足するのを諦め、その代わりに、他の形で、汚いもので遊んだり、汚いものにこだわったりするようになることの結果だと述べた。お金は、社会が嫌悪感を抱くものへの関心を、社会が最高の価値を与えるものへの関心へと変容させることを表象している。フェレンツィ (Ferenczi, 1952) は、"お金に対する興味の起源" という論文の中でこの見解を拡張し、肛門期的快楽が、泥など一連の対象への関心を経て、最終的にお金への関心へと移行していくものと推定した。

　フェニケル (Fenichel, 1938) は、"貯蓄への動因" という古典的論文において、アブラハム (Abraham) もジョーンズ (Jones) も、お金はおそらく "肛門期的" 意味を持つものと強調していることに触れ、こうした分析に大きな価値を見出している。しかし同時に、フェニケルは、お金には潜在的にずっと幅広い象徴

第13章 物質的には豊かでも虚しい人生　*237*

的意味があるというフランスの精神分析家オディール（Odier）の見解も肯定的に引用している。オディールによれば，お金の象徴的意味には以下のものが含まれている。

　　ミルク，食べ物，母親の乳房，腸の内容物，大便，ペニス，精液，子ども，性的能力，愛情，保護，世話，受動性，強情，虚栄心，プライド，エゴイズム，対象への無関心，自体愛，贈り物，供え物，克己，憎しみ，武器，屈辱，権力の剥奪，名声に泥を塗ること，格下げ，性的攻撃性，肛門期的ペニス。(p.85)

　要するに，お金はそれぞれの個人の無意識において，ほとんどどのような意味でも取り得るということである。しかしそれにもかかわらず，フェニケルはまた，"お金の象徴的意味がその現実的意味よりも重要であるという主張には何らの正当性もない"（p.85）とも述べている。実際，フェニケルの論文の全体としての主眼は，お金に対する関心の非合理的な起源と合理的な起源の両方を認めていくための基礎を作ることにある。非合理的な起源に関しては，彼は特に2つのものを強調している。(1)"権力への意志"。これに関して，フェニケルはニーチェやアドラーらの考えを踏襲しているわけではなく，むしろ，ナルシシズムや幼児的全能感を回復する欲求についての議論を展開している。(2)"所有への意志"。これは，前に触れた肛門期的な概念化を扱う際に用いたカテゴリーである。フェニケルは，それらの概念化を，身体部分へのこだわりと関連づけている。そして，大便との結びつきにおいては，自分に属していたように思われるけれども，取り除かれうるものに関連づけている。

　フェニケルはお金の"合理的"意味を強調している。中でも，さまざまな欲求を満たすことができるその直接的な能力が，そして，社会的または社会学的なレベルにおいて，社会構造がお金を貯めるよう要請していることが，強調されている。これに関してフェニケル（1938）は，"資本家は，自らの破壊行為への罰として，**富を蓄積するよう努力しなければならない**"（p.73；強調は原文のまま）と述べている。フェニケルは，精神分析運動の中で，彼の世代における正統派精神分析の擁護者の立場であった。それでもなお，この引用部分からは，精神分析の主流派がもっぱら精神内界を強調し，社会的，経済的な要素が持つ強力な影響力に無関心であることをかなり不満に思っていたことが窺える。実際フェニケルは，前章で論じたように，精神分析をラディカルな社会改革の基礎と見なすビジョンに熱心に傾倒していた。確かに彼の分析方法は，ホー

ナイの精神分析の方法や本書を導いている精神分析の方法とは多くの点で劇的に異なっている。それでもなお彼の考え方は，社会的な力や構造と，個人的体験の持つ影響力や力動とが，相互循環的に互いを形成し合い，互いに意味や方向性を与え合っていることを考慮する必要性を強調している点で，ホーナイや本書の見方と共通している。

事例

　このテーマをさらに検討するにあたり，1つの事例を紹介したい。私がこの事例を示すのは，お金や物質的成功が人々の生活に果たす役割について，そして貪欲の力動について，さらに理解を推し進めるためである。それと同時に，純粋に心理学的な理解の限界について検討するための出発点として，全体像を描き出すためには，どこでより社会的あるいは文化的な視点が必要になってくるのかを探究する基礎を提供するためでもある。また，私の視野狭窄がいかに患者の体験の理解の仕方に影響を与えたかを示すためにも，この事例を提供したい。私は長年のキャリア全体にわたって，社会的次元を精神分析的な議論にしっかり統合することに心を砕いてきたが，そうしてきてさえ，四方を壁に囲まれた面接室の中に座っていると，社会の影響力を忘れてしまいがちになるのである。

　スタンレイはある企業の成功した重役であったが，物質的にかなり成功していたにもかかわらず，持続的にそれを享受することができなかった。彼は，一方では自分の成し遂げた業績に喜びを感じ，自分自身を魅力的なプレイボーイだと思うことを好んでいたが，他方では自分は退屈で哀れな並の男であって，自尊心を保つために若い女性を追いかけるけれども，もし女性たちが彼に興味を持ったとしても，深く関わることができないと考えていた。治療過程においては，以下のことが次第に明らかになった。すなわち，スタンレイは，父親が失敗したと見なされていた領域において自分が成功を収めたことに対して罪悪感を感じており，そのために，成功がもたらす果実を楽しむことを難しく感じていたのだ。あるいは，それを率直に成功として体験することさえ難しく感じていたのだ。彼が育った家庭では，母親はしばしば父親をけなしていた。その結果，彼の経済的成功はかなりの程度，禁じられた勝利なのであった。そのため彼はそれを満喫すると同時に恐れてもいたのである。

　若い女性への関心は，おおむねエディプス的性質を帯びている彼の葛藤をか

なり悪化させ，複雑にした。ある意味では，若い女性は"より安全"であった。彼自身が述べていたように，彼女らはあまり"母親的"でなく，彼を家族から引き離してくれる"新たな出発"を意味していたのだ。しかし他方では，これも彼自身が述べたことだが，彼が活躍している実業界では，若い女性はその領域で用いられる通貨であり成功の象徴であって，そのため彼の罪悪感はさらに高められた。

　スタンレイの心の力動をこのように理解することは非常に価値のあることだったが，それだけでは不十分であった。スタンレイは自分の幼少期を，主に見くびられた父親と愛された息子という単純な二分法によって理解していた。しかしそのような見方は，最終的にはより複雑な構造に取って代わられることになった。エディプス的な意味での勝者であることからくる罪悪感は，彼の苦悩の一部に過ぎなかった。別のレベルでは，彼もまた母親からけなされていたのである。ただし，それは非常に特殊なけなし方であった。スタンレイは，母親から，ある特殊なファンタジーを植え付けられており，そのファンタジーに悩まされていた。そのファンタジーとは，スタンレイは怠惰であって，強要され，急かされなければ何もしないというものであった。つまりそのファンタジーにおいては，スタンレイは，元来，常に抗い続けなければならない不活発な性質を持っているものとされていた。彼の母親は，彼を心から愛していたが，彼のことを，とてつもない潜在的能力を持ちながらも，その能力を発揮するためには常に急かす必要がある人物だと考えていた。彼についての，そして彼との関係体験についての母親によるこうした理解を彼は内在化した。そうして彼が内在化した自分自身についてのイメージは，生まれつき不活発で，母親が絶えず注意していなければ，自分からは何もしない人間というものだった。

　このような彼の自己イメージは，仕事の場面だけでなく，余暇の時間にさえも活性化されていた。彼は，無理をしてでも毎晩のように出かけるよう，自分を駆り立てていた。たとえ翌日にみっちりと仕事の予定が入っていたとしても，明け方までジャズクラブやバーにいた。そういうわけであるから，なんらかの理由で予定していた小旅行がキャンセルになった時，彼が幾分ほっとしたとしても，まったく驚くべきことではない。実際のところ，彼の仕事と遊びの極度の過密スケジュールからすれば，ほっとするのはまったく自然ななりゆきなのであるが，彼にとっては，そのようにほっとするということが，自分が本当に生来のなまけものであるという確信をさらに強めるものとなった。彼の考えでは，もし自分が生来の怠け者でなければ，楽しい夜の予定がキャンセルされて

ほっとし，ただ家にいてテレビを見て満足するなどということはあるはずがないということになるのだった。

スタンレイがはまり込んでいたパターンを考慮すれば，以下のことは当然であった。すなわち，彼は自分が怠惰にしているのを"見つけた"ときはいつでも，自分をさらに激しく鞭打って，怠惰というぬかるみから自分を引き離す努力を倍増させたものだった。そのため，さらに超人的な要求が生まれ，その必然的な結果として，スケジュールにやむを得ない空白が生じたとき，再び禁じられた安堵を感じることになってしまうのだ。

高収入とかなりの名声を得ていたにもかかわらず，彼は現在の仕事に満足してはいけないと感じていることが徐々に明らかになってきた。というのも，現在の仕事に満足することは，子ども時代から彼の中心に取り入れられてきたイメージの影響と対立してしまうからである。子どもの頃，彼の母親は愛する息子が彼女の夢を実現してくれるよう"追い立て"なければならない，自分が動機づけをしてやらなければ息子は"なめくじ"のようになってしまうと考えていた。彼は子ども時代のそんな母親像を取り入れていたのである。つまるところ，彼が自分自身を**自発的な**存在として体験し，ごく当然の自己調整や，自然な気力，活力を利用できる存在であることが，母親に対する裏切りであるかのように，また母親を喪失することのように感じられていたのだ。なぜなら，母親の愛情と，想像上の彼の不活発さへの母親の対抗は，彼にとって心の平静を保つために不可欠なものとして体験されていたからである。

スタンレイについて上に記述してきたような観察は，内在化された対象の発達に関するフェアバーン（Fairbairn, 1952）の理論的視点によって非常によく理解できる。フェアバーンのこうした理論的視点は，非常に深刻な虐待を受けた子どもたちが，虐待した両親に対して驚くほどの忠誠を示すという観察におおむね端を発している。こういった子どもたちは，自分をさげすみ，非難するような，恐ろしく痛々しい自己イメージを作り上げ，受け容れるのである。そうすることによって，命や意味を与えてくれ，（奇妙な仕方で）安全も提供してくれ，（その他の点では，怖ろしいほど恣意的であっても）根は優しい親との幻想上の絆を放棄することなく持ち続けるのである。

このような力動を，またこうした力動が本章のテーマに関して示唆するところを理解しようとするとき，必ずしも身体的暴力でなくても虐待となりうるし，言語的虐待に当てはまらなくても虐待となりうることを明確にしておくことが重要である。スタンレイのケースに見られるように，内在化に至る虐待には，

両親が子どもに対して抱く飽くことのない**期待**も含まれる。そうした期待は，要求としてはっきり表現されないとしても，内在化されると，その人を生涯にわたって駆り立て，成し遂げたことや積み上げてきたことに満足することを決して許さない（大切にされると同時に恐れられる）心の声として働くのである。

　私自身の臨床経験からすると，このような，両親の飽くなき期待の取り入れは，珍しいことではない。私は，それはわれわれの社会に特徴的な力動なのではないかと思う。というのも，われわれの社会は，幅広くチャンスに恵まれているとともに，激しい競争があり，富や収入を達成できる程度には著しい格差があり，経済的にどちらの端に位置するかによって重大な違いが生じる社会だからである。

動機づけの社会的構造化

　いかなる心理学的構造であっても，それが現れる社会的文脈は重要である。たとえば，スタンレイの事例に戻ってみると，もしスタンレイがもっと違った社会，たとえばインドの村や毛沢東政権下の中国などの社会で成長していたら，はたして同じ力動が見られるようになっただろうか。そうした社会では，機会の構造，役割モデル，共有された前提や責務などがわれわれの社会とは異なっている。そうした社会で成長していれば，彼の葛藤の表現の仕方は違っていただろう。そればかりか，彼が取り入れるものの性質自体もきっと違っていたことだろう。彼の母親は，それでもなお幾分かはスタンレイが十分にエネルギッシュであるかどうかを心配したかもしれないが，息子が自分を駆り立てて頑張ることにそこまで価値を置くことはなかっただろう。まして，どのくらい必死にまた一途に働くかに関する息子の選択次第で将来の彼の生活環境に大きな格差が生じるだろうという感覚はもっと小さくなっていただろう。その場合でもスタンレイにはもちろん内界があるだろうが，それはもっと**異なった**ものになっていただろう。その違いは，それ自体，内界というものが，われわれが使っているある種の理論的用語が示唆しているように見えるほどには“内的な”ものではないということを，つまり，より大きな社会の持つ影響力や，日常生活の環境や体験の影響から完全に隔離されたものではないということを意味している。

　われわれの社会のさまざまな特徴が，個人の中で育まれる心理学的諸力の形に影響を与え，それが物質主義的に構造化されて表現され，貪欲の要素を含む

242 第2部 人種，社会階層，貪欲，そして社会的に構成される欲望

ようになる可能性を高めている。われわれは"いざとなったら買い物に行け"という表現に馴染みがある。しかしその表現が，カストロの率いるキューバやアマゾンのどこかの部族で，人々の口に上るとは想像しがたい。われわれの社会は，買い物が，空虚感，無価値感，気分の落ち込みなどへの解決策となっている社会なのだ。多くの人々が，買い物によって象徴的な再生の感覚，"自分に優しく"している感覚，"自分はそれに価する"という感覚などを得ることができると報告している。そうした感覚は，たとえ往々にして幾分虚しい防衛であったとしても，しばらくは自分を鼓舞してくれるのだ。われわれの社会においては，買い物は多くの人にとって自己治療の一形態なのである。それは，より化学的な自己治療の方法と同じように，一時的な気分の改善をもたらすけれども，同時にまた潜在的な副作用をももたらす。

　アメリカの生活における多くの側面には，われわれの欲望や良い暮らしの感覚を，主に物質的な面から規定する非常に強い傾向がある。それは広告やマスメディアにおいて最も明らかだが，それだけではなく，たとえばまさにコミュニティの構造自体もそうである。というのも，多くのアメリカ人にとって，実のところショッピングモールこそ彼らの知っている唯一の公共の場なのである。"外に出て楽しみ"，他の人々と共にいることのできる場所はショッピングモールだけなのだ。われわれの社会においては，富と収入が，自分の子どもが良い教育を受けられるかどうかや，家の周辺を安全に歩けるかどうかなど，さまざまな生活上の重要な諸要素をかなりの程度まで決定している。それらは直接的にお金で買えるものではないけれども，収入との間に非常に高い相関がある。大きな家，豪華な車，高価な洋服，宝石などを取り立てて欲しいとは思っていなくても，良い生活を送るためには高い収入を得ることがどうしても必要だと感じている人もいる（R.H. Frank, 2007, 2011）。

　しかしながら，多くのアメリカ人にとって，成功は物質的に定義されている。すなわち，多くのアメリカ人にとって，お金や財産を得ること自体が目的になっている。お金や財産は自らの価値を承認するものとして，また欲求や欲望を定義するものとして機能している。実際，アメリカ人の主観性に認められるこうした特徴は非常に広く浸透しているので，読者の中には，そもそもなぜ私が，今さらそんなことをわざわざ述べるのかをいぶかしく思う人もいるだろう。空は青，芝生は緑，そして人々はお金を欲しがる。それがどうした？

　しかし，より多くのお金を欲しがる気持があることは，もっぱら経済的利益を最優先に生活を組み立てることとは，また別の話である。確かに，もし他の

第 13 章　物質的には豊かでも虚しい人生　*243*

条件がすべて同じなら，より少ないお金を得る選択肢よりも，より多いお金を得る選択肢を選ぶのは当然のことだろう。しかし，他の条件はすべて同じでは**ない**。お金や物質的なものを人生の中心的な目標として追求することは，しばしばかなりの代償を伴う（Wachtel, 1983）。選択には潜在的に代償が存在する。実際のところ，この代償についての理解を深めることこそ，消費者文化における生活の心理学的検討がもたらす寄与の１つであろう。

　より多くのお金を稼ぎ，物質的に豊かになることが，人生の主な動機づけであり目的であると信じている，あるいは率直に公言している人などほとんどいない。たいていの人は，良好な人間関係，温かい家庭，あるいは子どもたちが幸福であることの方がより重要であると**言う**だろう。しかしアメリカ人の生活の現実は，しばしばそれとはかなり異なっている。人々が実際にしている選択とその代償は，彼らが欲していると言っているものとはかなり食い違っているかもしれない。このことは，精神分析関係の読者にとっては驚くには当たらないはずである。

　ただし，伝統的な精神分析的な見方には，こうしたパターンが形成される上で，社会的要素と個人的要素がいかに互いに影響し合っているかについての認識が不足している。私たちは“深い”原因と“表面的な”影響とを区別することに慣れており（第５章を参照），そのように区別することによって，しばしば社会的要素が果たしている役割を暗黙のうちに軽視している。さらに悪いことには，社会的要素と個人的要素とを切り離している。すなわち，われわれは社会的構造や社会的影響力が違いを生み出していることをしぶしぶ認めるかもしれない（まともな感覚を持って自分を取り巻く世界に参加しているなら，認めないわけにはいかないだろう）。しかし，そのときわれわれは，これらの社会的影響を独立したもの，つまり精神分析家としてわれわれが関心を持っていることとは違う関係のものと見なしている。

　要求が商品へと変換され，その過程で（あらゆるものを金銭的価値に変えてしまうことによって）要求が量へと変換される，消費者文化の中で生きることは，私たちの存在のまさに中核を形成している。のちに羨望や貪欲，あるいは強欲を引き起こすような，人生の最早期に存在する萌芽はすべて，なんらかの文化的な文脈において活性化され，誇張される。他の文化においては，それらの萌芽も，より適応的に方向づけられたり，再形成されるかもしれない。日常生活におけるありふれた些細な事柄でさえ，（精神分析的な考え方をする人にとってはお馴染みの）力動を反響し，何世代にもわたって再生される心の構造

244　第2部　人種，社会階層，貪欲，そして社会的に構成される欲望

化を生み出すものである。

　1つ，ごく単純な観察について考察してみよう。どのような発達理論でも想定しているように，両親が子どもたちと一緒に過ごす時間があり，そのとき両親がリラックスしていて，思いやりがあり，子どもの要求に反応的であるなら，両親が緊張し，上の空で，時間に追われ，親であるがためにやらねばならないことに対して腹を立てているような場合に比べて，子どもは良好な発達を遂げるだろう。通常，私たちの臨床理論においては，この二種類の養育の違いは，両親の個人的な性格によるものとして記述されている。われわれの学術雑誌や事例報告には，患者の両親を自己愛的，抑うつ的，あるいは共感性に欠ける人物として描き出す記述であふれている。しかしながら，われわれが視野を拡張すれば，育児期間にある親が親として有効に機能できるかどうかは，より広い社会的文脈の諸側面にも非常に強く依存していることが明らかになる。たとえば次のような単純でわかりやすい事柄が挙げられるだろう。親たちはどのくらい遠くまで通勤しなければならないのか。通勤の際の渋滞状況は絶えず腹を立てているくらいひどいのか。親たちは何時間働いているのか。彼らの職場環境はストレスの多い権威主義的なものなのか，それとも彼らが創造的に寄与することを奨励するような協力的なものなのか。彼らの収入と支出のパターンは期日までの支払いを可能にしているのか，それとも彼らは負債を抱えていて債権者から追い回されているのか。精神分析おける議論では，そういった一見"表面的な"考察は，たいてい軽視されている。精神分析における議論では，結局のところ，これらの要因が及ぼす影響力はいずれも，個人の性格構造によるものと考えられているのだ。ひどい渋滞の中を運転して家に帰る人が皆，帰宅して子どもに苛立つわけではないのだから。

　しかし実際には，単純でわかりやすいこれらの要因を除外することは，精神分析的理解における重大な欠陥となりうる。確かに，性格構造は，ほとんどすべての外的状況の影響力を媒介するだろう。しかし同時に，性格はそれだけで独立して働いているわけではない。性格は，実のところ，精神内界の枠組みからだけでは適切に記述することができないものである。性格とは，ある特定の状況において，ある特定の個性的なやり方で行動する，あるいは**体験する**傾向であり，そして他の特定の状況では**同じように**個性的な，あるいは特徴的な他のやり方で行動し体験する傾向である。同じ状況が，異なった発達上の体験をしてきた人々，あるいは異なった人格のタイプを示す人々から，明確に違った反応を引き出す。このことについては，精神分析もはっきりと認識しており，

強調している。精神分析がしばしば十分に理解していないのは，この観察とは逆方向のものである。すなわち，同じ性格構造も，異なった状況的文脈であれば，異なった行動をもたらすばかりか，根本的に異なった**体験**をもたらすということだ。単純に言えば，文脈が重要なのだ。

　この分析から，極めて本質的な特性の１つが導き出される。特定の性格，養育，文脈は，すべて決定力を持っている。それらは，複雑で，相互に因果関係となるフィードバックパターンにおいて互いに影響を与えあい，さらなる特定の性格，養育，文脈を生み出していく。心理学的研究はあまりにもしばしば一般化を追い求めがちであるために，こうしたことを効果的に研究するのは大変難しい。しかし私は，認識論的ニヒリズムを主張するつもりはない。一般化に対して慎重であるべきなら，特定の具体性を調べることによっても，より広い視点からの輪郭を見つける必要がある。社会は運命ではない。それは，性格が，いかなる純粋に精神内界的な意味においても運命でないのと同じである。しかし，ある特定の社会において，最も多くの人が体験するよう促進されがちな体験は，その社会に最も高頻度に生じる結果をもたらすだろう。

　そうした結果を媒介する次元の中でも，最も重要でありながら最もしばしば見過ごされている次元の１つは，われわれの１つ１つの選択と購入の決定が，近隣の人々の間で相互に与え合っている影響力である。すなわち，われわれは，日々の選択と購入の行為によって，何が標準で，何が期待されるかをお互いに徐々に引き上げていっているのである。そうした相互の影響の与え合いの中で，何が正しく，自然で，適切かについてのわれわれの認識は，本当の意味で知覚されることも理解されることもないままに，変わっていってしまうのである（R.H. Frank, 1985, 2007）。どのようにしてこうした現象が起きるのかを理解するために，別の，しかし関連した現象を考察してみよう。すなわち，服装において何が"適切に見えるか"という知覚に関する現象である。ただ単に現代社会で暮らしているというだけで，われわれは，ネクタイの幅やジャケットの襟の幅，スカートの丈について，直感的で自動的で認知を介さない感覚を持つようになる。そのような，社会的に形成された感覚は，単なるごく単純な知覚，ただ単に何が適切に見えるかということのように感じられる。しかし流行が変化すれば，時とともに私たちの知覚もまた変化する。完璧に見えていたネクタイが，細すぎるとか太すぎるとかに見えるようになり，ちょうど良いスカートの丈が，長すぎるとか短すぎるとかに見えるようになるのだ。あまり流行に振り回されたくない私たちのような人々は，このように操縦されることに抵抗を

246 第2部 人種，社会階層，貪欲，そして社会的に構成される欲望

試み，しばらくの間はうまくいくかもしれない。しかし，そうした知覚は，他者とともに社会の中で生きる経験を通して直接的な知覚−情動レベルで強力に伝えられる。時間が経過するにつれ，それを認知の力で無効にするのは事実上不可能となる。

　同様に，私たちが何を**必要だと思うか**という感覚もまた，社会の中で生活する経験によって形成され，変化させられていく（そしてより重大な結果をもたらす）。アメリカ合衆国の普通のライフスタイルにおける標準的な服装と考えられているものは，バングラデシュのそれとは非常に異なっているだろうし，今日のアメリカと，（おそらく現在ではそのようには認識されていないだろうが）"豊かな社会"（Galbraith, 1958）と言われていた1950年代または1960年代のアメリカとでも，かなり異なっているだろう。現代の平均的な家族は，その時代の平均的な家族が申し分なく広いと考えていた家を小さすぎると思うだろうし，さらにはエアコン，食洗機，衣類乾燥機など，その時代には滅多に見られなかった比較的贅沢なものがなければ，生活必需品が欠乏していると感じるだろう（1950年代，1960年代の中流家庭の標準がどのように定義されていたか，また時とともに，どのようにして贅沢品と必需品の基準が，変化の認識すらないままに変化するかについてのより詳しい説明は，Wachtel, 1983を参照のこと）。

　何が必要かについての私たちの感覚は，相当エスカレートしてしまった。相対的に裕福だった時代（再びGalbraith, 1958参照）にまったく十分だと人々が感じていたものも，今日のほとんどのアメリカ人にとっては，貧しく，必需品にさえ事欠いていると感じさせるものとなっている。経済学者は，満ち潮はすべてのボートを持ち上げると言う。しかし彼らは，日々の観察によっても明らかであり，社会心理学者がよく報告している，比較の効果を否認している。潮が満ちて海面が上昇しても，誰もが自分はまだ海抜0メートルにいると感じる。より大きなボートに乗っている人に対する羨望は，ボートの平均的なサイズが増大することによって低下するものではない。すべてのボートのサイズが大きくなれば，平均的なサイズのボートに乗っている人は，自分が乗っているのは"ただのボートにすぎない"と感じるだろう。

　ほとんどのアメリカ人は，なんらかのレベルで，私たちの社会が生み出したこの消費拡大主義は何かがおかしいと気づいていると思う[注2]。私たちの社会の一般的繁栄をまったく享受していない人々が大勢いるということは分かっているし，さらにより慎ましく，なんとか生活を送っている人々が，世界中には

もっと大勢，数え切れないほどいるということも分かっている。また，少なくともあるレベルにおいては，私たちのエスカレートしていく消費パターンが環境に与える影響についても理解している。あまり明確に認識されていないように思われるのは，私たちの社会のメンバーが，このように絶えずエスカレートしていく消費の基準を追い求めて生活を組み立てていることが，彼らの人間関係や子どもたちにとって必ずしも利益をもたらしていないという事実である。親たちは，競争の激しい社会の中で自分たちが自尊心を保つためにしなければならないことのせいで，子どもたちがしばしば犠牲になっていることを無意識的に認識しているのかもしれない。そしてその際に心のどこかで感じられている罪悪感や羞恥心のせいで，彼らは"家族のためにやっているんだ"というアメリカの偉大なお題目を強調せざるを得ないのかもしれない。このお題目は，より大きな家に引っ越すために，あるいは昇進やより高収入の仕事を求めて別の街に移るために，子どもたちを学校や友人のグループから引き離す親や，長時間働きすぎの親が，よく口にする言葉なのだ。

皮肉なことに，人生において本当に重要なものを子どもたちから奪うこのような選択が，当の子どもたち自身を，慰めとして物質的なものを求めるよう仕向けているように思われる。結果的に，彼らは，自分の欲求を，対人関係的ないし経験的な面からではなく，地位や物質的対象の面から規定するようになる。この皮肉な状況をさらに複雑にすることには，子どもたちの側のこのような反応は，子どもたちはこれらの物質的代用品を情緒的健康のために"必要としている"のだという親の側の知覚を，妥当なものにしてしまいがちなのである。実際のところ，ずっと先を見越して言うなら，このような経験によって動機づけの構造を形成された子どもたちは，大人になって親になったとき，彼ら自身も同様の選択をし，彼らの子どもたちにこのパターン全体を伝えていくことだろう。

ここで私たちが見ているのは，私たちの社会，経済，全体的な生活様式が，何が"人生において良いこと"なのかを規定していく，その規定の仕方の心理学的な結果である。1億円超えの収入を得るために，週のうち3，4日は商談のために出張しなければならない投資銀行家であろうと，1千万円超えの収入を得るために毎晩8時か9時まで患者に会わなければならない精神分析家であろうと，たとえ収入が4分の3になっても親子の時間をより多く持てるなら，子どもたちや家族はその方がもっと幸せなのではないかと考えることがあるかもしれない。しかしながら，私たちの社会では，高収入を得ることのできる人々

248 第2部 人種, 社会階層, 貪欲, そして社会的に構成される欲望

は通常そのような選択はしないものだ。それは単に彼らが愚かだからではなく, 社会的文脈がそのような選択をすることを非常に困難にしているからである。

　今私が述べているのは, 生きていくのに必要なお金を稼ぐために長時間働いている親のことではなく, 自分の子どもに, 高級住宅地の大きな家で育ち, 居間には大きなスクリーンのテレビがあり, "適切なブランド" の洋服を着せ, (地域によってはその靴のために殺人事件の被害者になることさえありうるほど) 高価なスニーカーを履かせることなどを確保するために長時間働いている親のことだということに注意を払ってほしい。また, その親たちが悪い人だとか, 性格上欠陥があるに違いないとか, 言っているのではないということも覚えておいてほしい。私がここで言いたいのは, 社会の中で生活することによって, 自分の要求をどのように経験するかが決まるのだということである。社会の中で生活することによって, 見苦しくない生活を送るためには何が必要なのか, **平均的**な生活水準だと感じるためには何が必要なのかについての考えが形成されるということである。その親の個人的な欠陥を指摘する行為は, この現象そのものを捉え損なうものである。共有された社会的価値や前提は, 人々の動機づけ構造のまさに中核に浸透しており, 彼らの生活のもっとも個人的な面での選択に強力な影響を及ぼしている。同様に, 共有された社会的価値や前提は, 親たちが, 親密さや本物の自尊心の代わりにお金や地位を求めることへの免疫となるような経験を子どもに与えるよう, 十分な時間と心的エネルギーを確保するかどうかをしばしば決定する。

自己対象としてのお金

　そういったパターンがどのように維持されるのか, またより精神内的な諸要素がどのようにより明白に社会的な要素と交差するのかをさらに考察する上で, 自己心理学の寄与について考察することが有益であろう。ここ数十年の間になされた精神分析におけるもっとも重要な理論的修正の1つは, コフートが, 彼が自己対象と呼ぶものを求める欲求は, 何も幼児期のみに限定されるものではないと認識したことである。コフートは最終的に, 自己対象を, 十分に自律的な自己（健康で1つにまとまった状態を維持しておくために自己対象をもはや必要としないほど, 十分堅固に凝集している自己）を構築する基礎となる要素というよりはむしろ, 生涯にわたって必要なものだと結論づけた (Kohut, 1977)。

第 13 章　物質的には豊かでも虚しい人生　*249*

　この観察を別の角度から見てみると，次のように言えるかもしれない。かつ
ての精神分析的な見解における分離個体化という理想は，間違って到着点と考
えられていた。あるいは，間違って単一の健康な発達の方向性だと説明されて
いた。しかし実際には，それは，生涯を通して持続する弁証法の 1 つの極なの
である（Blatt, 2008 参照）。分離個体化はそれだけでは健康さの基準にはなり
えない。そもそも有意義な個体化を可能にするのは，つながり（持続的で本質
的なつながり）を利用する能力なのである。ひとたび凝集性のある自己を作り
上げたなら，他者から承認を求める欲求は重要性を失うなどということはない
のである。

　しかしながら現代社会においては，生活の多くの側面が，必要な承認を得る
のを難しくさせている。エーリッヒ・フロム（Erich Fromm, 1955）は，現代
の社会システムのダイナミクスによってもっとも生み出されやすい性格構造と
して，市場的性格という概念を提示した。その際に彼が示した観察について考
えてみると，成人期を通して本当の意味で認め合える人間関係を発展させる過
程に重大な障害をもたらすパターンが見えてくる。承認されていると感じるた
めには，われわれは**知られている**と感じなければならない。しかし自分を売り
込むためには，つまり，市場に支配されている社会で人々に強い印象を与える
ためには，私たちはしばしば，傷つきやすさ，葛藤，自信のなさなどの性質を
隠し，人々を欺かなければならない。しかし実はこれらの性質こそ，共感され
承認されることによって癒されることをもっとも必要としているものである。
他者もまた同様に自分の傷つきやすさを隠し，強さを誇張して自分を売り込む
ので，この不幸なパターンはさらに悲惨なものになる。そのとき，互いが互い
に対して威嚇し合うことになる。その結果，誰もが，深く自己開示的であろう
とはしなくなり，ほとんどの人間関係において，親密であるよりも戦略的であ
るよう，微妙な仕方でほぼ無意識的に促される。前に，両親が物質主義に捕ら
われて子どもたちから大切な人間関係の満足を剥奪してしまうとき，その剥奪
に対処するために，子どもたちが防衛的に物質主義的志向性を発達させること
を議論した。それと同じように，この売り込みと自己提示による相互的なゲー
ムに捕らわれている人々は，ほんとうの意味で肯定され，理解されることを事
実上諦め，人と人との真のつながりの（市場が指し示す）代用物をいっそう強
く強調するようになる。

　さらに言えば，エスカレートし続ける物質的な消費の標準を追い求めるため
に人々が長時間働く結果，そして名目上は仕事から離れた時間でさえも，スマー

250 第2部 人種,社会階層,貪欲,そして社会的に構成される欲望

トフォンやコンピューターやショッピングに没頭する結果,情緒的なインフラストラクチャーを維持するために役立つ友人関係その他の人間関係に費やす時間は非常に減少してしまう。それに加えて,(ほとんどの場合,より高額の給料やより大きな家を求めて)5人に1人のアメリカ人が毎年引越しする結果,情緒的インフラストラクチャーはさらに不安定なものになる。

　もし人々が,生涯にわたって自己対象を必要とするにもかかわらず,親密なつながりを維持することが妨げられるような生活を送るのであれば,人々は非常に傷つきやすい環境に置かれているということになる。その欲求はなくならないのに,人々がその欲求を充足しようとするために用いる方法は,充足しようとするまさにその欲求を満たされないようにさせてしまう。コフートの概念化においては,自己対象は,通常,誰か他の人である。しかし,また別の拡張的な議論（Kohut, 1985）において,コフートは,人が忠実であろうとする理想像もまた自己対象となり得ると述べている。私たちの社会においては,多くの人にとってお金や所有物,あるいは職業上の地位が,自己対象の代用品として機能するようになっていると私は思う。それらは,代用品として可能な限りにおいて,自己を1つにまとめあげてくれる。

　しかしながらさらに別の意味で皮肉なことには,このようなやり方で自己を維持しようとすると,その代償として,より満足の得られるような別の自己対象関係を発展させることがさらに難しくなる。お金や所有を,自己の源,あるいは自尊心の主要な支えにするために働くことが,私たちを,自己対象としてさらなるお金や所有を必要とする状態に押しとどめ,精神的な滋養となるより人間的な源泉からさらに遠ざける。最も表面的なレベルでは,より良い仕事やより高い収入を得ようと頻繁に引越しをすることや,友人や家族のための時間がほとんど取れないほど長時間働くことは,持続的な人間関係,共同体感覚,親密さの維持を妨害する。さらに,より深いレベルにおいては,自己対象としてお金や所有に依存するような関係性のパターンは,他の人々との関わり方を貧弱なものにする。このような人間関係の質そのものが,お金や所有物を自己対象として補償的に利用する欲求をさらに増大させてしまう。しかし,実際にはそれは満足を与えてくれるものではない。そうした人は,いわば,降りるのが難しいランニングマシンで走り続けているようなものである。

　われわれの社会におけるある種の人々にとっては,お金が自己対象となるのに加えて,働いている企業もまた自己対象となることがある。企業内での地位と連動して,デンバー勤務からアトランタ勤務,ヒューストン勤務へと異動す

第13章 物質的には豊かでも虚しい人生 251

ると，親密な友人関係を維持するのは難しいだろう。そのため，企業そのもの
が不変の物となり，どんなものであれ承認が得られる体験の源となるのである。
しかしながら，この貧弱なアタッチメントの資源でさえも，徐々に損なわれて
いく。忠誠心は，双方向的に著しく低下している。すなわち，1つの会社で何
十年も働き続けてきた人たちが，ダウンサイジングや競争力維持のために解雇
されているし，逆に，1つの企業構造の中で昇進していくことを中心に人生を
組み立ててきた人々は，独力で新しい出世の機会を探し出すことを選択するよ
うになってきている。これからの時代において，人は，その職業人生において，
勤め先だけでなく職業までも何度も変えることを想定しておくべきだという話
をよく耳にする。したがって，企業の代理的な自己対象としての機能は低下し
ていくだろう。利用できる自己対象の構造がこのようにさらに減退することに
よって，究極の代理的自己対象としてのお金と所有への依存がさらに高まるも
のと予想できるだろう。

「自分の自己対象をお金や所有に求めよう」とか「私はお金によって自分の
価値を承認し，お金で自分のまとまりを保とう」などと意識的に考えている人
などいないだろう。今述べていることは，無意識的に進行する過程であって，
不安感やより多くのお金を得ないといけないという内的プレッシャーを高める
ものである。自分たちの生活においてお金がいったいどんな機能を果たしてい
るかについて**無自覚**であれば，お金について理性的に考えることはさらに難し
くなる。ほとんど明確な理解のないままにお金に依存することがもたらす当惑
と絶え間ない飢餓感は，私がこれまでに述べてきた悪循環を増大させるだけで
ある。

自己とその文脈

この章では，無意識の内容や葛藤と，社会の習律（モーレス）や諸制度との
間を，行ったり来たりしながら話を進めてきた。これら2つの間の関係は，貪
欲，物質主義，不満がどのように私たちの生活の中で生み出され，永続してい
くのかの詳細とともにそれ自体が，私の主な関心事の1つである。お金やもの
をもっともっと追い求めることは，どこか他のところに由来する飢餓を充足す
る。その飢餓感がどこから来るのかを見出すことは，心理学的分析の仕事であ
ろう。しかし同時に，その飢餓感がいかに私たちの送っている生活上のこまご
ました具体的な事柄や，より大きな意味での社会的な動きによって永続化され

252 第2部 人種，社会階層，貪欲，そして社会的に構成される欲望

ているのかを理解することもまた重要である。これらはどちらも，私たちの人格を反映し，また構成しているのである。

　親密さと真の自己を回復するという，精神分析の中心にある目的は崇高なものだ。実際，この点に関して精神分析はかなり貢献している。しかし，日常生活や社会という領域から内的世界を封印する壁を構築していては，親密さと真の自己の領域を拡大することはできない。真の自己を回復するためには，それに抗い，それを蝕んでいる諸力を正しく見極め，理解しなければならない。ある地域においては，それは宗教的原理主義者による政権，あるいは右派または左派の信奉者による政権のような独裁的体制である。ほとんどの先進国では，それは制御できない物質主義であり，社会的に是認され増幅された貪欲な物欲である。ひとたび面接室を出れば，われわれは，現代生活に蔓延しているこの特徴にいやでもはっきりと気づかされるだろう。実際のところ，この傾向は，私たちが認めたくないぐらいに，避け難いものであり，私たちの**中に**はっきりと認められるものである。

　アップルやマスターカードやナイキによって影響されることなく，母親と幼児の間の空間だけによって形成され，封印された主観的世界あるいは内的世界というイメージを乗り越えていかねばならない。その封印されたイメージを乗り越えるためには，精神分析自体がより開かれたものになる必要がある。現在，精神分析は，社会学，経済学，歴史学，精神分析以外の心理学からさえ，孤立している。われわれはどうしてもこの孤立を越えて進まなくてはならない。1つにはそれは，精神分析はこれらの他の学問分野から学ぶべきものがあるからであり，また1つには，精神分析はそれらの分野に貢献することができるからである。われわれは，平均的な家庭の生活レベルに遅れをとるなという考え方に馴染んでいる。しかしわれわれが十分に気づいていないのは，平均的な家庭の生活レベルという取り入れられたイメージに遅れないようについて行くときの，その仕方である。そこでは，幼少期に獲得した動因や傷つきやすさが，日常生活における多様なプレッシャーと結びつき，私たち自身は自分自身のものだと考えているにもかかわらず，実際には最も深いところにある純粋な欲求や傾向を表現せず，むしろ重要な点においてそうした傾向を放置するような生き方のパターンを生み出している。精神分析的探究から生じた知見を，人間行動を研究している他の学問から得られた理解や，われわれが精神分析家や心理療法家としての立場から離れたときにわれわれの思考を導いている日常的な理解や洞察と結びつけるなら，患者の手助けをする上においても，差し迫った社会

的難問の解決に貢献する上でも，より有利な立場に立つことができるだろう。われわれが個々の患者との取り組みの中で学んだものは，非常に貴重なものであるから，面接室の中に閉じ込めておくべきではない。そして私たちが社会の一員として生活の中で学んだものは，非常に貴重なものであるから，診察室から**締め出して**おくべきではない。

注

注1）この章は，2001年度カレンホーナイ記念講演としてアメリカ精神分析研究所（American Institute of Psychoanalysis）に発表した原稿に加筆修正したものである。

注2）ここで述べていることは，アメリカに特有のことだと示唆しているわけではない。似たようなパターンは，工業化された他の国や，第三世界の一部の国においてさえ，多かれ少なかれ明らかである。

第14章

個人的ならびに社会的現象としての貪欲

　本章においても，さらに貪欲の現象を探究していこう。今度は，シドニー・ブラット（Sidney Blatt）の二相モデル（two-configurations model）という有力な視点から探究しよう。ブラットの二相モデルは，関係性の欲求と自己発達の欲求という2つの（時に競合する）欲求を強調するものであり，過去25年以上にわたって，人格の力動と発達の理解において最も革新的で重要な貢献の1つであり続けてきた。そのモデルは2つの重要な次元から人格発達を見ていく。1つは成熟した満足な対人関係の確立であり，もう1つは一貫性があって効力的な自己あるいはアイデンティティの形成である。その著作の多くにおいてブラットは，第一の発達ラインを**依存的**（anaclitic）あるいは**関係的**（relational）と呼び，第二の発達ラインを**取り入れ的**（introjective）ないし**自己定義的**（self-definitional）と呼んできた。そのモデルは，精神病理一般について，そして特に抑うつについての研究で，有力なものとなっている。しかし二相モデルは，より幅広い視野に根ざしたものでもある。それは，何世紀にもわたって思索家たちが人間の性質として述べてきた緊張を探索し，明確化するものである。人間は自然の一部であると同時に，自然とは分離したものでもある。人間は分離し，分化した存在であるとともに，その生存のために絶対に必要なより大きな全体の一部でもある。われわれは自分が分離した存在であるという認識に苦しむ。また未来に対する気づき，すなわち死に対する気づきに苦しむ。この気づきはわれわれ人間を本質的に定義づける特徴であり，われわれの種にユニークな特徴すべての基礎である。

　自然と同様に，社会もまたわれわれの生存を可能にする文脈でありながら，同時に，われわれが，生涯，そこからの分離を求めて奮闘する母胎でもある。

第 14 章　個人的ならびに社会的現象としての貪欲　*255*

人間的な接触や社会的な結びつきは，言わばわれわれを取り巻く海のようなものであり，われわれは温かく栄養を含んだその海を泳ぎ回り，そこから社会的・心理的な栄養を取り入れる。同時に，その海はわれわれを呑み込み溺れさせる恐ろしい海でもある。われわれの種の本質であるこのヤヌスの顔をしたジレンマと交渉するとき，不安を避けて通ることはできない。自然や社会や人生における重要な人物との間にあまりにも強い結びつきを確保すれば，われわれは独自性やアイデンティティや自己の感覚や存在感さえ失う危険にさらされる。しかしもしわれわれが自己を際立たせることに懸命になりすぎるなら，あるいは内なる切望や知覚に忠実であろうとしすぎるなら，われわれは同様に恐ろしい危険にぶつかる。それは，まさにわれわれの存在の土台との接触を失う危険であり，自然や社会というより大きな文脈との親密な結びつき（不可分性）を失う危険である。この緊張を解決しようとして，異なった文化は異なった方向への牽引力をもたらす。文化横断的研究において広く用いられている，個人主義的な文化と集団主義的な文化という区別は，その違いに言及したものである（Triandis, 1995）。しかし実際には，**あらゆる**文化において，人々はこれらの競合する牽引力を体験している。その力の比率や，そこでの典型的な行動や価値は異なるけれども，基本的な葛藤に対処する必要性は万人に共通である。

　二相モデルは，精神分析と，実証主義的な心理学研究の両方の伝統に基礎を置いている。これは，人間にとって中核的なこのジレンマに対するその他のほとんどすべてのアプローチから二相モデルを区別する，とりわけ重要な特徴である。一方では，推測や逸話に大きく依拠した理解とは対照的に，二相モデルは，系統的に統制された研究によって繰り返し検証されてきた。しかし他方では，質問紙の因子分析のみから，あるいは，大きな犠牲を払って表面的な正確さを追求するその他の単純な方法から得られたパーソナリティの定式化とは違って，二相モデルは精神分析から得られたパーソナリティ発達の複雑な見方にも根ざしている。したがって，あらゆる精神分析的概念化と同様，二相モデルはカテゴリー的ではなく，力動的である。2つの相は，人々を分類するための2つのカテゴリーではない。また2つの相は，人々を，この相を何パーセント示し，あの相を何パーセント示しているなどと概念化するような，「寄与率」でさえない。2つの相は，**緊張**関係にある2つの傾向ないし方向性である。あらゆる精神分析的な定式化がそうであるように，このモデルは，葛藤，パラドックス，競合する強烈な諸傾向と折り合いをつけていく持続的なニードを中心に据えたものである。

256 第2部 人種，社会階層，貪欲，そして社会的に構成される欲望

　人は，それぞれ異なった程度の依存的傾向や取り入れ的傾向を示す。また，いずれの方向にせよ，その程度が極端になると病理と結びつきやすい。しかし，2つの傾向のバランスが均等に近づくことが人の健康さの指標になるわけではない。確かにバランスは重要だが，それは**弁証法的な**バランスである。つまり，葛藤する欲求や気質を和解させる持続的で力動的な努力を反映するバランスである。特定の個人にとっての最適なバランスは，その個人の遺伝的性質，早期の発達上の体験，その後の発達上の体験，そして非常に重要なこととして，その人の行動と体験が表現される対人的で社会的な文脈をそれぞれ反映したものである。このことは，その人の傾向が**発展してきた**社会的・関係的な文脈が重要であるということを意味しているだけではない。このことは，その傾向が，**現在**，表現されている文脈には，その人の複雑な全体の中から極めて異なった側面を，異なった外見と割合で引き出す力があるということをも意味している。分離，有能性，自己定義に特に関与している個人が，ある文脈においては他の文脈においてよりも，所属感や，大事に世話されているという感覚により関与していることもある。これは一貫性のなさではなく，パーソナリティの本質的に文脈的な性質と，人間の経験の特殊性を反映したものである（Wachtel, 2008, 2011a）。

互いに結びついた2つの極としての取り入れ傾向と依存傾向

　発達のラインとしての取り入れと依存という概念は，われわれのほとんどが抱えている基本的な緊張を指し示している。それは2つの「タイプ」の人がいるということを意味するものではない。それら2つの傾向の表現には変動性と文脈性が容易に観察されるという意味で，この2つの傾向は経験的に折り合わされている。そればかりか，それらは**概念的にさえ**独立的なものではない。こう言ったからといって，私はそれらが別個のものではないとか，概念的に明瞭に描き出されていないとか，言いたいわけではない。むしろ私が言いたいのは，それらは単なる対立物ではなく，**結びついた**対極であるということ，そしてそれらはそういう性質を明確にしながら概念化されているということである。それらは，一種の本質的な緊張の中の2つの極であって，それぞれの傾向は強力かつ基本的に他方の傾向によって形成されるものである。融合し，愛着し，他者や社会に自分を根付かせようとするまさにその試みの中から，分離，境界形成，自己定義に対するわれわれの欲求が出現し，高まっていく。また，分離し

自己充足した存在として自分自身を定義しようとするまさにその努力の中で，結びつきに対するわれわれの欲求が高まっていく。1つの面は，他の面を新たに導き入れることなしには達成され得ない。それこそが，その達成の本質的特徴である。それら2つの傾向のうち，単に片方を選び取ることによって，その緊張を解消することはできない。それら2つの傾向を，持続的かつ創造的に，人生の織物に折り合わせていくことによってしか，その緊張を解決することはできないのである。

　二相モデルのこうした概念化は，ピアジェの同化と調節の相補的過程と似ている。ピアジェの同化と調節の概念化においても，両プロセスは互いに参照し合うことなしには適切に理解できないし，定義さえできない。たとえば，イヌという初歩的なスキーマを発達させた子どもについて考えてみよう。その子が以前には見たことのない種類のイヌ（たとえばチワワやグレートデーン）に出会うとき，何が起こるだろうか？　これらの新しい体験をイヌという彼のスキーマに取り入れるよう学ぶとき，明らかに彼はそれらの体験をそのスキーマに同化している。しかしまさにこの努力において，その子は，それらの体験を取り入れるように，そのスキーマを調整してもいる。そのスキーマは，もはや前と**同じ**スキーマではない。というのも，今やそのスキーマは，イヌというカテゴリーの範囲についてのその子のこれまでの見方には含まれていなかった新しい非典型例を含むようになっているからである。まさに同化の行為が調節を生み出し，調節の行為が同化を可能にする。いずれの過程も，他の過程なしには進まないのである。

このモデルの社会的な示唆——結びついた2つの極と貪欲の現象

　二相モデルを，このように結びついた2つの極として，カテゴリー的なものではなく力動的なものとして理解するとき，そのモデルは，パーソナリティ発達や精神病理についての見方に対してだけでなく，社会全体の働きにとって中心的な多くの現象についてのわれわれの理解にも重要な示唆を与える。いかなる社会も，われわれの社会のように複雑な社会であればなおさら，人間の心理におけるこれら2つの本質的特徴を和解させることを重要な課題の1つとしている。絶えざる関係性への欲求や生涯を通した相互依存への欲求といった，人生の依存的な面のための余地を確保することに失敗した社会は，疎外を拡大し，人々を自然災害や市場の気まぐれその他の災難に対して非常に傷つきやすい状

態にしてしまう。きわめて右翼的な超個人主義的なイデオローグでさえ（少なくとも選挙で当選する可能性がある人物であれば），必要とする人のためには一種のセーフティ・ネットが必要だと認めている。個人の自己責任だけに頼るなら，社会的にも個人的にも，災いがもたらされることになる。

　同時にまた，もし社会が自己定義のための余地を十分に用意できないなら，つまり境界設定を求め，比較的自律的であろうとし，明確なアイデンティティを作り出すユニークな目標や価値を求める欲求が常に抑えつけられるなら，無意味な服従が生じ，イニシアティブや動機づけは欠如してしまう結果となるだろう。今や消滅したソビエト連邦はそうした社会の一例だったと言えるのかもしれない。

　これら２つの人間の性質のいずれもが他を排除するほどには優位にならないようにしながら，これら２つが力動的で創造的なやり方で相互作用する生活様式を作り出すのが社会の課題である。社会と同様に個人に関しても，歪曲や肥大が発展することがある。けれども個人に関しては，こうした肥大は代価を伴い，常に本質的に不安定である。イデオローグとは，ある意味で，人間の欲求や動機づけの弁証法的な性質を理解し損ねていることによって定義されるものなのかもしれない。

社会現象としての貪欲

　本章において，私は社会的なものと心理的なものとが重なり合い，二相モデルが潜在的に啓発的となるであろう，１つの特定の領域に焦点づけたい。それは貪欲という現象である。私が焦点づける対象として貪欲を選んだのは，それが私自身，研究上，探索してきたテーマだからでもあるし，また，それがわれわれの社会の力動にとってとりわけ重要なものだからでもある。少なくともアダム・スミス（Adam Smith）の時代から，貪欲が経済的な成長と生産性のための強力な推進力となりうるということは明らかであった。幅広く引用されているように，スミスはこう述べている（Smith, 1776, Book I, ChapterII: 2）。「われわれが夕食を食べられるのは，肉屋や酒屋やパン屋が博愛心を発揮してくれたからではなく，彼らが自己利益を追求したからである」。

　もちろん，貪欲と自己利益とは必ずしも同じではない。スミスが後者の用語（自己利益）を用いたのは，まさに彼が，貪欲ではなく**自己利益**について述べたかったからだという主張もできるだろう。しかしスミスの考えは，多くの点

でわれわれの社会において優勢となったイデオロギー的緊張によって改訂され
てきたとも言えるだろう。誰もが抱えている物質的な富をもっともっと欲しが
る欲望を絶えず刺激すること。そして，この社会の誰もが体験するもっともっ
と欲しがる欲求をひたすら追求すること。アメリカの学問的ないし政治的な指
導的者たちは，これらを，われわれの経済に火をつけ，アメリカを強く繁栄し
た国家にするために必要な燃料だと主張してきた。近年，われわれの社会にお
いて問題のある仕方で強まってきたイデオロギーにおいては，他者の感情や欲
求へのはっきりとした気遣いは，不必要であるばかりか，見当違いなものと見
なされている。他者の感情や欲求は，それらを認識することが市場や製品開発
の目的のために重要である場合にだけ，関心を向けられるのである。コミュニ
ティ全体の欲求や，コミュニティにおいて最も剥奪されているメンバーたちの
欲求に注目することは，市場の見えざる手が個人の貪欲という卑金属を社会的
な金に変える驚くべき錬金術の効果を損なってしまうものと見なされている。

　興味深いことに，あらためてアダム・スミスに立ち戻ってみると，彼が最初
から次のことを理解していたということが分かる。つまり，もっともっとと欲
しがる個人の願望は，同様に重要なもう1つの人間の動機や傾向との緊張の中
で，そして，より幅広い視点から言えば，それとの協調の中で，あるいは，前
に私が導入した用語を用いれば，それと**結びついた対極**の中で，追求されなけ
ればならないということである。スミスは，自然な共感と道徳的感情という題
目の下に，この重要なもう1つの次元について論じている。よい社会は，ある
程度，信頼に依存しているものである。実際のところ，経済的にうまく機能す
る社会もそうである。信頼があるからこそ，人は，相互作用する相手の正直さ，
統合性，善意を当てにできるのである。信頼がなければ，実際場面で効果的に
交渉する能力も機能しない。貪欲だけが優位になれば，貪欲そのものが疎外さ
れる。壊れていたり危険だったりするような安価な商品を提供することで各人
が自分の利益を最大化しようとする傾向が抑止されないのであれば，誰も取引
に賢明に取り組むことなどできない。

　さらに言えば，よい社会についてのスミスの見方は，単に自己利益の追求に
は少しばかりの正直さが必要だという合理的な教えを超えたものである。スミ
スは『道徳感情論』（1759）において次のように述べている。

　　　人間社会のあらゆるメンバーは他者の助けを必要としている……愛，感謝，
　　友情，尊敬から必要な援助が相互的に与えられるなら，社会は繁栄し，幸福で

ある。社会のあらゆる異なるメンバーが，心地よい愛情の絆で結びつけられる……絶えず相手を傷つけようとするような人々の集団では，……社会は存続できない。(pp.124-125)

　現代の文脈において，たとえばロバート・パットナム（Putnam, 2000）のような著者は，われわれ自身の社会と，それが直面している課題について，同様の指摘をしている。

　したがって，本質的に言って，うまく機能している社会においては，貪欲の力動は弁証法的にバランスされなければならない。それは，健康な人格において，依存的傾向と取り入れ的傾向が互いにバランスされなければならないのと同じである。シドニー・ブラットとアダム・スミスの概念的枠組みを組み合わせると，こう言えるだろう。野心，成功を求める奮闘，卓越の求めは，活力のある社会や経済の本質的な構成要素である。ただしそれは，ケア，気遣い，連帯，他者への思いやりといった要素によってバランスが取られているときのみである。もし前者が欠けていれば，相互依存は依存へと退行し，その社会は，問題を孕んだ仕方で依存的な社会であり，力動性，生産性，革新，リスクを取りリードする意志を欠いていると見なされるだろう。逆にもし後者が欠けているなら，その社会は問題を孕んだ仕方で取り入れ的な社会と見なされ，ホッブス（Hobbes, 1651）からマルクス（Marx, 1964）やフロム（Fromm, 1941, 1955）に至る社会批評家によって記述されてきたような，疎外され，敵意的で，孤立した個人による競争的な闘いが目立つ社会となるだろう。

満たされなさと思慮のなさ

　個人の生活においても，われわれの社会全体においても，それがいかに重要であるかを考慮すれば，心理学の文献上，貪欲はむしろ無視された話題であり続けてきた。貪欲についての精神分析的な議論においては，クライン派の視点がとりわけ目立っている（たとえば，Boris, 1986; Emery, 1986; Klein, 1957）。これらの著作は，時に示唆的ではあるものの，驚くほど憶測的である。それらはまた乳房を前にした幼児の体験をものすごく強調している（あえておかしな表現をすれば，傲慢なまでに強調している）。その結果，それらは，個人と社会における貪欲のヴァリエーションが，より大きな社会現象とどう関係しているかを理解するのには，あまり役立たないものとなっている。

ある部分では，精神分析の文献においても，より広く心理学一般の文献においても，貪欲の概念が無視されてきたのは，その概念の起源が，心理学的な研究の経験的な伝統ではなく，道徳的な説教の審判的な伝統にあることを反映するものである。それはまた，「貪欲」や「貪欲な」といった用語の用法がかなり曖昧で不正確であることを反映するものでもある。たとえば，レクシスネクシスにおいて，貪欲という検索語で，新聞，雑誌，その他のニュースソースを検索し，ヒットした何千もの情報に目を通してみれば，そのトーン，ニュアンス，内包，外延には膨大なバリエーションがあるのが容易に見て取れるだろう。その用語の用法や意味にこれほどのバリエーションがあることを考慮して，私は，私自身の研究において，暫定的に幅広い2つのクラスの用法を区別し，この状況をいくらか整理しようと試みてきた。その2つのクラスとは，**満たされなさ**（insatiability）としての貪欲と，**思慮のなさ**（heedlessness）としての貪欲である。

　ある意味では，前者は，いかに貪欲な個人が自分自身を傷つけるか（少なくとも欲求不満に陥れるか）を，後者は，自分自身の貪欲さによっていかに個人が他者を傷つけるかを指している。ただし，心理学におけるほとんどすべての区別がそうであるように，その区別は決して厳密なものではない。たとえば，ミダス王は満たされなさの次元の典型的な見本になるかもしれない。彼はとても裕福であったが，それでは不十分なのであった。究極的には，ミダス王の物語は，明らかに貪欲が貪欲な人自身を破滅へと導くことを示す物語である。しかし，われわれはこの物語においてミダスの娘にも苦難が生じていることにも気づくだろう。実際，貪欲な人の満たされなさはほとんど不可避的に他者にも影響を及ぼすものである。

　同様に，貪欲の第二の意味，すなわち思慮のなさの典型的な見本は誰だろうかと考えてみるなら，その有力候補は，映画『ウォール街』（Pressman & Stone, 1987）の登場人物，ゴードン・ゲッコーであろう。ゲッコーの「貪欲は善だ」という言葉は有名であり，彼は自分の行為が他者に与える影響には不道徳なまでに無頓着なのである。彼は自分の欲望を満たしたいのであり，後の人のことなどどうでもいいのである。しかし同時に，次の2つのことを明確にしておくのがよいだろう。第一に，ゲッコーは純粋に幸せで満ち足りた人のようには見えない。彼の貪欲はやはり彼自身にも影響を与えているのである。第二に，彼は自分の無関心に不安を抱いているようだということである。その重要なサインの1つに，彼が自分の無関心を合理化しようとしていることが挙げら

262 第2部 人種，社会階層，貪欲，そして社会的に構成される欲望

れる。「貪欲は善だ」というこの合理化は，われわれの経済システム全体のマントラでもある。われわれの経済システムにおいては，利己的な行動は，究極的には，他者を傷つけないばかりか，みんなの福祉にとって必要不可欠なものだと主張されている。アダム・スミスの肉屋とパン屋の話を思い出してみよう（もちろん，道徳的感情についてのスミスの洞察は排除されている）。

貪欲と二相モデル

二相モデルはこれまで論じてきた区別に何か有意義な示唆を与えるだろうか？ おそらく，満たされなさの次元は，発達の依存的なラインと何らか関係しており，思慮のなさの次元は発達の取り入れ的なラインと関係していると推測できるかもしれない。たとえば，貪欲な人の満たされることのない空腹は，つまり，お腹がすいた感じや，サポートや配慮が足りないという感覚（それはもっと欲しいという落ち着かない感覚を駆り立てる）は，ブラットが依存的と呼んだものの偽装された，あるいは変容した表現として見られるものなのだろうか？ 同様に，思慮のなさの次元が目立つ貪欲の場合，そこには駆り立てられ感に基づく自己の境界に関わる病理があるのだろうか？ つまり，自己の境界の透過性が高すぎると知覚される結果，境界が防衛的に強められ固められるために，あるいは，内側からの駆り立てる声が他者の欲求や体験の声を押し流してしまうために，他者の欲求と感情を自分自身の目標に統合することができなくなってしまうのだろうか？

もちろん満たされなさが，達成への，あるいは少なくとも達成のサインへの抑え難い欲望から派生することもあるだろう。そして逆に，私が思慮のなさと呼んでいるものが，「私は他者から愛されたことも庇護されたこともない」という感じに由来する不承認の感情から派生することもあるだろう。そこには単純な1対1の対応はない。もちろんこれは驚くようなことではない。というのも，ブラットが研究してきた二相は，貪欲に単純に還元されるものではないし，また貪欲はこれらの二相に還元されるものではないからである。それらは潜在的に関連してはいるものの，決して同一の概念ではない。

にもかかわらず，貪欲や物質主義や消費主義が二相モデルにどう位置づけられるのか，あるいは位置づけられないのかを探索することは，貪欲な行動の社会的・動機づけ的な意味を理解する上で，啓発的なものとなりうる。われわれは時に，過度に物質主義的な志向性が，他の人々から独立的であるための手

第 14 章　個人的ならびに社会的現象としての貪欲　*263*

段，つまり，人の代わりにモノで代用するための方法になっている場合に気づくことがある。しかし，それとはほとんど正反対の場合もある。たとえば，何年も前に私が会っていたある患者は，モノに対する満たされることのない欲望を持っているように見えたのだが，これらのモノは，明らかに彼が他者に取り入るため，あるいは，他者に対して彼が魅力的に見えるようにするための手段となっていた。それは，彼が他者から独立的になるためではなく，他者と繋がるための悲しいまでに非効果的な努力であった。

満たされなさと思慮のなさという区別とは対照的に（部分的にはその区別と重なりながらも），二相モデルに触発されることで，また別の有用な分類も考えられるだろう。貪欲のさまざまな表れは，基本的に，よいモノで自己を**満たす**という目的のものか，達成と成功のサインで自己を**支える**という目的のものか，という観点からも分類できる。空腹な自己（あるいは孤独な自己）であるという（依存的な）恐れと，弱い自己であるという（取り入れ的な）恐れとは，決して完全に切り離されたものではないけれども，おおよそ同じ区別が適応されてきた他の領域においてと同様に，極めて重要な意味を持ちうる異なった圧迫や強調を確かに表わしている。

二相モデルの観点からすると，われわれは貪欲な行動を，基本的に所属感，結びつき感，世話されている感覚といったものを支えているものなのか，それとは対照的に，制御感や明瞭な境界の感覚を支えているものなのか，という観点から問うことができるだろう。この観点に立ってみると，極めて興味深いことが明らかになる。つまり，貪欲は社会的な絆を妨げるものとして見られがちであり，また貪欲な人はその結果として嫌われるものと考えられがちであるけれども，ある種の貪欲（また関連する物質主義や消費主義）は，人を他者に対してより望ましく魅力的に見せることを狙ったものだということである。（多くの神経症的傾向が成功しないように）こうした努力は成功しないかもしれないが，ともかくそういうことがある。そして，心理療法で個人を変化させるためであれ，問題のある社会傾向を変化させるためであれ，扱おうとしているパターンの背後にある動機づけ的な図式の区別を理解しておくことが有用である。人がたくさんのお金，高価な服，大きな家など，あらゆる成功のサインを欲しがっているとき，それはときに自己効力感や独立性を高めるためのこともある一方で，人と繋がるためのこともある。二相モデルは，行動それ自体の形態には必ずしも直ちに表れているわけではない貪欲の種類や貪欲の動機の種類を，より明瞭に区別して認識するのを助けてくれる。

264 第2部 人種，社会階層，貪欲，そして社会的に構成される欲望

　言い換えれば，依存，窮乏，空虚といった（意識的な場合もあれば無意識的な場合もある）感情に特に駆り立てられており，他者によって満たされたいと願っており，ヒステリー的な人格傾向を示す人々は，貪欲になったときには，ただ彼らが十分に持っていないという理由だけで，渇望しやすく，もっともっと必要だと感じやすい。同時に，彼らの貪欲は依存的な基礎に立っているので，彼らは他者を疎外しないよう用心するだろう。彼らの**欲望**には際限がなく，満ち足りていると感じる彼らの能力は制限されているとしても，彼らは，**実際**に正当な分け前よりも多くを奪うことで他者を攻撃することには躊躇するだろう。二相モデルが理解を助けてくれるように，この種の貪欲は，実際の蓄財よりも，不満によって特徴づけられる。そうした人々は，慢性的に不満を感じているが，彼らが必要だと思っているものを手に入れるべく行動するのを慢性的に妨げられている。

　それとは対照的に，自己定義に焦点づけている人々，自己と他者との明確な境界線の維持に焦点づけている人々，あるいは不適切な感じ，十分に力を持っていない感じ，独立が脅かされている感じなどと闘うことに焦点づけている人々は，貪欲になると，私が思慮のなさと呼んでいる次元によって特徴づけられることが多いだろう。彼らの貪欲は，痛ましいものというよりも，攻撃的なものである。つまり，彼らは満たされたいという感情よりも，強く支配的でありたいという感情と取り組んでいるのである。彼らは，他者の欲求に自分自身をうまく合わせ，他者から保護と世話を引き出そうとすることにはあまり関心がない。それよりも彼らは，他者が彼らを支配したり軽蔑したりしていないという確証を得ることに関心があるのである。もっともっとという求めは，比喩的に言えば，身体の表面の筋肉組織を誇示するような行為であり，うつろな内側を満たそうとする行為ではない。このように，貪欲の思慮のなさの側面は，ブラットの二相モデルにおける（境界，分離，自己定義を強調する）取り入れ的な次元と関係しているものと考えられる。

貪欲，依存的－取り入れ的という区別，そしてホーナイの三相モデル（近づく，離れる，対抗する）

　興味深いことに，ここまで私が論じてきた区別は，神経症傾向についてのホーナイ（Horney）の分類である「近づく（moving toward）」傾向と「対抗する（moving againsit）」傾向と共通するものである。そしてまた，ホーナイが「離

れる（moving away）」傾向と呼んだものとも複雑な関係がある。二相モデル
と同様，ホーナイの概念化もまた，しばしばタイプ論だと誤解されている。し
かし実際のところ，それは緊張関係にある諸傾向の記述であり，同じ一人の個
人の中にある競合する諸傾向の記述である。依存的−取り入れ的という区別が
そうであるように，それぞれの個人はある特定の傾向を相対的に強く示してい
ると同定できるかもしれないが，それでもなおそうなのである。

　おそらく，依存的な次元が，ホーナイのスキーマにおける「近づく傾向」と
いかに対応しているかを見て取ることが最も容易であろう。そのいずれにおい
ても，（意識的であることもあれば，時にはほとんど無意識的であることもあ
る）強い困窮と，他者から支持され世話されることを求める体験がある。もし
貪欲がこうした諸傾向のいずれかのニュアンスを帯びているなら，それは満た
されることのない飢餓感を伴う貪欲のヴァリエーションとなるだろう。この飢
餓やそれが生み出す怒りや絶望の**表現**は他者を遠ざけるだろう。にもかかわら
ず，その背後にある最大の**狙い**は，他者との結びつきを強めること，恐れられ
ているような見捨てられ体験を予防すること，保護され，世話され，愛される
ことを通して安全感と幸福感を維持することにある。

　取り入れ的ないし自己分化的な次元もまた，ホーナイの理論的スキーマに有
用なやり方で位置づけられるだろう。しかしこの次元は，「対抗する傾向」と
「離れる傾向」の両者に関わっているように見える。「対抗する傾向」と「離れ
る傾向」の区別は，多方面にわたっており，また基本的なものであるが，現在
の文脈においておそらく最も重要なのは，「対抗する傾向」においては，個人
はなお非常に緊密に他者と結びついており，他者を求めているということであ
ろう。その欲求は支配を通して表現されるために，表面的には認識されにくい
ものであることが多いが，その個人は他者を求めているのである。他者の存在
や参加なしに優位に立ったり支配的になることはできないからである。しかし，
個人は他者とのつながりからまったく離れて独立的になることができるし，少
なくとも独立を求めて努力し，自分を独立しているものとして体験することは
できる。自己定義の次元は，より明瞭に定義された境界を求める気持ちや，そ
の境界が危険なまでに浸透的であるという恐れと関わるものであり，自己の**境
界**の堅固さが問題となるものであるから，その意味で，それはホーナイの「離
れる傾向」において示唆されているものとかなり重なる体験の次元であると言
えるだろう。この動機づけの図式の観点から貪欲と物質主義を見てみるなら，
物質的な商品の果てしない購入は，欲しい物はすべて（文字通りの意味で）**持っ**

266 第2部 人種，社会階層，貪欲，そして社会的に構成される欲望

ているから，もはや他者は不要であるとする機能，つまりモノで他者を代用する機能を果たしている。

しかしながら，取り入れ的な次元は，ふさわしさ，成功，賞賛などのありようについて自己批判的になることを意味しているという意味で，「対抗する傾向」ともかなりの重なりがある。「対抗する傾向」においては，表面的には逆説的とも見えるが，強さの「絶望的な」誇示とでも言えるものによって不安が防衛されている。実際，取り入れ的な次元にともなって否定的ないし抑うつ的な感情に陥っている個人の傷つきは，他者を求めてしまうという「汚点」から個人を解放するはずの「対抗する」方略が失敗したことに起因するものとして理解できる。ホーナイが記述しているように，虚勢の背後には渇望が，あるいはより正確には，支配したいという欲求と世話されたいという欲求との間の葛藤が持続している。

したがって，二相理論の視点からは，「離れる傾向」は，自己定義の次元に沿ったさらに極端な位置，つまり人を求めること（あるいは人を求める欲求を認めること）に本質的に伴う傷つきやすさをより徹底的に消し去ろうとする位置を占めるものとして見られるだろう。ブラットとホーナイの両方の概念化に啓発されて，人の体験と行動がどこで（近づく，対抗する，離れるという次元に対応した）3極のモデルに関わり，どこで（それと関連していながらも区別される二相モデルの視点に示唆される）2極のモデルに関わるのかを調べる調査がなされれば，非常に興味深いことが見えてくるだろう。貪欲の心理学的な力動をさらに理解していく上で，どこで二相モデルによる説明が適切であり，どこで三相モデルによる説明が適切であるのかを探索することが役に立つだろう。

個人と社会の交点

貪欲の概念が難しさと曖昧さを抱えているにもかかわらず，私は本章の焦点として（そしてまた，私が本章を超えて現在追究している仕事における重要な要素としても）それを選んだ。というのも，貪欲こそ，最も喫緊の社会問題と，われわれの社会を構成する多くのメンバーを個人的に苦しめているよりプライベートな不満との間の重要な結び目であるように見えるからである。精神分析的な理論や議論は，より大きな社会システムが抱えている価値，制度，圧力，前提，メッセージが，人々の幸福感や不幸感に与えている影響に十分な注意を払ってこなかった。精神分析を支えるより大きな意志は，常に，社会の価値や

第14章 個人的ならびに社会的現象としての貪欲 *267*

制度が，いかに個人の心の深みにまで浸透しているか（また同時に，社会の価値や制度がいかに個人の心の深みによって形成されているか）についての関心を含んでいた。けれども，早期の家族経験の影響を過大視するアプリオリな諸前提がこの意志の遂行をしばしば阻んできた。こうした諸前提は，社会を，どこか遠くの影のような，あるいは亡霊のような付帯現象にしてしまい，子どもが小学校に通い始める前にすでに十分に確立されたパターンを仕上げ加工するものという位置づけにしてしまう。

　精神分析的な社会批判が重要なものとなるためには，現実の社会と経済の力が持つ影響を，単に親密な領域の現象が大規模なレベルで表れたものと捉えることによって，親密な領域に還元してしまうべきではない。その影響は真剣に受け取られる必要がある。また同時に，精神分析的な分析の強みは，こうしたより大きな社会的な諸力の影響が，いかに無意識的で情動的な諸力（衝動，態度，葛藤，特定の体験を気づきから排除する努力，富によっても権力によっても鎮められない不安や傷つき）によって複雑化され，互いに折り合わされているかを明らかにするところにある。この相互に結びついた非常に複雑な諸力のフィールドを解明するためには，いかなる心理現象を探索するにせよ，その現象学と動機づけ的基盤の両方を明確にすることが重要である。

　貪欲の現象をさらに深く理解していくに当たっては，ブラットが探究し洗練させてきた二相モデルの見方が，とても有用であるように思える。本章において提示された示唆は憶測的なものであり，そのモデルの暫定的な適用例を示したものである。それは，近年私が取り組んでいる心理現象としての貪欲の研究に基づくものであるとともに，二相理論によって刺激された推定にも基づくものである。二相モデルにおいて，結びついた対極という概念化を強調することで，私はしばしば単なるカテゴリーと誤解されているこの枠組みが力動的な性質を持っていることを強調した。そして，人間発達における重要な弁証法をこのように力動的に理解することが，いかにそのもともとの適用領域を超えた適用性と潜在力を持っているかを示そうと試みた。

第15章

人種と社会階層の問題
――精神分析と心理療法の寄与

　さまざまな立場の論者が，精神分析はもともとは現状維持のための居心地の
よい諸前提に対する革命的な挑戦であったけれども，年月を経るにつれ，高度
に不平等なわれわれの社会の慣習と社会構造に適合する，確立された職業に
なったと指摘してきた（たとえば，Jacoby, 1983; Aron & Starr, 2013）。この
ように主張している論者の多くは，精神分析が苦しんでいる個人に必要な援助
を提供しており，その実践は人間の苦難についての純粋に人間的で社会的に価
値ある理解を体現しているということを疑っているわけではない。結局のとこ
ろ，こうした批判は，ほぼ精神分析内部からの批判なのである。こうした精神
分析批判は，精神分析的探究の焦点が狭くなり過ぎ，ある種の苦難の源だけを
扱い，同様に重要な他の苦悩の源をおおむね無視しているのではないかという
懸念を表している。以前に述べたように，神経症の苦しみは，われわれ人間に
とって避けがたい日常の不幸から取り除くことができる唯一の治療可能な苦悩
の源ではない。社会的な不平等や不公平は，原理的に言って変容され縮小され
うる，不必要な苦悩のもう1つの大きな源である。
　精神分析は，この後者の領域においても寄与できる有用な要素を備えている
と私は信じている。以下において私は，どのように精神分析が寄与できるかに
ついて，いくつかのアイデアを提供しようと思う。精神分析が社会的な不平等
や不公平をどのように扱いうるかという問いには，狭い道筋のアプローチと，
広い道筋のアプローチとがある。狭い見方をすれば，その問いは基本的にセラ
ピーの問いとなる。つまり「どうすれば精神分析的なセラピーを，より幅広い
範囲の患者に，とりわけ社会的に周辺化されてきた人々に，利用可能なものに
できるだろうか？」「精神分析的なセラピーは，考案されたときに対象として

いたような患者以外の幅広い患者にとって適切なものとなるように，どのように変容される必要があるだろうか？」といった問いである。より幅広い見方をするなら，その問いは，以上のような問いを**含みながらも**それを超え，精神分析的**治療**だけでなく，精神分析**理論**あるいは精神分析的観点についても問うていくような問いとなる。つまり「精神分析的な視点は，社会が不正に侮蔑的に扱ってきた人々の欲求やジレンマについてのわれわれの理解をどのように深められるだろうか？」「精神分析的な洞察は，治療方法に直接に適用されるだけでなく，いかに社会的・政治的改革の努力にも応用されうるだろうか？」といった問いである。

　本章において私は，特にこの第二の，より幅広い問いに集中する。ただし，先に，第二の問いは第一の問いを包摂していると述べたことを踏まえて，私は，精神分析的**治療**を，それが適用されてこなかった人々の役に立つようにするためには，どのような道筋があるかという問題から始めることにする。

精神分析的なセラピーと中流階級の価値やライフスタイル

　精神分析が中流階級と上流階級を対象としたアプローチとして始まったことにはほとんど疑問の余地がないだろう。精神分析の最初の数十年の文献に見られる事例研究は，（確かに強烈な人間的苦悩を描き出してはいるものの）明らかに特権階級の世界を描き出している。このことは，分析料金を支払うことができるかどうかという経済的問題を反映するだけではなく，より低い社会階級に属する人々の心理状態についての見方を反映するものでもある。つまり，当時の精神分析は，低い社会階級に属する人々は，精神分析が提供できる洞察から利益を受け取ることができるような内的資源を持ち合わせていないと見なしていたのである。

　あまり検証されてこなかったことだが，フロイトには社会階級に関する偏見があった。それは，ヒステリーが文化的階級よりも低い階級でより頻繁に見られるわけではないという「困惑すべき事実」についてのフロイトの説明に明らかに見て取ることができる。精神分析理論の発展途上で，フロイトが，実際の外傷的出来事を病因論の本質的部分と見なしていた時期のことであるが，彼は，ヒステリーが低い階級においてより高率に見られるわけではないという事実を，自らの見解への挑戦と見なしていた。というのも「子どもを保護するべきだという規範は，無産階級の子どもたちのケースにおいて，ずっと頻繁に破

270 第2部 人種，社会階層，貪欲，そして社会的に構成される欲望

られていることは明らか」だからである（Freud, 1896, p.207）。低い階級にお
いて性的虐待がより頻繁に生じているのであれば，ヒステリーもまたより頻繁
に生じるはずだということになる。しかし，実際はそうではない。それゆえ，
フロイトにはその理由を説明する必要があった。フロイトの説明は，上流階級
の子ども達はよりデリケートな道徳性を備えているので，外傷体験を**抑圧**しな
ければならなくなるのだろうというものであった。フロイトは次のように述べ
ている。「自我の防衛努力は，主体の道徳的・知的発達全般に依存する」もの
であり，そうした発達は低い階級においてはより乏しいので，「ヒステリーが，
低い階級において，その病因論が推定させるよりもずっと稀であるという事実
も，もはや不合理とは言えない」（pp.210-211）。上流階級と下流階級の道徳的
発達を対比させるこの見解は，精神分析をより低い階級の心理的問題に適応し，
大衆向けの心理療法を創り出すためには，精神分析の「純金」に暗示を取り入
れて「合金」にしなければならないというフロイトの後の結論（Freud, 1918）を，
部分的に説明するものである[注1]。

　これに続く年月において，精神分析的な洞察と方法を精神分析の初期の基本
的な対象を超えて幅広い患者に適用しようとする多様な努力がなされた。その
頃，精神分析の**対象の拡張**といった言葉がよく用いられた。しかしながら，こ
うした努力のうちで，精神分析の対象を直接的かつ明確に社会階級や民族に関
して拡張することに向けられたものはほとんどなかった。その拡張は，ほとんど
の場合，これまでよりも幅広い**診断**を伴う患者への拡張であった（重要な例外に
以下のものがある。Altman, 2011; Perez-Foster, Moskowitz, & Javier, 1996）。

　基本的な拡張の領域は，境界性障害や自己愛性障害や精神病の患者に精神分
析を適用することにあった[注2]。こうした努力は，精神分析の技法の幅を創造
的かつ重要な仕方で拡張し，精神分析的な考え方の適用可能性についてのわれ
われの理解を高めた。それらは，精神分析が提供するものに患者が接触できる
ようにするには何が必要なのかについてのわれわれの理解を，ある意味でラ
ディカルに変化させた。そして，かつては分析不能と考えられていた多くの種
類の患者が，今や精神分析的なセラピストたちが扱う通常の患者の一部に含ま
れるようになっている。けれども，こうした改革は，少なくともその最初の適
用においては，これらのより深刻な診断が与えられた中流階級の患者におおむ
ね向けられてきた。精神分析が適用される範囲を改革し拡張する努力において，
診断ではなく，社会階級，人種，民族，文化の範囲を広げることを明確に目指
したものはずっと少ない。

第 15 章　人種と社会階層の問題　*271*

とはいえ，精神分析がこの後者の領域においては拡張されてこなかったというわけではない。公立の病院や貧しい人たちのためのクリニックで働く臨床家の多くが，精神分析的な訓練を受けている。彼らは精神分析の洞察と方法をその仕事に適応するよう経験を積んできた。さらには，最初はおおむね診断的な視点から生じてきた分析可能性の拡張も，まもなく，他の変化や拡張をもたらした。中流階級の神経症患者に想定される転移が精神分析の適用可能性の範囲を定義するものとは必ずしも見なされなくなるにつれて，社会階級や文化と関連する行動パターンや価値や関わり方が多様な仕方で調整されるようになった。すぐに，**診断的な**適用可能性の拡張は，文化的な適用可能性の拡張と織り合わされるようになった。精神分析の文献において，境界性障害や自己愛性障害についての論文に比べて，人種や文化についての論文はずっと少ない。しかし，精神分析の**実践**，とりわけ個人開業の領域外での実践は，大きく変化してきた[注3]。

富裕層向けのセラピーと貧困層向けのセラピーは違う？

富裕層に提供されるメンタルヘルス・サービスの種類と，貧困層に提供されるそれとの間には，実際，違いがある。そこにステレオタイプや先入観が作用してきたことを否定するのは難しい。社会階級と精神障害についてのホリングスヘッドとレドリックの古典的な研究にまで遡ってみても（Hollingshead & Redlich, 1958），貧困層の人々は探索的心理療法の適切な対象と見なされることがずっと少ないことは明らかであった。そして，このパターンは現在まで重要な点で持続している。貧困層の患者やマイノリティの患者は，中上流階級の患者に提供されるような種類のセラピーには不適切であるとする偏見が，しばしば彼らに対する否定的で軽蔑的な態度をもたらしてきたという見解に私も同意する。そして，われわれは，実際，実践の様式を，中流階級ではない患者の欲求，習慣，価値，期待に適合させるべきだと，私は信じている。さほど大きな調整はしなくても，こうした非主流の患者の多様な価値や前提を（やむを得ず受け入れざるをえないものとのみ見なす代わりに）**尊重する**態度を培いさえすれば，中流階級に用いられてきたセラピーは貧困層の患者の多くにも適応**可能**である。

しかしながら，貧困層の人々に対するセラピーを，中流階級に提供されているセラピーに可能な限り近づけていくことが，こうした人々にとって最も役に

立つという前提に対しては，私は疑問を抱いている。フロイトが遺した精神分析の「純金」というイメージに，われわれは惑わされてきたのではないかと思う。他の文化的伝統を持つ人々に，特権階級のために作られてきたセラピーにできるだけ近づけるようデザインされたセラピーを提供することによって，われわれは暗黙の内に，特権階級の慣習や好みを「標準的」なもの，あるいは優れたものと見なしているのである。

　精神分析を新しい文化的文脈に適合するように**変化させる**ことは，そのアプローチに含まれる価値あるものを薄めることを意味するわけではない。実際，合金は，「純粋な」単一の素材よりも，より強く，より弾力性があることが多い。したがって，貧困な患者や少数派グループに属する患者とのセラピーに取り組む際には，それを精神分析そのものについて**何かを学ぶ機会**として捉えることが有用である。そこでわれわれは完全な製品を必要に迫られて仕方なく調整しようとしているのではないのである。われわれは，心理療法にとって必須であり本質的であると見なしてきたものの中から，実際には単なる文化の産物でしかないもの，あるいは妨げでさえあるものを見出す機会を与えられているのである。

文化としての精神分析

　精神分析の実践には文化的な次元がある。単に精神分析が北アメリカならびに西ヨーロッパの中流文化とあまりにも密接に結びついてきたという意味において，そう言えるだけではない。精神分析は，長年のうちに，中流階級の白人の多くのメンバーでさえ違和感を覚えるような，より特定の文化に発展したという意味でもそうである。中流階級の白人のセラピストは，彼ら自身の社会階級や民族的アイデンティティとは異なる個人のセラピーに取り組むとき，自らの未検証の前提についての見通しを得るだろう。未検証の前提についてのそうした見通しは，異なる社会階級や民族的アイデンティティを背景とする個人のセラピーにおいて助けになるだけでなく，セラピストと同じ中流階級の白人のセラピーにおいても役立つものである。中流階級の白人も，われわれの社会の不可解な慣習に接して混乱を体験することがあるが，その経験は文化的な親和性の感覚によって誤導され，ぼやかされているからである。言い換えれば，精神分析の「純金」を新しい文化的グループに適合させるために合金にする試みにおいて，実際のところわれわれは精神分析がもともと適用されてきた対象のグループにとってさえより効果的な新しいものを創り出しているのかもしれない。

第 15 章　人種と社会階層の問題　273

　たとえば，メインストリームの中流階級の人たち以外の人たちとのセラピーに
おいては，精神分析という治療方法を**紹介し**，説明することが必要である。治療
過程において患者にはどのように関わってもらう必要があるか，セラピストはそ
こにどのように関わるのか，といったことについて，通常の実践よりも，より明確
かつ詳細に説明することが必要である。さらには，われわれは**なぜ**このような
やり方をするのか，それはどのようにして効果をもたらすのか，その利点は何
かといったことについても，普段の一通りの説明よりも詳しく説明することが
有用である。こうした説明の対象となっている集団についてわれわれが抱く予
想や，その集団の性質上，こうした治療手続きの変更は「妥協」と見なされが
ちである。しかし実際には，中流階級の患者にとっても，こうした準備的な手
続きが有用であるということは，確かなエビデンスによって示されている。

　しかしながら，より幅広い患者とのセラピーにおいてわれわれに求められて
いる変更は，われわれがなぜこのような方法を採っているのかについての説明
にとどまるものではない（もちろん，こうした説明自体が，すでに治療方法の
変更である。しかし私はここでもっと別の変更を取り上げている）。ここでも
また，われわれはその経験から有用なものを学ぶことができる。たとえば，セ
ラピーの「枠組み」という概念について考えてみよう。この概念を用いる傾向は，
ますます強まっている。この概念からすると，あたかも正しい当然のやり方が
あって，そこからの逸脱はどんなものであれうさんくさいものだとされる。も
しセラピストがそこから逸脱していれば，そのセラピストは治療過程を損なっ
ているのであり，患者は少なくとも無意識的にそのことで煩わされるだろうと
される。そしてもし「枠組み」の修正を求めているのが患者の側であるとすれ
ば，患者は結局は自らの利益に反する操作ないし抵抗をしているものとみなさ
れる（そして，患者がセラピストの弱さや堕落可能性によって脅かされないよ
うに，そうした求めを断固として拒否することがセラピストの義務であるとさ
れている）。

　しかしながら，「枠組み」についての伝統的な考えを維持したままでは，白
人の中流階級には属さない患者との治療作業を成功させるのはかなり難しい。
ここでもまた，そうした体験は，白人の中流階級の患者のセラピーにおいても
そうした因習的な枠組みの考えがどこまで妥当なのかについて，教えてくれる
ものである。そうした教えにオープンな構えを持つことが重要である。精神分
析は，そこからの逸脱が常に失敗と見なされるべき，完成されたセラピーでは
ない。今日まで発展してきた精神分析の実践は，精神分析的な視点の中心にあ

る観察からの唯一絶対の論理的帰結では決してない。それらの実践は，ある程度まで歴史的なアクシデントなのである。それらは，精神分析的な理解の最終的で決定的な到達点とは言えない。したがって，新しい集団へと対象を拡張していくことは，容認されてきた方法をできるだけ忠実に適用し，不幸にも妥協が必要とされたときには調節していく，というような単純な問題ではない。むしろ，精神分析的な考え方を新しい集団に適用することで，新しい精神分析のヴァリエーションが発展していくのである。そして，その過程でわれわれは，精神分析がもともと適用されてきた集団に対する治療作業をも改善できる可能性を秘めた学びを得るのである。

　今日の分析家の多くは，**どんな**患者との治療作業も，患者だけでなく分析家にも有意義な学びをもたらしてくれるものと考えている。われわれは，患者がわれわれから学ぶだけでなく，われわれも患者から学ぶと考えている。異なった文化的，社会階級的背景を持つ患者に対して精神分析を拡張していくとき，そうした見方はとりわけ重要となる。もしそうした拡張の努力が気づかないうちに恩着せがましさや文化的傲慢に染まってしまうことを避けたいなら，精神分析を新しい集団に適用する際には，精神分析について何かを学ぼうと明確に意識することが重要である。卑金属しか受け取れないような人たちに，純金をもたらしているのだという前提で始めるなら，われわれはそうした人たちをうまく助けられないだけでなく，非常に価値ある学びの機会をも失うのだ。

貧しい人たちや文化的に異なった人たちは
精神分析理論に何をもたらしたか

　新しい集団に対するセラピーは，精神分析**技法**についての疑問をもたらしただけでなく，精神分析理論についての疑問をももたらした。つまり新しい集団との出会いは，われわれが通常，当然とみなして疑わない諸前提についての問いにわれわれを直面させた。たとえば，われわれの健康な発達の見方においては，分離と個体化が過剰に強調されてきたのではないだろうか？　われわれは，発達過程についてのわれわれの概念化を普遍的なものと考えすぎてはいないだろうか？　どの程度までそう言えるのかを推測するのは難しいけれども，こうした概念化は，われわれの文化的遺産である特定のレンズに組み込まれた諸前提を反映したものではないだろうか？　たとえば次のようなさまざまな疑問を検討してみよう。すでに大人になっているのに，結婚するまで親と同居してい

る子どもは，正常で健全なのか？ 祖父母はどこに住むのか？ 誰が同じベッドで寝るのか？ 子どもは親にどんな義理があるのか？ この義理はどんな選択をするよう求めるのか？ こうした問いについて検討していけば，他の文化が，白人の中流階級の文化とは極めて異なった結論に到達しているのを見出すだろう。そしてまた，その文化も，別の時代には，極めて異なった結論を与えていたのを見出すだろう[注4]。現在，北アメリカにおける白人の中流階級の文化は極めて個人主義的であり，世界の他の多くの文化よりもずっと個人主義的である。われわれには，この個人主義を，健康な心理発達についてのわれわれの見方に組み込んでしまう危険がある。精神分析が他の文化的準拠枠の患者と出会うことで，なかなか気づけないこうした視野狭窄も，有用な仕方で修正されるだろう[注5]。

愛着の観念についても同じことが言える。われわれの考えの多くは，単一の愛着像が非常に重要であるという前提に根ざしている。第三世界における村落生活は，異なった愛着のモデルを提供しているように見える。それはより共同体的である。われわれ自身の社会にも，核家族を取り巻く境界がずっと浸透的な下位文化がある。

たとえば，アフリカ系アメリカ人のコミュニティにおいて顕著に見られる資源や共同体的価値を論じて，傑出したアフリカ系アメリカ人の社会学者アンドリュー・ビリングスレイ（Billingsley, 1992）は，アフリカ系アメリカ人の家族の強みは，白人の中流階級の家族を標準ないし正常とみなすレンズを通して見ると，ぼやけてしまうと述べている。たとえばアフリカ系アメリカ人家族の強みの1つとして，アフリカ系アメリカ人の家族は，典型的な白人の中流階級の家族においてそうであるよりも，はるかに拡大家族に頼ることができる。その結果，一人親家庭の多くの子どもが，実際上，複数の親的な人物と意味深く関わることができる。また，アフリカ系アメリカ人のコミュニティでは，公的には親戚ではない子どもの面倒をみることへの抵抗がずっと少ない。スタック（Stack, 1975）は，アフリカ系アメリカ人のコミュニティにおける子育てのパターンを研究して，そこには，彼女が架空の親戚（fictive kin）と呼ぶものが見られると述べている。スタックが指摘した現象を取り上げて，ビリングスレイは次のように述べている。

　　　私自身の子どもにも，血が繋がっていない多くの「おば」「おじ」「いとこ」があまりにもたくさんいて，いちいち覚えておくことができないほどである。

276　第2部　人種，社会階層，貪欲，そして社会的に構成される欲望

しかしながら，子どもたちが必要とする時にはいつでも，あるいは子どもたちが人生の移行期に到達した時には，彼らはこうした「流用された」家族メンバーからの支えを当てにすることができる（p.31）^{注6)}。

　精神分析家が，既存の概念に同化するだけでなく，理論的な調整を厭わない構えで，開かれた心を持って，こうしたオルタナティブな家族構造にアプローチし，出会いを重ねていけば，愛着の性質や対象表象についての概念化，その他さまざまな精神分析の鍵概念には重要な変容がもたらされるだろう。

精神分析の最大の寄与はどこにあるのか？

　精神分析と，恵まれない境遇にいる人々のニードとの間には2つの異なった関係がある。ここまでの議論では，その2つを区別してきた。1つは，すでに示唆したように，直接的なセラピーの提供である。ここでの強調点は，周辺化されてきた貧困層が剥奪されてきたものを直接的に扱うことにある。これは，裕福な人々が利用できる価値あるものが彼らにはかなり手に入りにくいという点に焦点づけるものである。しかしまた精神分析には，われわれの社会の不平等と不公正についての**考え方**を導くガイドとしても大きな潜在的価値がある。精神分析は，われわれの社会の不平等によって特権階級と貧困層においては異なった仕方で誘発されている不安，葛藤，そして防衛をよりよく理解する助けになりうる。われわれがこうした不平等をうまく克服するためには，こうした理解を深めていく必要がある。（人種的・民族的ステレオタイプについて，人種関係においてわれわれが直面している窮状の性質について，政治的・経済的な努力の効果がもっと上がるようにするために心理学的・精神分析的な視点が政治的・経済的な努力とどのように結びつけられうるかについての詳細な議論は，Wachtel（1999）を参照のこと）。

　精神分析の（そしてこの点に関しては現代の認知科学の）これら2つの役割には，いずれにもかなりの価値がある。しかし前者が恵まれない人々を治療する試みであるのに対して，後者は恵まれない状況そのものを治療しようとする試みであると言えるだろう。前者は本質的に不平等な環境の内部での取り組みであり，そこでのダメージの一部を治療しようとするものである。後者は，不正や不平等それ自体が持続する理由を扱うものである。これらの2種類の努力は両方ともに必要である。たいていの精神分析家は，臨床家であって，社会改

革者ではない。システムの犠牲者に対して，どのようなものであれわれわれに可能なセラピーを提供するべく，そのシステムの内部で働くことは，そのシステムの不正を是認することではない。実際，こうした要素なしに改革の努力だけをすることは，本質的に一世代のかなりの部分を諦めることになる。

　しかし，精神分析的な理解は，われわれのシステムの不公平をより根本的なところから変化させる上で役に立つものだということを明確に認識しておくことが重要である。この点において前に進むためには，不公平の源について，そして変化への障害についての精神分析の洞察が，歴史・政治・経済への注目と，強力に統合されることが本質的に必要である（Wachtel, 1999）。権力や，資源へのアクセスには，現実の不公平がある。それらの不公平は空想に還元され得るものではない。精神分析的な視点は，社会的な公正を実現しようとする努力に一般的な，より純粋に政治的・経済的な視点にはしばしば深刻に欠如しているような種類の理解を提供しうるものである。しかし，精神分析的な視点は，こうした社会改革の努力に取って替わりうるものではない。ただ，それらを補うことはできる。

　一方で，不公平を理解するための，より政治学的ないし経済学的な方向づけをもった諸アプローチには，まさに精神分析が提供できる要素が欠けている。しばしば経済学者は，知的世界において，いまだフロイトの影響を被っていない人間の最後の生き残りのように見える。どれほど立派な方程式が提示されようとも，人間行動についての経済学者の考え方は超合理的なモデルに基づいており，精神分析に少しでも触れたことがある人間には古めかしく見える。前章において論じたように，経済学者の見方においては，われわれは自分が欲しているものを正確に認識しており，目標の葛藤に苦しむことなどなく，目標は明確に序列化されている。そして，われわれは自分の目標を非常に効果的に追求するので，最終的に得るものは，われわれを最も幸福にするものに他ならないとされている。経済学者の計算の背後にある底抜けに楽天的な見方には，人間に備わった驚くほどの自己欺瞞の能力が考慮される余地がほとんどない（たとえば，Maital, 1982; Simon, 1957; Wachtel, 1983）。精神分析家には自己欺瞞の能力はとても明白である。そして経済学者の見方では，不公平もまた，いとも簡単に見えなくなってしまう。というのも，市場が資源を適切に分配してくれるものと考えられているからである（Katz, 1989; Wachtel, 1983, 1999）。

　これと同様に，社会的な不公平への政治学的なアプローチもまた，精神分析が提供する視点から利益を得るだろう。政治学的世界観においては，**葛藤**が精

神内界的なものと見なされることはまずない。その代わりに，葛藤は，ほとんど常に人々の間，あるいは集団の間にあるものとして扱われている。これらの人々それぞれの欲求や目標は比較的明白で単純であると見なされており，そうした人々の間に葛藤があるのである。精神分析はまさにこれとは反対の方向で重要な叡智を提供する。おそらく何よりもまず精神分析家は，人間の心がどのようにさまざまな仕方で内的に分断されうるかに関する専門家である。この視点を政治学の領域や，われわれの社会の分断のありように適用することで，精神分析はそこに希望と新たな理解を提供するだろう。反動主義者，人種差別主義者などと単純に決めつけられてきた人々や集団も，あるいは反対の極で言うと，怠けている，敵意的である，いわゆる中流の価値観から完全に疎外されている，などと単純に決めつけられてきた人々や集団も，表現を求めて競い合う複雑な可能性と複数の傾向を併せ持つ人間として見られるようになるだろう。彼らの心理的な性質のある種の面は，環境によって，また競合する衝動や考えに関する彼らの現在の解決策によって，覆い隠されているかもしれない。しかし他の可能性や傾向が欠如していることなど滅多にない。それゆえ，社会変革の方略は，単純に一方**打ち負かす**ことから離れて，他の人々を味方に引き入れるよりよい道筋を見出したり，より進歩的で助けになる心理的な性質を他の人々から引き出せるような環境を創り出すよりよい道筋を見出したりするよう，方向づけられるかもしれない。

　多くの政治的な議論に浸透しており，しばしば政治的な改革の努力の背後にある，きわめて直面的なものの見方にも，精神分析は修正的な影響を与えるだろう。精神分析における内的な葛藤の強調が，政治的な闘争をしばしば導く真っ向からの対立のイメージを修正するのと同様に，精神分析における共感の強調もまたそうした修正的影響を与える。精神分析家は，直接的に敵対的に他者と衝突する人間の能力に非常によく気づいている。対人的な葛藤や，集団間の葛藤，暴力的になれる能力などについて，精神分析が目を向けてこなかったわけでは決してない。フロイトは，辛辣で，しばしば冷や水を浴びせかけるような社会批評をいくつも著している。それらを読んだことがある人にはそのことはよく分かるだろう。しかし精神分析は，われわれに共感のイメージを与えるものでもある。精神分析は，他者の欲求や傾向を**理解する**ような仕方で，世界がその人の目からはどのように見えるのかを理解するような仕方で，他者にアプローチする努力を具現するものでもある。

　患者が陰性の転移反応を示した場面や，分析家に対する怒りを表した場面で

第15章　人種と社会階層の問題　279

も，分析家は患者を敵だと決めつけるようなことはせず，その怒りを生み出した知覚を理解しようと努力する。さらには，分析家は，かなりの程度にまで，自分自身の内面を見つめ，自分自身の中に潜在的に同じもの，同じ基本的心理傾向を見出すことによって，そうした理解に到達する。「われわれはなによりもまず，ただ人間的なのである」というサリヴァンの見解は，すべての学派の分析家によって共有されている。そしてその見解は，人種的・民族的・階級的な葛藤を，解決の余地を拡大するように扱っていく上で，価値ある基礎ともなるだろう。

　実際，金持ちと貧乏人の間，資本家と労働者の間，持てる者と持たざる者の間には現実の重要な不公平がある。その現実を無視しても，虚しい感傷がもたらされるだけである。けれども，葛藤は不可避的で制御不能なのだとする，一見すると現実的な見方は，現実の素顔をありのままに直視したものというよりも，自己成就する予言である。それはおおむね**偶然**の真実なのである。つまり，その真実が不可避であるというのは，それが促進する行為とそれがもたらした結果によって表面的に確証されたものだということである。自分とは違う政治的見解を抱いている人々に対して共感的な見方をすることは，そうした人々の政治的見解がもたらしている不公平を受け入れることと同じではない。それはむしろ，終わりなき文化戦争において多大な犠牲を払い続けるのではなく，純粋の解決を生み出しやすい仕方でこうした不公平にアプローチする１つの方法である。武力外交，経済的利己主義，歴史的不公平の副産物などについての理解を補うために，精神分析的に洗練された見方をガイドとして用いれば，正義を求める闘いが勝利する可能性を高めるばかりか，その勝利がもたらす結果が喜ばしいものになる可能性も高まるだろう[注7]。

敵対的な態度を超えて

　以上の議論は，苦痛と不公平を永続化させているわれわれの社会の分断を克服するためには，アメリカの政治を特徴づけてきた「白か黒か」「われわれか彼らか」という考え方を超えて進む必要があるということを示唆している。われわれの社会に浸透している分断と不公平は，奴隷制度，法的な背景を持った人種差別，偏見，差別，集団によってチャンスが大きく異なること，といった大きな現実の不公平にその起源がある。しかし現在においては，こうした不公平の永続化のからくりはより複雑である。視野狭窄をよほど入念に維持していなければ，被害者と加害者，善人と悪人といった単純な役割の区別には納得で

280 第2部 人種，社会階層，貪欲，そして社会的に構成される欲望

きないだろう。確かに，ステレオタイプを維持するのには十分な数の人々が，実際にこの単純化されたドラマの役割にある程度うまく適合するように振る舞っている。けれども大半の人々はそうではない。われわれの社会における多様な分断の両サイドの人々の多くは，より複雑であり，しばしば妥協的である。彼らには，親切で理解的な行為が可能である一方で，残酷で無思慮な行為も可能である。いずれの行為が引き出されるかは，いわば，政治的な領域においてはひどく欠如している臨床的スキルによる。

　われわれの概念化には，結果が伴う。われわれの概念化がしばしば推進する自己成就する予言には悲劇的な結果が伴う。たとえば，人種差別主義の定義を拡張し，数十年前には決してこのラベルを与えられなかったであろう多くの行為や態度に「人種差別主義」というラベルを与えることは，有色人種に対する，おそらくより浸透している有害な白人の態度を曖昧にしてしまうという皮肉な結果をもたらしてきた（Wachtel, 1999）。その有害な態度とは**無関心**，つまり，共感や気遣いの根本的な欠如であり，「他者」として知覚されたがゆえにその他者への同一化を放棄することである。無関心は，人種差別主義の概念に一般に結びつけられてきた積極的な敵意や侮蔑を伴わないことが多い。しかしその影響は同様に破壊的である。さらに言えば，白人がその無関心によって不公平の持続に寄与していると捉え直すことは，白人の罪を軽くする取引ではない。**人種差別主義**という用語が適用される文脈の拡張が示唆するところについてより幅広く議論する中で，私は，以前，次のように述べた。「深刻な人間の苦悩を前にして無関心でいることは，決してささいな攻撃などではない」（Wachtel, 1999, p.39）。

　しかしながら，無関心という面から白人の寄与を記述することは，白人の主観的体験への接触を促進するという利点がある。他方，人種差別主義という用語を濫用していけば，その意味は失われ，白人の主観的体験からは遠ざかるだろう。無関心という面から捉え直すのは，白人の責任を回避するためではない。まさにその逆である。白人が責任を**引き受け**，不公平なパターンの永続化における白人の役割を**認める**ためである。精神分析家は，人に罪悪感を感じさせればより道徳的な行動がもたらされるとは限らないということをよく知っている。多くの場合，まったく正反対のことが起こる。罪悪感を感じた人は，自分にそう感じさせた相手に腹を立てたり，自分が相手に与えた害を否認して罪悪感を防衛したりする。人を効果的に変化させるためには，葛藤，防衛，自己知覚の微妙な綾に注意を払う必要がある。

第 15 章　人種と社会階層の問題　281

　同様に，防衛を粉砕する努力は，必ずしも洞察をもたらさない。その人の動機づけ状態がどうであるかについてのわれわれの解釈が，その人自身の現象学的な体験に触れるものとなりえないのであれば，われわれの解釈は不毛な知的エクササイズになってしまうだろう。われわれの言葉は，**患者自身にとって真実であると感じられるようなもの**である必要がある。政治的・社会的な改革の努力についてもこれと同じことが言える。精神分析的なモデルから学ぶことで，社会改革の推進者は，単なるカタルシスに終わるような解釈ではなく，より効果的なコミュニケーションになるような解釈を形成することができるようになる。

悪循環の重要な役割

　人種間の不信，誤解，そして社会的な不公平の持続は，本書全体の中心テーマである悪循環の作用が非常に重要な役割を果たしている領域である（Wachtel, 1999）。この領域において，悪循環は多くのレベルで作用している。精神分析的な観察に近いところで作用しているものもあれば，それとは極めて異なる抽象的なレベルで作用しているように見えるものもある。精神分析が「内的世界」の研究と過剰に同一視されてしまうとき，とりわけその内的世界が日常生活の出来事とは無関係な閉ざされた仕方で概念化され記述されているとき，精神分析の洞察は，われわれの社会の大きな問題の解決にはほとんど寄与しないように見えてしまうだろう。しかしながら，伝統的に精神分析的な関心の中心を占めてきた無意識的な力動を扱うことに寄与し続けながらも，同時になお，他の多くの人間行動の理論の関心の中心にある人種，社会階級，貧困，その他の日常の現実問題にも注目するように，精神分析的定式化を改訂することは，極めて可能なことである。精神分析と社会的・歴史的現実とをこのように 1 つに結びつけるためには，悪循環の分析が必要である。それこそが鍵となる概念的ツールである（Wachtel, 1983, 1999）。

　悪循環は，われわれの人種的・階級的不公平が永続化する上で非常に重要な役割を果たしている。われわれはそれを，事実上，社会生活のあらゆる領域に見出し，また個人の心と集合的な心のあらゆるレベルで見出す。たとえば，犯罪と「白人の脱出」▶訳注1) との関係を考えてみよう。一方では，われわれは，

▶訳注 1) アメリカ合衆国においては，非白人も多く居住する都市部に住んでいる上流・中流階級の白人が，ほぼ白人だけが居住している郊外へと脱出する傾向がある。この傾向は 20 世紀半ばから認められるようになった。「白人の脱出（white flight）」とは，そうした現象を指す言葉である。

282　第2部　人種，社会階層，貪欲，そして社会的に構成される欲望

無自覚な人種差別的先入観に根ざした前合理的な白人の有色人種嫌悪が，どのように有色人種の隔離をもたらしているかを容易に見て取ることができるだろう（こうした人種差別的先入観は，精神分析的に（Fanon, 1967; Kovel, 1984），社会心理学的に（Gaertner & Dovidio, 1986; Sears, 1988），歴史学的に（Jordan, 1977），また他のさまざまな観点から理解されてきた）。有色人種のそうした隔離は，有色人種のチャンスを制限し，マッセーとデントン（Massery & Denton, 1993）が人種分離の文化と呼んだものを作り出していく。その文化が生じた原因は，おおむね白人の側の敵意と無関心に帰せられる。同時に，その文化の結果として生じる有色人種の行動は，白人をさらに怯えさせ，さらに一層，白人の側の嫌悪を強めさせ，その文化を永続化させている（Gaertner & Dovidio, 1986; Kovel, 1984; Wachtel, 1999）。

　今では悲劇的に自己永続的なこの連鎖の起源を理解するための鍵は，歴史をふり返れば容易に見出すことができる。つまり，明らかな犠牲者と迫害者とが認識される，ほぼ**一方的な**数々の不公平が，歴史上，容易に見つかる。しかし現在の黒人と白人の行動を見てみると，つまり，最初は自分たちが創ったわけではない状況に生まれてきたけれども，社会が黒人と白人のそれぞれに対して異なって割り当てた役割を人生早期から生きるようになっている現在の黒人と白人の行動を見るならば，誰が誰に反応しているのかを認めるのはそれほど容易ではない。あるいはより正確に言うと，**互いが**互いに反応していながらも，いずれも相手が**自分に**反応していることはよく分かっていない。次章においてより詳しく論じるように，家族療法家はこれをパンクチュエーションの問題と呼んでいる。それは，その連鎖がどこから始まりどこで終わるのか（誰が悪いのか，「誰が始めたのか」とほぼ同じ）を決定する，しばしば不毛な問いである。両者がこの連鎖をどこでパンクチュエートするか，その仕方の違いこそが，この連鎖を持続させている。実際，両者が，この連鎖は両者がともに捉えられている循環的パターンなのだと認識し始めるときにこそ，解決が形成され始めるのである。

　次章においては，いかにこうした悪循環が人種関係の領域において作用しているかを，幅広い例を通して見ていこう（Wachtel, 1999 も参照）。それらはほぼ自動的に作用する。それらを始動し永続化させている多くの手がかりや主観的体験はほとんど気づかれない。それらがいかに循環的で相互的に維持されるパターンの一部となっているかということについては，さらに気づかれない。われわれはそれらを他者への単純な直線的反応として体験してしまいやすいの

である。社会的レベルの分析と心理的レベルの分析は競合的で両立不能であるという暗黙の前提を乗り越え，これらの視点を統合していくためには，こうした循環的パターンを理解することが必要である。精神分析的視点と結びついた個人の無意識的な動機，葛藤，表象，防衛への関心と，人間行動を研究する他の分野において非常に顕著である人種，社会階級，歴史，政治，経済の問題への注目は，われわれが直面しているジレンマを包括的に理解していく上で等しく本質的な要素である。循環的心理力動論は，一見すると競合的なこうした視点の統合を達成することにとりわけ関心がある。いかなる患者の生活においても現実世界の出来事は決定的に重要な部分である。また，いかなる患者も社会・歴史的な文脈によって大きな影響を受ける。こうしたことに開かれた関心を持っていさえすれば，幅広い視点を背景に持つ研究者やコメンテーターがこの過程に寄与しうるだろう。その際，本書の第2部の冒頭に掲げた問題に回帰することが必要である。つまり，日常の不幸の起源は複数あり，それが低減されうるレベルも複数あるということである。精神分析は強力な道具であり，まだまだ活用の余地がある。われわれは精神分析をさらに拡張的に活用することによって，精神分析の意味そのものを拡張していくことになるだろう。

注

注1) 大衆のための心理療法の必要性について，いくぶん異なった視点から論じたものとしては，アーローンとスター（Aron & Starr, 2013）を参照のこと。

注2) 拡張・発展した領域には，まったく別のものもあった。それは子どもに対するセラピーであった。ここでは私は基本的に大人との治療作業に焦点づけている。

注3) 第10章の議論とも一致することだが，こうした臨床実践は，たいていのところ「精神分析」ではなく，精神分析的心理療法，ないしは精神分析の視点に基づく心理療法であった。

注4) たとえばアメリカ独立戦争の時代には，宿屋で，見知らぬ成人男性同士が1つのベッドで寝るのは普通のことであった。

注5) 北アメリカの白人の間でさえ，**民族的**という用語は，古い，より個人主義的でない家族やコミュニティについての考え方を維持しようとする下位文化を指すために用いられている。

注6) 黒人家族が，直面するストレスや課題を扱う際に示す強みについてのさらなる議論は，次の文献を参照のこと。Boyd-Franklin（2003），Johnson & Staples（1993），Taylor, Jackson, & Chatters（1997）。

注7) 抑圧者への憎悪や抑圧者の人間性の抹殺を導きのヴィジョンとしている正義のための闘争は，思わしくない結果もたらす。このことを表現する気の利いた警句に，次のようなものがある。「以前，われわれの社会は人間による人間の抑圧を特徴としていた。今，それはまさに逆転したのだ」。読者はここでこの警句を思い出すかもしれない。

第16章

人種差別の悪循環
——人種と人種関係についての循環的心理力動論の視点

　本章において私は，人種関係や，その他の民族間・文化間闘争の複雑な様相を解明する上で，精神分析の視点がどのように役立ちうるかを，さらに探索することにしたい。われわれの社会に不調和を作り出し続けている人種の分断や緊張関係は，多くの要因の産物である。それらは単に「心的現実」の問題では**ない**。現実の犯罪や虐待，経済的環境，教育機会，成長期を過ごす近隣社会，その他さまざまな生活環境における現実の違いが，われわれの社会における黒人と白人の地位の違いをもたらす重要な要因となっている。しかしながら私は，われわれがこうした現実世界の違いに取り組み，そうした違いを維持している両サイドの心構えを過去のものにしていく道筋を見出す上で，精神分析が（より一般的には心理学的な視点が）大きな価値を持ちうると信じている。

　大規模で痛々しい分断と不平等の持続に焦点を当てるとき，私は，われわれが人種の分断と不公平の解決において進歩してこなかったと主張しているわけではない。近代の市民人権運動が始まる前の状況をふり返ってみれば，われわれがいかに多くを達成してきたかに印象づけられる。現在なお生きている多くの人々が，アメリカ合衆国の多くの地域で，アフリカ系アメリカ人が法的に別の学校に行くように，別の水飲み場を利用するように，そして別のトイレを使用するように要請されていた時代，そしてまた，アメリカ合衆国の**全域**で，黒人が誰からも咎められずにあからさまに差別されていた時代を憶えている。これとは対照的に，私は本書をアメリカ大統領が黒人である時代に書いている。

　こうした進歩にもかかわらず，澄んだ目で見れば，**現在の**アメリカ合衆国においては，私が前の段落で書いたことの多くが**今もって**問題のままであるように見える。白人と黒人は**今なお**異なる地域に住み，異なる学校に行き，同じ学

校内でも異なる学級に分けられ，人種をまたがって結婚するよりも同じ人種同士で結婚する傾向がある（たとえば Massey & Denton（1993）を参照のこと）。白人の平均収入は黒人の平均収入より**今なお**ずいぶん高い。アフリカ系アメリカ人の失業率は白人のそれよりも今なお有意に高い（アフリカ系アメリカ人のティーンエイジャーに関しては**非常に**高い）。大都市の都心近接低開発地域における乳幼児の死亡率はバングラデシュよりも高い場合がある。

　それでは一体何が現実に変化してきたのだろうか？　変化してきたことの多くは，何を言ってもよいのか，何を感じてもよいのかという点にある（ここから精神分析が関係し始める）。われわれは，あからさまで社会的に承認された差別のシステムから，**隠蔽された**違いや嫌悪のシステムへと移行してきた。われわれの多くが，いわゆる**リベラルな**白人でさえ，ある原理を公言しながら，別の原理を生きている（たとえば教育や居住に関する機会が平等であるべきだという信念を強く表明しながら，ほとんど白人ばかりが通う学校があるほとんど白人ばかりが住む地域に住んでいる。あるいは，ほとんど白人ばかりの**私立**学校に子どもを通わせている）。これこそ，精神分析が提供しうる類の理解が最も有効な状況である。精神分析はまさに自己欺瞞を，とりわけ，自らを実際の姿よりも純粋で高潔に見せようとする自己欺瞞を探究するための学問である。

　けれどもここで私は，少なくとも基本的なテーマとして，無意識の人種差別に焦点を当てるつもりは**ない**。もちろん，無意識の人種差別は存在するし，それは実際，人種間の分離や不平等へとわれわれを閉じ込め続けている全体的構造の一部を成すものである。しかし無意識の人種差別という観念は，少なくとも精神分析に少しでも触れたことのある進歩的な人々の間では，もはや陳腐なものとなっている。それは**あまりにも安易な**観念である。奇妙なことに，その観念はわれわれの気を楽にさせてくれる。なぜならその観念を認める進歩的なあるいはリベラルな白人においては，その観念は，一定の自己非難を含むにせよ，自らの超自我の命令と調和するからである（実際のところ，私自身もその一人である）。その観念は，抑圧者を非難し，犠牲者を解放する。その観念は，われわれの現代社会の複雑で入り組んだ現象を，明らかな善人と明らかな悪人による道徳劇にしてしまう。これは，大きなスケールでの一種のスプリッティングである。そしてたまたま自分たちの方が悪人であるにしても（周知のように精神分析家には白人が不均等に多い），われわれはそうした自己批判が時に奇妙にもその当人の気を楽にしてくれることを知っている（さまざまな精神分析家の仕事がそのことを示唆している）。たとえばフェアバーンは，虐待され，

286　第2部　人種，社会階層，貪欲，そして社会的に構成される欲望

見捨てられた子どもたちが，自分自身を**否定的**に見るという犠牲を払ってでも，肯定的な両親像を維持しようとするという観察を中心に理論を構築した。彼によれば，「悪魔によって支配された世界で聖人であるよりも，神によって支配された世界で罪人として生きる方がましなのである」(Fairbairn, 1952)。

　ここで私がしようとしているお話には罪人も聖人もほとんど登場しない。その代わりに，複雑で葛藤した多くの人たちが登場する。彼らは，間違ったところもありながら，親切なところもある人々であり，自分の行動と体験を形成してきたより大きな諸力についてよく理解せずに自分自身にも他者にも問題を引き起こすような仕方で振る舞うよう駆り立てられている人々である。言い換えれば，精神分析のレンズを通して見えてくる人々である。

　精神分析的思索の1つのヴァージョンである循環的心理力動論の視点から見ると，個人の歴史は，なぜ人が問題のある特定の生活パターンに捕らえられているのかを説明する決定的な要素である。けれどもその歴史の影響力は，直接的に発揮されるものではなく，それが後に残した心理的な力や構造によって媒介されるものである。とりわけ，歴史は，**さらなる**歴史（あまりにもしばしばかつて起きたことと悲劇的によく似たさらなる歴史）を発生させることによって，その影響力を発揮する。早期の体験は，実質的に自己永続化するパターン（他者の行動の役割がその構図の中に組み込まれることで自己永続化するパターン）を始動させる。私はこの過程を，他者が共犯者としてパターンに引き込まれる過程として記述してきた（第2章）。そしてまた，人格は，それを維持する上で決定的な役割を果たす特徴的な共犯者を考慮に入れなければ，適切に理解することのできないものだと論じてきた。

　われわれの国家全体の歴史は，根強い分離と不公平に対して影響を与えてきた。そこに見て取れる国家レベルの過去と現在の力動関係は，個人の過去と現在の間の力動関係とよく似ている。ここでもまた，精神分析の領域においてそうであるように，歴史を理解することが非常に重要である。奴隷制度と人種差別という残酷な事実を考慮に入れることなく，われわれの人種隔離のパターンが意味するものを理解することなどできない。しかしここでも，過去と現在とを媒介する多くの出来事を理解することなく，現在を過去によって**直接的**に説明するような説明の仕方は，間違った理解をもたらし，そのパターンを永続化させている決定的要因を見過ごすよう誘導してしまう。

　たとえば，奴隷制度という悪事を正当化するために発展してきた，アフリカ系アメリカ人についての侮辱的なステレオタイプについて考えてみよう。こう

したステレオタイプはある意味でわれわれの歴史に深く根ざしている。それらは，数百年前に起源を持つ多くの要因の1つとして，現在の不平等，分離，不信のパターンの基礎を形成するものである。しかしこうしたステレオタイプは単なる過去の名残ではない。それらは，現在もなお進行中の力動的な歴史，より悲劇的でさえある歴史を持っており，一見してそう見えるよりもずっと複雑なものである。われわれが最終的にそれを克服するためには，われわれはより複雑なそのストーリーを考慮する必要がある。

ステレオタイプ不安，学業からの脱同一化

こうした見方の適切性を理解するために，社会心理学者，クロード・スティーレの仕事を参照しよう。スティーレは，非常に難しく，挑戦しがいのあるテストを用いて，非常に聡明なスタンフォード大学の黒人と白人のテスト成績を研究した（たとえば，Steele, 1997; Steele & Aronson, 1995）。そのテストを知的能力のテストだと称して行った場合，黒人学生の成績は白人学生の成績よりも有意に悪かった。しかしながら，**その同じテストを**，個人の能力とは何の関係もない実験課題だと称して行った場合，黒人学生の成績は白人学生の成績とまったく変わらなかった。スティーレはこうした結果をステレオタイプ不安という面から説明している。学生が，（たいていのテストがそうであるように）知的能力を評価されていると思った場合，アフリカ系アメリカ人学生においては不安が喚起される。その不安は，黒人の知的能力についてのステレオタイプを確証することになってしまうのではないかという懸念を反映するものである。テスト課題で良い成績を出すための実際の能力の違いではなく，その不安こそがアフリカ系アメリカ人学生の成績が悪かったことの原因である。というのも，異なった意味づけの下でテストした場合には，アフリカ系アメリカ人学生は，まさに同じテスト課題において良好な成績を示したからである。スティーレは，一連の巧みな研究によって，黒人と白人の間における成績の違いをもたらす不安は，黒人と白人が同じように抱くであろう他のどんな形のテスト不安でもなく，まさにステレオタイプ不安であることを証明した。

ある意味で，スティーレの研究は，人種的ステレオタイプや差別を克服しようとするわれわれの取り組みを勇気づけるものである。『アメリカ人の心の中の人種』（Wachtel, 1999）において論じたように，スティーレがもたらした知見は，リチャード・ハーンシュタインとチャールズ・マレー（Hernstein &

288　第2部　人種，社会階層，貪欲，そして社会的に構成される欲望

Murray［1994］『正規分布』）による科学を装った右翼的な政治的主張のもっともらしい議論に挑戦していく上で重要な資料となるものである。しかしスティーレの知見や理論は困難な問題を示唆するものでもある。たとえば，ステレオタイプ化の影響によってしばしば生じる貧弱な成績は，そのステレオタイプを**強める**という皮肉な効果をもたらしてしまう。これは，人種の領域において働いている多くの多様な悪循環の1つである。もしアフリカ系アメリカ人が知的な達成を測る試験において低い成績を出すとすると，たとえその低い成績がステレオタイプの影響の産物であるとしても，ステレオタイプは「確証」されたように見えてしまう。私はこの過程を偽確証（pseudo-confirmation）と呼んだ（Wachtel, 1999）。しかし，残念ながら，一見したところ正しく見えてしまうために，これには強力な影響力がある。

　精神分析はこうした知見とどのように関係しているのだろうか？　また，こうした知見は精神分析とどのように関係しているのだろうか？　結局のところ，スティーレは精神分析家ではなく，実験社会心理学の領域の研究者である。まず始めに，スティーレの研究が扱っている心理過程はおおむね気づきの外部で進行するものだということをはっきりさせておくことが重要である。アフリカ系アメリカ人の学生は，試験を受けているとき，自分がステレオタイプにまつわる不安によって影響されていることに気づいてはいない。白人の学生はステレオタイプのレンズを通して世界を見ていることにおおむね気づいていないし，こうしたステレオタイプを**持続させること**に多くの仕方で寄与していることに気づいていない。いずれのグループも，自分たちがお互いに関与し合っているパターンの循環的で反復的な性質に気づいていない。

　スティーレが扱っているステレオタイプ不安には，精神分析的な観察者にとって馴染み深い現象と関わる，また別の影響もある。それは，スティーレが，学業的達成の全領域からの脱同一化と呼んでいる，より問題を孕んだ過程である。スティーレの研究の多くにおけるアフリカ系アメリカ人は，エリート大学の学生であった。こうした学生は，ステレオタイプの制約的影響と非常にうまく**闘ってきた**人々である。こうした学生とは対照的に，アフリカ系アメリカ人の若者たちの多くは，きわめて異なったやり方でステレオタイプに反応する。彼らは，学業領域においては成功できそうにないと予想して落胆し，学校では**頑張らない**ようにして自尊心を守るのである。つまり，学業領域から**撤退し**，他の種類の活動に自尊心の支えを求めるのである。スティーレは次のように述べている（Steele & Aronson, 1995）。

第 16 章　人種差別の悪循環　*289*

　　彼らの自己概念は，学業成績を自己評価や個人的アイデンティティの基盤
　　から除外するよう再定義される。これによって，その人は，ステレオタイプに
　　よって課される自己評価的な脅威から保護される。しかしその副産物として，
　　その領域における興味や動機づけを失い，最終的には成績も低下するだろう。
　　(p.797)

　もちろん，ここでもまたわれわれはさらに別の悪循環と直面している。もし
ステレオタイプの苦痛な影響から自尊心を守るために，アフリカ系アメリカ人
の子どもたちが，白人の子どもたちと同じくらい学校に関与して良い成績を挙
げることから撤退するとすれば，このことはステレオタイプを**さらに強化する**
よう作用する。それは彼ら自身にとってもそうであるし，数年後に入学して
くる次のコーホートのアフリカ系アメリカ人の子どもたちにとってもそうであ
る。次のコーホートのアフリカ系アメリカ人の子どもたちは，（ここでも偽確
証の過程を通して）アフリカ系アメリカ人の子どもは学校ではいい成績を挙げ
ることはできないのが「現実」なのだと見出すのである。ここでわれわれは精
神分析的な観察者にとっては馴染みがある現象を目にしているのである。それ
は，自尊心に対する脅威を排除しようとする防衛努力が，予想外の皮肉な結果
をもたらすという過程である。スティーレが言及しているこの脱同一化は，短
期的には慰めをもたらすものである。けれども，精神分析的なセラピーにおい
てよく見られる防衛努力と同様に，その短期的な慰めは，かなりの長期的不利
益の犠牲のもとに得られるものである。
　多くの大規模調査が，脱同一化についてのスティーレの理論と調和した知見
や，それを支持する知見を報告してきた。脱同一化の理論は，自分には良い成
果を収めることができるという正当な予想を持つためには，その人が学業に関
与し，学校の成績を真剣に**気にかける**ことが必要であると強調している。端的
に言って，自尊心は，ある程度は，学業成績に依存するはずである。確かに，
その依存は過剰になることがある。心理療法家であれば，安定した中核的な自
己感覚が得られていない患者や，成功し続けない限り自尊心が傷ついてしまう
という問題を抱えた患者，自らに達成不可能な高すぎる基準を課しながら，ど
んな失敗にも深刻な自己愛の傷つきを経験する患者と出会ったことがあるはず
である。もちろん，スティーレが学業領域に関する同一化や脱同一化といった
概念に言及するとき，そこで彼が示唆しているのはこういうことではない。精
神分析的なセラピーにおいては，しばしばセラピストは，患者を自己愛的に要

求過剰な超自我の非難から解放し，どれだけ達成したかによらず，安定した自己価値の感覚を確立できるよう助ける。けれども，本章の読者の中には，スティーレその他の脱同一化の研究者たちが指摘しているような学業成績への防衛的な無頓着を抱きながら最終学歴に至ったような人はいないであろう。

　アメリカ合衆国の多数の子どもや青年の反応を調べたいくつかの研究は，困惑させるような知見をもたらしている。第8学年から第12学年▶訳注1) の間に，自尊心と学業成績との間の相関係数は，アフリカ系アメリカ人青年において急降下し，ゼロに接近するレベルにまで低下してしまう。一方で，他のグループの青年においては，相関係数に実質的な変化は見られない（Osborne, 1996, 1997)。ある部分では，自尊心が学業成績から引き離されるこの現象は，スティーレが論じているステレオタイプの影響を反映するものである。またある部分では，それは，それ以前からのステレオタイプとの出会いや，その他の多くの欠乏との出会いの結果として，すでに蓄積されてきた成績低下の心理的影響を反映するものでもある。またさらにある部分では，それは同じ土壌から生じてきた，学業成績に関与しない仲間からのプレッシャーを反映するものでもある。

　こうした仲間からのプレッシャーに関して，2万人のアメリカのティーンエイジャーの調査に基づいた他の研究では，以下のような指摘がなされている。

　　　黒人とラテン系の学生においては，学校で良い成績を取ら**ない**ようにという仲間からのプレッシャーがある。多くのコミュニティにおいて（中流階級の青年の間でさえ）このプレッシャーは非常に強い。その結果，黒人とラテン系の親が，子どもたちが学校で成功を収めるよう多大な努力を払っても，効果が上がらないのである。（Steinberg, 1996, p.47)

　ここでもまた，生じていることの多くは気づきの外にある。もちろん，その仮定には意識されている**部分**もある。多くの研究者たちが，アフリカ系アメリカ人青年の間では学校で良い成績を取ることにきわめてあからさまな侮蔑がなされ，学校で良い成績を取ると「白人ぶっている」と揶揄されることを記述している（たとえば，Comer & Poussaint, 1992; Franklin, 1993; Ogbu, 1991; Steinberg, 1996)。こうした侮蔑は，学業への関与から離脱することを合理化すると同時に，（脱同一化がもたらす防衛を破り）学業面で成果を上げて脅や

▶訳注1) アメリカ合衆国の第8学年は日本の中学2年生，第12学年は高校3年生。

かすかもしれない仲間に同調圧力をかける機能を果たすものである。

　他のどんな防衛もそうだが，脱同一化は防衛（不安を排除するための手段）として認識されないことが多い。むしろそれは，それが排除しようとしているまさにその不安を焦点から閉め出しておく働きをする。もし学校が**どうでもいい**のであれば，もし学校が白人のためのものにすぎないのであれば，学校について**心配する**必要はなくなる。また，精神分析の領域においてより馴染みのある他の形態の防衛と同様に，その防衛もまた，少なくとも短期的には自尊心を補強する。多くの研究が示唆してきたところでは，アフリカ系アメリカ人の社会経済的な地位は(例外もあるにせよ，**集団**として見た場合)全般的により低く，学校での成績は全般的により貧弱であるにもかかわらず，アフリカ系アメリカ人の若者の自尊心は，他の集団と比べて低いわけではない。用いられる測定の指標によっては（比較的表面的な質問紙ではしばしば）見かけ上，より高くなる場合もある。しかし自尊心のこうした補強は，非常に大きな犠牲をもたらすものである。循環的心理力動論の見方が特に強調しているように，こうした防衛努力は，長い目で見れば，まさにそれらが**防衛しようとしていた**はずの脅威的な環境を，逆に強めてしまうことが多い。学業からの脱同一化の場合，この防衛の皮肉な結果はとりわけ明確である。脱同一化は学業面での成功を生じにくくさせる。その結果，その防衛をそもそも使用せざるをえなくさせた環境をさらに持続させてしまう。

　自分が属している集団があまり良い成果を上げていない活動を（たとえその貧弱な成果がその集団の能力を本質的に反映するものではまったくなかったとしても）侮蔑するこの傾向は，アフリカ系アメリカ人が直面している状況に限られたものではない。この現象は，どんな種類のものであれ差別されている集団が，不公平な扱いや侮蔑に直面しながらも，どのようにして自尊心を守っているのかを調べた多くの研究で認められてきた。侮辱的に扱われる体験に直面したときに，人々がどのようにして自尊心を維持するのかを調べた研究においては，被差別集団のメンバーがいくつかの共通の方略を用いることを示している。(a) その侮辱が，人種，民族，障害，その他どのような特徴に基づくものであったとしても，彼らは失敗を**他者による差別や偏見**の結果として解釈し，自分のせいだとは考えない傾向がある。(b) 彼らは自分の成績や社会における自分の位置を，彼ら自身が属する集団の他のメンバーとのみ比較し，より特権的な集団の個人とは比較しない。そうすることによって，よりうまくやっている人々との比較から自分を守る。(c) 彼らは，彼らの集団がうまくやれてい

ない活動の価値を選択的に引き下げ、彼らが卓越している活動の価値を強調する（Crocker & Major, 1989）。

　こうした反応は不公平な侮蔑の影響力を和らげるのに役立つ。そしてその過程で、それらは、逆境の中で生き残るために役立つという点で、高い価値を持つようになっていく。けれども、それらの方略もまた、それらをそもそも必要とさせたまさにその環境を維持するように寄与する皮肉な結果をもたらしてしまう。こうして生じた悪循環は、われわれの社会の不条理で破壊的な差別を維持する上で、予想外の実質的な役割を果たしている。これについて私は、別の著書『アメリカ人の心の中の人種』（Wachtel, 1999）において探究した。

　たとえば、アフリカ系アメリカ人のテスト得点や学業成績が芳しくないことには、多くの（過去および現在の）環境的な原因がある。つまり、そうした環境で育てば、どんな集団であっても、その集団に備わっている潜在的な可能性は十分な発達を遂げることができなくなる。しかし、上に述べてきたような方略によって自尊心が維持されるなら、その結果として、こうした方略を呼び起こすそもそもの原因であった問題は、さらに維持されてしまう。たとえば、失敗を偏見や差別のせいにすることによって自尊心を補強すれば、偏見や差別に気づくことに**利得**（出来事の知覚や解釈を歪曲する内的必要性）が発生する。さらには、人種差別と偏見の知覚は、結局のところ現実の体験に根ざしている部分があるために（われわれの社会を、かなりの人種差別を体現し続けているものと見なすことは、決して彼らの「偽装」ではないために）、内的必要性と外的現実の境界を明確にすることは困難である。そのため、自尊心を守るために人種差別を知覚する必要性が生じるなら、われわれの社会に持続する人種差別の程度が過大評価されることになる。社会における人種差別が過大評価されればされるほど、そのことは学業に対する動機づけを低下させてしまうだろう。「どうあがいたところで、結局、私は排除されるんだ」と確信してしまえば、実害のある現実の困難に抗って努力し続けることは困難になるだろう。

　同様に、自分が所属しているグループのメンバーだけと比べることで自尊心が維持される部分があるなら、その結果、多数派との接触を制限し、自分自身を多数派とは別のグループに属しているものとして体験するようにする動機づけが発生する。そうなると、人種の同化の実現は、ほとんど達成不可能なものとして体験されるようになり、実際、もし可能であっても望ましくないものとして体験されがちになる。しかしここでもまた、この方略によって自尊心がうまく維持されるなら、まさにそのことが、皮肉で円環的な結果をもたらす。と

第16章　人種差別の悪循環　*293*

いうのも，分離によって自尊心がこのように守られることで，ここでもまた，分離を維持することに利得が発生してしまうからである。教育においても経済においても，歴史的に圧倒的に白人が占めている組織での成功が物をいうような社会においては，分離が持続すればするほど，社会において周辺化され続け，経済的にも教育的にも成功の機会が弱体化され続けることになる。とりわけ皮肉で有害なことには，その結果，さらに分離を維持し続ける必要性が生じてしまう。このようにして，分離は逆境をもたらし，その逆境が分離を正当化させ，同じ円環がぐるぐる廻り続けることになる。

　最後に，学業からの脱同一化や，勉強することや学校で成功することは白人のように振る舞うことだという非難に関して論じてきたことと同様に，研究者たちが指摘してきた3つ目の一般的な方略，すなわち，その集団があまり成功していない活動を侮蔑することもまた，自尊心への攻撃に対する防衛が，まさにその攻撃を持続させるのに寄与するようなさらなる自己成就する予言を生み出す。このように，周辺化，無視，抑圧の経験に根ざした強力な動機づけの力が，多様な仕方で，アフリカ系アメリカ人その他の差別された少数派の人々を，より大きな社会の積極的に関与するメンバーになる努力に抵抗するよう導く。そしてこの明らかに理解可能な適応的方略における恐ろしい皮肉は，やはり，最初に差別が生み出されるもととなったまさにその状況が永続化されてしまうことにある。短期的には自尊心を保護してくれる方略が，こうした集団のメンバーを，長期的にはメインストリームから排除し続けるのである。その結果，そうした方略を使用し続ける必要性がさらに持続することになる（Wachtel, 1999）。

不公平な分離の維持への白人の関与

　上において私は，アフリカ系アメリカ人が虐待され，侮蔑される中で，その影響に対して防衛するまさにその努力によって，問題のある行動や態度が生み出されるばかりか，社会的な失敗もまた生み出される悪循環の過程を記述してきた。この一連の悪循環の過程には，さらにより大きな悲劇がつきまとう。それは，この悪循環の過程は，**白人**のコミュニティにおける，さまざまなしかし同様に問題のある諸傾向と相互作用するということである。白人のコミュニティにおけるそうした諸傾向もまた，われわれの社会を蝕む不穏な人種関係の状態を持続させるように働く。アメリカの社会全般において，白人にはアフリ

294 第 2 部 人種，社会階層，貪欲，そして社会的に構成される欲望

カ系アメリカ人から距離を置く傾向がある。また，アフリカ系アメリカ人が耐えている不公平を無視したり，白人が享受している特権に気づきを向けない傾向もある。白人側のこうした諸傾向への反応として黒人のコミュニティに生じる行動や態度は，最終的には強力な仕方で白人側のこうした諸傾向を強めてしまう。それと同時に，しばしば否認されているけれどももともと存在していた白人側のこうした諸傾向には合理化の材料が提供される。つまり，自分たちの態度は偏見によるものではなく，現実に対する反応なのだという白人側の感覚に寄与する，一定の「現実体験」をもたらす。

　このもつれを解きほぐすのは困難である。というのもこうした白人の態度は，一方では不合理で，長期にわたっており，防衛の影響を受けた内在化されたスキーマに基づいているところがあり，他方では現実の出来事や環境の知覚に基づいているところもあって，実際上，両者の複雑な混合物だからである。もちろん，その知覚は決して文字通りのものではなく，あらゆる知覚がそうであるように，現実と内的必要性との相互作用に根ざした構成物である。とはいえ十分な偽確証が与えられている現状では，こうした態度には，非常に不合理な無意識的要素を伴う恐れや空想に根ざしている面があるということは，容易に否認されてしまう。

　白人の側のこうした恐れや嫌悪は，われわれが持続的に抱えている社会的ジレンマを維持することに寄与するような個人的な相互作用や社会的政策をもたらしている。この点もまた否認されている。白人の観察者は，われわれが捕らえられているこの悪循環において白人の関与がいかに重要な役割を果たしているかにはたいてい気づかない。というのも，白人の観察者は，いかに**黒人たちが**不適応的な行動に自らを追い込んでいるある種の悪循環に捕らえられているかを見て取ることに積極的である一方で，いかに**白人たち自身の**態度や行動が，そのパターンを持続させるのに寄与しているかに気づくことには後ろ向きだからである。

　アフリカ系アメリカ人について私が前に述べたパターンと同様に，人種の隔離や相互不信が持続することに寄与している白人側の関与もまた，ほぼ気づきの外部で進行する。たいていの集団では，かつてはきわめて一般的であからさまであった差別的な偏見を声に出して言うことは，あるいは主観的に体験するのを自分に許すことさえ，もはや受け容れがたいことになっている。影響力のある一連の研究において，UCLA の心理学者，デビット・シアーズは，いかに人種差別主義者の考えが潜在化し，間接的に表現されるようになっているか

を調査した。シアーズ（Sears, 1988）は，あからさまで分かりやすい古典的な人種差別と，彼が「象徴的な」人種差別と呼ぶものとを区別している。「象徴的な」人種差別とは，より受容可能な他の一連の価値観に包まれることによって合理化された，黒人に対する感情的態度である。気づかれていない感情的態度を表現する象徴的次元は，シアーズによれば，バス通学制度▶訳注2)や積極的優遇（affirmative action）といった問題が，その人の個人的生活にとっては無関係であるにもかかわらず，その人にとって重要な関心事となっているとき，そこに明白に見て取れるものである。たとえば，自分には公立学校に通う子どもがいないのに，バス通学制度について強い態度で意見表明する人がそうである。シアーズの見解によれば，彼が得たデータは，こうした問題についての白人の態度は「生活の現実への合理的な反応であるよりも，むしろ長期にわたる傾向への不合理な反応」であることを示している（p.53）。

　シアーズの初期の共同研究者の一人，ジョン・マッコナーイは，後になって，彼らの考えを微妙に違った用語で言い直している。彼は，自分たちの仕事が指摘してきた態度は，象徴的な人種差別と呼ぶよりも現代的な人種差別と呼ぶ方が適切かもしれないと示唆している。というのも，「古典的な」人種差別でさえ，おおむね象徴的であったからである（McConahay, 1982）。ジョエル・コヴェル（Kovel, 1984）が，より精神分析的な視点から示唆してきたように，白人は，黒人に対して，黒人の人柄や振る舞い方の現実とはほとんど無関係に，歪曲された感情的反応をしているのだろう。古典的できわめてあからさまな人種差別においても，より微妙で偽装された形の最近の人種差別においても，象徴的に媒介された不合理な意味が喚起されているのである。

　革命論者であると同時に精神分析家でもある著作家のフランツ・ファノン（Fanon, 1967）は，その象徴的媒介の起源について，とても冷え冷えした表現で以下のように述べている。

　　ヨーロッパにおいては，黒人は悪の象徴である……拷問人は黒人であり，サタンは黒い……身体的に汚ない場合でも，道徳的に汚い場合でも，汚い人は黒いと言われる。もしこうした表現をすべて集めることができたなら，莫大な数の表現が，黒人と罪とを同等に見なしていることに驚かされるであろう。ヨーロッパにおいては，具体的にであれ，象徴的にであれ，黒人は人格の悪の面を

▶訳注2) アメリカ合衆国では，人種差別への取り組みとして，各学校の白人生徒数と黒人生徒数の比率が偏らないように生徒を振り分け，居住区外の学校へ強制的にバス通学させる制度がある。

296 第2部 人種，社会階層，貪欲，そして社会的に構成される欲望

表している。この事実を理解できないなら，「ブラック・プロブレム」▶訳注3) について堂々巡りの議論をし続けることになるだろう。(pp.188-189)

コヴェル（Kovel, 1984）は，ファノンの観察に一部依拠しながら，白人の人種差別の精神分析的な考察を展開し，以下のように述べている。

白人が自分自身の中の悪として体験するもの，「最も深いヨーロッパ的な意識」における「暴力的な黒い穴」とファノンが記述したものから湧き出るもの，人間の性質の中の隠された恐ろしいものは，どんなものであれ黒いものとして表現され，黒人に投影される。黒人の肌の色と抑圧された過去は，その象徴に適合している。(pp.65-67)

こうした投影は，あからさまなものから，微妙なものまで，多様な形を取りうる。しかし，コヴェルの見解では，多様な形で表現されているそうした態度の全体構造を理解するためには，人種差別の力動には区別される2つの大きな極があるということを理解しておく必要がある。それは，支配的な人種差別と嫌悪的な人種差別である。これらの2つのタイプの人種差別は，完全に独立しているわけでも，対立しているわけでもなく，多くの個人において，きわめて実質的に重なっている。しかし，それらには幾分異なった心理的起源がある。そして時間の経過に伴って，それらの意味合いはきわめて実質的に異なっていきつつある。コヴェル（1984）はその区別について以下のように記述している。

一般的に，支配的なタイプは熱さを特徴としており，嫌悪的なタイプは冷たさを特徴としている。前者はあきらかにアメリカ南部と関連している。そこではもちろん，白人による黒人の支配が社会の基礎であった。後者はアメリカ北部と関連している。そこでは黒人は閉め出され続けてきた。支配的な人種差別主義者は，黒人に不安を抱くと，直接的な暴力に訴える。嫌悪的な人種差別主義者は，黒人に不安を抱くと，背を向けて壁を作る。(p.32)

現在，優勢なのは嫌悪的な人種差別である。支配的な人種差別は，かなりの程度，シアーズが古典的な人種差別と呼んだものと一致している。シアーズが

▶訳注3) ブラック・プロブレムはそのまま訳せば黒い問題であるが，同時に，黒人問題を指すものでもある。

述べているように，人種差別そのものは必ずしも消滅していないけれども，そうした人種差別的態度は，われわれの社会の大部分において，非難されるべきものとなっている。今日，われわれの困難の中心にあるのは，嫌悪的人種差別の方である。それは，よりとらえどころがなく，より容易に偽装されうる。そのように容易に合理化され隠蔽されうる態度を把握するためには，精神分析を学んだ人にはお馴染みの，無意識的な態度や感情を捉える巧妙な工夫が必要となる。シアーズやマッコナーイやその仲間たちは，こうしたより無意識的な人種差別的感情や偏見を，巧みに作成された質問紙によって明らかにすることを試みた。人種差別的な態度について調べるたいていの質問紙においては，「もし私がこの質問にイエスと応えたなら，私は自分が人種差別主義者だと言っていることになる」と分かってしまう，まったく明白な手がかりが与えられている。しかし，シアーズやマッコナーイやその仲間たちが作成した質問紙においては，人々はこうした手がかりを与えられないままに，微妙な体験の次元を調べるよう意図された質問に答えるのである。

　他の研究者たちは，巧みな場面設定における実際の行動を調べることで，白人の人種的態度のより無意識的な次元を探索した。そこでは，意識的な防衛をすり抜けるようなさりげない場面設定の中で，黒人に対する白人の実際の行動が観察された。たとえば，ある研究では，被験者はすべて白人であって，彼らはこの研究はインタビューの過程について調べるための研究だと言われる。しかし，実際にはその研究は，白人が他の白人と関わる場合と，アフリカ系アメリカ人と関わる場合とで，実際の相互作用のあり方にどのような違いがあるかを調べるよう意図されたものであった。半分の被験者は白人の相手とペアを組み，残りの半分の被験者は黒人の相手とペアを組んだ。実験の狙いは，被験者の感情的な態度を，被験者が偽装できないような仕方で査定することにあった。そこでは被験者の態度は，明らさまな質問に対する答えによってではなく，彼らの実際の行動そのものを通して査定された。そればかりか，調べられた行動の**次元**は，被験者が相手に対して友好的であるかとか，公平であるかとかいった明白な指標にはなく，おそらくはほとんど意識されてさえいないような多様な非言語的な行動にあった。たとえば，以下のような行動がその研究で観察された。白人の面接者は，アフリカ系アメリカ人と面接するときには，白人と面接するときよりも，ずっと遠くに座った。白人の面接者は，アフリカ系アメリカ人に対して話すとき，白人に対して話すときよりも，多くの言い間違いをした。白人の面接者は，アフリカ系アメリカ人が相手のとき，白人が相手のとき

298　第2部　人種，社会階層，貪欲，そして社会的に構成される欲望

よりも，早く面接を終えた（Word, Zanna, & Cooper, 1974）。

　ここでもまた，われわれは，1つの集団が別の集団の態度に対して反応する単に直線的な出来事ではなく，一連の悪循環の一部分としてよりよく理解できる過程を目にしているのだということに注意を喚起しておくことが有用であろう。この研究における白人の被験者たちは，自分でも気づかないうちに（しかし強力に），黒人の相手にはより少ない敬意や興味しか伝えないようにしていた。アフリカ系アメリカ人は，白人の面接者による就職や入試の面接において，そのような体験に**何度も**出会うであろう。そうした体験に繰り返し曝される**結果**として，（意識的に意図されていなくても）白人の面接者を前にしたアフリカ系アメリカ人は（やはり意識的な意図を伴わずに）白人の応募者よりもより不安に，より非友好的に，より防衛的に振る舞うようになってしまう。そしてその結果，また別の機会において，別の白人の面接者が，アフリカ系アメリカ人の不安で非友好的で防衛的な態度（**それまでの白人との関わりの中で彼らが身につけてきた態度**）を目にすることになる。さらにその結果として，偽確証の過程の反復を通して，その白人の面接者は（やはり意識的な意図を伴わず）上に紹介した研究において記述されていたのと同様の行動を示すよう導かれる。そして，そのことは，アフリカ系アメリカ人の側に理解可能な（しかし必ずしも**理解されていない**）怒りや警戒心を喚起することになる。その結果，**さらに別の**白人がアフリカ系アメリカ人のその怒りや警戒心を体験することになる。そして，その白人もまた（ここでもあまり気づかれることなく）その循環を持続させる上で**自らの**役割を反復するのである。

　他の研究者たちは，さらに異なった方法を用いて，白人がおおむね気づいていない，あるいは必死で否定している態度を実際にはどれほど示しているかを査定している。たとえば，ある研究では（Gaertner & Dovidio, 1986），白人の被験者たちが，他者と一緒に複雑な課題をやり遂げるよう求められた。彼らは，その他者を自分たちと同様の被験者だと思っていた。半分のペアでは，他者は課題の監督者の役割を割り当てられた。他の半分のペアでは，他者は部下の役割を割り当てられた。実際にはこの他者は被験者ではなく，実験者が用意したサクラだった。いずれの条件（監督者条件，部下条件）においても，サクラの半分は白人で，半分はアフリカ系アメリカ人であった。その研究の実際の焦点は，サクラが「たまたま」鉛筆の入れ物を床に落とし，鉛筆が床に散らばったときに何が起きるかにあった。得られた結果は驚くべきものであった。鉛筆をばらまいたのが黒人であった場合，その黒人が部下であれば，ほとんどすべて

の白人被験者が部下の黒人が鉛筆を拾うのを手伝った。けれどもその黒人が監督者であった場合には，半分より少し多い程度の白人被験者しか監督者の黒人を手伝わなかった。一方，**白人の**サクラが鉛筆を床にばらまいた場合，サクラが部下の時よりも監督者の時に，ずっと多くの白人被験者が鉛筆を拾い上げるのを手伝った。こうした結果は，そのような実験の人工的な環境においてさえ，白人の被験者において，相手が白人であれば，権威のある人物に敬意を表し助けようとする一般的な傾向が明白に存在することを示唆している。しかし，相手が黒人であれば，その傾向は逆転する。白人被験者は，黒人が上位の地位にある場合には，あまり助けようと**しない**。この驚くべき逆転は，黒人が部下ではなく上司であることに対して，無意識的な不快感や不満があることを示唆している。

　ここでもまた，この研究は，被験者には意識されていなかったであろうと思われる行動や態度，あるいは黒人と白人の相互作用の諸側面に注目している。実際，もしこうした態度が指摘されたとしても，被験者たちはむきになって否定したであろう。こうした知見はまた，2つの集団が相互作用するとき，際限なく発動され繰り返される悪循環のさらに別の側面を示唆している。結局のところ，こうした強力ではありながら無意識的であって，表向きは否定されている白人の態度に出会ったとき，部下の立場であれ，監督者の立場であれ，アフリカ系アメリカ人はどのような態度を示すだろうか？　また翻って，白人は，自分たちが表現しているとは気づいてさえいない自分たちの行動へのアフリカ系アメリカ人の反応に接して，どのような態度を示すだろうか？　結果的に，相互の不信，誤解，そして双方にとって問題のあるパターンの永続化がもたらされることになるだろう。

　そうした類の多様な循環が，日々，数え切れないヴァリエーションで繰り返される。そしてそれらは現時点において，白人と黒人との間の分離と不平等を持続させる基本的な動力源となっている。われわれにこうした循環を打破するチャンスがあるとすれば，次のことを理解しておくことが重要である。すなわち，家族療法家の言葉を用いれば，そのパンクチュエーションは恣意的なものだということである。すなわち，ひとたびこの種の循環が動き出すと，誰がそれを始めたのかを同定することは，不可能ではないにせよ，困難となる。もちろん，歴史的な面では，われわれは誰が始めたのかを知っている。これらの循環的な諸過程全体の起源は，アフリカから人々を奴隷としてこの国に連れてきた何世紀も前の犯罪的な行為にあることは痛々しいほど明瞭である。しかし現

在の時点において，黒人の子どもたちと白人の子どもたちがどのように社会化されているか，そして成長過程でどのような相互作用の体験をするかを見てみれば，何が鶏で何が卵なのかを言うことはずっと困難である。それぞれの集団のメンバーは，相互に関わる際に，自分たちが「見る」ものや自分たちが体験するものに反応する。それぞれの行動は，まさに自分たちが期待するものを（そして自分たちが不満に思っているものや侮蔑するものを）相手から引き出す。

　もちろん，その過程は，親が知らず知らずのうちに子どもたちに**教えている**偏見によっても促進される。子どもたちは，直接的な体験だけに基づいて自分たちの見解を形成する白紙の存在ではない。他の集団のメンバーと初めて出会うとき，すでに彼らは社会的な難局を持続させてしまうような潜在的危険性を孕んだ態度を身につけている。しかしこうした態度の**持続**は，たいてい直接的な体験から豊富な強化を受けている。そしてこの種の直接的体験は，（しばしば無意識的に）お互いに繰り返し結果から原因を作り出すような皮肉な仕方で，持続されている。

社会的な難局と臨床的な難局の共通点

　問題を孕んだパターンが，まさにそのパターンがもたらす苦悩や混乱によって維持されてしまう循環的過程は，もちろん，人種関係の領域に限って見られるものでは決してない。まさに最初期から精神分析的な関心の中心を占め続けてきた**臨床的**現象の理解もまた，患者の生活を特徴づける苦境の循環的な性質を理解することによって促進されてきた。これは本書の中心的なテーマであった。苦悩や不合理で破壊的な考えが持続し，社会的ないし心理的な荒廃を招いている場合，それがどんな領域であろうと，われわれは悪循環に捕らえられているのであろう。こうした悪循環の性質を理解し，単純で直線的なストーリーに還元してしまいたくなる誘惑に抵抗することは，それらを克服する最初のステップである。神経症的な苦悩と同様に人種関係においても，問題に対処しようとするわれわれのまさにその努力が問題を持続させてしまう傾向が遍く見られる。しかしながら，われわれが捕らえられているパターンを最終的には認識し，時間をかけ努力してそのパターンを変化させるわれわれの能力（少なくとも潜在的能力）もまた，遍く見られるものである。

文　献

Alexander, F., & French, T. (1946). *Psychoanalytic therapy.* New York, NY: Ronald Press. Allen, J.G., Fonagy, P., & Bateman, A.W. (2008). *Mentalizing in clinical practice.* Arlington, VA: American Psychiatric.

Altman, N.E. (2011). *The analyst in the inner city: Race, class, and culture through an analytic lens.* Hillsdale, NJ: Analytic Press.

Anderson, E. (1990). *Streetwise: Race, class, and change in an urban community.* Chicago, IL: University of Chicago Press.

Angyal, A. (1951). *Neurosis and treatment: A holistic theory.* New York, NY: Wiley.

Apfelbaum, B. (1980). Ego analysis versus depth analysis. In B. Apfelbaum, M.H. Williams, S.E. Greene, & C. Apfelbaum (Eds.), *Expanding the boundaries of sex therapy* (pp.9-36). Berkeley, CA: Berkeley Sex Therapy Group.

Arlow, J., & Brenner, C. (1964). *Psychoanalytic concepts and the structural theory.* New York, NY: International Universities Press.

Arnkoff, D.B., & Glass, C.R. (1992). Cognitive therapy and psychotherapy integration. In D.K. Freedheim (Ed.). *History of psychotherapy: A century of change* (pp.657-694). Washington, DC: American Psychological Association.

Aron, L. (1990). One person and two person psychologies and the method of psychoanalysis. *Psychoanalytic Psychology, 7* (4). 475-485.

Aron, L. (1991). Working through the past-Working toward the future. *Contemporary Psychoanalysis, 27,* 81-108.

Aron, L. (1996). *A meeting of minds: Mutuality in psychoanalysis.* Hillsdale, NJ: Analytic Press.

Aron, L. (2003). The paradoxical place of enactment in psychoanalysis: Introduction. *Psychoanalytic Dialogues, 13* (5). 623-631.

Aron, L. (2006). Analytic impasse and the third: Clinical implications of intersubjectivity theory. *International Journal of Psychoanalysis, 87* (2). 349-368.

Aron, L., & Starr, K. (2013). *A psychotherapy for the people: Toward a progressive psychoanalysis.* New York, NY: Routledge/Taylor & Francis Group.

Bakan, D. (1966). *The duality of human existence: Isolation and communion in Western man.* Boston, MA: Beacon Press.

Balint, M. (1950). Changing therapeutical aims and techniques in psycho-analysis. *International Journal of Psychoanalysis, 31,* 117-124.

302 文 献

Barlow, D.H. (2002). *Anxiety and its disorders: The nature and treatment of anxiety and panic* (2nd ed.). New York, NY: Guilford Press.

Barlow, D.H., Allen, L.B., & Choate, M.L. (2004). Toward a unified treatment for emotional disorders. *Behavior Therapy, 35* (2). 205-230.

Bass, A. (2003). "E" enactments in psychoanalysis: Another medium, another message. *Psychoanalytic Dialogues, 13* (5). 657-676.

Beebe, B. (2000). Coconstructing mother-infant distress: The microsynchrony of maternal impingement and infant avoidance in the face-to-face encounter. *Psychoanalytic Inquiry, 20* (3). 421-440.

Beebe, B., & Lachmann, F.M. (1998). Co-constructing inner and relational processes: Self- and mutual regulation in infant research and adult treatment. *Psychoanalytic Psychology, 15* (4). 480-516.

Beebe, B., & Lachmann, F.M. (2002). *Infant research and adult treatment: Co-constructing interactions.* Hillsdale, NJ: Analytic Press.

Beebe, B., & Lachmann, F. (2003). The relational turn in psychoanalysis: A dyadic systems view from infant research. *Contemporary Psychoanalysis, 39* (3). 379-409.

Beebe, B. & Lachmann, F. (2014). *The origins of attachment.* New York, NY: Routledge.

Beitman, B.D. (1987). *The structure of individual psychotherapy.* New York, NY: Guilford Press.

Benjam in , J. (1988). *The bonds of love: Psychoanalysis, feminism, and the problem of domination.* New York, NY: Pantheon Books.

Benjamin , J. (2004). Beyond doer and done to: An intersubjective view of thirdness. *Psychoanalytic Quarterly, 73* (1). 5-46.

Benjamin, J. (2010). Where's the gap and what's the difference? The relational view of intersubjectivity, multiple selves, and enactments. *Contemporary Psychoanalysts, 46* (1). 112-119.

Betchen, S.J. (2005). *Intrusive partners-elusivemates: The pursuer-distancer dynamic in couples.* New York, NY: Routledge.

Beutler, L.E. (1983). *Eclectic psychotherapy: A systematic approach.* New York, NY: Pergamon Press.

Bibring, E. (1954). Psychoanalysis and the dynamic psychotherapies. *Journal of the American Psychoanalytic Association, 2* (4). 745-770.

Billingsley, A. (1992). *Climbing Jacob's ladder: The enduring legacy of African-American families.* New York, NY: Simon & Schuster.

Black, M.J. (2003). Enactment: Analytic musings on energy, language, and personal growth. *Psychoanalytic Dialogues, 13* (5). 633-655.

Blatt, S.J. (2008). *Polarities of experience: Relatedness and self-defnition in personality development, psychopathology, and the therapeutic Process.* Washington, DC: American Psychological Association.

Blatt, S.J., & Zuroff, D.C. (2005). Empirical evaluation of the assumptions in identifying evidence based treatments in mental health. *Clinical Psychology Review, 25* (4). 459-486.

Blum, H.P. (1999). The reconstruction of reminiscence. *Journal of the American Psychoanalytic Association, 47* (4). 1125-1143.

Boris, H.N. (1986). The "other" breast: Greed, envy, spite and revenge. *Contemporary Psychoanalysis, 22* (1). 45-59.

Bomstein, R.E., & Masling, J.M. (Eds.), (1998). *Empirical perspectives on the psychoanalytic unconscious.* Washington, DC: American Psychological Association.

Boston Change Process Study Group. (2007). The foundational level of psychodynamic meaning: Implicit process in relation to conflict, defense, and the dynamic unconscious. *International Journal of Psychoanalysis, 88* (4). 843-860.

Bowers, K.S. (1973). Situationism in psychology: An analysis and a critique. *Psychological Review, 80* (5). 307-336.

Boyd-Franklin, N. (2003). B*lack families in therapy: Understanding the African American experience* (2nd ed.). New York, NY: Guilford Press.

Breuer, J., & Freud, S. (1895). Studies on hysteria. In Freud, S., *The standard edition of the complete psychological works of Sigmund Freud* (Vol.2, pp.1-305). London, UK: Hogarth Press.

Bromberg, P. (1993). Shadow and substance: A relational perspective on clinical process. *Psychoanalytic Psychology, 10* (2). 147-168.

Bromberg, P.M. (1998). *Standing in the spaces: Essays on clinical process, trauma, and dissociation.* Hillsdale, NJ: Analytic Press.

Burum, B.A., & Goldfried, M.R. (2007). The centrality of emotion to psychological change. *Clinical Psychology: Science and Practice, 14* (4). 407-413.

Cassidy, J., & Shaver, P.R. (Eds.) , (2008). *Handbook of attachment: Theory, research, and clinical applications* (2nd ed.). New York, NY: Guilford Press.

Cohn, J.F., & Tronick, E.Z. (1988). Mother-infant face-to-face interaction: Influence is bidirectional and unrelated to periodic cycles in either partner's behavior. *Developmental Psychology, 24* (3). 386-392.

Comer, J.P., & Poussa in t, A.F. (1992). *Raising black children: Two leading psychiatrists confront the educational, social and emotional problems facing black children.* New York, NY: Plume.

Crocker, J., & Major, B. (1989). Social stigma and self-esteem: The self-protective properties of stigma. *Psychological Review, 96* (4). 608-630.

Curtis, R.C. (2009). *Desire, self, mind, and the psychotheapies: Unifying psychological science and psychoanalysis.* Lanham, MD: Jason Aronson.

Cushman, P. (1990). Why the self is empty: Toward a historically situated psychology. *American Psychologist, 45* (5). 599-611.

Davies, J.M. (1996). Linking the "pre-analytic" with the postclassical: Integration, dissociation, and the multiplicity of unconscious processes. *Contemporary Psychoanalysts, 32* (4). 553-576.

Davis, D., & Hollon, S.D. (1999). Refraining resistance and noncompliance in cognitive therapy. *Journal of Psychotherapy Integration, 9* (1). 33-55.

Devine, P.G. (1989). Stereotyping and prejudice: Their automatic and controlled components. *Journal of Personality and Social Psychology, 56* (1). 5-18.

Dewald, P.A. (1982). Psychoanalytic perspectives on resistance. In P. Wachtel (Ed.). *Resistance: Psychodynamic and behavioral approaches* (pp.45-68). New York, NY:

Plenum.

Dilthey, W. (1883/1991). *Introduction to the human sciences* (Collected writings: Vol.1). Princeton, NJ: Princeton University Press.

Dimen, M., & Goldner, V. (2002). *Gender in psychoanalytic space: Between clinic and culture.* New York, NY: Other Press.

Dollard, J., & Miller, N.E. (1950). *Personality and psychotherapy: An analysis in terms of learning, thinking, and culture.* New York, NY: McGraw-Hill.

Eagle, M.N. (1984). *Recent developments in psychoanalysis: A critical evaluation.* New York, NY: McGraw-Hill.

Eagle, M. (1999). Why don't people change? A psychoanalytic perspective. *Journal of Psychotherapy Integration, 9* (1). 3-32.

Eagle, M.(2003). Clinical implications of attachment theory. *Psychoanalytic Inquiry, 23*(1). 27-53.

Eagle, M.N., & Wolitzky, D.L. (2009). Adult psychotherapy from the perspectives of attachment theory and psychoanalysis. In J.H. Obegi & E. Berant (Eds.), *Attachment theory and research in clinical work with adults* (pp.351-378). New York, NY: Guilford Press.

Easterlin, R.A. (1974). Does economic growth improve the human lot? Some empirical evidence. In P.A. David & M.W.Reder (Eds.), *Nations and households in economic growth: Essays in honor of Moses Abramowitz* (pp.89-125). New York, NY: Academic Press.

Eigen, M. (1986). *The psychotic core.* Northvale, NJ: Jason Aronson.

Emery, E. (1992). The envious eye: Concerning some aspects of envy from Wilfred Bion to Harold Boris. *Melanie Klein and Object Relations, 10* (1). 19-29.

Empson, W. (1930). *Seven types of ambiguity.* New York, NY: New Directions.

Erikson, E.H. (1950). *Childhood and society.* New York, NY: Norton.

Erikson, E.H. (1959). *Identity and the life cycle.* New York, NY: International Universities Press.

Erikson, E.H. (1963). *Childhood and society.* New York, NY: Norton.

Fairbairn, W.R.D. (1952). *An object-relations theory of the personality.* New York, NY: Basic Books.

Fanon, F. (1967). *Black skin, white masks.* New York, NY: Grove Press.

Feixas, G., & Botella, L. (2004). Psychotherapy integration: Reflections and contributions from a constructivist epistemology. *Journal of Psychotherapy Integration, 14* (2). 192-222.

Fenichel, O. (1938). The drive to amass wealth. *Psychoanalytic Quarterly, 7,* 69-95.

Fenichel, O. (1941). *Problems of psychoanalytic technique.* New York, NY: Psychoanalytic Quarterly Press.

Ferenczi, S. (1926). *Further contributions to the theory and technique of psycho-analysis.* London, UK: Hogarth Press.

Ferenczi, S. (1952). The origin of the interest in money. In *First contributions to psychoanalysis.* London, UK: Hogarth Press.

Field, T., Healy, B., Goldstein , S., Perry, S., Bendell, D., Schanberg, S., ...Kuhn, C. (1988).

Infants of depressed mothers show "depressed" behavior even with nondepressed adults. *Child Development, 59* (6). 1569-1579.

Fonagy, P. (1991). Thinking about thinking: Some clinical and theoretical considerations in the treatment of a borderline patient. *International Journal of Psychoanalysis, 72* (4). 639-656.

Fonagy, P. (1999). Points of contact and divergence between psychoanalytic and attachment theories: Is psychoanalytic theory truly different. *Psychoanalytic Inquiry, 19* (4). 448-480.

Fonagy, P. (2001). *Attachment theory and psychoanalysis*. New York, NY: Other Press.

Fonagy, P., Gergely, G., Jurist, E.L., & Target, M. (2002). *Affect regulation, mentalization, and the development of the self.* New York, NY: Other Press.

Fonagy, P., Gergely, G., & Target, M. (2008). Psychoanalytic constructs and attachment theory and research. In J. Cassidy & P.R. Shaver (Eds.), *Handbook of attachment: Theory, research, and clinical applications* (2nd ed., pp.783-810). New York, NY: Guilford Press.

Fonagy, P., Target, M., Steele, H., & Steele, M. (1998). *Reflective-functioning manual, version 5.0, for application to adult attachment interviews.* London, UK: University CollegeLondon.

Fosshage, J.L. (2003). Fundamental pathways to change: Illuminating old and creating new relational experience. *International Forum of Psychoanalysis, 12* (4). 244-251.

Frances, A., Clarkin, J.F., & Perry, S. (1984). *Differential therapeutics in psychiatry: The art and science of treatment selection.* New York, NY: Brunner/Mazel.

Frank, K.A. (1990). Action techniques in psychoanalysis-background and introduction. *Contemporary Psychoanalysis, 26* (4). 732-756.

Frank, K.A. (1992). Combining action techniques with psychoanalytic therapy. *International Review of Psychoanalysis, 19* (1). 57-79.

Frank, K.A. (1993). Action, insight, and working through outlines of an integrative approach. *Psychoanalytic Dialogues: The International Journal of Relational Perspectives, 3* (4). 535-577.

Frank, K.A. (1999). *Psychoanalytic participation: Action, integration, and integration.* Hillsdale, NJ: Analytic Press.

Frank, K.A. (2001). Extending the field of psychoanalytic change: Exploratory-assertive motivation, self-efficacy, and the new analytic role for action. *Psychoanalytic Inquiry, 21* (5). 620-639.

Frank, K.A. (2002). The "ins and outs" of enactment: A relational bridge for psychotherapy integration. *Journal of Psychotherapy Integration, 12* (3). 267-286.

Frank, R.H. (1985). *Choosing the right pond: Human behavior and the quest for status.* New York, NY: Oxford University Press.

Frank, R.H. (2007). *Falling behind: How rising inequality harms the middle class.* Berkelley, CA: University of California Press.

Frank, R.H. (2011). *The Darwin economy: Liberty, competition, and the common good.* Princeton, NJ: Princeton University Press.

Franklin , A.J. (1993). The invisibility syndrome. *Family Therapy Networker, 17* (4). 32-38.

306 文 献

Freud, S. (1893). On the psychical mechanism of hysterical phenomena. *The Standard Edition of the Complete Psychological Works of Sigmund Freud* (Vol.3). London, UK: Hogarth Press.

Freud, S. (1896). The aetiology of hysteria. *The Standard Edition of the Complete Psychological Works of Sigmund Freud* (Vol.3). London, UK: Hogarth Press.

Freud, S. (1908). Character and anal erotism. *The Standard Edition of the Complete Psychological Works of Sigmund Freud* (Vol.9). London, UK: Hogarth Press.

Freud, S. (1914/1957). Remembering, repeating, and working-through (Further recommendation son the technique of psycho-analysis II). *The Standard Edition of the Complete Psychological Works of Sigmund Freud* (Vol.12). London, UK: Hogarth Press.

Freud, S. (1915/1958). Repression. *The Standard Edition of the Complete Psychological Works of Sigmund Freud* (Vol.14). London, UK: Hogarth Press.

Freud, S. (1917). Introductory lectures on psycho-analysis. *The Standard Edition of the Complete Psychological Works of Sigmund Freud* (Vol.16). London, UK: Hogarth Press.

Freud, S. (1918). Lines of advance in psycho-analytic therapy. *The Standard Edition of the Complete Psychological Works of Sigmund Freud* (Vol.17). London, UK: Hogarth Press.

Freud, S. (1921). Group psychology and the analysis of the ego. *The Standard Edition of the Complete Psychological Works of Sigmund Freud* (Vol.18). London, UK: Hogarth Press.

Freud, S. (1923/1961). The ego and the id. *The Standard Edition of the Complete Psychological Works of Sigmund Freud* (Vol.19). London, UK: Hogarth Press.

Freud, S. (1926/1959). Inhibitions, symptoms, and anxiety. *The Standard Edition of the Complete Psychological Works of Sigmund Freud* (Vol.20). London, UK: Hogarth Press.

Friedman, L. (2002). What lies beyond interpretation, and is that the right question? *Psychoanalytic Psychology, 19* (3). 540-551.

Friedman, M., & Friedman, R. (1980). *Free to choose: A personal statement.* New York, NY: Harcourt.

Fromm, E. (1941). *Escape from freedom.* New York, NY: Holt, Rinehart, & Winston.

Fromm, E. (1955). *The sane society.* New York, NY: Rinehart & Co.

Gaertner, S.L., & Dovidio, J.F. (1986). The aversive from of racism. In J.F. Dovidio & S.L. Gaertner (Eds.), *Prejudice, discrimination, and racism* (pp.61-89). Orlando, FL: Academic Press.

Galbraith, J.K. (1958). *The affluent society.* Boston, MA: Houghton Mifflin.

Galbraith, J.K. (1967). *The new industrial state.* Boston: Houghton Mifflin.

Geertz, C. (1973). Thick description: Toward an interpretative theory of culture. In C. Geertz (Ed.). *The interpretation of cultures.* New York, NY: Basic Books.

Gerson, M.J. (2010). *The embedded self: An integrative psychodynamic and systemic perspective on couples and family therapy.* New York, NY: Routledge.

Ghent, E. (1989). Credo-The dialectics of one-person and two-person psychologies. *Contemporary Psychoanalysis, 25* (2). 169-211.

Ghent, E.(1995). Interaction in the psychoanalytic situation. *Psychoanalytic Dialogues, 5*(3). 479-491.

Gilbert, P., & Leahy, R.L. (Eds.) , (2007). *The therapeutic relationship in the cognitive*

文　献　*307*

behaviral psychotherapies. New York, NY: Routledge.

Gill, M.M. (1979). The analysis of the transference. Journal of the American *Psychoanalytic Association, 27* (Suppl.). 263-288.

Gill, M.M. (1982). *Analysis of transference.* New York, NY: International Universities Press.

Gill, M.M. (1983). The interpersonal paradigm and the degree of the therapist's involvement. *Contemporary Psychoanalysis, 19* (2). 200-237.

Gill, M.M. (1984). Psychoanalysis and psychotherapy: A revision. *International Review of Psychoanalysis, ll,* 161-179.

Goldman, S.J., D'Angelo, E.J., DeMaso, D.R., & Mezzacappa, E. (1992). Physical and sexual abuse histories among children with borderline personality disorder. *American Journal of Psychiatry, 149* (12). 1723-1726.

Goldner, V. (1991). Toward a critical relational theory of gender. *Psychoanalytic Dialogues, 1* (3). 249-272.

Gottlieb, R.M. (2010). Coke or Pepsi? Reflections on Freudian and relational psychoanalysts in dialogue. *Contemporary Psychoanalysis, 46,* 87-99.

Greenberg, J. (2005). Conflict in the middle voice. *Psychoanalytic Quarterly, 74* (1). 105-120.

Greenberg, J., & Mitchell, S.A. (1983). *Object relations in psychoanalytic theory.* Cambridge, MA: Harvard University Press.

Greenberg, L.S. (2002). *Emotion-focused therapy: Coaching clients to work through their feelings.* Washington, DC: American Psychological Association.

Greenberg, LS. (2004). Emotion-focused therapy. *Clinical Psychology & Psychotherapy, 11* (1). 3-16.

Greenberg, L.S. (2008). Emotion and cognition in psychotherapy: The transforming power of affect. *Canadian Psychology, 49* (1). 49-59.

Greenberg, L.S., & Goldman, R.N. (2008). *Emotion-focused couples therapy: The dynamics of emotion, love, and power.* Washington, DC: American Psychological Association.

Greenberg, L.S., & Pascual-Leone, A. (2006). Emotion in psychotherapy: A practice-friendly review. *Journal of Clinical Psychology, 62* (5). 611-630.

Greenberg, L.S., & Paivio, S.C. (1997). *Working with emotions in psychotherapy.* New York, NY: Guilford Press.

Greenberg, LS., & Watson, J.C. (2006). *Emotion-focused therapy for depression.* Washinton, DC: American Psychological Association.

Grossman, K.E., Grossman, K., & Waters, E. (Eds.) , (2005). *Attachment from infancy to adulthood: The major longitudinal studies.* New York, NY: Guilford Press.

Guidano, V.E. (1987). *Complexity of the self: A developmental approach to psychopathology and therapy.* New York, NY: Guilford Press.

Guidano, V.E. (1991). *The self in process.* New York, NY: Guilford Press.

Hamilton, D.L., & Gifford, R.K. (1976). Illusory correlation in interpersonal perception: A cognitive basis of stereotypic judgments. *Journal of Experimental Social Psychology, 12* (4). 392-407.

Harris, A. (1996). The conceptual power of multiplicity. *Contemporary Psychoanalysis, 32*

308 文 献

(4). 537-552.

Harris, A. (2005). *Gender as soft assembly*. Hillsdale, NJ: Analytic Press.

Havens, L. (1986). *Making contact: Uses of language in psychotherapy*. Cambridge, MA: Harvard University Press.

Hayes, S.C., Follette, V.M., & Linehan, M.M. (Eds.) , (2004). *Mindfulness and acceptance: Expanding the cognitive-behavioral tradition*. New York, NY: Guilford Press.

Herman, J.L., Perry, J.C., & van der Kolk, B. (1989). Childhood trauma in borderline personality disorder. *AmericanJournal of Psychiatry, 146* (4). 490-495.

Hermstein, R., & Murray, C. (1994). *The bell curve: Intelligence and class structure in American life*. New York, NY: Free Press.

Hesse, E. (1999). The adult attachment interview: Historical and current perspectives. In J. Cassidy & P.R. Shaver (Eds.), *Handbook of attachment: Theory, research, and clinical applications* (pp.395-433). New York, NY: Guilford Press.

Hetherington, E.M., & Blechman, E.A. (Eds.) , (1996). *Stress, coping and resiliency in children and families*. Mahwah, NJ: Lawrence Erlbaum.

Hirsch, I. (1998). The concept of enactment and theoretical convergence. *Psychoanalytic Quarterly, 67* (1). 78-101.

Hobbes, T. (1651/1968). *Leviathan* (C.B.MacPherson, Ed.). Harmondsworth, England: Penguin.

Hoffman, I.Z. (1983). The patient as interpreter of the analyst's experience. *Contemporary Psychoanalysis, 19* (3). 389-422.

Hoffman, I.Z. (1991). Toward asocial-constructivist view of the psychoanalytic situation. *Psychoanalytic Dialogues, 1* (1). 74-105.

Hoffman, I.Z. (1998). *Ritual and spontaneity in the psychoanalytic process*. Hillsdale, NJ: Analytic Press.

Hoffman, L. (1981). *Foundations of family therapy: A conceptual framework for systems change*. New York, NY: Basic Books.

Hoffman, L. (1998). Setting aside the model in family therapy. *Journal of Marital and Family Therapy, 24* (2). 145-156.

Hollingshead, A., & Redlich, F. (1958). *Social class and mental illness: A community study*. New Haven, CT: Yale University Press.

Horney, K. (1937). *The neurotic personality of our time*. New York, NY: Norton.

Horney, K. (1939). *New ways in psychoanalysis*. New York, NY: Norton.

Horney, K. (1945). *Our inner conflicts: A constructive theory of neurosis*. New York, NY: Norton.

Howell, E.F. (2005). *The dissociative mind*. Hillsdale, NJ: Analytic Press.

Jacobs, T.J. (1986). On countertransference enactments. *Journal of the American Psychoanalytic Association, 34* (2). 289-307.

Jacobsen, P.B., & Steele, R.S. (1978). From present to past: Freudian archaeology. *International Review of Psychoanalysis, 6*, 349-362.

Jacoby, R. (1983). *The repression of psychoanalysis: Otto Fenichel and the political Freudians*. New York, NY: Basic Books.

Jasper, J.M. (2000). *Restless nation: Starting over in America*. Chicago, IL: University of

Chicago Press.

Johnson, L.B., & Staples, R. (1993). *Black families at the crossroads: Challenges and prospects*. San Francisco, CA: Jossey-Bass.

Jordan, W.D. (1977). *White over black: American attitudes toward the Negro, 1550-1812*. New York, NY: Norton.

Kasser, T. (2000). Two versions of the American dream: Which goals and values make for a high quality of life? In E. Diener & D.R. Rahtz (Eds.), *Advances in quality of life theory and research* (pp.3-12). Dordrecht, Netherlands: Kluwer Academic.

Kasser, T. (2003). *The high price of materialism*. Cambridge, MA: MIT Press.

Kasser, T., & Kanner, A.D. (Eds.), (2003). *Psychology and consumer culture: The struggle for a good life in a materialistic world*. Washington, DC: American Psychological Association.

Kasser, T., & Ryan, R.M. (1993). A dark side of the American dream: Correlates of financial success a central life aspiration. *Journal of Personality and Social Psychology, 65* (2). 410-422.

Katz, M. (1989). *The undeserving poor: America's enduring confrontation with poverty*. New York, NY: Pantheon .

Kazd in , A.E. (2006). Arbitrary metrics: Implications for identifying evidence-based treatments. *American Psychologist, 61* (1). 42-49.

Kazdin , A.E. (2008). Evidence-based treatment and practice: New opportunities to bridge clinical research and practice, enhance the knowledge base, and improve patient care. *American Psychologist, 63* (3). 146-159.

Kemberg, O. (1975). *Borderline conditions and pathological narcissism*. New York, NY: Jason Aronson.

Klein, M. (1957). *Envy and gratitude: A study of unconscious sources*. New York, NY: Basic Books.

Kohut, H. (1971). *The analysis of the self: A systematic approach to the psychoanalytic treatment of narcissistic personality disorders*. New York, NY: International Universities Press.

Kohut, H. (1977). *The restoration of the self*. New York, NY: International Universities Press.

Kohut, H. (1985). *Self psychology and the humanities: Reflections on a new psychoanalytic approach*. New York, NY: Norton.

Kovel, J. (1984). *White racism: A psychohistory*. New York, NY: Columbia University Press.

Kuhn, T.S. (1962). *The structure of scientific revolutions*. Chicago, IL: University of Chicago Press.

Lakoff, G., & Johnson, M. (1980). *Metaphors we live by*. Chicago, IL: University of Chicago Press.

Laplanche J., & Pontalis, J.B. (1973). *The language of psycho-analysis*. New York, NY: Norton.

Lasch, C. (1979). *The culture of narcissism*. New York, NY: Norton.

Leahy, R.L. (2008). The therapeutic relationship in cognitive-behavioral therapy.

310 文 献

Behavioural and Cognitive Psychotherapy, 36 (6). 769-777.

Lewin, K. (1951). Field theory in social science: Selected theoretical papers. New York, NY: Harper & Row.

Loewald, H.W. (1960). On the therapeutic action of psycho-analysis. International Journal of Psychoanalysis, 41, 16-33.

Luborsky, L. (1996). The symptom-context method: Symptoms as opportunities in psychotherapy. Washington, DC: American Psychological Association.

Lyons-Ruth, K. (1999). The two-person unconscious: Intersubjective dialogue, enactive relational representation, and the emergence of new forms of relational organization. Psychoanalytic Inquiry, 19 (4). 576-617.

Mahoney, M.J. (1995). Cognitive and constructive psychotherapies: Theory, research, and practice. New York, NY: Springer.

Mahoney, M.J. (2003). Constructive psychotherapy: A practical guide. New York, NY: Guilford Press.

Mahoney, M.J. (2004). Synthesis. In A. Freeman, M.J. Mahoney, P. Devito, & D. Martin (Eds.), Cognition and psychotherapy (2nd ed.). New York, NY: Springer.

Main, M., & Goldwyn, R. (1998). Adult attachment classification system. Unpublished manuscript, University of California, Berkeley, CA.

Maital, S. (1982). Minds, markets, and money: Psychological foundations of economic behavior. New York, NY: Basic Books.

Majors, R.G., & Billson, J.M. (1992). Cool pose: The dilemmas of black manhood in America. New York, NY: Lexington Books.

Malatesta, C.Z., Culver, C., Tesman, J.R., & Shepard, B. (1989). The development of emotion expression during the first two years of life. Monograph of the Society for Research in Child Development, 54 (1-2). SerialNo.219, 1-33.

Maroda, K.J. (1998). Enactment: When the patient's and analyst's pasts converge. Psychoanalytic Psychology, 15 (4). 517-535.

Marrone, M. (1998). Attachment and interaction. London, UK: Kingsley.

Marx, K. (1964). The economic and philosophic manuscripts of 1844 (D.J. Struik, Ed. & Trans.). New York, NY: International.

Masling, J.M. (2000). Empirical evidence and the health of psychoanalysis. Journal of the American Academy of Psychoanalysis, 28 (4). 665-686.

Massey, D.S., & Denton, N.A. (1993). American apartheid: Segregation and the making of the underclass. Cambridge, MA: Harvard University Press.

McConahay, J.B. (1982). Self-interest versus racial attitudes as correlates of antibusing attitudes in Louisville: Is it the buses or the blacks? Journal of Politics, 44 (3). 692-720.

McLaughlin, J.T. (1991). Clinical and theoretical aspects of enactment. Journal of the American Psychoanalytic Association, 39 (3). 595-614.

Messer, S.B. (2000). Applying the visions of reality to a case of brief psychotherapy. Journal of Psychotherapy Integration, 10 (1). 55-70.

Mikulincer, M., & Shaver, P.R. (2007). Attachment in adulthood: Structure, dynamics, and change. New York, NY: Guilford Press.

Mischel, W. (1968). Personality and assessment. New York, NY: Wiley.

文 献 *311*

Mitchell, S.A. (1986). The wings of Icarus:-Illusion and the problem of narcissism. *Contemporary Psychoanalysis, 22,* 107-132.

Mitchell, S.A. (1988). *Relational concepts in psychoanalysis: An integration.* Cambridge, MA: Harvard University Press.

Mitchell, S.A. (1991). Wishes, needs, and interpersonal negotiations. *Psychoanalytic Inquiry, 11* (1-2). 147-170.

Mitchell, S.A. (1993). *Hope and dread in psychoanalysis.* New York, NY: Basic Books.

Mitchell, S.A. (1995). Interaction in the Kleinian and interpersonal traditions. *Contemporary Psychoanalysis, 31* (1). 65-91.

Mitchell, S.A. (1997). *Influence and autonomy in psychoanalysis.* Hillsdale, NJ: Analytic Press.

Mitchell, S.A. (1999). Attachment theory and the psychoanalytic tradition: Reflections on human relationality. *Psychoanalytic Dialogues, 9* (1). 85-107.

Mitchell, S.A., & Aron, L. (Eds.), (1999). *Relational psychoanalysis: The emergence of a tradition.* Hillsdale, NJ: Analytic Press.

Modell, A.H. (1984). *Psychoanalysis in a new context.* New York, NY: International Universities Press.

Myers, D.G. (2000). *The American paradox: Spiritual hunger in an age of plenty.* New Haven, CT: Yale University Press.

Napier, A.Y. (1978). The rejection-intrusion pattern: A central family dynamic. *Journal of Marriage and Family Therapy, 4* (1). 5-12.

Neimeyer, R.A. (2009). *Constructivist psychotherapy.* London, UK: Routledge.

Neimeyer, R.A., & Mahoney, M.J. (Eds.), (1995). *Constructivism in psychotherapy.* Washington, DC: American Psychological Association.

Nichols, M.P., & Schwartz, R.C. (1998). *Family therapy: Concepts and methods.* Needham Heights, MA: Allyn & Bacon.

Norcross, J.C. (1986a). *Handbook of eclectic psychotherapy.* New York, NY: Brunner Mazel.

Norcross, J.C. (1986b). *Casebook of eclectic psychotherapy.* New York, NY: Brunner/Mazel.

Norcross, J.N. (2002). *Psychotherapy relationships that work: Therapist contributions and responsiveness to patients.* New York, NY: Oxford University Press.

Norcross, J.N. (2010). *The therapeutic relationship.* In B.L Duncan, S.D. Miller, B.E. Wampold, & M.A. Hubble (Eds.), *The heart and soul of change: Delivering what works in therapy* (2nd ed., pp.113-141). Washington, DC: American Psychological Association.

Norcross, J.N., & Goldfhed, M.R. (Eds.), (2005). *Handbook of psychotherapy integration* (2nd ed.). New York, NY: Oxford University Press.

O'Connor, T.G., Bredenkamp, D., Rutter, M. (1999). *Infant Mental Health Journal, 20,* 110-129.

Ogbu, J. (1991). Immigrant and involuntary minorities in comparative perspective. In M.A. Gibson & J.U. Ogbu (Eds.), *Minority status and schooling: A comparative study of immigrant and involuntary minorities.* New York, NY: Garland.

Osbome, J.W. (1995). Academics, self-esteem, and race: A look at the underlying assumptions of the disidentification hypothesis. *Personality and Social Psychology Bulletin , 21* (5). 449-455.

Osbome, J.W. (1997). Race and academic disidentification. *Journal of Educational*

Psychology, 89 (4). 728-735.

Paris, J., & Zweig-Frank, H. (1992). A critical review of the role of childhood sexual abuse in the etiology of borderline personality disorder. *Canadian Journal of Psychiatry, 37* (2). 125-128.

Patterson, F.G.P., & Cohn, R.H. (1990). Language acquisition by a lowland gorilla: Koko's first ten years of vocabulary development. *Word, 41*, 97-143.

Perez-Foster, R.M., Moskowitz, M., & Javier, R.A. (1996). *Reaching across boundaries of culture and class: Widening the scope of psychotherapy.* Lanham, MD: Rowman & Littlefield.

Peterfreund, E. (1978). Some critical comments on psychoanalytic conceptualizations of infancy. *International Journal of Psychoanalysis, 59*, 427-141.

Piers, C. (2000). Character as self-organizing complexity. *Psychoanalysis and Contemporary Thought, 23*, 3-34.

Piers, C. (2005). The mind's multiplicity and continuity. *Psychoanalytic Dialogues, 15* (2). 229-254.

Polanyi, M. (1966). *The tacit dimension.* London, UK: Routledge.

Pos, A.E., & Greenberg, LS. (2007). Emotion-focused therapy. The transforming power of affect. *Journal of Contemporary Psychotherapy, 37* (1). 25-31.

Pos, A.E., Greenberg, L.S., & Elliott, R. (2008). Experiential therapy. In J.L. Lebow (Ed.). *Twenty-fist century Psychotherapies: Contemporary approaches to theory and practice* (pp.80-122). Hoboken, NJ: Wiley.

Pressman, E.R. (Producer). & Stone, O. (Director) . (1987). *Wall Street* [Motion picture]. United States: Twentieth Century Fox.

Prochaska, J.O. (1984). *Systems of psychotherapy: A transtheoretical analysis* (2nd ed.). Homewood, IL: Dorsey Press.

Prochaska, J.O., & Prochaska, J.M. (1999). Why don't continents move? Why don't people change? *Journal of Psychotherapy Integration, 9* (1). 83-102.

Putnam, R. (2000). *Bowling alone: The collapse and revival of American community.* New York, NY: Simon & Schuster.

Reid, T. (1999). A cultural perspective on resistance. *Journal of Psychotherapy Integration, 9* (1). 57-81.

Renik, O. (1993). Analytic interaction: Conceptualizing technique in light of the analyst's irreducible subjectivity. Psychoanalytic Quarterly, 62 (4). 553-571.

Renik, O. (1996). The perils of neutrality. Psychoanalytic Quarterly, 65 (3). 495-517.

Renik, O. (1999). Playing one's cards face up in analysis: An approach to the problem of self-disclosure. *Psychoanalytic Quarterly, 68* (4). 521-530.

Renn, P. (2012). *The silent past and the invisible present: Memory, trauma, and representation in psychotherapy.* New York, NY: Routledge.

Rickman, J. (1957). *Selected contributions to psycho-analysis.* Oxford, UK: Basic Books.

Ricouer, P. (1970). *Freud and philosophy: An essay on interpretation.* New Haven, CT: Yale University Press.

Rieff, P. (1966). *The triumph of the therapeutic: Uses of faith after Freud.* Chicago, IL: University of Chicago Press.

Rieff, P. (1979). *Freud: The mind of the moralist*. Chicago, IL: University of Chicago Press.

Rozhon, T. (2000, October 22). Be it ever less humble: American homes get bigger. *The New York Times*. Retrieved from www.nytimes.com/2000/10/22/weekinreview/ideas-trends-be-it-everlless-humble-american-homes-geLbigger.html

Rubenstein , B.B. (1997). On metaphor and related phenomena. In R.R.Holt (Ed.). *Psychoanalysis and the philosophy of science: Collected papers of Benjamin B. Rubenste in, M.D.* (pp.123-171). Madison, CT: International Universities Press.

Ruiz-Cordell, K.D., & Safran, J.D. (2007). Alliance ruptures: Theory, research, and practice .In S.G. Hofmann & J. Weinberger (Eds.), *The art and science of psychotherapy* (pp.155-170). New York, NY: Routledge.

Rutter, M. (1995). Psychosocial adversity: Risk, resilience & recovery. *South African Journal of Child and Adolescent Psychiatry, 7* (2). 75-88.

Safran, J.D., & Muran, J.C. (2000). *Negotiating the therapeutic alliance: A relational treatment guide*. New York, NY: Guilford Press.

Safran, J.D., Muran, J.C., & Eubanks-Carter, C. (2011). *Repairing alliance ruptures. Psychotherapy, 48* (1). 80-87.

Safran, J.D., Muran, J.C., & Proskurov, B. (2009). Alliance, negotiation, and rupture resolution. In R.A. Levy & J.S. Ablon (Eds.), *Handbook of evidence-based psychodynamic psychotherapy: Bridging the gap between science and practice* (pp.201-225). Totowa, NJ: Humana Press.

Safran, J.D., & Segal, Z.V. (1990). *Interpersonal process in cognitive therapy*. New York, NY: Guilford Press.

Samoilov, A., & Goldfried, M.R. (2000). Role of emotion in cognitive-behavior therapy. *Clinical Psychology: Science and Practice, 7* (4). 373-385.

Santayana, G. (1940). Materialism and idealism in American life. In A.T. Johnson & A. Tate (Eds.), *America through the essay*. New York: Oxford University Press.

Schachtel, E.G. (1959). *Metamorphosis: On the development of affect, perception, attention, and memory*. New York, NY: Basic Books.

Schacter, D.L. (1996). *Searching for memory: The brain , the mind, and the past*. New York, NY: Basic Books.

Schacter, D.L. (2001). *The seven sins of memory: How the mind forgets and remembers*. Boston, MA: Houghton Mifflin .

Schacter, D.L., Norman, K.A., & Koutstaal, W. (1998). The cognitive neuroscience of constructive memory. *Annual Review of Psychology, 49*, 289-318.

Schafer, R. (1976). *A new language for psychoanalysis*. NewHaven, CT: Yale University Press.

Schafer, R. (1997). *The contemporary Kleinians of London*. Madison, CT: International Universities Press.

Schechter, M. (2007). The patient's experience of validation in psychoanalytic treatment. *Journal of the American Psychoanalytic Association, 55* (1). 105-130.

Schimek, J.G. (1975). A critical re-examination of Freud's concept of unconscious mental representation. *International Review of Psychoanalysis, 2* (2). 171-187.

Sears, D.O. (1988). Symbolic racism. In P.A. Katz & D.A. Taylor (Eds.), *Eliminating racism: Profiles in controversy* (pp.53-84). New York, NY: Plenum.

Shahar, G., Cross, L.W., & Henrich, C.C. (2004). Representations in action (Or: action models of development meet psychoanalytic conceptualizations of mental representations). *Psychoanalytic Study of the Child, 59,* 261-293.

Shahar, G., & Porcelli, J.H. (2006). The action formulation: A proposed heuristic for clinical case formulation. *Journal of Clinical Psychology, 62* (9). 1115-1127.

Shapiro, D. (1965). *Neurotic styles.* New York, NY: Basic Books.

Shapiro, D. (1989). *Psychotherapy of neurotic character.* New York, NY: Basic Books.

Shedler, J. (2010). The efficacy of psychodynamic psychotherapy. *American Psychologist, 65* (2). 98-109.

Shedler, J., Mayman, M., & Manis, M. (1993). The illusion of mental health. *American Psychologist, 48,* 1117-1131.

Silberschatz, G. (2005). *Transformative relationships: The control mastery theory of psychotherapy.* New York, NY: Routledge.

Simon, H.A. (1957). *Models of man.* New York, NY: Wiley.

Sirgy, M.J. (1998). Materialism and quality of life. *Social Indicators Research, 43* (3). 227-260.

Slade, A. (1999). Attachment theory and research: Implications for the theory and practice of individual psychotherapy with adults. In J. Cassidy & P.R. Shaver (Eds.), *Handbook of attachment: Theory, research, and clinical applications* (pp.575-594). New York, NY: Guilford Press.

Slade, A. (2004). Two therapies: Attachment organization and the clinical process. In L. Atkinson & S. Goldberg (Eds.), *Attachment issues in psychopathology and intervention* (pp.181-206). Mahwah, NJ: Lawrence Erlbaum Associates.

Slade, A. (2008). The implications of attachment theory and research for adult psychotherapy: Research and clinical perspectives. In J. Cassidy & P.R. Shaver (Eds.), *Handbook of attachment: Theory, research, and clinical applications* (2nd ed., pp.762-782). New York, NY: Guilford Press.

Slavin, M.O. (1996). Is one self enough? Multiplicity in self-Organization and the capacity to negotiate relational conflict. *Contemporary Psychoanalysis, 32* (4). 615-625.

Smith, A. (1776). *An inquiry into the nature and causes of the wealth of nations.* Oxford, UK: Clarendon Press.

Smith, A. (2002) .[1759]. Knud Haakonssen, ed. *The Theory of Moral Sentiments.* Cambridge, UK: Cambridge University Press.

Spence, D.P. (1982). *Narrative truth and historical truth: Meaning and interpretation in psychoanalysis.* New York, NY: Norton.

Sroufe, L.A., Egeland , B., Carlson, E.A., & Collins, W.A. (2005). *The development of the person: The Minnesota study of risk and adaptation from birth to adulthood.* New York, NY: Guilford Press.

Stack , C. (1975). *All our kin : Strategies for survival in a Black community.* New York, NY: Harper & Row.

Steele, C.M. (1997). A threat in the air: How stereotypes shape intellectual identity and performance. *American Psychologist, 52* (6). 613-629.

Steele, C.M., & Aronson, J. (1995). Stereotype threat and the intellectual test performance of African Americans. *Journal of Personality and Social Psychology, 69* (5). 797-811.

Steinberg, L. (1996). Ethnicity and adolescent achievement. *American Educator, 20* (2). 28-35, 44-18.

Stern, D.B. (1997). *Unformulated experience: From dissociation to imagination in psychoanalysis.* Hillsdale, NJ: Analytic Press.

Stern, D.B. (2003). The fusion of horizons: Dissociation, enactment, and understanding. *Psychoanalytic Dialogues, 13* (6). 843-873.

Stern, D.B. (2004). The eye sees itself: Dissociation, enactment, and the achievement of conflict. *Contemporary Psychoanalysis, 40,* 197-237.

Stern, D.N. (1985). *The interpersonal world of the infant.* New York, NY: Basic Books.

Stern, D.N., Sander, L.W., Nahum, J.P., Hamison, A.M., Lyons-Ruth, K., Morgan, A.C., ...Tronick, E.Z. (1998). Non-interpretive mechanisms in psychoanalytic therapy: The "something more" than interpretation. *International Journal of Psychoanalysis, 79* (5). 903-921.

Stolorow, R.D., & Atwood, G.E. (1992). *Contexts of being: The intersubjective foundations of psychological life.* Hillsdale, NJ: Analytic Press.

Stolorow, R.D., & Atwood, G.E. (1994). The myth of the isolated mind. *Progress in Self Psychology, 10,* 233-250.

Stolorow, R.D., & Atwood, G.E. (1997). Deconstructing the myth of the neutral analyst: An alternative from intersubjective systems theory. *Psychoanalytic Quarterly, 66* (3). 431-449.

Stolorow, R.D., Brandchaft, B., & Atwood, G.E. (1987). *Psychoanalytic treatment: An intersubjective approach.* Hillsdale, NJ: Analytic Press.

Stolorow, R.D., Orange, D.M., & Atwood, G.E. (2001). World horizons: A post-Cartesian alternative to the Freudian unconscious. *Contemporary Psychoanalysis, 37* (1). 43-61.

Stricker, G., & Gold, J. (Eds.) , (2006). *A casebook of psychotherapy integration.* Washington, DC: American Psychological Association.

Sullivan, H.S. (1953). *The interpersonal theory of psychiatry.* New York, NY: Norton.

Taylor, R.J., Jackson, J.S., & Chatters, L.M. (Eds.) , (1997). *Family life in BlackAmerica.* Thousand Oaks, CA: Sage.

Triandis, H. (1995). *Individualism & collectivism.* Boulder, CO: Westview Press.

Tronick, E. (1989). Emotions and emotional communication in infants. *American Psychologist, 44* (2). 112-I19.

Veblen, T. (1899). *The theory of the leisure class: An economic study of institutions.* New York, NY: Macmillan.

Wachtel, E.F., & Wachtel, P.L. (1986). *Family dynamics in individual psychotherapy: A guide to clinical strategies.* New York, NY: Guilford.

Wachtel, P.L. (1967). An approach to the study of body language in psychotherapy. *Psychotherapy: Theory, Research and Practice, 43* (3). 97-100.

Wachtel, P.L. (1973). Psychodynamics, behavior therapy, and the implacable experimenter: An inquiry into the consistency of personality. *Journal of Abnormal Psychology, 82* (2). 324-334.

Wachtel, P.L. (1977a). *Psychoanalysis and behavior therapy: Toward an integration.* New

316 文 献

York, NY: Basic Books.

Wachtel, P.L. (1977b). Interaction cycles, unconscious processes, and the person situation issue. In D. Magnusson & N. Endler (Eds.), *Personality at the crossroads: Issues in interactional psychology* (pp.317-331). Hillsdale, NJ: Lawrence Erlbaum Associates.

Wachtel, P.L. (1979). Karen Horney's ironic vision. *New Republic, 106* (1). 22-25.

Wachtel, P.L. (1980). Investigation and its discontents: Some constraints on progress in psychological research. *American Psychologist, 35* (5). 399-408.

Wachtel, P.L. (1981). Transference, schema, and assimilation: The relevance of Piaget to the psychoanalytic theory of transference. *Annual of Psychoanalysis, 8,* 59-76.

Wachtel, P.L. (1982a). Vicious circles: The self and the rhetoric of emerging and unfolding. *Contemporary Psychoanalysis, 18* (2). 273-295.

Wachtel, P.L. (Ed.) . (1982b). *Resistance: Psychodynamic and behavioral approaches.* New York, NY: Plenum.

Wachtel, P.L. (1983). *The poverty of affluence: A psychological portrait of the American way of life.* New York, NY: Free Press.

Wachtel, P.L. (1987). *Action and insight.* New York, NY: Guilford Press.

Wachtel, P.L. (1991). The role of accomplices in preventing and facilitating change. In R. Curtis & G. Stricker (Eds.), *How people change: Inside and outside therapy* (pp.21-28). New York, NY: Plenum.

Wachtel, P.L. (1994). Cyclical processes in psychopathology. *Journal of Abnormal Psychology, 103* (1). 51-54.

Wachtel, P.L. (1997). *Psychoanalysis, behavior therapy, and the relational world.* Washington, DC: American Psychological Association.

Wachtel, P.L. (1998). Alternatives to the consumer society. In D.A. Crocker & T. Linden (Eds.), Ethics of consumption: *The good, justice, and global stewardship* (pp.198-217). Lanham, MD: Rowman & Littlefield.

Wachtel, P.L. (1999). *Race in the m in d of America: Breaking the vicious circle between blacks and whites.* New York, NY: Routledge.

Wachtel, P.L. (2003). Full pockets, empty lives: A psychoanalytic exploration of the contemporary culture of greed. *American Journal of Psychoanalysis, 63* (2). 101-120.

Wachtel, P.L. (2006). The ambiguities of the "real" in psychoanalysis. *Psychoanalytic Perspectives, 3* (2). 17-26.

Wachtel, P.L. (2008). *Relational theory and the practice of psychotherapy.* New York, NY: Guilford Press.

Wachtel, P.L. (2010). Beyond "ESTs" : Problematic assumptions in the pursuit of evidencebased practice. *Psychoanalytic Psychology, 27* (3). 251-272.

Wachtel, P.L. (2011a). *Therapeutic communication: Knowing what to say when* (2nd ed.). New York, NY: Guilfbrd Press.

Wachtel, P.L. (2011b). *Inside the session: What really happens in psychotherapy.* Washinton, DC: American Psychological Association.

Wachtel, P.L., & DeMichele, A. (1998). Unconscious plan, or unconscious conflict? *Psychoanalytic Dialogues, 8* (3). 429-442.

Wachtel, P.L., Kruk, J.C., & McKinney, M.K. (2005). Cyclical psychodynamics and integrative

文 献 *317*

relational psychotherapy. In J.C. Norcross & M.R. Goldfried (Eds.), *Handbook of psychotherapy integration* (2nd ed., pp.172-195). New York, NY: Oxford University Press.

Wachtel, P.L., & Schimek, J.G. (1970). An exploratory study of the effects of emotionally toned incidental stimuli. *Journal of Personality, 38* (4). 467-481.

Wade, N. (2006). *Before the dawn: Recovering the lost history of our ancestors.* New York, NY: Penguin.

Wallerstein, R.S. (1988). Psychoanalysis and psychotherapy: Relative roles reconsidered. *Annual of Psychoanalysis, 16,* 129-151.

Wallerstein, R.S. (1989). The psychotherapy research project of the Menninger Foundation: An overview. *Journal of Consult in g and Clinical Psychology, 57* (2). 195-205.

Wallin, D.J. (2007). *Attachment in psychotherapy.* New York, NY: Guilford Press.

Warner, W.L. (1962). *The corporation in the emergent American society.* New York, NY: Harper & Row.

Warner, W.L., & Abegglen, J. (1963). *Big business leaders in America.* New York, NY: Atheneum.

Weinberg, M.K., & Tronick, E.Z. (1998). The impact of maternal psychiatric illness on infant development. *Journal of Clinical Psychiatry, 59* (Suppl.2). 53-61.

Weiss, J. (1998). Patients' unconscious plans for solving their problems. *Psychoanalytic Dialogues, 8* (3). 411-428.

Weiss, J., Sampson, H., & Mount Zion Psychotherapy Research Group. (1986). *The psychoanalytic process: Theory, clinical observation, and empirical research.* New York, NY: Guilford Press.

Weitzman, B. (1967). Behavior therapy and psychotherapy. *Psychological Review, 74* (4). 300-317.

Westen, D. (1989). Are "primitive" object relations really preoedipal? *American Journal of Orthopsychiatry, 59* (3). 331-345.

Westen, D. (1998). The scientific legacy of Sigmund Freud: Toward a psychodynamically informed psychological science. *Psychological Bulletin, 124* (3). 333-371.

Westen, D. (2002). The language of psychoanalytic discourse. *Psychoanalytic Dialogues, 12* (6). 857-898.

Westen, D., & Morrison, K. (2001). A multidimensional meta-analysis of treatments for depression, panic, and generalized anxiety disorders: An empirical examination of the status of empirically supported therapies. *Journal of Consulting and Clinical Psychology, 69* (6). 875-899.

Westen, D., & Shedler, J. (2007). Personality diagnosis with the Shedler-Westen Assessment Procedure (SWAP). Integrating clinical and statistical measurement and prediction. *Journal of Abnormal Psychology, 116* (4). 810-822.

Westen, D., & Weinberger, J. (2004). When clinical description becomes statistical prediction. *American Psychologist, 59* (7). 595-613.

Westen, D., Novotny, C.M., & Thompson-Brenner, H. (2004). The empirical status of empirically supported psychotherapies: Assumptions, findings, and reporting in controlled clinical trials. *Psychological Bulletin , 130* (4). 631-663.

Whelton, W.J. (2004). Emotional processes in psychotherapy: Evidence across therapeutic

318 文 献

modalities. *Clinical Psychology & Psychotherapy, 11* (1). 58-71.

Wile, D.B. (1982). *Kohut, Kernberg, and accusatory interpretations.* Paper presented at the symposium "Do we have to harm clients to help them?" American Psychological Association Convention, Washington, DC.

Wile, D.B. (1984). Kohut, Kernberg, and accusatory interpretations. *Psychotherapy, 21* (3). 353-364.

Wile, D.B. (1985). Psychotherapy by precedent: Unexamined legacies from pre-1920 psychoanalysis. *Psychotherapy, 22,* 793-802.

Winmicott, D.W. (1960). The theory of the parent-infant relationship. *International Journal of Psychoanalysis, 41,* 585-595.

Winnicott, D.W. (1975). Through paediatrics to psycho-analysis. *International Psycho-Analytical Library, 100,* 1-325.

Wolff, P.H. (2001). *Why psychoanalysis is still interesting.* Paper presented at the annual meeting of the Rapaport-Klein Study Group, Stockbridge, MA.

Word, C.O., Zanna, M.P., & Cooper, J. (1974). The nonverbal mediation of self-fulfilling prophecies in interracial interaction. *Journal of Experimental Social Psychology, 10* (2). 109-120.

Zeanah, C.H., Anders, T.F., Seifer, R., & Stern, D.N. (1989). Implications of research on infant development for psychodynamic theory and practice. *Journal of the American Academy of Child and Adolescent Psychiatry, 28,* 657-668.

監訳者あとがき

本書の概要

　本書は，ポール・ワクテルが，これまでに発表してきた論文を自ら加筆・修正の上，編集した論文集である。

　ポール・ワクテルと言えば，ご存じの方も多いように，長年にわたって心理療法の統合運動を牽引してきた，現代心理療法を代表する理論家であり，イノベーターである。彼は，精神分析，行動療法，システム論的心理療法などの多様な心理療法の理論的基礎を検討する作業を通して，循環的心理力動アプローチという統合的な心理療法を提唱するとともに，多くの著作を通して心理療法とパーソナリティについての独自の考えを発表してきた。

　本書は，こうした彼の考えを比較的コンパクトに伝える良書である。それぞれの章は独立しているので，読者は，興味がある章から読み進めることができる。

関係精神分析とポール・ワクテル

　本書は，"Relational Perspectives Book Series" という，関係精神分析をテーマとした書籍シリーズの1冊に収められている。関係精神分析というのは，ステファン・ミッチェル（1946 ～ 2000）を中心に確立されてきた，現代精神分析の重要な潮流である（たとえば Greenberg & Mitchell, 1983; Mitchell, 1988; Mitchell, 1993）。ミッチェルらは，対人関係論，対象関係論，自己心理学，精神分析的な志向性をもった乳幼児研究などの精神分析の多様な流れを，「関係への注目」という，これらの学派に共通の観点によって総合し，1つの大きな潮流にまで育て上げた。

　"Relational Perspectives Book Series" のタイトルは，現在までに100冊を

超えている。このことは，いかに，今，関係精神分析が活気を帯びているかを示すものであろう。

　本書がこのシリーズの1冊に収められていることについて，少し説明を加えておきたい。

　ポール・ワクテルは，もともとは精神分析的な立場の心理療法家であった。自我心理学的な立場からスタートし，次第に対人関係論の影響を受けるようになった。しかしその後，精神分析にさまざまな不満を感じるようになり，精神分析には変革が必要だと感じるようになる。やがてワクテルは，行動療法やシステム論的心理療法の要素を含む，統合的な心理療法を模索するようになる。そうした経緯の中で，ワクテルは，自らの実践を「循環的心理力動アプローチ」という名前で呼ぶようになり，もはや「精神分析」という名前では呼ばなくなっていった。

　しかし，精神分析の世界において関係精神分析の潮流が隆盛になるにつれ，ワクテルは自らの実践を関係精神分析の1つの形であると見なすようになった。ただしこのことは，ワクテルの実践がより精神分析寄りに変化したということを意味するものではない。もちろんワクテルは関係精神分析の発展を歓迎している。しかしただ単に歓迎しているだけでもないところが複雑である。

　本書において，ワクテルは伝統的な精神分析に批判を加えるとともに，関係精神分析にもかなりの批判を加えている。関係精神分析は，面接の中で見られるあらゆる現象はクライエントとセラピストによる共同作品であるという見方（トゥー・パーソンの視点）を強調し，クライエントの言動をもっぱらクライエントの内界の反映と見る伝統的な精神分析の見方（ワン・パーソンの視点）を批判する。このトゥー・パーソンの視点は，ワクテルが関係精神分析に先立って発展させてきた循環的心理力動論の見方と完全に調和するものである。

　しかし，ワクテルはこうした関係精神分析の革新的な見方も，その適応の範囲が不十分であって，今なお中途半端であることを指摘している。というのも，関係精神分析における論者の多くが，トゥー・パーソンの視点を，「面接室の二者関係」と「乳幼児－養育者の二者関係」という2つの領域においてのみ適用し，面接室や保育室の外に広がる人々の日常生活には，事実上，適用していないからである。ワクテルは，関係的で文脈的な見方を，面接室と保育室を超えて，広く日常生活場面にも徹底して適用するよう求めている。

　このように，ワクテルの考え方には現在の関係精神分析の流れに単純に収まらないものが含まれている。さらにワクテルは，セラピーの実践において，通

常，精神分析的なセラピストであれば「精神分析的ではない」と見なして決して用いないような多様な介入技法を用いる。この点でも，ワクテルの考え方は，関係精神分析には容易に収まらないものが含まれている。それでもなおワクテルが，自らの実践を関係精神分析という概念の中にあえて含めるのは，そのことによって，精神分析のこの発展をさらに拡張し，推進しようとの意図があるからではないかと私は思っている。

精神分析とポール・ワクテル

　本書の多くの部分は，精神分析への批判に割かれている。それでもなお，ワクテルは，精神分析を非常に大切に思っている。その思いは，近年，より深まっているように見える。本書において，ワクテルは，精神分析の伝統がもたらしてきた繊細で貴重な知を，継承，発展させていかねばならないことを強く訴え，科学の名の下にその価値を否定する勢力をかなり激しい言葉で批判している。

　その一方で，ワクテルは，精神分析を「純金」，その他の多様な心理療法を「卑金属」と見なすような，精神分析コミュニティの偏狭な風潮をも強く批判している。また，精神分析における研究が，現在においてもなおセラピストによる事例の回想的な記録の考察に頼り過ぎていることも強く批判している。彼は，テクノロジーを活用したより現代的な方法で精神分析の実践を検証することによって，また他のさまざまな分野の科学的研究がもたらす知見にもっとオープンになることによって，精神分析を発展させていくことを求めている。こうした努力がなされれば，「精神分析的ではない」とされてこれまで斥けられてきた多様な治療要因や治療技法が，精神分析に取り入れられることになるだろう。ワクテルは「精神分析の純金」に固執せず，統合的で心理力動的な心理療法を発展させていくことこそが，精神分析の知を未来に向けて活かす道であることを力強く主張している。

本書の第 2 部について

　本書は 2 部構成となっている。第 1 部では心理療法に関する議論を扱い，第 2 部では社会問題を扱っている。

　心理療法に関するワクテルの考えは，これまでに邦訳されてきた心理療法関係の 3 冊（『心理療法の統合を求めて—精神分析，行動療法，家族療法』『心理

療法家の言葉の技術〔第2版〕—治療的コミュニケーションをひらく』『ポール・ワクテルの心理療法講義—心理療法において実際は何が起こっているのか?』, いずれも金剛出版刊)の邦訳書によって, 関心のある日本の読者には, 一定, 知られてきたことと思う。しかしワクテルの論考は心理療法の実践に関わるだけではない。実は, ワクテルにはもう1冊, わが国の心理臨床関係者にはあまり知られていない邦訳書がある。『「豊かさ」の貧困—消費社会を超えて』がそれである(土屋政雄訳, 1985, TBSブリタニカ)。この邦訳書は, たいてい経済学や社会学の書籍として分類されるものであるため, 心理臨床関係者の目にとまる機会はあまりなかったであろう。

その意味では, 本書の第2部は, 日本の心理臨床関係の読者層にとって, かなり新鮮なものとなるだろう。ここに収められている諸論文は, 精神分析的な社会批評, すなわち循環的心理力動論による社会問題の分析をテーマとしたものである。多くの心理療法の理論は, 面接室の中で観察される現象にだけ当てはまるものではなく, 面接室を超えて, 広く社会現象に適用できるものである。しかしながら, 心理療法家の多くは面接室に引きこもりがちで, あまり社会的発言をしたがらないように見える。心の内側のことに関心を持つことは, 社会に関心を持つこととは別のことだという暗黙の考えがこの傾向を助長しているのかもしれない。

循環的心理力動論の視点では, 心の内側の主観的で体験的な現象と, 社会的・文化的な現象とは, 相互に響き合い, 形成し合うものと見なされる。内的で主観的で体験的な領域に注目することと, 社会的・文化的な領域に注目することとは, 相補的に人の心の理解を深めていく1つのプロセスの2つの側面であって, 決して逆方向のものでも無関係なものでもない。クライエントの深く無意識的な心理を理解するためには, 社会的・文化的なものを理解する必要がある(逆も然り)。別の言い方をすれば, 個人の心の健康を高めるためには, 社会・文化的なレベルの健全性を高めることが必要である(逆も然り)。

ワクテルは, 多くの先進諸国の社会に見られる過度の消費主義や経済優先主義という問題, そして黒人差別の問題を精神分析的な視点から論じている。これらの論考はアメリカ合衆国の状況を基礎にしているが, 日本の現状にも大いに当てはまる。

たとえば, わが国は地震大国であり, 2011年には地震と津波により世界でも類を見ないほどの悲惨な原発事故を経験した。それにもかかわらず, 現在のわが国は経済成長のために原発の再稼働を急いでいる。この問題は政治的, 経

済的な問題であると同時に，心理的な問題でもある。というのも，われわれの多くは原発について強い不安を抱いているはずだからである。その不安はいったいどうやって防衛されているのだろうか。そしてまた，われわれはなぜそこまでして経済成長を求めるのだろうか。経済成長によって，われわれはどのような欲求を満たそうとしているのだろうか。あきらかに，こうした問いは，個人の内界の心理力動だけに関わる問題ではない。政府の方針，政治家，財界人，芸能人やネット上のインフルエンサーの言動，メディアの影響力も大きく関わる問題である。ワクテルの論考は，われわれが自らの社会を振り返る上で助けになるだろう。

　また，わが国と東アジアの近隣諸国との間には，相互に否定的感情を向け合う複雑な関係が長きにわたって続いている。この関係を説明するストーリーの出発点は，わが国の近隣諸国への侵略であろう。しかし，そのストーリーが時間的に展開していくにつれて，この関係はもはや出発点にあった出来事の直接の影響によるものというよりも，互いが互いに反応しあいながら悪循環的に維持されるものとなっている。ここでも，アメリカにおける黒人差別についてのワクテルの論考から学ぶべきことは多い。

　以上，本書の特色や魅力について，思うところを書いてきた。このあとがきが，読者が本書を読み進める際の助けになれば幸いである。

　2019 年　節分　京都にて

杉原保史

索　引

▶人名

アイゼンク Eysenck, H.J.　183
アロン Aron, L.　4, 125, 134, 167, 168, 189
アトウッド Atwood, G.E.　88, 127
アドラー　Adler, A.　237
アブラハム Abraham, K.　236
アレクサンダー（Alexander, F.）　124, 127, 170, 186, 189
アレン Allen, L.B.　130
アンダース Anders, T.F.　102
イーグル Eagle, M.N.　73, 164-167, 169-171, 175-177
ウィニコット Winnicott, D.W.　64, 192, 226
ウェインバーガー Weinberger, J.　200
ウェスティン Westen, D.　99, 100, 200
ヴェブレン Veblen, T.　236
ウェルナー Werner, H.　99
エリクソン Erikson, E.H.　14, 27, 38, 97
エリス Ellis, A.　122
エンプソン Empson, W.　92
オディール Odier, C.　237
オバマ Obama B.H.　225
ガーソン Gerson, M.J.　28
カーンバーグ Kernberg, O.　104, 192
カストロ Castro, F.　242
ギル Gill, M.M.　88, 134, 136
クーン Kuhn, T.S.　16
クッシュマン Cushman, P.　227
クライン Klein, M.　192, 233, 260
グリーンバーグ Greenberg, J.　4, 8, 109, 110
クリス Kris, E.　126
クルーズ Crews, F.　183
コヴェル Kovel, J.　295, 296

コフート Kohut, H.　89, 104, 106, 126, 127, 168, 171, 177, 248, 250
サイモン Simon, H.A.　217
サフラン Safran, J.D.　165
サリヴァン Sullivan, H.S.　12, 27, 33, 38, 66, 279
サンタヤナ Santayana, G.　224
サンプソン Sampson, H.　72, 127, 164, 169-171, 174, 189
シアーズ Sears, D.O.　294
シーガル Segal, Z.V.　165
シメック Schimek, J.G.　197
ジェイコブソン Jacobsen, E　215
シェクター Schechter, M.　126
シャピロ Shapiro, D.　40
シュリーマン　Schliemann, H.　94
ジョーンズ Jones, E.　236
スター Starr, K.　189, 283
スターン Stern, D.N.　64, 102, 123
スターン Stern, D.B.　16, 44, 128
スタック Stack , C.　275
スティーレ Steele, C.M.　287-290
ストレイチィ Strachey, J.　126
ストロロウ Stolorow, R.D.　88, 127, 222
スミス Smith, A.　258, 259, 260, 262
セイファー Seifer, R.　102
ゼナー Zeanah, C.H.　102, 103
ソクラテス Socrates　230
チョート Choate, M.L.　130
デイビス Davis, D.　161-166, 177
ディルタイ Dilthey, W.　190
デミシェル DeMichele, A.　189
デワルド Dewald, P.A.　167

デントン Denton, N.A. 282
ドーキンス Dawkins, R. 221
トロニック Tronick, E.Z. 64
ニーチェ Nietzsche, F.W. 237
バーロウ Barlow, D.H. 130
ハーンシュタイン Hernstein,R. 287
パットナム Putnam, R. 260
ハルトマン Hartmann, H. 12
ピアジェ Piaget, J. 32, 78, 79, 89, 99, 257
ピーターフロインド Peterfreund, E. 102
ビーブ Beebe, B. 64
ヒポクラテス Hippocrates 230
ヒュルム Hulme, T.E. 92
ビリングスレイ Billingsley, A. 275
ファノン Fanon, F. 295, 296
フェアバーン Fairbairn, W.R.D. 240, 285
フェニケル Fenichel, O. 114, 215, 236, 237
フェレンツィ Ferenczi, S. 127, 236
ブラット Blatt, S.J. 173, 254, 260, 262, 264,
266, 267
フランク Frank, K.A. 132, 133, 136, 141,
143-147
フランク Frank, R.H. 218
ブランドシャフト Brandchaft, B. 127
フレンチ French, T. 127, 170, 171
ブロイアー Breuer, J. 102
フロイト Freud, S. 7, 24, 37, 86, 94-97, 102,
109, 113, 114, 116-118, 120, 129, 130, 134,
166, 174, 175, 178-182, 184, 186, 188, 202,
214, 215, 236, 269, 270, 272, 277, 278
フロム Fromm, E. 173, 249, 260
ヘイヴンズ Havens, L. 115
ベーカン Bakan, D. 173
ベック Beck, A. 122
ホイットマン Whitman, W. 14
ボウルビィ Bowlby, J. 67, 74, 75, 77-80, 87,
89
ホーナイ Horney, K. 27, 38, 40, 139, 233,
234, 238, 264-266
ホッブス Hobbes, T. 260
ホフマン Hoffman, I.Z. 4, 134
ポランニー Polanyi, M. 197
ホリングスヘッド Hollingshead, A. 271

ホロン Hollon, S.D. 161-166, 177
マイタル Maital, S. 217
マッコナーイ McConahay, J.B. 295, 297
マッセー Massey, D.S. 282
マルクス Marx, K. 260
マレー Murray, C. 287
ミッシェル Mischel, W. 17, 21, 22, 25-27
ミッチェル Mitchell, S.A. 4, 5, 8, 76, 80,
97, 109, 110, 134, 222
メンケン Mencken, H.L. 218
ヤコビー Jacoby, R. 215
ラックマン Lachmann, F.M. 64
ルボルスキー Luborsky, L. 205, 206
レイド Reid, T. 171-174
レヴィン Lewin, K. 206
レドリック Redlich, F. 271
レニック Renik, O. 114
ローヴァルト Loewald, H.W. 126
ワーナー Warner, W.L. 224, 225
ワイス Weiss, J. 72, 127, 164, 169-171, 174,
189
ワクテル Wachtel, P.L. 66, 89, 90, 146, 189,
192
ワクテル Wachtel, E. 28
ワラーシュタイン Wallerstein, R.S. 183

▶事項
あ
愛着 3, 67, 68, 71, 72, 74-89, 97, 108, 141,
202, 214, 228, 256, 275, 276
―カテゴリー 78, 79
―研究 67, 68, 71, 73
―状態 75, 76, 78
―ステータス 80, 82-84, 88
―対象 76, 78, 80, 81, 84
―のプロセス 73, 79
―理論 8, 67, 68, 73-75, 78, 79, 81, 85-88
アイデンティティ 13, 14, 16, 18, 26, 227,
254, 255, 258, 272, 289
悪意 100, 135, 159
悪循環 13, 21, 35, 37, 59, 64, 69, 88, 190-
192, 206, 208, 209, 251, 281, 282, 284, 288,
289, 292-294, 298-300

―のパターン 21
アクセプタンス＆コミットメント・セラ
　ピー 123
アサーティブ 172
新しい関係体験 36, 47, 73, 127, 130
新しい経験 87, 88, 104, 136
アフリカ系アメリカ人 275, 284-294, 297-
　299
安全感 214, 265
安定型愛着 75, 76, 78, 81, 84
アンビバレント型 81
暗黙の手続き的な学習 73

い
依存的（anaclitic）あるいは関係的
　（relational）254
イド 24, 94, 116, 118-120, 228
イド心理学 228

え
エクスポージャー 20, 21, 36, 121, 124, 127,
　130, 146
エクスポーズ 121
エゴ 116, 118, 119
エディプス
　―葛藤 96
　―期 62, 100, 234
　―・コンプレックス 5, 97
　―水準 96, 100
　―力動 96
　―理論 80
エナクトメント 34, 46, 47, 61, 63, 146, 161,
　162, 169, 208
エビデンス 37, 102, 127, 181, 182, 183, 188,
　192, 194, 195, 196, 198, 273

お
応答性 16, 17, 85
応答的 70, 71, 85
お金 171, 217, 221, 234-238, 242, 243, 248,
　250, 251, 263

か
階級 229, 269-276, 279, 281, 283, 290
解釈
　―学 190, 192, 199, 209
　―学的アプローチ 190
介入 18-20, 63, 73, 121, 125, 129, 131-133,
　136-148, 153
回避 103, 121, 125, 128, 130, 163, 202, 280
　―型の愛着 75, 78, 81
解離 16, 113, 116, 119, 131
科学 16, 114, 130, 180, 181, 189, 190, 192,
　193, 194, 197-201, 205, 206, 209, 220, 223,
　288
確証 10, 12, 26, 45, 61, 66, 72, 108, 135,
　146, 264, 279, 287-289, 294, 298
過剰読み取り 70
家族志向的 225
家族システム論 3, 28, 29, 207
家族療法 3, 28, 56, 299
葛藤 9, 19, 21, 30, 53, 55, 56, 59, 63, 68-71,
　85, 87, 96, 97, 99, 102, 111, 117, 126, 131,
　140, 141, 143, 145, 153, 167, 173, 174, 177,
　180, 181, 186, 188, 205, 208, 209, 214, 219,
　228, 238, 241, 249, 251, 255, 256, 266, 267,
　276-280, 283, 286
渇望 106, 233, 264, 266
下流階級 270
カレンホーナイ記念講義 233
関係／構造モデル 8
関係図式 5, 6, 81
関係精神分析家 184
関係モデル 5, 80, 133, 170
関係理論 3, 4, 7, 8, 37, 67, 68, 75, 78, 81,
　86, 87, 110, 131, 132, 171, 226, 228
関係論的 3, 5, 8, 9, 62, 64, 65, 75, 77, 78,
　86, 109, 110, 123, 131-133, 146, 207
間主観性 7, 131
間主観的 65, 88, 131

き
記憶 6, 7, 36, 43, 86-88, 114-119, 124, 128,
　129, 159, 166, 174, 194, 199, 200-204, 224
偽確証 288, 289, 294, 298

328 索　引

擬似科学的　171, 223
傷つきやすい　43, 106, 234, 250, 257
傷つきやすさ　105, 106, 249, 252, 266
虐待　101, 112, 240, 284, 285, 293
逆転移　34, 38, 63, 136, 144, 162, 177
強化　15, 16, 26, 40, 44, 49, 123, 139, 156,
　220, 289, 300
境界形成　256
境界性パーソナリティ障害　99, 100
境界線の維持　264
共感　70-72, 80, 106, 127, 138, 143, 200, 249,
　259, 278, 280
　―性　244
共同構築　7, 64, 65, 88, 132
共犯者　11, 37, 39, 41, 43, 45-50, 61, 66, 135,
　136, 286

く

空虚感　41, 56, 106, 242
空虚で断片化された自己　227
空腹な自己　263
クライン派　233, 260

け

経済　3, 216, 229-231, 247, 259, 260, 267,
　277, 283, 293
　―学　213, 216-219, 252, 277
　―システム　216, 217, 262
　―成長　31, 191, 213, 214
系統的脱感作　20, 121, 153
嫌悪　152, 282, 285, 294
　―的な人種差別　296
顕示選好　216, 219
現実吟味　87
現実の欠損や剥奪　125
原始的　9, 12, 87, 98, 99, 104, 109, 110, 208,
　228, 229
現代的な人種差別　295

こ

合金　187, 270, 272
攻撃性　155, 237
考古学　58, 94, 95, 99

　―的モデル　63, 89, 100, 101
好循環　60
口唇的　97
構成主義　7, 8, 123, 147
　―的なアプローチ　123
構造主義　199
構造論　118, 119
行動経済学　219, 229
行動志向的介入　138, 146
行動パターン　10, 56, 58, 103, 104, 107, 160,
　161, 271
行動リハーサル　121
行動療法　3, 13, 17-20, 28-30, 37, 121, 122,
　151, 157, 158, 164, 201
行動論的　8, 18-20, 22, 24, 28, 29, 132, 150,
　153, 157, 158, 164
幸福感　218, 231, 265, 266
肛門期的　236, 237
肛門的　97
合理化　119, 168, 209, 261, 262, 290, 294,
　295, 297
合理主義　30, 215
　―的　30, 37, 122, 123, 216
　―的な認知療法　122
合理性　95, 101, 122, 217, 219, 229
心の理論　179
個人主義　222, 223, 225, 275
固着　9, 12, 38, 62, 86, 94, 99, 102-105, 107,
　110, 234
古典的な人種差別　295, 296
古典的な欲動理論　228
古典的分析　184
コミットメント　187, 188
孤立性　227
コンプライアンス　162, 195
　―チェック　195

さ

罪悪感　54-56, 62, 69, 97, 128, 168, 238, 239,
　247, 280
三者関係モデル　80
三相モデル　264, 266

し

恣意的 134, 198, 240, 299
ジェンダー 8
シオンの山グループ 169, 171
自我 94, 118-120, 126, 167, 228, 270
　―異和的 230
　―心理学 119, 126
　―とエス 94
刺激特性 24
自己愛
　―性 40, 270, 271
　―的 56, 105-107, 244, 289
　―の傷つき 289
　―パーソナリティ障害 104
自己永続化 40, 57, 286
自己永続的 103, 125, 182, 282
自己概念 129, 165, 289
自己欺瞞 91, 114, 117, 190, 199, 200, 232, 277, 285
自己受容 113, 128
自己心理学 8, 109, 132, 248
自己対象 89, 110, 248, 250, 251
自己表象 54, 55, 66, 109, 186, 208
支持的 59, 126
思春期 100, 101
市場 196, 216-220, 229, 232, 249, 257, 259, 277
　―の崇拝 216, 220
　―の道徳性 219
システム 3, 15, 26, 28, 134, 217, 219, 220, 277, 285
自然科学 190, 192-194
持続的構築モデル 103
自尊心 139, 166, 232, 238, 247, 248, 250, 288-293
実験 22-26, 190, 192, 194, 197, 198, 204, 297, 299
　―社会心理学 288
実証主義 190, 199
児童期後期 101, 112
支配的 138, 217, 264, 265, 296
　―な人種差別 296
資本主義 214, 226

市民人権運動 284
社会階級 269-272, 274, 281, 283
社会学的 35, 188, 237
社会心理学 51
社会的影響 111, 243
社会的学習理論 3
社会的不平等 213, 220, 268
社会分析 109, 229
自由市場 218
囚人のジレンマ 218
修正情動体験 160, 164, 169, 170, 171
従属変数 22, 26
自由連想法 15, 63
循環的心理力動論 3-5, 7-10, 12, 13, 16-18, 22, 27-32, 34-37, 66, 68, 131-133, 144, 146, 148, 159, 168, 187, 229, 234, 283, 284, 286, 291
循環的パターン 21, 191, 192, 282, 283
純金 187, 270, 272, 274
「象徴的な」人種差別 295
情緒的利用可能性 85
情動 21, 36, 58, 86, 122-124, 228
　―知能 80
　―的洞察 123
消費主義 262, 263
上流階級 269-270
自律 71, 89, 136, 225
　―性 71, 126, 173
思慮のなさ（heedlessness）としての貪欲 261
ジレンマ 19, 30, 31, 36, 97, 107, 152, 172, 173, 218, 232, 255, 269, 283, 294
人格 22, 24, 26, 29, 37, 38, 65, 66, 104, 143, 144, 168, 191, 208, 230, 233, 234, 244, 252, 254, 260, 264, 286, 295
　―組織化水準 40
　―の恒常性 26
　―パターン 13, 34, 40, 53
　―力動 5, 6, 15, 27
進化生物学 194
進化論 80, 194
神経症 39-41, 45-47, 50, 136, 213, 215, 234, 263, 268, 271

—の共犯者 41, 45, 46, 50
新古典派経済学 216
人種 3, 111, 229, 268, 270, 271, 281, 283-285,
287, 288, 291-293
—差別 279, 284-286, 292, 295, 296
—的ステレオタイプ 287
—の隔離 282, 286, 294
—の分断 284
—差別主義 278, 280
深層 12, 33, 63, 89, 91, 93-95, 98, 109, 111,
112, 222
—心理学 112
診断 39, 196, 230, 270
真の自己 220, 252
親密さ 14, 34, 89, 248, 250, 252
親密な対人関係 31, 33-35
信頼 42, 49, 63, 84, 97, 147, 165, 193, 194,
201, 203, 259
信頼性 23, 195, 196, 198, 199, 203
心理構造 12, 32, 52, 107, 109, 133, 181, 228
心理療法
—統合運動 9
—の統合 29, 129, 148, 187, 207
—の統合を探究する学会（SEPI）29,
129, 207

す
随伴性 21, 209
スキーマ 32, 52, 55, 61, 78, 79, 88, 89, 134,
176, 257, 265, 294
ステレオタイプ 29, 110, 122, 271, 280,
286-290
—不安 287, 288
ストレンジシチュエーション 83

せ
性器的 97
制止 21, 115, 116, 120, 150
政治 134, 196, 277-279, 283
—学 38, 188, 277, 278
—闘争 16
精神疾患の診断と統計マニュアル（DSM）
39

精神病理 12, 25, 36, 91, 98, 104, 107, 254,
257
精神分析 3-5, 7, 8, 13, 15-22, 28, 30, 32, 33,
36, 37, 51, 53, 55, 62, 63, 66, 67, 73, 75,
80, 83, 86, 88, 89, 91, 94, 98-102, 104, 109,
110, 112, 116-133, 136, 143, 146, 147, 151,
163, 164, 166, 170, 174, 179-181, 192, 199,
202, 203, 205-208, 213-216, 220-226, 228-
230, 233, 237, 238, 244, 245, 248, 252, 255,
261, 266, 268-278, 281, 283-286, 288, 291,
297
—的自我心理学 114
—の訓練 18, 143, 179, 183, 187, 188
性的虐待 101, 112, 270
積極的介入 36, 131, 132, 136, 137, 142, 143,
146
積極的技法 144, 145
積極的優遇（affirmative action）295
セッション中心主義 63
折衷的な立場 149
前エディプス期 62, 96, 99, 100, 101
宣言的 36, 73
選好システム 217
戦略的抵抗 167
戦術的防衛 167
潜伏期 100
羨望 231-234, 243, 246

そ
早期体験 9, 10, 108, 124, 170, 209, 286
蒼古的 9, 12, 62, 87, 88, 98, 99, 109-112
喪失 69, 126, 226, 240
疎外 38, 222, 257, 259, 260, 264, 278

た
対抗する（moving againsit）264
対象関係論 8, 87, 109, 110, 132, 171, 184,
228
対象表象 54, 55, 100, 186, 208, 276
対処スキル 137, 138
対人関係論 8, 33, 132
多重自己状態 14
脱同一化 287-291, 293

索　引　*331*

妥当性　7, 15, 21, 126, 167, 193, 194, 198, 199
短期精神分析療法　187

ち

近づく（moving toward）　264
地球温暖化　220
逐語記録　122, 204
知性化　30, 119, 121, 122, 150, 163, 164
知的洞察　123
乳房　237, 260
中立性　15, 114, 146, 206
中流階級　269-273, 275, 281, 290
中流文化　272
超個人主義　225, 258
超自我　285
調節　32, 61, 78, 79, 125, 136, 140, 176, 257,
　　271, 274
直線的因果律　84
直面化　121, 125
治療関係　8, 21, 47, 63, 65, 126, 162, 165-167,
　　170
治療的コミュニケーション　176, 177
治療的第三主体　46
治療同盟　46, 162, 165
　　―における亀裂の修復　47, 146

つ

継ぎ目のない　146, 148, 158, 209

て

出会いのモーメント　73
抵抗　36, 95, 116, 119, 160-178, 180, 184,
　　220, 245, 273, 275, 293, 300
抵抗／両価型　85
敵意　58, 135, 260, 278, 280, 282
テスト不安　151, 153, 156, 159, 287
手続き的な知識　73
徹底操作　48, 55, 88, 116, 126, 145, 151, 161
転移　38, 62, 78, 79, 105, 131, 132, 134-136,
　　138, 140, 143-145, 184, 208, 271, 278
　　―と抵抗の分析　184
　　―反応　134, 143, 144, 278
　　―理論　88

と

同一性の感覚　13
トゥー・パーソン　4-7, 16, 49, 61, 64-68, 75-
　　77, 79, 81, 84, 86, 88, 89
トゥー・ボディ心理学　89
同化　28, 32, 78, 79, 134, 136, 207, 257, 276,
　　292
統合的な　8, 9, 21, 29, 38, 121, 124, 132, 143,
　　148-150, 158
洞察　29, 30, 48, 50, 66, 74, 93, 96, 115, 119,
　　121, 123, 124, 127-129, 132, 163, 164, 167,
　　168, 186, 188, 229, 232, 236, 252, 262, 269-
　　271, 277, 281
　　―志向的　29, 153
同調圧力　291
道徳的感情　259, 262
動物行動学　80
独立変数　22, 25, 26, 208
特権階級　269, 272, 276
トラウマ　49, 83, 102
とらわれ型　85
取り入れ的傾向　256, 260
取り入れ的（introjective）ないし自己定
　　義的（self-definitional）　254
奴隷　279, 286, 299
貪欲　191, 230-234, 238, 241, 243, 251, 252,
　　254, 257-267

な

内在化　10, 12, 32, 51, 65, 86, 109, 111, 213,
　　228, 239-241, 294
　　―された対象　32, 65, 111, 228, 240
内的作業モデル　77-79, 82, 84, 87-89
内的世界　12, 14, 31-35, 42, 47, 51, 62, 63,
　　65, 124, 125, 133, 208, 222, 252, 281
内的表象　57, 209
ナルシシズム　106, 237

に

二者関係モデル　80
二者的　79, 80
二相モデル　254, 255, 257, 258, 262-267
日常的な不幸　213-215, 229

332　索　　引

乳幼児期　65, 101, 102
人間性主義　215
　―的　3, 29
認識論　4, 5, 7, 147
　―的　4, 5, 190-192, 195, 203, 245
　―的悪循環　64
　―的ニヒリズム　245
認知行動療法（CBT）　3, 8, 15, 30, 37, 38,
　121-123, 130, 143, 164
認知－行動論　207
認知療法　8, 30, 122, 123, 161-166, 177

ね
ネイティブ・アメリカン　172

は
パーソナリティ　17, 67, 77, 78, 82-84, 86,
　103, 104, 107, 109, 224, 255, 256
　―の定式化　255
白人　272, 273, 275, 280-285, 287-291, 293-
　300
バス通学制度　295
発達停止　9, 86, 102, 103, 105, 107, 234
離れる（moving away）　264
パニック発作　120, 138
パラドックス　128, 255
パンクチュエーション　282, 299
反復強迫　24, 37, 90

ひ
被験者　22, 23, 25, 26, 197, 198, 297, 298,
　299
非合理的　56, 122, 237
非コンプライアンス　162
ヒステリー　86, 269, 270
ヒステリー研究　102
被投性　26
非難的　57, 115, 126, 191
否認　125, 152-154, 159, 221, 246, 280, 294
非文脈的　82, 219, 222
表層　12, 14, 63, 91, 111, 112, 222, 236
貧困層　271, 276

ふ
不安階層表　154, 159
ファンタジー　62, 88, 134, 208, 209, 233,
　239
不安定型の愛着　75, 76, 81, 84
フィードバック・ループ　49, 53, 82, 85, 89
フェミニズム思想　8
深さのメタファー　97, 99, 108, 109, 111
深み　50, 96, 109, 112, 188, 233, 267
不公正　213, 276
物質主義　3, 31, 234, 241, 249, 251, 252, 262,
　263, 265
物質的富　213
フラッディング　121, 150
分離　35, 52, 76, 111, 112, 173, 174, 225, 227,
　254, 256, 264, 274, 285-287, 293, 299
　―個体化　173, 249
分裂　9, 87, 100, 104, 192, 228
　―機制　100

へ
弁証法的　32, 65, 89, 102, 123, 133, 256, 258,
　260
　―行動療法　123
変動性　14-17, 27, 81, 118, 256

ほ
防衛　7, 9, 18, 58, 87, 96, 105, 106, 111, 114,
　115, 119, 128, 129, 145, 169, 180, 228, 232,
　242, 266, 276, 280, 281, 283, 290, 291, 293,
　294, 297
　―過程　115
　―の解釈　119
崩壊産物　168
忘却　86, 118, 128
ボーダーライン　40, 99, 100, 101, 112
ホールディング　48
母子研究　72
保守主義　192
ポストモダニズム　199

ま
マインドフルネス　3

マニュアル　39, 193-199
マルクス主義　35, 215
マルチ・ボディ心理学　89

み

ミーム　221
見えざる手　259
未構成　16, 44
　―の経験　131
　―の体験　128
見捨てられ体験　265
満たされなさ（insatiability）としての貪
　欲　261
ミダス王の物語　232, 261
民族　80, 229, 270, 291
　―間・文化間闘争　284
　―紛争　16

む

無意識的なテスト　72
無意識の動機　9, 19, 181
無秩序型　81

め

メタファー　63, 91-97, 99, 108, 109, 111
メニンガー研究　183

も

モード　148, 149
喪の過程　126

や

ヤヌス　255

ゆ

有色人種嫌悪　282

よ

良い対象　47
抑圧　15, 86, 93, 95, 109, 113, 115, 118, 120,
　130, 215, 270, 283, 293, 296
　―者　283, 285
抑うつ　57, 83, 254
　―的　47, 83, 103, 106, 108, 139, 244, 266
欲動　8, 86, 87, 89, 109, 111, 126, 167, 228
　―からの自律性　126
　―／構造モデル　8, 109
　―の制御　126
予言の自己成就　88

ら

ライフサイクル　97
ランダム化比較試験（RCT）　193

り

利益　19, 138, 161, 217, 218, 242, 247, 258,
　259, 269, 273, 277, 289
　―相反　170
リフレーミング　177
リフレクティブ機能　202
両価型の愛着　75, 78
両価的　71, 76-78, 100
リラクセーション　156, 157
倫理違反　170

れ

レジリエンス　108

わ

ワン・パーソン　4, 5, 41, 65, 67, 68, 75, 78,
　79, 81, 86
ワン・ボディ心理学　89

［監訳者略歴］

杉原 保史……すぎはら・やすし（日本語版への序文，謝辞，第1章，第6章，第9章，第10章，第12章，第14章〜第16章）

京都大学学生総合支援センター長（教授），京都大学博士（教育学），臨床心理士，公認心理師。
1989年 京都大学大学院教育学研究科 博士後期課程 単位取得退学
1990年 大谷大学文学部 専任講師
1996年 京都大学保健管理センター 講師
2000年 京都大学カウンセリングセンター 講師
2007年 京都大学カウンセリングセンター 教授
2013年 京都大学学生総合支援センター 教授
2015年 京都大学学生総合支援センター長

著訳書──『臨床心理学入門』（共編・培風館・1998），『大学生がカウンセリングを求めるとき』（共編著・ミネルヴァ書房・2000），P. Wachtel『心理療法の統合を求めて』（訳・金剛出版・2002），F. Pine『欲動・自我・対象・自己』（共訳・創元社・2003），P. Wachtel『心理療法家の言葉の技術』（訳・金剛出版・2004），J.D. Frank and J.B. Frank『説得と治療』（訳・金剛出版・2007），『統合的アプローチによる心理援助──よき実践家を目指して』（単著・金剛出版・2009），『12人のカウンセラーが語る12の物語』（共編著・ミネルヴァ書房・2010），『技芸（アート）としてのカウンセリング入門』（単著・創元社・2012），P. Wachtel『心理臨床家の言葉の技術［第2版］』（訳・金剛出版・2014），『プロカウンセラーの共感の技術』（単著・創元社・2015），P. Wachtel『ポール・ワクテルの心理療法講義』（監訳・金剛出版・2016），『SNSカウンセリング入門』（共著・北大路書房・2018）ほか多数。

［訳者略歴］

浅田 裕子……あさだ・ひろこ（第2章，第3章，第7章，第8章，第11章，第13章）
1993年 京都大学大学院教育学研究科 博士後期課程 単位取得退学
1993〜1995年 大阪市中央児童相談所 心理判定員
その後，出産と子育てのため臨床現場を離れ，2009年から約4年間，米国に在住。その間にBergen Community CollegeのAmerican Language Programを修了。
2014年より大阪市スクールカウンセラー，それに加えて2017年より葵橋ファミリークリニックにも勤務。臨床心理士。

著訳書──『不登校』（共著・金剛出版・1999），J. Layard『ケルトの探求』（共訳・人文書院・1994 ［旧姓の三宅裕子で翻訳］）。

今井たよか……いまい・たよか（第4章，第5章）
1992年 京都大学教育学部教育心理学科卒業
現在，大津市教育相談センター，医療法人社団ウエノ診療所，社会福祉法人福朗ヴェインテ，あるく相談室京都にて，主に心理面接とチームによる地域援助に従事。臨床心理士，公認心理師。文学修士（国文学）。KIPP認定精神分析的心理療法家。

著書──『実践心理アセスメント』（分担執筆・日本評論社・2008），『シナリオで学ぶ心理専門職の連携・協働』（分担執筆・誠信書房・2018）ほか。

統合的心理療法と関係精神分析の接点
循環的心理力動論と文脈的自己

2019 年 4 月 1 日　印刷
2019 年 4 月 10 日　発行

著　者　ポール・L・ワクテル
監訳者　杉原保史
訳　者　浅田裕子・今井たよか
発行者　立石正信
発行所　株式会社 金剛出版

〒 112-0005　東京都文京区水道 1-5-16
電話 03-3815-6661　振替 00120-6-34848

装　幀　HOLON
印刷・製本　シナノ印刷

ISBN978-4-7724-1685-6　C3011　　　　　Printed in Japan ©2019

ポール・ワクテルの心理療法講義
心理療法において実際は何が起こっているのか？

[著]=ポール・L・ワクテル
[監訳]=杉原保史　[訳]=杉原保史　小林眞理子

●A5判　●上製　●400頁　●定価 **5,200**円＋税
● ISBN978-4-7724-1473-9 C3011

統合的心理療法をリードする
ワクテルが自らのセッションを披露した，
一歩上を行く心理臨床をマスターするための必読書。

心理療法家の言葉の技術 第2版
治療的コミュニケーションをひらく

[著]=ポール・L・ワクテル　[訳]=杉原保史

●A5判　●上製　●472頁　●定価 **5,800**円＋税
● ISBN978-4-7724-1351-0 C3011

心理療法家によってプログラムされた言葉が，
中断・停滞・悪循環に陥った心理面接を
劇的に好転させていく。
名著の第2版，待望の刊行！

統合的アプローチによる心理援助
よき実践家を目指して

[著]=杉原保史

●四六判　●上製　●276頁　●定価 **2,800**円＋税
● ISBN978-4-7724-1069-4 C3011

ポール・ワクテルの理論と実践を道標に，
言葉の使い方，暗示，イメージ誘導技法など
サイコセラピーの技法を丁寧に解説しながら，
あるべき実践家の理想を示した好著。